Counter-Cola

브랜드의 비밀

세계를 사로잡은
코카콜라 글로벌 전략

어맨다 시아폰 지음
이지민 옮김

BM (주)도서출판 성안당

Prologue
머리말

코카-콜라는 세계화의 아이콘이다. '오케이OK' 다음으로 지구상에서 가장 널리 알려진 단어가 '코카-콜라Coca-Cola'라는 사실에서 그 인기를 가늠해 볼 수 있다. 또한 코카-콜라는 전 세계적으로 가장 널리 유통되는 유명제품이며, 코카-콜라를 판매하는 민족국가가 국제연합UN 소속 국가보다 많다.[1] 코카-콜라사의 수입 중 75퍼센트는 미국이 아닌 다른 나라에서 창출되며,[2] 인터브랜드Interbrand가 2000년 전 세계 브랜드 가치에 순위를 매기기 시작한 이래로 코카-콜라는 12차례 1위 자리를 차지하기도 했다.[3] 코카-콜라사 광고 캠페인 가운데 하나인 'The Real Thing'만큼 세계 자본주의와 동일시되는 말이 없을 정도다.

그러나 코카-콜라가 세계화의 상징이 된 것은 코카-콜라 로고가 찍힌 병이나 캔을 어디서나 볼 수 있다는 사실 때문만은 아니다. 그보다는 훨씬 더 복잡한 역사가 존재한다. 우리가 주목해야 할 부분은 코카콜라가 전 세계적으로 일상의 삶을 보여주는 상징적 존재가 된 방식이다. 사람들이 세계 자본주의를 논할 때 코카-콜라를 예로 드는 것은 이 방식 때문이다.

코카-콜라사는 분열된 세상에 코카콜라가 새로운 대안을 제시한다는 점을 중요하게 다뤘다. 코카-콜라가 상징하는 세계화를 대변하고 재창조하는 역사 역시 이 기업의 '세상'을 구성하는 요소다. 그러나 이 책에서 다루고자 하는 세상의 역사를 들여다보면 'The Real Thing'을 외치는 코카-콜라의 실상이 우리에게 알려진 것과 많이 다르다는 사실을 알 수 있다.

기업문화 연구를 수행하다

단일 기업인 코카-콜라사를 연구하다 보면 경제적·정치적·사회적·문화적 파워 간의 초국가적 연결망이 드러난다. 세계 자본주의를 구성하고, 이에 참여하려는 코카-콜라사의 시도 때문이다.[4] 코카-콜라 글로벌 시스템은 기업과의 관계, 자본, 상품, 원자재, 홍보 문구를 통해 전 세계의 사람과 지역을 연결시킨다. 또한 모기업, 제조업체, 판매사로 이루어지는 기업 네트워크를 '코카-콜라 시스템'으로 여긴다.[5]

물론 혼자 모든 일을 담당하는 기업은 없다. 기업은 시장, 국가, 노동, 소비자, 자원을 연결하는 국제 경제와 정치에 연결되어 서로 영향을 주고받는다. 그러나 코카-콜라사처럼 초국가적 대기업에서는 "한계와 구조, 소속 단체, 합법화 법칙, 응집력을 지닌 …… 사회 시스템이 존재한다".[6] 이 시스템에는 자체적인 중심 세력, 지배 구조, 정당화 논리가 있다. 이는 세계 자본주의가 작동하는 방식과 비주류에 속하는 지역에서 세계 자본주의가 형성되는 방식을 좀 더 구체적으로 보여준다.[7]

코카-콜라 시스템을 구성하는 세계적인 생산 시스템은 두 가지다.[8] 첫째, 코카-콜라사와 제조업체가 유형재 청량음료를 생산하는 시스템이다. 코카-콜라사가 음료 농축물을 전 세계 제조업체에 판매하면 제조업체는 최종 제품을 생산하고 배급한다. 둘째, 무형재의 생산과 체계적인 보급 시스템이다. 설탕과 물, 거품뿐 아니라 아이디어와 제휴, 사업 계획(비밀제조법, 브랜드, 사업 전략과 재정 전략) 역시 이 음료를 만드는 데 기여한다. '현대 경영이론의 아버지' 피터 드러커는 "코카-콜라사는 근본적으로 광범위한 유통 시스템을 이용할 수 있는 광고주다"[9]라고 말했다.

소문에 따르면 코카-콜라사의 한 임원이 제조업체들을 모아놓고 자사는 광고를 통해 브랜드라는 무형재를 성공적으로 생산했다고 하면서 이 분야에서 2위 자리를 꿰찬 상황을 다음과 같은 가설로 설명했다고 한다. "코카-콜라사가 화재나 대재앙으로 하룻밤 사이에 제조 공장, 장비, 직원, 재고를 전부 잃을지라도 다음 날 경영진은 브랜드 가치라는 담보와 상표권에 축적된 긍정적 이미지로 전 세계 은행에서 대출을 받아 이 모든 것을 다시 세울 수 있다."[10] 이런 설명은 코카-콜라사의 진정한 사업이 상징적인 생산 시스템, 즉 자신들의 유형재를 차별화하는 홍보 문구를 통한 브랜드 구축임을 암시한다. 그 외의 것은 전부 무형의 기반 위에서 다시 구축할 수 있다는 뜻이다.[11]

그렇다고 광고와 마케팅이 이 시스템의 전부는 아니다. 무형재 생산 시스템의 핵심은 음료 생산 과정을 구축하고 관리하며 여기에 투자하는 것이다. 정확히 말하면 코카-콜라사는 청량음료 판매 사업을 하는 게 아니라 청량음료 판매권을 파는 사업을 한다. 코카-콜라를 생산할 수 있는 독점판매권을 파는 것이다. 이 기업은 보틀러에게 코카-콜라 생산이라는 사업 모델을 팔고, 기업과 주주는 모기업과 보틀러 간에 이루어지는 업무적 또는 재정적 관계를 통해 수입을 거둔다. 코카-콜라사는 청량음료 농축물뿐 아니라 상표권, 사업 전략, 기술 서비스, 마케팅 자료를 사용하는 권리에도 비용을 부과한다. 제품과 서비스에 대한 가격 측정, 외화와 이자 변동에 대한 대비책 등 금융정책에서도 추가 수입이 발생한다. 그리하여 우리는 이 기업에서 20세기의 마지막 10년을 특징짓는 변화를 찾을 수 있다. 문화의 상품화, 지적 재산 등 지식과 정보의 상업화, 세계 경제의 특징으로 부상한 금융화 등 세계 자본주의가 무형화로 갈아타는 모습 말이다.

코카-콜라사는 상당히 다른 두 가지 사업 전략을 통해 유형과 무형의 생산 시스템을 개발했다. 우선 코카-콜라사는 유형재 생산을 외재화 externalize했다. 즉 독립적인 보틀러에게 음료 제작과 관련한 독점판매권을 판매해 세계화 대열에 합류한 것이다. 코카-콜라사는 이런 독점 모델을 발판으로 급성장했고, 직접투자와 현지 채용에 따른 위험과 책임을 최소화했다. 20세기 보틀러는 외재화 모델을 더욱 확장시켜 하도급자와 임시직 채용을 늘렸으며, 사업 모델의 사회·환경·의료 비용을 외재화했다.

독점판매권을 통해 유형재 생산을 외주로 돌릴 경우 상품을 생산하고 판매하는 과정을 통제할 수 없다. 이 부분에 대한 관리를 위해 유형재 생산 시스템은 분권화했지만 무형재 생산 시스템은 중앙집권화했다. 무형재 생산 시스템은 수입을 창출하는 동력이자 코카-콜라 시스템에서 권력을 휘두를 수 있는 수단이기 때문이다. 코카-콜라사는 독점권을 손에 쥔 채 보틀러가 의존할 수밖에 없는 제조법, 상표권, 마케팅, 사업 계획 등 지적 재산을 생산해 냈다. 제한적인 제작 계약, 연동적인 이사회, 제조업체에 대한 전략적 투자 등 보틀러를 관리하기 위한 합법적인 경제 전략도 개발했다. 협력관계와 커뮤니케이션 그리고 보틀러와 소비자, 대중 간의 협력을 이끌어내기 위한 이벤트를 통해 사회적·문화적 제휴, 방향, 관행을 수립하기 위한 활동에도 힘을 쏟았다.

현재 애틀랜타에 본사를 둔 코카-콜라사는 1919년 델라웨어에 법인을 재설립했고 이름도 다시 지었다. 그러나 서류상의 주소에는 우편함만 설치되어 있을 뿐이다. 사실 델라웨어는 세상에서 가장 악명 높은 조세 피난처로 기업 친화적인 법과 주州 법원이 존재한다. 이곳에 본사를 둘 경우 기업들은 주세를 대폭 낮추고 다른 국가에서 거둔 수익을 불투명하게 처리할 수 있다. 델라웨어는 상표권, 특허, 저작권 등 '무형자산', 다시 말해 코카-콜라사가 무형재를 통해 벌어들인 수입에는 세금을 매기지 않는다.#12

델라웨어에 다시 법인을 설립한 코카-콜라사는 미국 정부와 국제 과세 체제로부터 계속 수익을 숨기고 있다. 미국에 본사를 둔 다국적 기업인 코카-콜라사는 해외에서 벌어들인 수익에 대해 미국에 연방세를 내야 하고, 외국 정부에 지불한 세금에 대해서는 세액 공제를 받지 못한다. 그러나 해외에서 벌어들인 수입의 경우 수익이 미국으로 송금될 때만 세금이 부과된다. 따라서 세금이 낮은 지역에 설립된 외국계 계열사에 수익을 나눔으로써 해외에서 벌어들인 수입을 숨길 수가 있다. 이런 경제적 조작은 이 기업의 무형재 생산 시스템 덕분에 가능하다. 코카-콜라사의 수익 가운데 상당 부분은 외국계 계열사에게서 받은 무형자산(브랜드, 서비스, 제조법 등 지적 재산)에 대한 로열티에서 발생한다. 로열티를 지불한 계열사는 코카-콜라의 제작·유통·판매·홍보에 대한 권리와 관련된 비용을 제조업체에 다시 청구한다. 적정한 시장가격이나 공식적 가치가 존재하지 않는 무형자산에 대한 비용 지급이 포함된 거래는 코카-콜라 시스템 내에서 모회사와 계열사 간 합의로 진행된다. 그 결과 코카-콜라사는 세율이 낮은 국가에 수익이 집중되도록 예전 가격_{기업이 해외에 있는 자회사나 지점과 원재료, 제품을 거래할 때 적용하는 가격}-옮긴이을 조작할 수 있다.

이 사실을 문제 삼아 미국 국세청IRS이 코카-콜라사를 기소했다. 2015년 코카-콜라사에 2007~2009년에 발생한 수입을 실제보다 낮게 신고한 데 대해 33억 달러의 추징세를 청구했으며, 무형자산의 가격 측정 방식을 재평가해 조세 채무를 재조정하겠다고 협박했다. 국세청의 주장에 따르면 코카-콜라사는 아일랜드, 스위스, 브라질, 멕시코, 칠레, 코스타리카, 이집트의 계열사에 총 94억 달러의 로열티를 삭감해줬다고 한다. 세율이 낮은 이들 국가에 더 많은 수익을 집중시키기 위해서였다.[13]

2014년 말 코카-콜라사의 외국계 계열사가 보유한 역외소득Offshore Profit, 즉 미국에서 세수가 부과되지 않는 소득이 420억 달러였다.[14] 조세 피난처에 설립된 계열사는 이 소득의 상당액을 쥐고 있다. 코카-콜라사의 계열사는 여러 국가에서 사업을 하지만 본사가 있는, 세율이 상당히 낮은 국가로 수익을 송금하는 방법을 통해 세금을 피한다. 예를 들어 케이맨제도에는 코카-콜라 계열사 3곳이 운영 중인데, 이들 계열사가 단지 극소수의 청량음료 소비자에게 음료를 제공하기 위해 그곳에 있는 것은 아니다.[15]

2015년 바토 엘모어Bartow Elmore는 이 기업과 원자재, 주 지원, 환경에 미치는 영향 간의 관계를 다룬 연구서《시민 코크Citizen Coke》에서 "코카-

콜라사의 천재성, 즉 비밀제조법은 여러 측면에서 제품을 만드는 사업과 거리가 멀다"[16]라고 말했다. 그러나 이런 분석은 이 기업의 천재성을 오판한 것이다. 설탕, 물, 알루미늄 등 원자재를 수직적으로 통합하지 않는 관행이 미국 자본주의 역사에서 드문 일이 아니기 때문이다. 그럼에도 병이나 캔에 담긴 음료 완제품 생산을 외재화하는 것은 보기 드문 경우다.

중요한 사실은 이 기업이 제품 만드는 사업을 하지 않으면서 제품을 만드는 방식이다. 코카-콜라사는 브랜드와 제조법에 대한 독점권, 코카-콜라의 독점적 생산을 요구하는 제한적 계약, 보틀러의 주식을 대량으로 사들이는 전략적 매수 등의 메커니즘을 통해 '독립적인' 보틀러에게 막대한 영향력을 행사하고, 인수·합병에 영향을 미칠 수 있었다. 또한 관심이 가는 보틀러를 전면 인수하기도 했다. 2015년 19개 국가에 포진한 보틀러를 직접 소유하고 운영했는데, 이는 전 세계 코카-콜라 시스템의 25퍼센트에 달한다.[17] 이 기업이 "제품을 만들지 않는다"라고 말하는 것은 역사상 어떤 회사보다 성공적으로 생산한 브랜드, 광고, 사업 방식, 비즈니스 전략, 금융투자 등 기업의 주요 상품을 무시하는 행위다. 무형재 생산과 관련된 기업의 소유권이 유형재 생산 관리에 미치는 영향을 과소평가한 것이다. '무형'을 중요하지 않다고 여긴다면 무형재와 유형재 생산 시스템이 맞물려 돌아가는 코카-콜라사의 시스템을 이해하기 어렵다. 또한 19세기에 설립된 기업에서 21세기 정치경제학의 대표적 특징인 유형재 생산의 외재화라는 문화적·재정적 자본주의의 힘이 등장한 것을 제대로 인식하지 못할 수 있다.

코카-콜라사 사람들의 역사

상호 연결된 유형재 생산 시스템과 무형재 생산 시스템은 코카-콜라사를 글로벌 기업이자 세계화의 상징으로 만들었다. 그러나 이 기업의 관행은 기업이 그리는 세계화가 거짓임을 보여주는 경험도 만들어냈다.

전 세계 사람들은 소비 관행이나 대중미디어와 문화, 시위와 정치적 행위 등을 통해 코카-콜라사의 사업과 제품, 브랜딩에 자신만의 의미를 부여했다. 코카-콜라사는 이런 해석에 대해 대항하거나 비난을 받아들여 자사의 자본주의를 재구성하고 일상에서 자사 제품이 가진 역할을 키워 나갔다. 따라서 대중문화와 사회운동은 코카-콜라사의 의미와 제품, 역사를 만들어내고 추진하는 또 다른 생산 시스템이라고 할 수 있다.[18]

이 책은 자유시장의 개혁이 전 세계적으로 자리 잡았던 냉전시대에 진행된 '반세계화운동'에 대한 연구를 바탕으로 하고 있다. 데이비드 페더스톤의 말을 빌리면 반세계화운동은 '반글로벌 네트워크'이자 상상물이었다. 상호의존성과 잠정적 유대를 꾀하기 위해 기업의 금융, 생산, 문화적 표현에 의존하고, 기업에 대항하기 위한 수단으로 기업 시스템의 전 세계적 영향력을 역이용했다.[19] 코카-콜라를 글로벌 시스템으로 생각하기에 미국 외부의 관점에서 코카-콜라사의 역사를 살펴봤다. 콜롬비아와 인도에 초점을 맞추고, '주변부'처럼 보이는 두 나라에서 펼쳐진 사건이 사실은 다국적 기업의 발전에 상당히 중요한 부분을 차지한다고 주장한다. 1950년대까지 코카-콜라사의 수익 가운데 3분의 1이 미국 외의 지역에서 발생했고,[20] 1970년대에는 2분의 1로 늘었으며,[21] 2000년에는 4분의 3에 달했다는 사실을 근거로 내세웠다.[22]

코카-콜라 사업의 대부분은 미국 외의 지역에서 이루어지고, 애틀랜타 본사보다 콜롬비아와 인도 등에서 더 많은 이야깃거리와 기업의 실질적 역사가 만들어졌다. 이 두 지역에 초점을 맞추는 과정에서 코카-콜라사의 세계화 자본주의 경향과 이에 도전하고 반응을 이끌어내는 지역적 맥락의 구체성이 드러난다. 게다가 콜롬비아와 인도의 사례는 특수성으로 말미암아 코카-콜라사의 전체 역사에서 중요한 부분을 차지한다. 예를 들어 인도의 물 사유화를 둘러싼 투쟁과 콜롬비아의 노동자 권리는 코카-콜라 글로벌 시스템 내에서 큰 반향을 불러일으켰다.

이런 반발은 자사의 제품을 물질적·실질적으로 일상의 중심에 놓으려 했던 코카-콜라사의 노력이 낳은 결과였다. 코카-콜라사는 자사의 제품을 전 세계 어디서든 '욕망 가까이'에 두기 위해 애썼으며,#23 자사의 제품을 통해 일상에 사회적·문화적·정서적 의미를 부여할 수 있다고 주장함으로써 이런 욕망을 생산해냈다. 이 기업과 제품, 브랜드 이미지는 자본주의의 지배를 받는 일상의 불공정성을 구체적으로 보여주는 수단이 되기도 했다.

한편 콜롬비아와 인도에서 발생한 투쟁은 코카-콜라사의 다국적 유·무형 시스템에 저항하는 한편 이를 이용한 것이기도 했다. 운동가들은 코카-콜라사의 청량음료, 브랜드, 사업 관행이라는 공통분모를 바탕으로 소비자, 노동자, 지역사회 간 지역적·전국적, 심지어 초국가적 네트워크를 형성했다. 더욱이 코카-콜라는 전 세계 대중문화에 만연한 요소이기에 사회운동은 이 초국가적 집단 언어와 경험을 이용해 전 세계 자본주의에 만연한 착취와 혼란에 맞서고, 대안적 연대와 정책을 촉진시킬 수 있었다. 콜롬비아와 인도의 초국가적 투쟁은 코카-콜라사의 역사와 지역사회의 흐름을 바꾸었다. 더불어 단일 기업이나 브랜드를 둘러싼 조직적 저항의 힘과 함정을 단적으로 보여준다.

코카-콜라사는 자본주의 패권을 재정립하는 것으로 투쟁에 대응했다. 비판을 받아들이고 정의와 공익을 추구하는 데 전념하는 한편 대외 이미지를 고려해 기업의 관행에 시각적 조정을 꾀했다. 권력을 확대하는 가운데 비판적 저항 요소를 받아들여 이를 이념적으로 합리화하기까지 했다. 사회주의자 뤽 볼탄스키Luc Boltanski와 이브 치아펠로Eve Chiapello의 연구를 바탕으로 한 이 책은 기업 전략의 역학과 기업 역사의 대표적 저항을 살펴보고,[24] 비판이 어떻게 이에 반대하는 이들이 명시한 가치를 통해 스스로 자본주의를 합리화하도록 만드는 '강력한 힘'이 되었는지 밝히고 있다.[25]

기업이나 자본주의의 역사가 이런 식으로 기술된 적은 극히 드물다. 기업이나 자본주의 조직의 역사는 보통 인간의 중재 없이 스스로 굴러가는 것처럼 기록된다. 사람이 포함되면, 심지어 개인이나 그들의 의사결정에 초점을 맞출 경우 기업의 역사는 칭송 일색으로 치달을 위험성이 있기 때문이다. 그래서 다국적 기업과 관련된 수많은 연구는 그들의 분석을 '중심'에 놓는다. 전 세계적 관점의 경우에도 자본주의가 '현장'에서 어떻게 작동하는지 지역적 특색과 역사적 맥락을 무시한 채 전체적인 조감도만 보여준다. 이 책은 기록적이고 문서적인 역사·문화 분석 방법을 바탕으로 하고 있지만 인류학자의 풍부하고 사람 중심적인 다국적 자본주의 연구, 지역의 관점과 관행, 권력과 저항의 상호작용에서 큰 영향을 받았다.[26] 대중적 의미와 저항에 관심을 기울임으로써 기업의 의사결정이라는 복잡한 서사를 밝히고자 노력했다. 그래서 애틀랜타 이사회실, 콜롬비아 보틀링 공장, 인도 마을의 상호관계를 파악함으로써 '코카-콜라사 사람들의 역사'를 구성하고 있다.

기업문화 연구를 수행하다

이 책은 기업을 글로벌 자본주의의 역사와 문화라는 중요한 연구의 중심에 둔다. 다국적 기업의 경영 연구나 역사 외 분야를 다룬 흥미로운 책이다.[#27] 국제 정치, 경제, 문화에서 중요한 역할을 수행함에도 기업에 대한 연구는 많지 않다. 이와 관련된 연구 자료가 상대적으로 부족한 것은 복잡한 조직인 기업이 현대 학계를 구분 짓는 국가적·학문적 경계를 넘나들기 때문일지도 모른다. 기업의 역사를 재구성하는 방법론적·논리학적 어려움을 고려할 때 이 책에서 시도하는 여러 방법은 다양한 학문 분야를 포괄하기 위한 시도에서 출발했다고 볼 수 있다.

기업의 역사는 소유권의 역사다. 기업이 자사와 관련된 기록(만약 있다면)을 소유하고 보호하는 상황에서 연구자와 대중은 기업의 중요한 역사를 기록한 문서를 볼 수 없다. 코카-콜라사의 기업 조직(자회사와 프랜차이즈, 인수·합병 시스템) 역시 그 나름의 역사를 이루고 있다. 예를 들면 이런 연구에서 다루는 기업들은 다양한 수준의 소유권을 주장하거나 복잡한 인수·합병이라는 역사적 기록과 거리를 두려고 한다. 기업은 보호해야 할 브랜드와 투자자가 있으며, 분명한 역사적 과거보다 수익성 있는 미래를 훨씬 더 중요하게 여기기 때문이다. 멕시코에 위치한 라틴아메리카 대형 보틀러 코카-콜라 펨사는 20세기 초 콜롬비아 내 대부분의 코카콜라 보틀링 공장을 소유했지만 기존 공장 소유자의 역사를 철저히 파헤치지 않는 것으로 자신들의 명성을 보호했다. 대표자, 변호사와 연락을 취한 결과 나는 이 사실을 확실히 알 수 있었다.#28 보틀링 업체는 역사가 '자사의 것'이 아니라고 정의한 뒤 자산으로 보호 중인 역사의 이용을 거부했는데, 이는 소유권을 가졌기 때문에 내놓을 수 있는 입장이었다.

코카-콜라사는 규모나 소비재, 마케팅, 주식 등에 있어 이목을 끌지 못하거나 애매모호하고 심지어 은밀하기까지 한 다른 기업과 비교해 큰 관심을 받아 왔다. 그러나 같은 이유로, 즉 높은 브랜드 가치 때문에 자사의 역사를 철저히 보호하고 있으며 자신들과 관련된 연구를 받아들이지 않으려는 경향을 보인다. 운동가들의 활동으로 콜롬비아와 인도 공장이 대중적·정치적·법적으로 큰 관심을 받게 되자 코카-콜라사의 방어적 태도는 더욱 강화되었다. 기업의 사회적 책임을 강조하는 최근 기조에 맞춰 코카-콜라사는 환경, 노사, 보건정책과 홍보를 담당하는 임원들이 연구자나 운동가들과 긴밀히 협력하도록 장려했다. 그러나 과거를 살피기보다 현재 진행되거나 향후 진행될 프로젝트에 대해 토론을 제안하는 고도의 전략을 구사한다.

이에 코카-콜라사와 그 투쟁의 문화적 역사를 기록하기 위해 임원의 서신과 기록, 기업 간행물, 뉴스 기사, 노동자나 지역민, 임원, 운동가와의 인터뷰 그리고 기업, 대중, 시위대의 자료 등 다양한 출처를 이용해야 했다. 이 연구에 사용된 다양한 자료야말로 코카-콜라 글로벌 시스템의 핵심 문서라고 생각한다. 사실 코카-콜라사처럼 다국적 기업의 공식적 기록을 보거나 이사회실에 직접 들어간 사람은 거의 없다. 그러므로 보틀링 공장 바닥에서 일반인의 식탁, 노동운동의 최전선에 이르기까지 코카-콜라사의 실제 경험과 의미를 보여준 것은 바로 이 '비공식적' 자료라고 할 수 있다.

역사적 배경

운동가들이 정치경제적 관계를 연구할 때 코카-콜라 제품에 끌린 것은 우연한 일이 아니다. 우리는 코카-콜라사의 자취를 따라 세계 자본주의 시스템의 지도를 그릴 수 있었다. 코카-콜라사는 사실 세계 경제의 변화(자유개발주의에서 국가발전주의로, 그다음에는 신자유주의로)를 살펴보기 위한 이상적 출발점이 되었다. 변화의 상징적 대변인 역할을 한 코카-콜라사는 현대 자본주의의 진화하는 경제 논리와 이념을 보여주는 대표적 사례다. 코카-콜라 글로벌 시스템을 구성하는 두 가지 역동적 관계(유형재 생산과 무형재 생산이라는 상호 연결된 구조, 기업과 비판적 행위자의 상호 연결된 행동과 구상)의 주요 변화를 따라가다 보면 현대 글로벌 자본주의의 역사가 좀 더 분명하게 드러난다.

코카-콜라사의 확장은 미국 제국주의의 지형을 다시 그려놓았다. 처음에 코카-콜라사는 미국 전역을 비롯해 콜롬비아처럼 엘리트층이 미국의 경제적·정치적 이익에 기여하는 자유개발주의적 목표를 지지하는 국가로 확장했다. 이후 2차 세계대전 때 미국 군대를 따라 인도 등 더 먼 지역까지 뻗어 나갔다. 그러나 콜롬비아와 독립한 인도가 20세기 중반 국가주의적 개발주의로 돌아서자 코카-콜라사는 현지화라는 두서없는 프로젝트를 강조하기 시작했다. 프랜차이즈 보틀러 시스템을 홍보했으며, 현대화 담론을 이용해 자신들을 지역 경제와 국가 경제를 위하는 다국적 개발자로 근사하게 포장했다. 코카-콜라사는 수입대체산업화의 지역화 담론을 상기시키는 패턴 광고 시스템을 통해 국제시장에서 자사의 청량음료를 홍보하는 한편 브랜드 이미지 창출의 중앙집권적인 통제를 유지했다.

1970년대가 되자 코카-콜라사의 유형·무형 시스템이 자유시장의 세계화라는 급부상한 논리를 통해 정의되면서 코카-콜라사의 신자유주의 기조에 큰 변화가 감지되었다. 코카-콜라사는 제3세계의 포스트식민주의적 국가주의에 반대한다는 이미지를 보여주었다. 글로벌 제품과 그 소비를 자유와 해방이라는 보편적이고 이상적인 용어로 포장해 신자유주의를 위한 상징적 단계를 구축해 나갔다. 그리고 해방된 소비자라는 새로운 다국적 세대를 겨냥해 '한 장면, 한 소리one sight-one sound' 원칙에 따라 전 세계적으로 통합된 광고 전략을 채택했다. 단일 세계시장을 예견한 글로벌 광고 캠페인의 시작이었다.

콜롬비아와 인도를 비롯한 전 세계의 신자유주의 개혁은 코카-콜라사가 자신들의 시스템을 확대하고 조직을 구조조정 하는 발판이 되어주었다. 그리하여 코카-콜라사는 1980년대와 1990년대에 현지 프랜차이즈 보틀러를 다국적 대형 보틀러로 통합했다.

새로운 사회운동이 신자유주의의 세계화, 그중에서도 특히 코카-콜라사를 공격하자 이 기업의 임원들은 현지화하는 전략에 초점을 맞춰 자사의 이미지를 만들어갔다. 국제 광고 캠페인은 유형재 생산의 소유권이 갈수록 통합되는 관행을 드러내지 않은 채 코카-콜라를 현지에 뿌리내린 제품이자 브랜드로 묘사했다. 그러나 콜롬비아와 인도 내 사회운동은 계속 코카-콜라사의 정치경제학을 폭로하고, 착취 행태를 비난했으며, 코카-콜라 시스템을 이용해 기업에 초국가적 압력을 가했다. 결국 이런 저항에 코카-콜라사도 새로운 '기업의 사회적 책임CSR' 프로그램을 도입하기에 이르렀다. 프로그램의 목표는 공공 문제에 대한 개인적이고 자발적인 해결책을 만드는 것으로, 선행에 기여함으로써 기업 관행이 미치는 최악의 영향을 피하고 장기적 수익을 확보하고자 했다. 코카-콜라사는 CSR 프로그램을 통해 자사의 정당성을 재차 주장하는 동시에 일상에서 차지하는 자사의 중요성과 자본주의의 필요성을 이념적으로 합리화시켰다.

코카-콜라의 글로벌 편재성은 전 세계에서 가장 먼저 성공적으로 자리잡은 기업의 국제적 프랜차이즈 시스템 덕분이었다. 코카-콜라사의 유형재 생산은 청량음료 생산을 '지역적이고 독립적인' 보틀러에게 외주를 주는 것으로 이루어졌다. 코카-콜라사는 원액과 브랜드 사용 권한을 프랜차이즈 보틀러에게 판매했고, 프랜차이즈 보틀러는 지정된 지역에서 청량음료를 생산하고 팔았다.

1장 '코카-콜라 보틀링 시스템과 프랜차이즈의 논리'에서는 1920년대부터 1940년대까지 콜롬비아와 인도에서 프랜차이즈 보틀러가 어떻게 탄생했는지 기술하고 있다. 프랜차이즈 시스템 덕분에 코카-콜라사는 현지 직원을 직접 채용하지 않고도 전 세계로 뻗어 나갔고, 이 과정에서 책임과 재정적 위험을 외재화할 수 있었다. 프랜차이즈 시스템은 코카-콜라사가 코카-콜라 공장을 국제적 맥락에 위치시키고 통합하는 데 기여했다. 현지 산업과 관계를 맺을 때 현지 엘리트와 노동자, 소비자가 동원되었던 것이다.

프랜차이즈 시스템은 사회관계를 조직하고 참여를 제안했으며, 전 세계 다양한 사람 간의 신뢰 구축에도 기여했다. 이 시스템은 생산을 외재화하는 한편 코카-콜라 생산과 소비에 관련된 사람 간에 국가적 상호연결성을 구축해주었다. 코카-콜라사의 프랜차이즈 시스템에는 문화적 논리나 미학적 특징, 의사소통 전략, 표현 수단도 존재했다. 이것들은 코카-콜라사의 광고나 문화적 생산물에 반영되었지만, 코카-콜라라는 대표적 상징물에도 반영되었다. 사회적·문화적 논리는 다양한 지역의 이념적 요구를 충족시키기 위해 각기 다른 용어로 표현되었고, 코카-콜라사가 다양한 역사적 순간에 자사의 산업과 제품, 브랜드를 전 세계적인 동시에 지역적으로 만들기 위한 수단으로 활용되었다. 1장에서 소개한 것처럼 세계화 초기에 만들어진 이런 논리는 코카-콜라사를 지역 프랜차이즈를 통해 국제적인 현대성을 전달하는 다국적 기업으로 묘사했다. 또한 코카-콜라를 1920년대 이후 콜롬비아 등에서 전통적이고 지역적인 음료와 사업에 대한 혁신적이며 스타일리시한 대안으로 홍보하도록 했다. 프랜차이즈 보틀러가 '지역적'인 동시에 국제적인 자본주의 현대성을 전달한다고 주장한 코카-콜라사는 국제적 인기와 수익성을 은근히 드러내며 자사의 산업과 제품, 브랜드를 판매했다.

2장 '코카-콜로니제이션을 중재하다'는 코카-콜라사가 2차 세계대전 이후 콜롬비아와 독립한 인도를 비롯해 전 세계 다른 국가에서 해외 사업을 확장해 나가는 과정을 보여준다. 미국에서 코카-콜라사는 자사를 '미국의 세기' 전도사로 홍보했다. 그러나 전후 많은 국가가 케인스 정책이나 수입대체모델 등 산업화 민족주의 개발경제로 돌아서며 경제적·문화적 '코카-콜로니제이션'에 대한 비판이 일어났다. 코카-콜라사는 소비자 자본주의의 현지 수용성과 보편적인 적용가능성을 보여주기 위해 코카-콜라를 마시는 지역의 문화적 차이를 찬양했다. 또한 프랜차이즈의 새로운 사회적·문화적 논리로 프랜차이즈 보틀러와 다국적 기업의 관계를 통해 현지 경제가 현대화된다는 '다국적 개발주의'의 승리를 강조했다. 인도인이 소유한 보틀링 업체 퓨어 드링크처럼 보틀링 업체가 현지인 소유라는 이런 주장은 어느 정도 사실이긴 했지만 예외도 있었다. 미국이 통제하는 콜롬비아 보틀링 업체 파남코의 경우 결코 독립적이거나 지역적이지 않았다.

코카-콜라의 청량음료 생산 시스템이 확장될 수 있었던 것은 코카-콜라사가 광고라는 무형재를 생산하는 데 투자했기 때문이기도 하다. 코카-콜라사가 자사의 청량음료 브랜드를 홍보하고 제품에 의미를 부여하면서 평범한 거품 음료는 코카-콜라나 스프라이트라는 브랜드로 바뀌어 전 세계 소비자에게 팔려 나갔다. 수십 년간 중앙집중적으로 생산되고 해외시장에 배포되기 전 현지에서 수정되는(현지화를 꾀하는) 코카-콜라사의 '패턴광고'에는 미국의 인종적이고 문화적인 위계질서와 소비자문화가 반영되었다. 이에 1960년대에는 '사회혁명'이 발발해 코카-콜라사에 사회적·문화적 측면에서 큰 위협이 되었다. 운동가들은 기업 관행을 신랄하게 비난하며 코카-콜라를 글로벌 자본주의의 착취와 소비자문화 균질화의 상징으로 사용하기도 했다.

3장 "전 세계에 코카-콜라를 사주고 싶다"는 기업 운영에 대한 직접적 반대에서 브랜드 이미지를 사용한 예술적·문화적 표현에 이르기까지 코카-콜라사에 가해진 위협을 살펴보면서 코카-콜라사가 그 시대의 정서에 동화되어 비난하는 사람들을 흡수하고자 했다고 주장한다. 코카-콜라사 최초의 국제 TV 캠페인 가운데 일부는 인종, 성, 국적, 문화적 차이를 이용해 진실성과 반역성을 표현함으로써 혁명의 문화적 요소를 통합하고자 했다. 또한 코카-콜라를 전 세계 청년문화의 유토피아적이고 자유로운 사회적 가치로 포장했다. 코카-콜라사는 '전 세계에 코카-콜라를 사주고 싶다'

등 상징적 광고에서 새로운 자유시장이라는 세계주의적 이미지를 통해 신자유주의를 선보였다. 세계적 제품인 코카-콜라를 소비하는 것으로 자유를 누리는 단일한 세상을 구현하고자 했던 것이다.

4장 '인도화하거나 인도를 떠나라'에서는 코카-콜라 글로벌 시스템에 가장 큰 타격을 입힌 정치적·경제적·문화적 힘, 바로 외국 기업에 대한 국영화 위협을 기술하고 있다. 코카-콜라사는 1970년대 말 인도를 떠났는데, 이는 여러 가지 현상이 반영된 결과였다. 신자유주의를 향한 우려와 종속이론개발도상국의 경제 발전이 각 국가의 경제 발전의 경로나 정책에 따른 것이 아니라 중심과 수도와 위성 등 주변으로 구성된 세계 자본주의의 구조를 통해 규정된다는 이론-옮긴이을 믿는 이들의 정치적·경제적 비판이 제3세계에 반향을 불러일으켰던 것이다. 인도 정부는 프랜차이즈 시스템에 내재된 의존성을 지적하며 코카-콜라사가 인도에 필요한 재정 자원을 빼앗아간다고 주장했다. 이에 1973년 외환규제법FERA을 근거로 코카-콜라사에게 인도 내 사업을 '인도화'할 것을 요구했다. 코카-콜라사는 글로벌 자본주의의 두 가지 주요 자산 시스템, 즉 재정 자본과 지적 자본에 반대하는 정부의 요구에 따라 인도 자회사 주식의 60퍼센트를 인도 주주에게 매각하고 기술 '노하우'를 인도 직원에게 이전해야 했다. 그러자 코카-콜라사는 인도 사람이 인도 자회사의 대주주가 되는 것을 거부하면서 자사의 브랜드를 '인도화'라는 맥락 가운데서 재포장하기 위한 캠페인에 착수했다. 결론적으로 코카-콜라사의 계획은 실패했고, 인도 시장에서 완전히 철수할 수밖에 없었다.

5장 '모든 병마다 있는 사람'은 1990년대와 2000년대 코카-콜라 공장의 합병과 구조조정, 금융화, 위태로운 노동 환경 때문에 콜롬비아 식음료 노동조합 시날트라이날Sinaltrainal이 탄생하면서 보틀링 시스템이 바뀌어 가는 과정을 기술하고 있다. 삶과 생계가 불안정해지는 과정을 일컫는 '프 레카리아트화precarization, 불안정한 고용과 노동 상황에 놓인 비정규직, 파견직, 실업 자, 노숙자를 총칭-옮긴이'는 콜롬비아 정부가 불법 무장단체를 고용하면서 발 생했다. 불법 무장단체는 게릴라와 좌파를 비롯해 사회질서에 위협적이 라고 생각되는 사람들을 공격 대상으로 삼았고, 이는 시날트라이날 회원 의 암살과 박해로 이어졌다. 당시 코카-콜라사는 라틴아메리카 내 신자유 주의의 움직임을 이용해 라틴아메리카의 대형 보틀러를 코카-콜라 시스 템에 통합시키는 한편 현지 노동력을 크게 줄였다. 이런 상황에서 콜롬비 아 코카-콜라 공장 근로자 수가 줄어들거나 유연화되어 근로자들이 하도 급 계약 형태로 일하게 되었고, 자신뿐 아니라 노동조합을 지지하는 능력 이 약화되었다. 무력분쟁 가운데 지속된 노동투쟁과 반복적 폭력, 조합원 수 하락을 겪은 시날트라이날 회원들은 코카-콜라사의 노동 모델과 폭력 사주 행위를 비난하며 미국에 기반을 둔 연대 운동가들과 힘을 합쳐 청량 음료 보이콧, 소송 등을 통해 코카-콜라사에 반기를 들었다. 이들 운동가 는 2000년대 가장 의미 있는 초국가적 운동 캠페인을 펼쳤으나 행동으로 나설 것을 촉구하는 국제적 목소리는 각기 다른 경제적·정치적 연대로 이 어지지 못했다. 미국과 유럽의 노동운동이 제공하는 지원에 한계가 있었 고, 학생운동가들은 그들을 소비자로 규정한 활동에 부수적으로 참여하는 정도에 그쳤으며, 운동가들은 지나치게 단순화된 인권 담론을 펼치고 있었 다. 이런 담론은 급격한 변화를 추구하는 노동자의 현실적 목소리를 담아 내지 못했다. 프랜차이즈 시스템 뒤에 숨은 코카-콜라사는 노동 관행이라는 인명 희생을 외재화했으며, 법적 책임에서 자사를 감쌌다. 그러자 콜롬비아 노동자들은 자신들이 다니는 회사가 코카-콜라사에 중요하다고 주장하면서 자신들과 뜻을 같이하는 다른 나라 사람들과 코카-콜라 시스템을 재구성함으로써 기업에 압력을 가하는 대안적 네트워크를 구축했다.

1990년대 경제자유화로 글로벌 기업을 위한 새로운 해외시장이 열리자 코카-콜라사는 인도를 비롯해 '수십 년간 닫혀 있거나 저개발된 거대한 시장'에 막대한 투자를 했다.#29 1993년 코카-콜라사는 16년 만에 인도로 돌아오면서 인도의 가장 큰 청량음료 기업인 파를레Parle를 인수했으며, 자사의 제품을 인도화하고 코카-콜라를 현대 '인도의 특성적' 요소로 선보이기 위해 광고에도 인도 대중문화를 활용했다. 동시에 그 어느 때보다 많은 수의 인도 내 코카-콜라 보틀링 공장을 직접 통제했다. 코카-콜라사의 갑작스러운 재등장은 인도의 자유화를 보여주는 가시적이고 유형적인 사례였다.

6장 '코카-콜라가 아니라 생존에 필요한 물'은 코카-콜라사를 향한 여러 저항 가운데 환경 문제를 둘러싼 이슈를 다룬다. 첫째, NGO는 코카-콜라사를 비롯한 음료 기업의 살충제 오염 문제를 제기했다. 이를 통해 중산층 소비자들은 글로벌 기업이 생산한 제품의 품질에 불신을 품기 시작했으며, 식품안전규제를 좀 더 철저히 실시하고 물 기반 시설에 더 많이 투자할 것을 요청했다. 둘째, 보틀링 공장 인근에 사는 주민들은 그들의 농업 활동이 전적으로 물에 의존하고 있는데 코카-콜라사가 공동 자원인 물을 사유화하고 오염시킨다고 비난했다. '가난한 이들의 환경주의'#30와 신자유주의의 '강탈을 통한 자본 축적'#31을 둘러싸고 비난이 거세지자 코카-콜라사에 대한 국제적 압력의 수위가 한층 높아졌다. 이런 비난은 코카-콜라 시스템의 경제·정치·문화에 악영향을 미쳤고, 이에 대응해 코카-콜라사는 지속적으로 자신들의 위치를 합리화시켜야 했다. 기업의 권력, 사회적 저항이라는 변증법적 과정과 자본주의 패권을 복구하려는 노력이 20세기 코카-콜라사와 자본주의의 역사를 규정하고 있다.

마지막 7장 'CSR: 기업의 사회적 책임과 지속적인 사회 저항'은 코카-콜라사가 CSR에 앞장선 것은 신자유주의 사회에서 정부와 기업, 대중의 관계가 바뀌었기 때문이라고 주장한다. 21세기 초, 인도 농부와 콜롬비아 노동자를 비롯해 전례 없는 비만이나 당뇨환자 수 증가를 청량음료의 탓으로 돌리는 소비자와 공중보건 지지자의 반대에 부딪힌 코카-콜라사는 '기업의 사회적 책임'이라는 담화와 관행을 통해 자신을 합리화하기 위한 노력에 착수했다. 모든 코카-콜라 제품이 그렇듯 CSR은 물질적이니만큼 상징적이며, 그런 이유로 글로벌 기업의 브랜드 이미지를 쇄신하려는 광범위한 노력의 일부가 되어 왔다. 이런 CSR 프로그램은 공공 문제의 사적이고 자발적인 해결책을 통해 공익에 기여함으로써 장기적 측면에서 수익을 극대화하는 것, 즉 브랜드를 관리하고 정부 규제를 미연에 방지하는 것이 그 목적이다. 코카-콜라사의 대표적 CSR 프로그램(콜롬비아의 폭력과 기근을 해결하기 위한 민간단체 조직하기, 인도 등 지역에서 물을 보존하고 대안 자원을 확보함으로써 글로벌 '물 중립' 기업이 되겠다고 약속하기, 운동을 장려하고 건강한 음료를 판매함으로써 전 세계 비만 퇴치에 앞장서기)은 자본주의 최악의 영향력을 완화시키는 한편 세계질서에서 기업의 높은 위치를 더욱 합리화하기 위한 시도였다. 이는 코카-콜라사가 계속 청량음료를 판매하는 데 도움이 되고 시장이 사회문제의 해결책을 제공한다는 이념, 즉 "자본주의 없는 미래는 없다"는 이념을 홍보한다.

그러나 자본주의는 해결책보다 더 많은 문제를 생산하고 있으며, 반대 세력은 계속 증가하고 있다. 지금의 코카-콜라사는 이런 투쟁 가운데서 만들어졌다. 코카-콜라사의 음료와 브랜드, 사업은 기업을 통해 생산되었지만 이를 'The Real Thing'으로 만드는 힘은 소비자, 지역사회, 노동자와 협력하고 충돌하는 과정에서 탄생했다. 이 책은 글로벌 자본주의를 형성하고 대변하는 힘이 도전을 받고 있으며, 이런 경쟁이 이루어지는 과정에서 현대의 역사가 탄생했다고 주장한다.

Contents
차 례

코카-콜라 보틀링 시스템과 프랜차이즈의 논리

1880년대와 1890년대에 구체화된 코카-콜라의 초기 생산 시스템은 미국 외 지역을 원자재의 생산지로만 여겼다. 코카-콜라사는 음료의 주재료를 확보해야 했는데 카리브해에서 설탕, 아시아에서 카페인 찻잎, 라틴아메리카에서 코카잎 추출물, 아프리카에서 콜라 열매 가루를 수입했다.[#1] 당시만 해도 재료 생산과 관련된 사람들은 이 음료의 소비자가 아니었다. 그러나 그들과 그들의 거주지는 코카-콜라사가 미국 소비자를 위한 문화적 상상물을 제작하는 데 중요한 역할을 담당했다.

1886년 코카-콜라를 발명한 존 펨버튼은 원래 코카-콜라를 알코올 성분이 없는 음료, 즉 "두뇌 강장제이자 두통, 신경통, 히스테리, 우울증 등 온갖 신경장애를 치유하는 약"[#2]으로 홍보했다. 광고에 따르면 코카-콜라의 강력한 효능은 이국적인 라틴아메리카의 코카잎과 아프리카의 콜라 열매에서 비롯되었다. 당시 경쟁사의 특허 의약품들은 여지껏 사용하지 않던

천연 재료나 새롭게 발견한 놀라운 치유법, 토착민 사이에서 전해지는 새로운 치료법을 홍보했다.[#3] 코카-콜라 역시 도시화와 기술 변화, 사회 붕괴, 혹사당하는 공장 조립라인 노동자와 사무직 노동자의 노동 분업 같은 문제로 괴로워하는 사람들의 질병을 완화시켜 주는 음료라고 홍보했다. 사람들은 카페인(콜라 열매와 찻잎에서 추출한 것으로, 초기에는 지금의 4배 되는 카페인이 함유되어 있었음)과 코카인 추출물(맛을 개선하는 한편 상표를 보호하기 위해 1903년부터는 '코카인 성분을 제거한 코카잎'이 사용되었음), 다량의 설탕이 혼합된 탄산음료를 마시면 원기가 회복되는 느낌을 받았다.[#4]

그러나 20세기에 들어서면서 코카-콜라사는 미국 외 지역을 원자재 생산지뿐 아니라 소비시장으로 설정함으로써 이곳 소비자들에게 코카-콜라를 배급하고 홍보하기 위한 전략을 개발하기 시작했다. 우선 잠재적 소비시장으로 미국의 점령지와 새로운 식민지, 그들의 무역 상대국에 주목했다. 1906년 쿠바와 파나마에 최초로 해외 보틀링 공장을 세웠으며 얼마 지나지 않아 푸에르토리코, 하와이, 필리핀, 괌에도 공장을 세웠다. 1928년이 되자 이 목록은 더 늘어났다. 카리브해 지역과 라틴아메리카에서는 안티과섬, 버뮤다제도, 콜롬비아, 도미니카공화국, 과테말라, 아이티, 온두라스, 멕시코, 베네수엘라, 유럽에서는 프랑스, 벨기에, 이탈리아, 폴란드, 스페인, 아시아에서는 미얀마(당시 버마)와 중국이 포함되었다.[#5] 이 기업의 광고와 홍보 자료를 보면 코카-콜라사가 미국뿐 아니라 국제적으로 성장하는 데 '지역적이고 독립적인' 프랜차이즈 보틀러가 중요했음을 알 수 있다. 특히 현대 음료인 코카-콜라와 비즈니스 모델을 자신의 활동 영역으로 끌어들인 각 지역의 중소기업 운영자들의 역할이 컸다.

프랜차이즈 자본주의

코카-콜라사는 프랜차이즈 보틀링 시스템을 통한 생산으로 적은 비용을 들이고도 급성장했다. 즉 새로운 시장 덕분에 생산비를 외재화하고 지속적인 성장을 위한 홍보 자금을 확보할 수 있었다. 보틀링 업체는 프랜차이즈 계약을 통해 청량음료 시럽과 원액을 구매하고 음료를 생산해 코카-콜라 상표를 붙여 지정된 소매상에 판매할 수 있는 독점권을 부여받았다. 그 대가로 이 기업은 음료 시럽과 원액, 프랜차이즈 권한, 기술과 판촉 서비스, 홍보 자료를 보틀링 업체에 제공해 수익을 거두었으며 핵심이 되는 제작과 마케팅의 세부 사항에 대한 통제권을 유지할 수 있었다. 보틀링 업체가 세부 사항을 어길 경우 언제든 계약 파기도 가능했다. 결국 프랜차이즈 제작 방식으로 코카-콜라사는 보틀링 업체를 소유하지 않고도 이 업체에 대한 통제권을 행사했다.

코카-콜라사는 코카-콜라 생산 사업의 탄생은 우연이었다고 말한다.#6 그러나 이는 20세기에 들어 가장 강력한 사업 모델인 프랜차이즈의 탄생으로 이어지는 첫걸음이었다. 전해지는 이야기에 따르면 1899년 테네시주 변호사 두 명이 코카-콜라의 소유자인 아사 캔들러를 찾아가 코카-콜라를 병에 담아 판매해 보자고 제안했다. 당시 코카-콜라는 가정에서 일반적으로 소비되지는 않았지만 청량음료 판매점을 통해 널리 알려진 상태였다. 자본이 들고 노동집약적인 제조업에 직접 뛰어들고 싶지 않았던 캔들러는 두 남자에게 코카-콜라 시럽을 1갤런당 1달러에 구입해 병음료를 생산하고, 스펜서체둥글게 오른쪽으로 기울어진 서체-옮긴이의 코카-콜라 상표를 부착해 미국 내 대부분의 시장에 판매할 수 있는 권한을 넘겨주었다. 그러나 코카-콜라의 명성을 유지할 수 있을지 염려한 캔들러는 시럽 생산과 마케팅 권한은 넘겨주지 않았다.

코카-콜라사는 얼마 지나지 않아서 처음 맺은 계약 조건에 대해 후회했다. 그래서 이후 교묘한 전략을 통해 음료 가격과 지속 기간, 판매 지역 규모와 관련된 계약 사항을 조금씩 수정해 나갔다. 훗날 해외 보틀링 업체와 계약을 맺을 때 이 기업의 변호사들은 자사에 유리한 조건으로 프랜차이즈 계약서를 다시 작성했다. 그 결과 코카-콜라사는 다른 기업보다 빠른 속도로 성공적인 프랜차이즈 시스템을 운영할 수 있었다. 또한 전 세계적으로 뻗어 나가면서 경제, 정치, 사회, 문화 등 각기 다른 환경에서 온갖 문제에 부딪혔지만 프랜차이즈 시스템 덕분에 위험과 세계화 비용을 외재화할 수 있었다.

1920년대 초 코카-콜라사는 전 세계적으로 프랜차이즈 사업 방식을 재생산하는 데 집중하기 시작했다. 본사의 임원진들은 프랜차이즈 방식이 비용 절감에 효과가 있다고 생각했다. 판매하는 지점과 가까운 곳에서 제품을 생산할 경우 운송비용과 품질 손실비용이 대폭 줄어들었기 때문이다.

해외시장에 보틀링 업체가 설립되기 전 코카-콜라사는 선박을 이용해 해외 청량음료 판매상이나 소매상에게 시럽이나 병에 담긴 완제품을 보냈다. 그러나 미국 외의 국가에는 청량음료 판매상이 거의 없었고, 깨지기 쉬운 유리병이 담긴 큰 상자를 증기선이나 철도로 운송하는 것은 비용이 많이 들고 비효율적이었다. 병이 파손되거나 내용물이 부패할 경우 기업의 제품 생산과 명성이 위태로워질 수도 있었다. 물론 스위프트Swift나 하인즈HEINZ 등 초창기 국제적인 식품 제조업체처럼 해외에 자체 제조 공장을 세울 수도 있었다. 해외 공장에 직접투자를 할 경우 잠재적 시장에 더 가까이 다가가고, 운송비나 파손에 따른 손실비뿐 아니라 수입한 재료에 부과되는 관세도 피할 수 있었다.[7] 그러나 해외에 자체 제조 공장을 세울 경우 사회 기반시설에 지속적으로 막대한 비용을 투자하며 깨끗한 물과 가격 변동이 심한 설탕 등 재료를 현지에서 직접 확보하고, 현지 인력도 관리해야 했다. 전부 사회적 책임과 법적 책임이 따르는 일이었다.

코카-콜라사는 결국 생산 자체를 외재화하는 방법을 선택했다. 국제화에 수반되는 비용과 위험을 피하는 세계화 방식은 코카-콜라사가 적은 비용으로 빠르게 성장하는 데 기여했다. 코카-콜라사가 프랜차이즈를 활용한 최초의 기업은 아니었지만 이들이 초기에 채택한 프랜차이즈 생산 방식은 가히 독보적이었다고 말할 수 있다. 물론 (신선한 과일이나 맥주처럼) 특별한 관리가 필요하거나 (재봉틀이나 수확용 기계 등) 전문 서비스가 필요한 제품을 제작하는 이들도 중개인과의 계약을 통해 독립적 거래자로 활동했다. 그러나 이는 소매상 프랜차이즈였다. 코카-콜라사의 방식은 이와 달랐다. 해외에 제조 공장을 설립하고 인력을 확보하고 제품을 생산하는 비용뿐 아니라 해외시장과 관련 책무를 점검하는 복잡한 절차를 프랜차이즈 가맹점에 전부 외주로 주었다. 재료를 구하는 비용조차 외재화가 가능했다. 특히 개발도상국에서 구하기 어려운 재료, 즉 깨끗한 식수 등 대표적 재료나 설탕처럼 가격 변동이 심한 재료를 외재화할 수 있었다. 1차 세계대전 기간 시장이 혼란스러울 때 해외 생산시장에 진출하는 데 실패한 경험을 통해 코카-콜라사의 임원진들은 보틀링 업체가 직접 재료를 찾아 비용을 지불하며, 한 발 더 나아가 직접적인 투자보다 해외 제조 공장에 허가권을 주는

것이 비용 면에서 훨씬 저렴하고 덜 위험한 방법임을 확신하게 되었다.#8

  영어 단어 '프랜차이즈'의 역사를 살펴보면 이 기업의 역사에 대해 많은 것을 알 수 있다. 19세기와 20세기에 이 용어는 '공공서비스의 개인적 수행'에 대한 답례로 정부가 법인을 설립한 개인에게 이에 합당한 한정적 책임이나 독점권 등 특혜를 부여한다는 의미로 사용되었다. 1950년대가 되면서 '프랜차이즈'의 현대적 의미가 등장했다. 이 단어의 의미 변화를 보면 미국 문화와 법에서 기업의 권리가 어떻게 재정의되었는지 알 수 있다. 기업의 프랜차이즈 권리와 자유는 정부나 대중을 상대로 한 계약적 서비스가 아니라 한 기업체가 다른 기업체에 부여하는 하청계약 권리와 자유를 뜻하게 되었다. 프랜차이즈는 (실제로는 그렇지 않을지라도) 법적으로 독립적인 두 기업 간의 관계를 통해 제품과 생산을 분배해 대규모 기업을 관리하는 방식으로 자리 잡게 되었다. 물론 상당수의 프랜차이즈 가맹점은 독립적인 기업과 거리가 멀었다. [제품 구매 시 의존도, 배타조건부거래거래 상대방이 자기 또는 계열회사의 경쟁사업자와 거래하지 못하도록 하는 것을 조건으로 거래 상대방과 거래하는 행위-옮긴이, 사업정책, 기업 이사회 참여, 주식이나 부채에 대한 소유권 등] 현실적으로 프랜차이즈 가맹점은 계약서상에서보다 모기업에 경제적으로 얽매여 있어 결코 자유시장이라고 할 수 없기 때문이다.#9

프랜차이즈 방식의 사회적·문화적 논리

프랜차이즈에는 경제적 동기나 파급 효과뿐 아니라 (다른 국제적인 기업 구조와 달리) 사회적·문화적 논리도 존재했다. 프랜차이즈는 국제무역이나 해외 계열사와 다른 자본주의적 국제화 방식으로, 이 방식이 낳은 사회관계와 문화적 형태를 통해 그 모습을 확인할 수 있다. 먼저 사회적으로 프랜차이즈 방식은 보틀링 업체와 코카-콜라사 간에 상호의존성을 낳았다. 이 두 조직 간에는 협상과 협력이 빈번하게 이루어질 수밖에 없었다. 당연하게도 프랜차이즈는 의사소통 방식에 영향을 미쳤다. 동시에 코카-콜라 제품과 생산을 지역적이면서도 세계적으로 만드는 문화적 상징물의 역할도 했다. 결국 코카-콜라 글로벌 시스템의 사회적·문화적 차이를 조율하기 위한 전략의 핵심이 되었다.

코카-콜라사는 보틀링 업체를 지역 중개인으로 활용했다. 보틀링 업체가 지역 언론에 코카-콜라를 광고하고, 지역 판매상과 거래하면서 현지에 자사의 사업을 뿌리내리도록 했다. 1920년대부터 1940년대까지 코카-콜라사가 전 세계로 뻗어 나가던 시절, 광고의 목적은 소비자에게 코카-콜라를 생산하는 현지 보틀링 업체를 알리는 것이었다. 즉 이들 업체를 독립적인 지역 사업체로 홍보함으로써 코카-콜라를 지역과 연결시키는 한편 초국가적 브랜드가 상징하는 현대성과 연결 짓기도 했다.

물론 프랜차이즈 방식을 활용할 경우 통제권을 상실할 수도 있었다. 실제로 기업의 임원진은 독립적으로 운영되는 '해외' 보틀러가 사업을 확장하고 생산 표준을 준수하며 제품을 충분히 홍보할 거라고 기대할 수 없다면서 우려를 표했다. 이런 상황에서 코카-콜라사의 보틀링 계약과 독점권은 프랜차이즈 시스템 내에서 통제력을 발휘할 수 있는 합법적이면서도 경제적인 구조를 갖추고 있었다. 보틀링 계약은 프랜차이즈 가맹점에 원액을 구입해 음료를 생산하며, 상표를 달아 홍보하고, 지정된 지역에 판매할 수 있는 권한을 주었다. 동시에 코카-콜라사는 이를 통해 생산과 홍보, 판매 관행을 엄격하게 관리할 수 있는 권한을 갖게 되었다. 예를 들어 1927년 해외 보틀링 업체와의 계약을 살펴보면 코카-콜라사에 훨씬 유리한 조건이었다. 이 계약에 따르면 보틀링 업체는 "기업이 만족할 만한 수준으로 생산과 유통에 투자해야 한다. …… 또한 언제나 이 기업이 정한 높은 기준을 준수해야 하며, 적절한 방법을 통해 적극적으로 해당 지역 내에서 더 많은 음료를 판매하도록 장려해야 한다. 보틀링 업체가 제작한 광고는 기업의 승인을 받아야 한다. 자재와 물자는 기업이 승인한 제조업체를 통해서만 구입해야 하며, 코카-콜라 브랜드의 '대체품이나 모조품'으로 여겨지는 음료를 취급해서는 안 된다. 기업이 정한 지역의 음료 수요를 충족시키지 못할 경우 계약 위반으로 취급한다"라는 조건을 준수해야 했다.#10

처음 시장에 등장했을 때 코카-콜라는 지역에서 생산되고 유통되는 수천 개의 음료 가운데 하나에 불과했다. 현지 시장에는 병맥주, 알코올성 음료, 특허받은 약, 과일주스, 탄산음료를 비롯한 온갖 청량음료가 판매되고 있었다. 20세기에 코카-콜라사(그리고 훗날 펩시-콜라사)는 인수·합병, 광고, 상표권 소송, 영업 비밀 보호를 비롯한 제한적인 프랜차이즈 계약을 통해 상권을 통합했다. 프랜차이즈 가맹점은 계약상 코카-콜라 제품만 생산해야 했고, 기업이 요구하는 표준을 충족시키려면 끊임없이 투자해야 했기 때문에 기존에 자체 개발한 청량음료의 생산을 중단할 수밖에 없었다.

코카-콜라사는 계약서의 구속력을 굳이 들먹이지 않도록 가맹점을 고를 때 신중을 기했다. 20세기 중반 이후 코카-콜라의 명성이 높아지면서 코카-콜라사는 프랜차이즈 가맹점 지원자들 가운데서 까다롭게 최종 가맹점을 골랐다. 1950년《타임》의 표지 기사를 보면 이 과정과 권력에 내재된 역학을 엿볼 수 있다. "수많은 지원자(전 세계에서 1,000명이 넘는 지원자가 몰렸음) 가운데서 최종 보틀링 업체를 선택하는 코카-콜라 엑스포트 코퍼레이션의 행동은 동화에 나오는 공주의 남편감을 고르는 왕과 비슷하다." 코카-콜라사의 세계화가 막 시작된 당시에도 보틀링 업체는 기업이 요구하는 수준에 맞춰 코카-콜라를 생산하고 유통하며 홍보하는데 충분한 자금력을 입증해야 했다. 보틀링 업체의 자체 사업 이익은 기업의 이익에 부합해야 하거나 최소한 이윤 동기를 침해하지 않아야 했다. "지원자들은 지역의 경제적·정치적·사회적 맥락에서 코카-콜라 산업이 자리 잡는 데 앞장서도록 인격과 명예, 현지 명성도 입증해야 했다."#11

사실 보틀링 업체 선정에는 수많은 위험이 뒤따랐다. 프랜차이즈 방식은 코카-콜라사가 직접 채용하지 않은 외부인의 손에 의존할 수밖에 없었다. 관점이나 관심사가 다르고 수천 마일 떨어진 곳에 살고 있는 이들이 코카-콜라 사업을 대변하고 성장시킬 거라고 믿을 수 있어야 했다.

결국 코카-콜라사는 보틀링 업체와의 사업 관계를 정립하기 위해 몇 가지 사회적·문화적 전략을 수립했다. 1926년 코카-콜라사는 국무부State Department에서 영감을 얻어 외무부Foreign Department를 만들었다.#12 새로운 프랜차이즈를 수립하고 해외 보틀링 업체의 생산과 마케팅을 감독하며, 미 정부와 외국 정부를 상대로 로비 활동을 펼치기 위해서였다. 1930년 코카-콜라사는 이 부서를 뉴욕에 위치한 자회사 코카-콜라 엑스포트 코퍼레이션Coca-Cola Export Corporation으로 전환했으며, 이 회사의 국제적 확장을 위해 더 많은 재정 자원과 인적 자원을 투입했다. 엑스포트 코퍼레이션은 원액을 판매(하거나 때로는 생산)하고 마케팅 문구를 지역화하며 보틀링 업체의 사업 운영을 지원하고 점검하기 위해 전 세계에 지사와 자회사를 설립했다.

이곳에서 일하는 코카-콜라 '필드맨'은 엑스포트에 몸담기 전 보통 코카-콜라사의 본사나 보틀링 공장에서 일했고 뉴욕과 애틀랜타에서 몇 주 동안 훈련을 받고 미국 내 여러 공장에서 생산의 모든 과정을 경험했다. 훈련의 목적은 기업을 대표하는 이들에게 코카-콜라 산업을 완벽하게 교육시킨 뒤 이들을 전 세계 다양한 부서에 배치하는 것이었다.

엑스포트의 필드맨은 지역 보틀러가 공장 부지를 선택할 때 도움을 주고 공장 배치 방법을 알려주었다. 장비를 구입할 때 조언해주고 제품의 품질을 점검하며, 광고 승인부터 판매원과 배달원의 훈련까지 광범위한 창업 서비스도 제공했다. 2차 세계대전 이후로 엑스포트 직원과 보틀링 업체 직원은 18주에 걸쳐 진행되는 훈련에 참여했다. 코카-콜라 엑스포트의 용어에 따르면 이 훈련의 목표는 '코카-콜라 사업'의 모든 부문에 있어 철저히 세뇌당한 사람을 양성하는 것이었다.[13] 애틀랜타에 위치한 코카-콜라 생산학교는 20세기 중반 하나의 '작은 대학교'가 되었다.[14]

엑스포트 코퍼레이션은 프랜차이즈 보틀링 업체와의 관계를 유지하기 위해 다른 수단도 강구했다. 매년 개최되는 보틀러 컨벤션도 그중 하나로, 프랜차이즈 가맹점에 만찬을 제공하고 유명인사를 초청했으며 (기업 이념의 실행이기도 한) 무대 공연까지 선보였다.[15] 또한 기업 잡지《더 레드 바렐 The Red Barrel》,《코카콜라 보틀러The Coca-Cola Bottler》,《T.O. 다이제스트 T.O. Digest》,《코카-콜라 오버시즈Coca-Cola Overseas》등을 발행해 사업 소식을 전하고 업계와 관련된 (또는 관련 없는) 당대의 정치를 논하거나 의견을 표명했다. 잡지는 보틀링 업체에 제조나 마케팅과 관련된 새로운 발전 사항을 알리고 기업이 승인한 장비와 공급자를 홍보하며 기업의 관점을 전달하는 역할도 했다.

전 세계적으로 가장 먼저 성공적인 프랜차이즈 시스템을 수립한 코카-콜라사는 자산과 소유권의 개념을 바꿨다. 그로 인해 보틀링 업체에게 독립성을 유지하면서 제품에 대한 통제권을 발휘할 수 있었다. 프랜차이즈 시스템 덕분에 코카-콜라사와 투자자는 미국 기업법에 따라 유한 책임(투자자들이 자신이 출자한 지분에 한해서만 책임을 지는 제도)의 특혜를 누렸다. 프랜차이즈 보틀링 업체가 독립적으로 기업을 운영함으로써 코카-콜라사와 투자자들은 비용, 위험, 인력과 생산에 따른 책임에서 철저히 보호받을 수 있었던 것이다.

코카-콜라사는 상품에 대한 소유권을 포기하고 프랜차이즈 방식을 택했지만 상표와 음료 제조법을 지적 재산으로 정의하고 보호함으로써 새로운 형태의 소유권을 갖게 되었다. 기업과 보틀링 업체의 관계를 결정짓는 것은 이런 무형재에 대한 소유권이었다. 기업이 지적 재산에 대한 독점권을 쥐고 있어 보틀링 업체는 코카-콜라 제품을 생산하고 판매하려면 기업에 비용을 지불하고 경의를 표해야 했다. 코카-콜라사의 동의 없이 콜라를 생산할 수 있었지만 코카-콜라 상표를 내걸 수는 없었다. 한편 코카-콜라사는 보틀링 업체에 음료 제조법과 마케팅 자료, 사업 서비스 등 지적 재산을 제공하겠다고 약속했다.

코카-콜라는 특허 제품이 아니었다. 특허를 신청할 경우 일정 기간은 타사의 복제를 피할 수 있었지만 특허 기간이 만료된 이후부터는 다른 사람들이 이를 사용할 수 있었다. 그뿐 아니라 특허 절차나 장치를 더 발전시켜 이득을 취하는 것도 가능했다. 그래서 코카-콜라사는 코카-콜라를 비롯한 다른 음료의 '비밀제조법'에 대해 특허 신청을 하지 않았으며, 아무나 이용할 수 없도록 영업 비밀로 유지했다. 비밀제조법으로 생산된 원액은 코카-콜라사 소유의 소수 공장에서 제조되어 수많은 보틀링 업체에 제공됐다. 코카-콜라사는 이처럼 노동의 세분화를 통해 보틀링 등 수공 작업은 전 세계 프랜차이즈 보틀링 업체에 맡기는 한편, 비밀제조법(그리고 청량음료와 브랜드의 창의적이고 기술적인 개발)은 밖으로 새어나가지 못하도록 했다.

'비밀제조법'보다 더 가치가 높아진 기업의 상표 역시 철저히 관리했다. 코카-콜라가 널리 유통되던 19세기 후반과 20세기 초는 상표의 황금기였는데, 기업들은 상표를 활용해 경쟁사 제품이나 상표 없는 제품과 자사의 제품을 차별화했다. 상업적 출처나 제품의 출처를 식별해주는 상표는 소비자에게 전 세계 어디서 구매하든 일관성 있고 표준적인 제품 품질을 약속했다. 기업들은 상표를 이용해 혁신주의 시대Progressive Era의 제품과 생산의 표준, 안전, 위생을 염려하는 사람들을 안심시켰다. 그들은 브랜드가 품질을 보장한다고 주장했다.#16 제조업체는 상표가 기업에도 이득이 된다고 생각했다. "기업의 명성 때문에 특정 제품을 좋게 보는 소비자"가 생겨났기 때문이다.#17 19세기 말 수많은 법정 소송 끝에 기업들은 소비자의 선의나 예상되는 수익 등 '눈에 보이지는 않지만 법적으로 수요가 있는' 무형자산의 법적 지위를 확보했다.#18 당시 자산에 대한 정의가 급격히 바뀌어 1905년 의회가 확실한 연방법을 통과시키기 전까지 상표와 관련한 법적 혼란과 몇 차례에 걸친 판결 번복이 있었다.[19] 그러나 상표가 자산으로 간주되자 곧이어 다른 제작자에게 허가권이 부여되었다. 법적으로는 단일 자원에서 추출한 것으로 취급됐지만 사실 코카-콜라사의 프랜차이즈 가맹점처럼 외지의 각기 다른 제조업체를 통해 생산되는 제품의 판매를 위해서였다.

사실상 코카-콜라사의 어마어마한 상표권 침해 소송과 법원 명령, 20세기 초에 활동한 상표법 전문 변호사 헤럴드 허시Harold Hirsch의 집요함이 "현대 미국의 상표법을 낳았다"고 할 수 있다.[20] 소비자를 끌어들이고 경쟁자를 물리치는 데 코카-콜라의 이미지가 큰 역할을 하고 있음을 파악한 경영진은 상표의 정의와 범위를 확대했다. 이들은 기업의 이름과 로고뿐 아니라 병의 크기와 모양, 상표 디자인까지 자산으로 등록했으며 이 새로운 자산권을 침해하는 이들에게 가차 없는 공격을 퍼부었다. 허시는 스펜서체로 적힌 로고, 다이아몬드 형태의 상표, 붉은색 병, 심지어 어두운 캐러멜색을 사용한 콜라를 상대로 일주일에 평균 한 건의 고소를 진행했다. 그는 이 모든 것이 코카-콜라사만 사용할 수 있는 자산이라고 주장했다.[21]

코카-콜라사는 1926년까지 7,000개가 넘는 '모방자'를 무너뜨렸다.[22] 1920년에 이루어진 상표권 침해 소송에서[23] 미국 대법원은 코카-콜라사의 손을 들어줬다. "코카-콜라는 단일 자원으로 만들어지는 단일 제품이며 지역사회에 널리 알려져 있다. 이 경우 음료가 이름을 특징짓기도 하지만 이름이 음료를 특징짓는다고 해도 과언이 아니다"[24]라는 판결을 내렸다. 코카-콜라는 재료(코카나 콜라 조금)의 총합이 전부가 아니지만 그 자체로는 단일 제품이었다. 게다가 그런 재료로 누구라도 음료를 만들 수 있었지만 상표 등록된 음료는 코카-콜라뿐이었다. 코카-콜라는 비슷한 상징을 사용하는 제조업체의 공격에서 보호받을 수 있었다. 그들이 자신의 제품을 홍보하는 것도 코카-콜라의 이름과 선의를 침해하는 것으로 여겨졌다. 코카-콜라사는 잠정적인 해외시장에서 선제적으로 상표를 등록해 공격적으로 경쟁자와 모방자를 고소했고, 그 과정에서 국제 지적재산권법의 주요 판례를·남겼다.

코카-콜라사처럼 다국적 기업의 경우, 상표는 사업의 확장과 사업 관계를 통제할 수 있는 수단이기도 했다. 코카-콜라사는 상표가 등록된 제품의 생산을 대부분 직접 관리했으며, 일관성을 갖춘 고품질 이미지를 유지하기 위해 보틀링 업체에게 엄격한 지침이나 검토 아래 자사의 브랜드 제품을 생산하도록 했다.

그러나 해외시장에 자사의 제품을 광고하는 일은 세계화를 꿈꾸던 코카-콜라사에 난제로 다가왔다. 기업은 보틀링 업체가 해외시장에 자사의 제품을 적극적으로 홍보하고 성공적으로 선보이기를 바랐다. 그러나 기업이 문화적인 제품을 계속 통제하는 가운데 보틀링 업체의 활동을 장려한다는 것은 쉽지 않았다. 프랜차이즈 보틀링 업체는 엑스포트 코퍼레이션과 관심사나 관점이 달랐기 때문이다.

커피 자본주의의 나라에 코카-콜라를 소개하다

코카-콜라사는 자사의 프랜차이즈 시스템을 영세사업자의 집합으로 묘사했지만, 실제로는 유명하고 안정적인 사업체에만 프랜차이즈 가맹권이 주어졌다. 코카-콜라사는 처음 보틀링 사업을 시작하는 기업과 계약을 맺을 때 제품 생산과 유통, 마케팅에 투자할 충분한 여력을 가진 현지 기업이나 업계 엘리트를 선호했다. 그래서 프랜차이즈 지원자들은 '필요한 투자'와 '충분한 자금'을 제공할 수 있는 능력을 입증해야 했다. 이 두 가지 조건은 엑스포트가 해외 보틀링 업체를 대상으로 자체 출간하는 잡지《코카-콜라 오버시즈》에서 가장 많이 언급되고 중요하게 다뤄지는 문구였다. "해외 보틀링 업체는 사업을 시작하려면 적절한 투자를 해야 한다. 공장 문을 여는 날부터 적극적이고 꾸준하게 사업을 발전시킬 만한 자금이 없는 지원자는 본사에서 승인하지 않을 것이다."[25] 또한 보틀링 업체 지원자는 정치적·경제적 연줄이 있거나 최소한 자본가 계급에 속해야 했다. 이런 투자자는 코카-콜라사에 현지 엘리트를 소개해주었고, 그 대가로 자신은 제품과 사업에서 발생하는 수익과 특권을 누렸다. 전 세계 수천 명의 사업가가 프랜차이즈 소유권을 통해 코카-콜라사의 기득권을 누렸으며, 그 결과 코카-콜라사는 스탠더드 오일이나 유나이티드 프루트사 등 라틴아메리카의 유명한 초국가적 기업이 직면한 국유화 협박에서 벗어날 수 있었다.[26]

코카-콜라사는 지역 소유의 독립적인 프랜차이즈 보틀링 업체를 내세웠지만 해외시장에 첫발을 내디딜 때는 미국 제국의 연장선과 다를 바가 없었다. 코카-콜라사는 보통 현지에서 활동하는 미국 단체(개인, 법인, 심지어 군사단체)와 계약을 맺었다. 미국 기업에 프랜차이즈 가맹권이 주어지기도 했는데, 이들 기업은 현지 국가에 경제적·정치적으로 막대한 영향을 미쳤다.

코카-콜라사와 프랜차이즈 계약을 진행한 보틀링 업체는 때때로 현지 엘리트나 자본과 결탁했다. 그리하여 코카-콜라사 가문인 스태튼Statons은 콜롬비아를 비롯해 상당 지역의 라틴아메리카에서 코카-콜라 보틀링 사업을 점령했다. 코카-콜라사는 중요한 순간마다 직접 나서 보틀링 업체의 경영에 깊이 개입했고, 보틀링 업체에 투자금을 연결해주거나 직접투자를 감행하기도 했다. 때로는 상당수의 지분을 보유하거나 보틀링 업체를 인수하기까지 했으며, 이런 투자를 통해 자신들이 선호하는 보틀링 업체의 성장을 지원했다. 한편 문제 있는 보틀링 업체는 철저한 감시와 관리의 대상이 되었다. 보틀링 업체의 지분을 대거 매입하고 이사회에 자사의 임원을 심기도 했다. 다른 보틀링 업체가 문제 있는 업체를 인수하도록 장려했으며, 새로운 프랜차이즈 가맹점을 확보하거나 보틀링 계약을 까다롭게 하는 등 온갖 방법을 동원해 관리했다.[27]

코카-콜라가 처음 라틴아메리카에 들어왔을 때는 깨지기 쉬운 병의 형태였으며, 코카-콜라 시럽은 소수의 관광객과 이국적인 식당에만 제공되었다. 콜롬비아에 공장이 세워지기 전까지 코카-콜라는 소수의 콜롬비아인만을 위해 존재했다. 1927년 코카-콜라사는 콜롬비아 최초의 보틀링 업체인 포스토분Postobón(당시에는 포사다 앤 토분)과 계약을 맺었다. 메데인, 페레이라, 보고타 공장에서 음료를 생산하고 유통하는 업체였다.[28]

젊은 제약사 올라르테 벨라리오 토분과 유명한 기업가 가브리엘 포사다 빌라는 수입 탄산음료를 모방한 음료를 제작하기 위해 1904년에 포스토분을 설립했다.[29] 이들은 산업화된 메데인의 도시민을 대상으로 베비다스 가세오사스Bebidas gaseosas를 생산하기 시작했다. 포스토분은 여러 개의 공장을 세워 생산을 늘린 지 얼마 되지 않았음에도 콜롬비아에서 가장 크고 유명한 청량음료 회사로 급부상했다. 이는 코카-콜라 창업자 아사 캔들러와 마케팅 혁신자 프랭크 로빈슨이 1880년대 초 발전하기 시작한 '새로운 남부' 도시 애틀랜타에 코카-콜라를 공급하던 것과 비슷한 스토리를 가졌다.[30]

　19세기 말 메데인의 극적인 경제 성장은 병 음료 사업의 부상과 시기를 함께했다. 이 도시는 해외에서 수입하거나 국내에서 생산된 식품과 상품을 인근의 커피 생산 지역이나 금 채광 지역에 공급하는 상업 중심지가 되었고, 파이사Paisa 상인이 부를 축적하는 데 일조했다.[31] 도시 상인들은 주로 직물 생산에 투자했지만 커피 포장 공장, 담배 공장, 초콜릿 생산 기업, 맥주 공장이나 보틀링 공장에도 투자했다.[32] 교육과 경제적 기회를 박탈당한데다가 시골 지역의 높은 폭력성에 방황하던 젊은 캄페시노Campesino, 라틴아메리카의 농장 노동자-옮긴이들이 도시로 향하면서 1930년대 이후 메데인은 급격한 도심화가 진행되었다. 도시경제와 산업임금의 영향으로 형성된 중산층은 일하고 쇼핑하고 먹고 마시며 코카-콜라 같은 대량 소비재시장의 주요 소비자가 되었다.[33]

　전 세계 보틀링 산업의 성장과 코카-콜라 같은 브랜드의 세계화에 발맞춰 병 음료는 대량 생산되는 소비재가 되었다. 포스토분은 콜라-샴파냐(1904년에 등장한 콜라), 프레스콜라/파퓰러(1918년에 등장한 콜라), 과일 맛의 탄산음료와 아구아 크리스탈(1917년에 등장한 여과수) 등을 출시해 이런 붐에 일조했다. 따라서 1927년 포스토분이 콜롬비아 시장에 코카-콜라를 선보였을 때는 이미 자사의 제품을 비롯해 수많은 경쟁 제품이 존재했다. 코카-콜라는 콜롬비아 음료시장에서 유통되고 있는 (훗날 포스토분이나 코카-콜라사가 대부분 인수한 가세오사스 럭스, 가세오사스 콜롬비아나스 등) 여러 음료와 경쟁해야 했다. 여기에는 (세르베세리아 바바리아처럼 경제적 영향력이 있는 소수의 맥주 공장에서 생산된) 맥주, 수입 술과 콜롬비아의 최대 수출품인 커피 등도 있었다. 그중 커피에 대한 콜롬비아의 경제 의존도와 그에 따른 자유무역 이념, 미국 자본주의 세력과의 결탁은 코카-콜라가 이 땅에 자리잡을 수 있는 발판이 되어주었다.

코카-콜라사는 1920년대 콜롬비아에 진출했다. 자유방임주의가 주요 경제정책으로 떠오르고 미국이 재정적·상업적 해외 투자를 통해 영향력을 확대해 나가던 때였다.[34] 재정적·상업적 해외 투자는 자유개발주의 핵심 이념으로,[35] 미국 등 선진국과의 자유로운 경제관계를 통해 경제 발전과 현대화를 추구했다. 콜롬비아는 특히 미국과의 무역에 개방적이었다. 커피 농작물을 판매할 수 있는 자유시장을 원한 농업 분야의 엘리트들이 신흥 계층과 산업주의자보다 큰 영향력을 갖고 있었기 때문이다.

1903년 콜롬비아는 경제적·전략적으로 중요한 영토(훗날 파나마)를 미국에 빼앗겼을 때 이미 미국의 힘이 어느 정도인지 실감했다. 그후 미국과의 관계에는 경제 발전과 현대화라는 목표를 달성하기 위해선 미국과 협력해야 한다는 콜롬비아 엘리트들의 생각이 반영되었다. 콜롬비아 정부는 미국의 투자를 유치하기 위한 정책을 수립했으며, 미국 경제 전문가를 초청해 콜롬비아 경제의 방향에 대한 조언을 구했다.

콜롬비아의 정치적·경제적 엘리트는 미국의 엘리트처럼 경제적·사회적으로 개발주의를 선호했다. 그들은 극심한 사회불평등 현상이 인종, 민족, 계층의 차이에 따른 어쩔 수 없는 결과라고 합리화하면서 좀 더 '발전된' 해외 국가나 산업, 특권을 누리는 사회단체와 긴밀한 관계를 맺을 경우 콜롬비아가 소외와 '낙후'에서 벗어나는 데 도움이 될 거라고 생각했다.[36] 1920년대까지 마르코 피델 수아레스 콜롬비아 대통령은 '북극성을 따른다'는 뜻의 라틴어구 '레스피체 폴룸Respice polum'을 주창하며 자국의 외교정책과 경제 이익을 미국의 정책과 일치시킨다는 기조를 내세웠다.[37]

경제적·정치적 역사를 고려할 때 1920년대 콜롬비아는 해외 투자처로 매력적인 곳이 아니었다. 19세기에 경제의 세계화 붐을 타고 라틴아메리카 곳곳에서 새로운 무역망이 생겨났을 때만 해도 콜롬비아는 이 지역에서 주목받지 못하는 시장이었다. 운송 기반시설이 형편없었으며 지리상의 지형뿐 아니라 정치 지형도 복잡하고 험난해서 해외 자본의 접근이 어려웠다.[38] 콜롬비아는 독립을 거머쥔 첫 세기에 세 번의 군사 쿠데타와 두 번의 국제 전쟁, 아홉 번의 내전을 겪었으며 그중 천년의 전쟁the War of a Thousand Days은 1902년에서야 끝이 났다. 당시 콜롬비아 정부는 빚에 허덕이며 세금을 통해 적은 수입을 거두고 있었다.

그러나 1920년대가 되자 미국 자금을 비롯해 코카-콜라 원액이 콜롬비아에 대량으로 들어왔다. 1919년 미국은 콜롬비아, (지협 겸 식민지인) 파나마와 성공적으로 평화조약을 맺은 후 파나마에 대서양과 태평양을 잇는 가장 짧고 빠른 항로를 제공하는 대륙 횡단 운하를 건설했다. 이 조약을 맺는 조건으로 미국은 콜롬비아에 2,500만 달러의 보상금을 지급하겠다고 약속했다. 자금이 절실했던 콜롬비아 정부는 미국 정부가 파나마의 '독립'을 사주한 것에 대해 유감스럽게 생각한다는 말을 계약서에 포함시키지 않겠다고 했음에도 이 조약을 받아들였다. 미국은 여기에 그치지 않고 미국 기업이 석유 탐사와 개발을 하도록 콜롬비아의 하층토에 대한 통제권도 앗아갔다.[39]

미국 은행도 콜롬비아의 금고를 배불리는 데 일조했다. 미국 은행은 1920년대에만 콜롬비아 연방정부, 주정부 등에 약 2억 달러를 빌려주었다.#40 '머니 닥터'라 불리는 프린스턴대학교 경제학자 에드워드 케머러는 콜롬비아에서 1인 '국제 자금 펀드'로 활동하며 콜롬비아 정부의 재정과 국가 재정 시스템을 전면 개혁하기 위해 (안데스 라틴아메리카와 아프리카, 동유럽, 동아시아 일부 지역에서 반복된) 안정화 미션에 착수했다.#41 콜롬비아 정부는 자국을 매력적인 해외 투자처와 대출지로 만들기 위해 미국을 본보기로 삼았다. 그리하여 케머러를 고용해 콜롬비아 중앙은행을 설립하고 콜롬비아 화폐를 금본위제에 고정했으며, 콜롬비아 경제를 자유개발주의 체제로 바꾸었다. 그러면서 미국이 점령한 국제무역과 재정 네트워크에 대한 의존도가 한층 높아졌다.#42 미국이 중앙아메리카와 카리브해 지역에 강압적으로 시행한 정책의 상당 부분이 합의를 통해, 현지 경제를 위한다는 명목 아래 콜롬비아에서도 반복되었다.#43

미국 자본가와 정부 재정 고문, 기업 임원은 '자본투자제국주의Capital investment imperialism'를 이용했다. 국내에서 포화 상태에 이른 산업의 수익 확보를 위해 해외시장으로 눈을 돌린 그들은 라틴아메리카에 자본주의의 이념을 널리 알리는 '재정 선교사'로 활동했다.#44 1920년대 말 콜롬비아의 국민소득은 1인당 500달러에 불과했으며, 소비자 구매력은 미국 국민의 20분의 1 정도였다. 경제 성장의 혜택은 콜롬비아 인구의 상위 10퍼센트에 집중되었고 그 아래로는 스며들지 않았다.#45 이런 상황에서 미국의 투자는 자신들이 만든 제품을 살 수 있는 콜롬비아 소비자의 역량을 향상시키고자 하는 자본주의자의 이기심에서 비롯되었다.

이런 동기로 미국은 콜롬비아에 막대한 자금을 빌려주었다. 그리하여 1920년대 말 소위 프로스페리달 알 데베Prosperidal al debe, 빚잔치#46를 통해 은행, 농업 부문, 신흥 산업 계층을 비롯한 콜롬비아의 모든 행정부는 막대한 자금과 부채를 끌어들였다.#47 콜롬비아 커피 자본주의가 완전히 자리를 잡게 된 것이다. 커피는 매년 생산량이 늘고 가격이 꾸준히 상승했으며, 생산 지역에 지속적으로 자금이 흘러들어갔다.#48 커피 생산을 관리하는 것은 콜롬비아인이었지만, 사업에 들어간 자금은 미국 시장에 채권을 발행하는 모기지 은행에서 빌린 융자금이었다. 해외 은행에 진 빚은 자재의 원활한 이동을 위해 운송과 통신 관련 사회기반시설 등 공공 사업 자금으로 활용되기도 했다.#49

미국 경제에 속박당하면서 콜롬비아가 채택한 제도와 관행은 세계 경제 침체기에 문제를 불러일으켰다. 그러나 1920년대에는 평화조약으로 받은 보상금과 은행 대출금, 커피 판매 수익 덕분에 콜롬비아인들이 '넘쳐나는 부'를 즐길 수 있었다. 도시화와 소매업 부문의 성장은 콜롬비아 역사상 최초로 직물과 가공식품, 병 음료 등 비내구성 제품시장이 확장되는 데 기여했다.#50

코카-콜라와 현대적인 자본주의의 맛

1920년대 말과 1930년대 초 콜롬비아에서 시행된 코카-콜라사의 초창기 광고에는 성장하는 다국적 기업과 라틴아메리카 프랜차이즈 가맹점이 선보이는 세계적 제품에 내재된 복잡하고 상징적인 정치가 반영되어 있다. 메데인의 주요 일간지 《엘 헤랄도 데 안티오키아》#51에 실린 광고는 코카-

콜라를 현대적인 사업과 문화의 상징물로 홍보했다. 1920년대와 1930년대에 미국 제품은 콜롬비아 시장에서 생소했고, 미국의 권력 횡포로 부정적 이미지가 강했다. 미국 대출기관은 콜롬비아 정부가 국내 석유 매장고 보호법을 제정하자 이를 못마땅하게 여겨 1928년에 융자금을 삭감했다.[#52] 그뿐만이 아니었다. 콜롬비아 군대는 1928년 유나이티드 프루트사와 결탁해 산타마르타의 바나나 노동자를 학살했으며, 1927년과 1929년에는 트로피컬 오일 컴퍼니를 보호하기 위해 콜롬비아의 바랑카베르메하에 미군이 주둔하기도 했다. 기업의 이익을 보호하기 위해 미국 군대가 개입한다는 명분으로 자행된 이들 조치는 현지인의 분노를 자아내기에 충분했다. 따라서 포스토분의 첫 코카-콜라 광고는 전략적으로 이 음료의 북아메리카 정체성이 아니라 세계적인 인기를 강조해 코카-콜라를 현대적 취향과 사회적 지위를 상징하는 국제적 지표로 홍보했다.

광고에서 코카-콜라는 '전 세계적으로 사랑받는 음료'로, 현대적이고 세련된 분위기의 도회적인 남성과 여성의 '까다로운 입맛'을 만족시킨 제품임을 강조했다. 또한 "이 음료가 목마른 유럽인들의 갈증을 해소해준다"라고 홍보했는데, 유럽은 콜롬비아 엘리트층이 따르고자 하는 취향과 문화를 가졌기 때문이다.[#53] 다른 문화 제품을 수용하는 문제를 직접적으로 다루면서 사회의 최고위층을 통해 '전 세계'에서 소비되는 코카-콜라를 콜롬비아인들도 받아들이라고 촉구했다.

또 다른 광고 "부에나 콤파니아Buena Compania, 좋은 기업"에서 단어 'company'는 이중적 의미로 사용됐다. 코카-콜라를 마시는 전 세계의 젊은이들과 이 음료를 생산하는 회사를 상징했는데, 이는 코카-콜라가 사회

생활뿐 아니라 현대적 자본주의와도 잘 어울린다는 것을 보여준다. "코카-콜라는 카지노 테라스, 클럽, 연회장, 카페 등에서 품격을 갖춘 젊은이들이 선택한 음료로, 전 세계적으로 이처럼 널리 알려진 음료는 없다"[54]라고 홍보했다. 광고에 묘사된 코카-콜라사의 거침없는 성장이 오늘날에는 미국 기업의 불편한 영향력 행사로 느껴진다. 그러나 1930년대 콜롬비아인들에게는 코카-콜라의 절대적 품질이 실현되는 현대화의 기쁨을 환기시켜 주었을 것이다.[55]

포스토분은 소비자뿐 아니라 잠정적 판매상에게도 코카-콜라사가 '좋은 기업'이라고 홍보하며 제품을 판매했다. "쿠안도 익시스테 라 데만다 Cuando existe la demenda, 수요가 있을 때" 광고는 '품질과 광고로 탄생한 수요' 덕분에 판매자가 코카-콜라를 쉽게 판매할 수 있다고 강조한다. 코카-콜라의 평판에서 비롯된 소비자의 호의와 다국적 기업이 제작한 광고를 통해 의미를 갖게 된 코카-콜라 상표가 "소매상의 일을 덜어주며 저렴한 모방 제품과 비교해 2배나 높은 수익을 안겨준다"라고 주장했다. 상인들이 소비자에게 제공하는 저렴한 '모방재와 대체재'는 값비싼 코카-콜라에 위협을 가했는데, 이 광고는 비싸지만 널리 홍보된 제품의 수익을 내세우며 상인들을 설득하는 한편 코카-콜라가 모방할 만한 가치가 있다고 말한다. 광고의 주장대로 "수요가 있을 때는 좋은 물건을 대량으로 판매하기가 쉬웠다". 소비자에게는 자산을, 판매자에게는 이익을 안겨주기 때문이다.[56]

광고 아래쪽에는 포스토분이 유일한 공식 프랜차이즈 보틀러라고 명시되어 있는데, 코카-콜라 생산과 현대적 자본주의에서 이 콜롬비아 기업이 맡은 역할을 잘 보여준다. 광고와 기업 간행물에 명시된 것처럼 코카-콜라사의 초기 세계화 과정에서 프랜차이즈의 문화적 논리는 보틀링 업체를 신뢰할 만한 엄선된 산업 엘리트이자 현대적 형태의 생산과 소비를 연결시켜 주는 전달자로 규정했다.

그러나 광고의 이런 요소들은 콜롬비아의 코카-콜라 보틀링 시스템과 마케팅 시스템의 미숙함뿐 아니라 주로 미국에서 생산되는 코카-콜라 브랜드가 먼 거리의 시장에 미치는 상징적 힘의 한계도 드러냈다. 콜롬비아의 초기 지면 광고 중 하나는 스페인어로 번역도 하지 않고 미국 시장에서 사용된 그대로를 내보냈다. 광고 "붉은 신호에서 멈추시오"는 "걸음을 멈추게 만들려면 좋은 제품이어야 한다"라는 메시지를 전달함으로써 콜롬비아에서 코카-콜라의 존재를 합리화시켰다. 이 광고는 소비자에게 붉은 신호를 볼 때마다 코카-콜라를 생각하며 멈출 것을 촉구했다. 20세기 초 일상화된 이런 전략은 코카-콜라를 '화살'이나 '신호'와 연관시켜 현대의 일상에 만연해진 상징을 향한 소비자의 자동적 반응을 불러왔다. 그러나 소수의 콜롬비아인만 읽을 수 있는 영어로 광고를 실어 광고 자체는 의도치 않게 혼란스러움을 낳았다.[57]

1929년 코카-콜라사는 보틀링 업체를 위한 잡지 《더 레드 바렐》에서 코카-콜라가 이미 콜롬비아 대중에게 널리 알려진 제품이라고 자랑했으며,[58] 《코카-콜라 보틀러》에서는 "콜롬비아 내 20개 코카-콜라 공장에서" 코카-콜라가 생산되고 있다고 떠벌렸다.[59] 콜롬비아의 역사적 사진을 통해 이런 사실이 단순한 떠벌리기가 아님을 확인할 수 있다. 말이 끄는 수레가 코카-콜라를 배달하는 모습, 사람이 미는 손수레에서 코카-콜라를 파는 모습, 1920년대 말 메데인과 칼리, 보고타의 레스토랑과 상점에 코카-

콜라 사인이 붙은 모습이 담겨 있었던 것이다.[#60] 1929년 6월 보고타의 반정부 시위 사진에는 광장과 도로를 행진하는 학생들과 바나나 노동자 뒤로 코카-콜라 광고판과 상점의 '코카-콜라를 마셔요(Tome Coca-Cola)' 사인이 보인다. 이는 코카-콜라가 이미 콜롬비아 주요 도시에서 시각문화의 일부가 되었음을 보여준다.[#61]

그러나 코카-콜라사는 포스토분이 주도하는 현지 활동에 만족하지 못했고, 결국 1936년 포스토분과의 프랜차이즈 계약을 종료했다. 훗날 코카-콜라사와 계약한 새로운 보틀링 업체는 이때의 계약종료 이유를 "포스트분이 생산하던 코카-콜라의 품질 저하 때문[#62]"이라고 주장했다. 콜롬비아 시장에서의 만족스럽지 못한 성과를 품질 탓으로 돌린 데는 모종의 내부 동기가 작용했을 것이다. 포스토분은 콜롬비아에서 가장 큰 청량음료 회사이자 코카-콜라사의 주요 경쟁자가 되었기 때문이다. 그후 엑스포트 코퍼레이션은 코카-콜라 제품을 주로 생산하고, 코카-콜라사의 브랜드와 이익에 전념하는 프랜차이즈를 선호하게 되었다.

콜롬비아의 청량음료 제조업체들은 코카-콜라와의 경쟁에 대비해 자사의 제품만이 진정으로 지역적이고 국가적인 음료라고 홍보했다. 포스토분은 자사의 콜라 음료인 프레스콜라/파퓰러에 더 많은 투자를 했으며, 다른 경쟁 제품인 킹 콜라를 출시했다. 또한 프레스콜라를 전통적인 콜롬비아 축제와 연결시켜 홍보했다. 1904년 크리스마스 축제를 주제로 한 광고는 메데인이 위치한 콜롬비아 주의 거주민 안티오키아Antioquia가 1904년 이후로 3세대에 걸쳐 프레스콜라를 마신다고 홍보했다(이 음료는 1918년 시장에 나왔기 때문에 사실이 아닌 마음속의 노스탤지어라고 할 수 있음).[#63] 1940년대 포스토분의 또 다른 음료 브랜드 파퓰러의 광고는 애국심에 호소하며 이 음료를 "콜롬비아인들의 음료다"라고 홍보했다. 콜롬비아를 상징하는 안데스 콘도르안데스산맥에 서식하는 대형 독수리-옮긴이를 음료 로고에 사용한 또 다른 경쟁사인 가세오사스 콜롬비아나스는 새롭게 콜-카나를 출시했으며, 콜롬비아의 삼색기를 이용하거나 이 음료를 '국가적인 제품'으로 내세우는 등 노골적으로 애국심을 이용해 '샴페인 콜라' 맛이 나는 콜롬비아나를 홍보했다.[64]

그러나 코카-콜라사는 이에 굴하지 않고 콜롬비아에 새로운 프랜차이즈를 설립할 계획을 세웠고, 이를 위한 준비 작업으로 1930년대 말 지적재산권을 적극적으로 주장하고 나섰다. 코카-콜라사는 청량음료 생산만큼이나 상표 제작(그리고 보호)에도 관심이 많았다. 코카-콜라사가 콜롬비아에 진출하기 오래전부터 콜롬비아 기업들은 콜라 열매와 코카잎에서 추출한 강장제와 약을 판매하고 있었다.[65] 코카-콜라사의 전속 국제상표법 전문가 스티븐 라다스Stephen Ladas 하버드대학교 법대 교수의 선서 진술서를 보면 코카-콜라사가 1912년 초 콜롬비아에서 상표를 등록한 이후 콜롬비아의 경쟁사를 상대로 제기한 상표권 침해 소송이 잘 기술되어 있다. 코카-콜라사는 '콜라'라는 용어를 공격의 표적으로 삼아 1939년 초에 펩시-콜라, 킹-콜라, 카페 콜라, 킨콜라, 체로콜라, 체르콜라, 치르콜라, 초르콜라, 처르콜라, 차르콜라, 라임 콜라, 리카-콜라, 포스토-콜라, 마지막으로 1918년부터 포스토분이 생산한 프레스콜라/파퓰러를 상대로 상표권 침해 소송을 제기해 승리를 거뒀다. 이는 콜롬비아에 코카-콜라 보틀링 공장이 생기기 한참 전에 있었던 일이다.[66] 코카잎의 경작과 소비가 콜롬비아에

서 오래전부터 이루어져 왔음에도 코카-콜라사는 '코카'라는 용어의 사용
에도 이의를 제기했다. 모든 법적 판결이 유효한 것은 아니었지만 어차피
이런 소송은 잠정적 경쟁자를 단념시키기 위한 조치였다. 코카-콜라사의
법적 해결사 로이 스터브스Roy Stubbs는 1940년대와 1950년대 콜롬비아를
비롯한 라틴아메리카 전역에서 코카-콜라의 경쟁사를 상대로 끊임없이 소
송을 제기했다.[67]

다국적 기업을 이용한 지역적 현대성 : 콜롬비아의 코카-콜라 보틀링 공장

1940년대 코카-콜라사는 코카-콜라 제품만 생산하는 새로운 프랜차이즈
보틀링 업체를 선정해 콜롬비아 시장, 특히 성장하는 내륙과 해안 도시에
서 우위를 점하기 위한 작업에 착수했다. 1940년 코카-콜라사는 다섯 명
의 안티오키아에게 새로운 프랜차이즈 가맹권을 주었다. 호세 구티에레
스 고메스, 다니엘 펠라레즈, 알베르토 메히아, 제주스 모라, 헤르난도 두케
로 그들이 운영하는 유한 책임회사 인더스트리얼 데 가세오사스INDEGA,
Industrial de Gasoesas Ltda는 메데인에 최초의 보틀링 공장을 설립했다.[68]
구티에레스 고메스는 1944년 설립된 콜롬비아에서 가장 큰 영향력을 지닌
기업가단체 국내산업협회ANDI, Asociacion Nacional de Industriales의 회장으
로 훗날에는 콜롬비아 주미 대사, 메데인 시장, 미주기구 상설이사회 회장
직을 맡으며 콜롬비아에서 가장 영향력 있는 재정 지도자 가운데 한 명으
로 성장한다. 그는 콜롬비아에서 가장 중요한 재정단체를 이끌고 세계은행
이나 국제통화기금IMF이 주최하는 국제 회의에 콜롬비아 대표로 참석하기

도 했다.[69] 20세기 중반 그는 콜롬비아 산업을 발전시키고 경제적으로 보호하기 위해 자신이 속한 단체의 경제적 이익이 콜롬비아와 자국민의 이익에 부합한다고 주장했다.[70] 1941년 보고타, 1944년 칼리에 보틀링 공장을 확대할 추가 자금을 찾고 있던 INDEGA는 결국 코카-콜라사의 합작회사가 되었다.[71]

코카-콜라사는 콜롬비아에서 사업을 확장하기 위해 INDEGA의 프랜차이즈에만 의존하지 않았다. 1939년 로버트 W. 영을 비롯한 여섯 명의 북미인과 계약을 맺어 항구 도시 바랑키야에 엠보텔라도라 트로피컬 유한책임회사*Embotelladora Tropical Ltda* 공장을 설립했다.[72] 바랑키야는 마그달레나 강(콜롬비아 내륙까지 이어지는 몇 안 되는 화물 수송로) 초입, 카리브해 연안에 위치했고 국제무역과 대서양 접근이 용이해 콜롬비아의 주요 항구가 되었다. 이런 지형학적 위치 덕분에 경제적·산업적 중심지이자 농작물과 가축 거래의 중심지,[73] 이주민(대부분 콜롬비아의 다른 주에서 온 이들이었지만 해외에서 오는 사람들도 있었음)의 정착지가 되었다. 그래서 병에 담긴 청량음료 같은 대량 소비재를 판매하기에 아주 적합했다. 이 지역은 미국에서 코카-콜라를 생산하기 위한 재료와 자재를 수입하기에도 용이했다. 설탕만은 예외였는데, 로버트 W. 영의 아내가 투자하는 콜롬비아의 대형 설탕 공장 마누엘리타에서 구입했다고 한다.[74] 그후 10년간 연안 보틀링 사업은 계속 성장했고 인수·합병을 통해 소수의 보틀링 업체로 통합되었다가 1970년에 INDEGA(당시에는 파남코)에 흡수되었다. 나중에 INDEGA는 단일 공장을 운영하는 소수의 독립적인 프랜차이즈를 제외하고 콜롬비아의 모든 보틀링 사업을 독점했다.

INDEGA는 콜롬비아의 코카-콜라 산업을 차지하게 되었지만 그 과정은 순탄하지도, 빠르게 진행되지도 않았다. 포스토분을 비롯한 콜롬비아 대형 음료 제조업체가 병 음료 사업을 대부분 통제했기 때문이다. 신생 기업은 경험 부족과 "경쟁사의 끊임없는 압력과 수입의 어려움으로" 고군분투해야 했다.[75] 이는 1940년대 콜롬비아의 코카-콜라 사업이 수입에 크게 의존했기 때문이다. 초창기에 보틀링 업체는 제품을 생산하기 위해 원액을 수입해야 했다. 원액은 파나마의 콜론에서 DC3기를 통해 매주 메데인에 들어왔다. 그러나 이는 시작에 불과했다. INDEGA는 "미국에서 탄산가스와 생산 설비뿐 아니라 병, 용기, 병뚜껑, 광고도 수입해야 했다."[76]

INDEGA의 성장 초기 경제개혁을 촉구하는 목소리가 점차 거세지면서 1930년대 말 콜롬비아의 좌파는 자본주의 현대화의 결실을 더 많은 사람이 나눠 갖자고 요구했다. 노동 공격성과 연맹의 급증에 발맞춰 콜롬비아 정부는 새로운 노동법을 통과시켰고, 이로 말미암아 노동조합의 창설이 용이해졌다.[77] 노동자와 지방 유권자의 지지를 받던 자유당 지도자 알폰소 로페스 푸마레호는 "혁신을 향해 나아가자Revolution on the March"라는 슬로건 아래 1934년과 1942년 두 차례 대통령에 당선되었다. 로페스의 포퓰리즘을 비롯해 작지만 큰 목소리를 내는 사회주의당과 자유당의 결탁은 당시 콜롬비아의 산업주의 엘리트에게 위협이 되었다. 콜롬비아 기업가들은 민족주의를 내세워 자신들을 향한 비난의 화살을 일부 돌려놓을 수 있었다. 그들은 사업의 성장을 위해 한층 강화된 보호주의를 밀어붙였고, 그 결과 커피 경작 수출업자를 비롯해 그들이 옹호하는 자유무역 노선과 대립하게 되었다. 콜롬비아 정부와 시장은 외국인 투자나 해외 브랜드에 개방적이었지만 1930년대에 닥친 세계적 경기침체로 미국에 의존하는 정부를 향한 비난이 더욱 거세졌다. 그리하여 콜롬비아 정부는 1936년 헌법 수정안을 통과해 "공공 사업과 사회의 이익을 위해" 주 정부가 개인의 자산을 징수하도록 했다.

그러나 자산을 징수하겠다는 위협은 현실화되지 못했다. 2차 세계대전을 비롯해 실패로 돌아간 쿠데타, 대통령 사임, 대규모의 정치적 폭동 등 1940년대와 1950년대 불어닥친 혼란스러운 정치 상황으로 개혁안이 좌절되었기 때문이다. 로페스 대통령은 보호주의를 전적으로 지지하지 않았으며, 관세 장벽을 "소수의 배를 불리기 위해 다수에게 세금을 부과하는 조치"로 보았다. 그는 이 조치로 해외 수입품의 가격이 상승하고 독점 기업이 기승을 부리며 노동자가 빈곤해지고 기업 소유주만 돈을 번다고 생각했다.[78] 그리하여 콜롬비아 정부는 자유무역 기조를 유지하며 1935년에 미국과 무역협약을 맺었다. 그로 말미암아 200개가 넘는 미국 제품의 관세가 낮아지고 세금이 면제되었으며, 그 대가로 콜롬비아 커피와 바나나 역시 미국에 수출될 때 세금이나 관세가 붙지 않았다.[79] 콜롬비아에서 가장 큰 영향력을 지닌 커피 생산자들은 계속 자유무역을 옹호했다. 그러나 제조 산업 분야의 엘리트들은 산업에 국가의 미래가 달려 있으며, 산업이 발전하려면 정부의 지원과 보호가 필요하다는 입장을 고수했다.[80]

이 같은 정치적 상황이 코카-콜라사에 미친 영향은 간단하지 않았다. 1930년 경쟁 제품인 '코-카나'가 코카-콜라의 약점인 '다름'을 공격하고 나선 것이다. 국제적인 현대성을 향한 보편적 열망에 호소하는 코카-콜라의 광고와 달리 경제침체기에 시행된 코-카나의 광고는 제품이 '국내 산

업'과 연결되어 있음을 강조했다. 《엘 헤랄도 데 안티오키아》에 실린 광고
는 "이 위대한 산업이 얼마나 많은 콜롬비아인을 고용하고 있는지에 주목
하기 바란다. 병뚜껑, 탄산가스, 상표, 설탕, 병, 광고, 사업에서도 콜롬비아
인을 고용한다"라고 주장했다. '콜롬비아 정신'에 근거를 둔 코-카나는 콜
롬비아인 사이에서 '자국민을 보호하는' 진정한 제품으로 인식되었다.[81]

이에 맞서 코카-콜라사는 자사의 제품을 선진국의 현대성을 상징하
는 국제적 제품인 동시에 콜롬비아 산업과 소비자가 발전하고 현대화하도
록 돕는 지역 상품이라고 홍보했다. INDEGA는 '코카-콜라사와의 계약 아
래' '품질' '순수' '준비 과정에 신경을 쓴' 등을 강조하는 광고를 내보냈고,
광고는 코카-콜라가 콜롬비아 길거리에서 만든 음료, 지역 발효 음료 또는
'덜 현대적인' 청량음료와 비교해 안전하다고 홍보했다.[82]

또한 코카-콜라사와 광고 에이전시는 시장 세분화라는 현대이론을 적
용해 '주부' '노동자' '청년시장'을 개별 사회 범주로 보았다. 보수당 편향
적인 신문 《엘 콜롬비아노》에 실린 광고는 현대 중산층의 여가 활동을 코
카-콜라와 연결 지었다. 이 광고는 코카-콜라가 갈증을 해결해주는 음료
인 동시에 주체적 소비와 여가 활동을 가능하게 해준다는 이미지를 전달
했다. 미국의 현지 광고를 각색해 코카-콜라 엑스포트가 제작한 이 광고에
는 (약간) 어둔 피부 톤의 모델이 등장했으며 스페인어 번역문이 실렸다. 콜
롬비아의 문화와 콘텍스트에 가장 적합한 이미지를 고르기 위해 애쓴 흔적
이 여실히 드러났다. 예를 들어 코카-콜라사의 "얼음처럼 차가운 코카-콜
라를 마셔요" 광고는 갈증을 해소해주는 음료라는 것을 강조하기 위해 수
영장에 느긋하게 누워 있는 부르주아의 여가 생활이나 수영[83], (스페인에서

온) 하이알라이스퀴시와 비슷한 실내 구기-옮긴이#84, (미국에서 온) 야구#85 등 콜롬비아인에게 인기를 끌고 있는 스포츠를 등장시켰다.

콜롬비아 신문이 2차 세계대전 기간 파시즘에 맞선 미국 군대의 용맹함을 치켜세우며 미국의 좋은 이웃정책을 지지하는 사설을 내보내자 미국 제품인 코카-콜라는 민주적인 자본주의의 부상을 상징하는 제품으로 인식되었다. 그럼에도 코카-콜라사는 광고를 통해 코카-콜라 제품의 현지 생산이 현대적 자본주의를 콜롬비아에 전달하는 역할을 한다고 주장하기 위해 총력을 기울였다. 모든 광고는 '코카-콜라사와의 계약 아래 제작됨'이라는 문구로 끝났으며, 현지 보틀링 업체의 기업 이름을 적어 넣을 수 있는 빈 공간이 제공되었다.

1944년 INDEGA가 메데인의 산업 역량을 기념하는 메데인전국박람회를 후원하자 코카-콜라사는 이를 자사 홍보의 기회로 삼았다. 코카-콜라는 다양한 광고를 통해 주최자로서#86 그리고 "미국인이 선호하는 음료"인 동시에 "콜롬비아 제품"으로#87 박람회장에 손님을 끌어들였다. 호황 중인 메데인의 직물 산업을 취재하기 위해 파견된 《우먼스 웨어》의 기자는 미국 입장에서 코카-콜라의 존재는 이 도시가 현대적으로 발전하고 있음을 보여주는 시그널이라고 했다. 기자는 "메데인은 미국의 오락거리를 전부 갖추고 있다. …… 그중 코카-콜라는 상당히 눈에 띄고 인기 있는 제품이다"라고 말했다.#88

코카-콜라사, 전쟁에 가담하다

1940년대 초까지 코카-콜라사는 수십 개에 달하는 해외 보틀링 프랜차이즈와 계약을 맺었다. 그러나 코카-콜라 공장은 소수의 국가에만 세워져 진정한 세계화와는 거리가 멀었다. 게다가 2차 세계대전의 발발로 설탕 등 재료비가 올랐음에도 소비자의 신뢰도는 감소했다. 이런 불안정한 상황에서 코카-콜라사는 전쟁을 세계로 뻗어 나갈 수 있는 기회로 여기고 미국 군인을 새로운 소비자로 설정했으며, 미국 정부의 기업자본주의 옹호정책에서 혜택을 보고자 했다.

미국 정부는 자본주의적 민주주의에서 탄생한 현대적인 산업 제품에 대한 기업 광고를 여론 전쟁에서 활용할 수 있는 무기로 보았다. 미국 정부의 지원을 받은 코카-콜라사는 라틴아메리카 지역의 광고 예산을 3배 넘게 늘렸다. 넬슨 록펠러의 미주사무국OIAA은 전시에 미국 기업에서 거둔 광고 수입이 40퍼센트 감소하자 라틴아메리카의 언론 매체와 좋은 관계를 유지하기 위해 미국 기업이 광고비를 늘리도록 장려했다.[89] 이를 기회로 삼아 코카-콜라사는 OIAA를 등에 업고 1941~1942년 라틴아메리카에 지역 내 광고비를 15만 달러에서 35만 달러로 거의 2배 인상했으며, 1943년에는 52만 3,000달러로 다시 50퍼센트를 인상해 110개 회사 가운데 광고비가 4번째로 높은 기업이 되었다. 코카-콜라 엑스포트는 실제 이 금액의 2배 가까이 되는 광고비를 지출했다. 보틀링 업체도 광고를 구입해야 했기 때문이다. 코카-콜라 엑스포트는 "해당 지역에서 선보인 모든 광고는 전적으로 자사의 통제 아래 있다"라고 주장하며 광고 내용에 있어 절대적 권력을 휘둘렀다.[90]

미국 정부의 보고서를 보면 전시에 코카-콜라 광고가 콜롬비아에 미친 문화적 영향을 엿볼 수 있다. 콜롬비아 보틀링 업체는 광고 대가로 코카-

콜라 엑스포트에게서 고작 5,200달러를 받았지만 간행물, 라디오, 외부 전시물, 예술품이나 내부 전시물, 벽이나 게시판, 기차나 버스 디스플레이, 극장, 포스터 등을 통해 계속 자사의 브랜드를 홍보했다.#91 코카-콜라사는 선데이 나이트 방송을 후원하기도 했다. 3,500석 규모의 보고타 콜롬비아 극장에서 열린 45인조 코카-콜라 관현악단의 연주가 스페인어와 이탈리아어로 방송되었다. 콜롬비아의 OIAA 라디오 국장은 이 방송이 라디오를 통해 콜롬비아 주요 도시로 중계되었다고 말했다.#92

코카-콜라사는 전시 노력의 일환으로 라틴아메리카 지역의 광고비를 늘렸지만 전시 광고가 강조한 것은 미국 문화가 아닌 전미주의였다. "전 세계로의 초대…… 코카-콜라를 마시자!" 같은 광고는 코카-콜라가 현대적 라틴아메리카에서 널리 소비되고 있음을 강조했으며, 존경할 만하지만 '뒤처진' 토착문화에서 탈피하기 위한 현대성을 강조했다. 광고에서는 '현대적' 과테말라인 커플이 고대 마야 돌기둥 옆에서 코카-콜라를 마시며 소풍을 즐기고 있다. 그 뒤로 과테말라 원주민 여성이 (코카-콜라 같은 제품이 쉽게 능가하는) '전근대성'을 상징하는 물동이를 머리에 인 채 걸어가고 있다. 코카-콜라사는 이처럼 소비, 여가, 풍요의 이미지를 통해 자본주의 현대성을 상징하는 제품을 홍보함으로써 미국의 이익을 추구했다.#93

코카-콜라사가 20세기 중반 빠르게 성장한 것은 현지 시장에 성공적으로 자리 잡은 덕분이라고 말하지만 2차 세계대전 기간에 이 기업이 성장하는 데 미국 정부가 중요한 역할을 했음을 알 수 있다. 전쟁이 발발하기 전 수십 년간 코카-콜라사를 비롯한 청량음료 업체와 식품 제조업체는 관세 보호와 (설탕 생산과 정제를 장려하는) 보상금정책 등 미국 정부의 도움을 받았으며, 규모의 경제를 통해 저렴한 가격으로 설탕을 과잉 공급받을 수 있었다.[94] 2차 세계대전이 발발하기 직전 코카-콜라사의 임원들은 시럽 판매에 세금을 부과하고 코카-콜라사의 설탕 사용을 제한시켰던 1차 세계대전 때의 설탕 배급 상황을 떠올리며 정부가 원자재시장에 개입해 발생하는 부정적 영향에 집착하며 상황을 예의주시했다.[95] 사실 임원들의 열렬한 로비로 이 기업의 설탕 할당량은 전쟁 기간 내내 비교적 안정적 수준을 유지했다. 그 덕분에 코카-콜라사는 저렴하게 설탕을 구입해 1919년까지 기록적인 수익을 거두었다.[96] 전시에 가격 통제가 풀리며 자유시장과 생필품 투기에 노출되기 전까지 코카-콜라사는 설탕을 둘러싼 위기에서 한 발 물러나 있었다.[97]

1차 세계대전 이후 자재시장의 가격이 급변동하자 코카-콜라사의 경영진은 프랜차이즈 방식을 완전히 바꿨다. 1920년대까지 시럽 판매의 40퍼센트가 보틀링 업체를 상대로 이루어졌으며, 머지않아 시럽 판매가 코카-콜라사의 오랜 청량음료 판매 산업을 앞지를 것으로 보였다.[98] 어니스트 우드러프 회장은 설탕 가격 변동에서 자사를 보호하기 위해 미국 보틀링 업체와 맺은 고정가에 시럽을 제공하는 종신 계약을 철회했다. 이는 설탕 등 원자재의 가격에 따라 코카-콜라사가 때때로 시럽을 비싸게 판매할 수 있다는 의미였다.[99] 미국 보틀링 업체는 코카-콜라사를 고소했고, 법적 싸움 끝에 법원은 보틀링 계약의 수정 사항을 승인했다. 시럽 1갤런당 기본 비용은 정해놓았지만 설탕 가격이 1퍼센트 상승할 때마다 기업은 추가로 6센트를 청구할 수 있게 되었다.[100]

해외 보틀링 시스템의 경우에는 수립된 지 얼마 되지 않아 기업은 사업 조건을 규정하고 시럽 비용을 외재화하는 과정에서 더 많은 자유를 누렸다. 1926년 외무부가 생기면서 코카-콜라사는 해외 보틀링 업체에 판매하기 위해 설탕 없는 원액을 개발했다. 해외 보틀링 업체는 이제 설탕을 직접 구매해 첨가한 뒤 최종 음료를 만들어야 했다.[101] 코카-콜라사는 원액에서 설탕을 제거해 설탕 가격의 변동과 운송비라는 리스크를 피했을 뿐 아니라 현지 정부가 시행한 설탕 관세보호정책을 이용할 수도 있었다.

코카-콜라사는 설탕 가격의 위험을 보틀링 업체에 떠넘긴 뒤에도 설탕 시장을 관심 있게 지켜보았다. 설탕 가격이 올라가면 보틀링 업체가 음료 가격을 올려 소비자의 구매력이 하락하고, 결국 기업의 원액 판매에 영향을 미칠 수 있었기 때문이다. 결국 코카-콜라사는 저렴하고 풍부한 설탕시 장을 구축하고 유지하기 위해 전 세계 정부를 상대로 계속 로비 활동을 펼쳤다.[102]

코카-콜라사를 골치 아프게 만든 것은 콜라를 설탕이라는 일용품을 대량 소비하는 불필요한 사치품으로 분류한 미국 정부의 조치였다. 이에 코카-콜라사는 높은 설탕 함유량 때문에 코카콜라가 필수 전쟁 물자가 되어야 한다는 기발한 주장을 했다. 전시 보급품을 결정하는 것은 미국 정부의 설탕 배급 이사회였는데, 코카-콜라사는 자사의 임원 에드 포리오를 이사회에 임명되도록 했다.[103] 포리오는 자신의 일을 "청량음료가 평범한 사람의 일상에 미치는 막대한 영향을 정부 권위자에게 알리는 …… 불굴의 노력"으로 묘사했다. 그는 "이 산업에서 생산되는 제품의 최소 65퍼센트가 시민의 사기를 유지하는 데 반드시 필요하다"는 내용의 최종 보고서를 작성했다.[104] 그는 수많은 에너지가 필요한 군인들이 설탕 함유량이 높은 음료를 마실 경우 잠시나마 휴식을 취하며 저렴하고 맛있는 음료를 통해 칼로리도 섭취할 수 있다고 주장했다.[#105] 로비스트 올랏과 광고 에이전시 다시D'Arcy는 이 주장과 함께 정부에 "전시에 총력을 기울이기 위해서는 휴식이 중요하다"고 선전하는 팸플릿을 제출했다. 이 팸플릿에는 "누구든 쉬어야 일을 더 잘 할 수 있다. …… 지금 코카-콜라사는 근로자를 위해 반드시 필요한 일을 하고 있다"라고 적혀 있었다.[#106]

코카-콜라사의 로비스트와 경영진은 코카-콜라가 군대의 사기와 생산성을 높이는 데 반드시 필요하다고 정부를 설득했으며, 1942년 초 미국 정부는 군대와 관련된 판매를 위해 코카-콜라와 보틀링 공장을 설탕 배급 대상에서 면제해줬다.

전 세계에 파병된 군인에게 코카-콜라를 배급하는 일은 또 다른 문제였다. 로버트 W. 우드러프 미 대통령은 독일과 이탈리아에 전쟁을 선포한 다음 날 지지 성명서를 통해 "군복을 입은 사람이라면 어디서든, 얼마에 팔리든 코카-콜라 한 병을 5센트에 살 수 있다"[#107]라고 선언했다. 코카-콜라사는 자사의 음료를 모든 군인에게 공급하기 위해 단기적 이익을 포기해야 했다. 그러나 장기적으로는 군대 내에 형성된 브랜드 충성도, 새로운 해외 소비자시장에서의 노출, 미국 정부의 선의를 통해 잠정적 이익을 확보할 수 있었다. 미국 정부는 "아프리카, 아시아, 유럽, 인도, 태평양, 남대서양 지역에서 행해지는 주요 홍보 활동의 일환으로 …… 미국 군대가 주둔한 여섯 곳에 코카-콜라를 제공하기 위한 보조금을 지원해 달라"는 코카-콜라사의 설득에 넘어갔다.[#108] 코카-콜라사는 정부 보조금을 바탕으로 64곳에다 보틀링 공장을 세웠으며, 전쟁 기간에 30억 병의 코카-콜라를 제공했다. 군인들과 함께 현지에 주둔한 248명의 코카-콜라 직원은 '기술참관인TO'이라는 '모의 군사 계급'을 부여받았을 뿐 아니라 '코카-콜라 중령'이라는 별명까지 얻었다.[#109] 군사-청량산업 복합 단지는 정부 자금으로 운영되었고 유럽과 아프리카, 인도를 포함한 새로운 아시아 지역으로 코카-콜라가 전파되었다.

미국 군대와의 협력으로 코카-콜라 세계화의 제2막이 시작되었다. 코카-콜라사는 인도를 포함한 아시아와 아프리카 등 새로운 해외시장으로 진출했다. 1944년 초 TO들은 인도 콜카타, 델리, 아삼 주의 차부아와 레도에 운영할 현지 보틀링 공장을 세웠다.[#110] 당시 인도에서만 매일 6,000병에 달하는 코카-콜라가 판매되었다. 유리병 부족으로 생산이 제한되고 공급이 수요를 따라잡지 못하는 상황이 되자 세계 각지에 파병된 미국 군인이 하루에 코카-콜라 한 병을 마실 수 있는 '명예 시스템'이 필요해졌다.[#111] TO들은 이동식 보틀링 공장을 활용하고 기존의 식품이나 음료 공장을 코카-콜라 공장으로 바꿔 비용 지불뿐 아니라 물물교환을 통해 필요한 재료를 확보했다. 현지 노동자들을 관리하고 해당 공장에 배치된 군 인력의 도움을 받으며 현지에서의 기업 활동을 상부에 보고했다.

그들이 작성한 보고서는 식민지수탈정책을 떠올리게 했다. 종종 자신들이 노동자나 잠정적인 소비자로 만나는 지역민의 인종적·문화적 차이에 대해 언급했는데, 코카-콜라 산업 덕분에 이 지역의 생활이 나아지고 있다는 확고한 믿음을 엿볼 수 있는 내용이 포함되었다. 뉴기니에 상주하던 한 TO는 코카-콜라사가 소비자로 여기는 이들을 향해 깔보는 듯한 태도를 보였다. "원주민 한 명이 공장을 지나가고 있었다. …… 나는 그에게 '코카-콜라'를 마셔 보라고 했다. 그는 처음에는 의심스러운 눈빛으로 거부했다. 하지만 좀 더 권하자 킁킁대며 냄새를 맡더니 혀를 넣고는 단숨에 마셔 버렸다. 그리고 재미있는 일이 벌어졌다. 그가 트림을 하자 코에서 가스가 새어나왔으며 눈에서는 눈물이 나왔다. 잠시 동안 그는 두려워하는 원주민의 모습을 보여주었다. 우리는 새로운 시장을 개척하기 위한 시도를 했으며, 새로운 시장을 열었다고 말할 수 있다. 원주민시장이다."[112] 그리고 한 달이 채 되지 않아서 그의 동료는 피난민으로 가득한 배에 코카-콜라를 제공한 뒤 새로운 시장이 성공적으로 개척되었다고 자신감에 찬 어조로 말했다. "어린 아이들은 '코카-콜라'를 맛본 적이 없지만 이제부터 코카-콜라의 지속적인 소비자가 될 것이 분명하다."[113]

코카-콜라사는 인도에서도 비슷한 결과가 나오기를 바랐다. 한 육군 중위는 기쁜 마음으로 《더 레드 바렐》에 자신의 본부에도 코카-콜라가 들어왔으며, 그의 부대는 미군의 모든 행동을 따라하는 "작은 인도 남자아이를 고용했다"고 말했다. "아이는 하루에 3~4번 양치질을 하고 규칙적으로 샤워를 한다. 자주 씻으면 우리처럼 하얘질 수 있다고 말해주었더니 아이는 아무런 의심 없이 열심히 씻는다. …… 그리고 아이는 우리의 행동을 전부 따라한다." 짐작건대 코카-콜라를 마시는 것도 그런 행동 가운데 하나일 것이다.[114]

코카-콜라사의 전시 기여와 그로 인한 코카-콜라 제품의 전 세계적 유통은 전쟁 후반 미국 내 광고의 소재가 되었다. "글로벌 하이 사인The Global High Sign" 광고는 미국 군인이 이국 땅에서 현지인과 코카-콜라를 함께 마시는 모습을 담았는데, 미국 소비자에게 코카-콜라사가 미국 군대의 사기를 높이고 이 음료가 상징하는 바를 전 세계에 전파하고 있음을 강조했다.《내셔널 지오그래픽》과《라이프》뒷면에 실린 풍부한 색감을 자랑하는 30개가량의 코카-콜라 광고는 자애로운 미국 군대와 기업이 국제적으로 환대받는 모습을 담았다. 이 광고는 코카-콜라를 전쟁이 한창인 가운데 취할 수 있는 잠깐의 휴식으로 묘사했다. 미국 소비자에게 코카-콜라의 국제적인 정체성을 소개하는 광고는 코카-콜라가 상당히 미국적인 제품이지만(군부대의 청량음료 부서조차 호전적인 미국 청년들로 이루어졌음) 보편적인 매력 덕분에 세계화되고 있음을 보여주었다.#115

당시 코카-콜라의 레드 디스크 로고는 코카-콜라사가 원하는 현지화의 시각적 상징물이었다. 현지 광고에는 "코카-콜라를 마셔요"를 현지어로 번역한 자막이 입혀졌는데, 원문을 그대로 번역한 것이 아니라 우정과 교류를 제안하는 문장으로 살짝 바꾸었다. 전시에 이 광고를 본 미국 소비자의 눈에 코카-콜라는 군대에 봉사하며 군인들이 해외에서 친구를 만드는 데 일조하는 것처럼 보였다. 광고에서 제시하는 우정의 순간은 군인들이 (목욕이나 청소 등) 잡다한 일을 하거나 (스포츠를 즐기고 먹거나 마시는 등) 막사에서 한가한 시간을 보내는 것처럼 일상적이었고 종종 '가정적'이었다. 외지의 '가정생활'과 일상에서 느껴지는 감상적인 이미지를 바탕으로 한 광고는 제국주의와 자본주의 확장의 자연스러움과 자애로움을 드러내는 반면 폭력성과 충돌은 감췄다.#116

코카-콜라의 보편성을 주장하기 위해서는 이 음료를 즐기는 전 세계 다양한 사람의 '다름'을 보여주어야 했다. 코카-콜라 광고는 전 세계 사람들의 '다름'을 백인 병사의 신체적·산업적 강인함이나 미국의 기술력을 상징하는 것들과 대비시켰다. 예를 들면 정리된 채 놓여 있는 군 장비 옆에 깨끗이 면도한 젊은 병사를 세움으로써 미국의 힘이 가진 판타지를 보여주었다. 수많은 광고에서 미국 군인은 코카-콜라뿐 아니라 자본주의 현대성을 후진국에 소개함으로써 현대적 기술, 서양의 여가 활동, 현대적인 소비자문화를 선보이는 역할을 맡았다. 토실토실한 중년의 파나마인과 노새를 탄 어린 남자아이로 대변되는 라틴아메리카의 더딘 경제 발전 속도를 건장한 미국 군인을 비롯해 미국이 건설한 파나마 운하를 빠르게 가로지르는 배와 대조시킨 광고, 상의를 탈의한 미국 군인이 윗도리를 걸치지 않은 마오리 원주민에게 라디오를 보여주자 원주민이 놀란 표정으로 바라보는 모습의 광고 등을 통해 국제적 '다름'을 표현했다. 즉 코카-콜라에는 보편적으로 받아들여짐으로써 '그들'을 '우리'와 조금은 비슷하게 만들지만 그들의 다름을 완전히 제거하지는 않는 현대적인 힘이 있었다. 미국을 '우리'로 보는 이런 개념은 전시 민족주의의 맥락에서 더 강하게 나타났지만 미국이 국제적으로 많은 권력을 휘두르고, 이로 말미암아 미국의 수많은 기업이 이득을 취하며 성장한 시기인 '미국의 세기'를 향해 새로운 모습으로 탈바꿈하는 중이기도 했다.

광고는 코카-콜라의 세계화를 우정에서 시작된 자연스러운 과정, 즉 미국인들이 코카-콜라를 기꺼이 받아들이는 전 세계의 다양한 사람들과 음료를 나눠 마시는 모습으로 포장했다. 전쟁이 끝난 뒤에도 전시에 구축한 문화적 투사를 유지해 이국적인 현지인의 손에 들려 있는 코카-콜라의 이미지를 계속 활용함으로써 브랜드를 강조했으며, 미국식 기업과 소비자 자본주의 모델의 보편성을 제안했다. 이런 서사는 코카-콜라 광고뿐 아니라 내부 간행물에서도 반복적으로 등장했다.

1940년대 가장 인기 있고 외설스러운 노래를 둘러싼 이야기는 미국 군대 그리고 그들과 관련된 물품이 미군의 점령지뿐 아니라 미국 내에 존재한 것과 관련해 복잡한 감정이 있었음을 보여준다. 트리니다드 출신의 로드 인베이더가 만든 기억하기 쉬운 칼립소카리브해 지역의 음악-옮긴이 〈드링킹 럼 앤 코카-콜라Drinkin' Rum and Coca-Cola〉는 미국 군대와 그들의 경제적·문화적·성적 권력에 일침을 가했다. "양키들이 트리니다드에 온 이후로/어린 소녀들이 미쳐 가네/어린 소녀들은 그들이 잘해준다고/값을 더 쳐준다고 말하지/그들은 럼 앤 코카-콜라를 마시고/포인트 쿠마나를 향해 간다네/엄마와 딸 둘 다/양키에게 봉사하고 돈을 번다네." 그러나 백인 여가수 앤드류 시스터즈가 조금 순화된 버전으로 〈럼 앤 코카-콜라Rum and Coca-Cola〉를 내놓자 이 노래는 미국에서 최대 판매 히트송이 되었고, 군대에서 큰 인기를 끌면서 '미국 군대의 국가'라는 별명까지 얻었다.[117] 이 노래에는 주둔 중인 미국 군대를 향한 트리니다드인들의 비난과 국제적 힘을 향한 미국의 음탕한 욕구가 반영되어 있었다. 또한 〈럼 앤 코카-콜라〉는 코카-콜라가 기업의 통제력을 벗어나 대중적인 소비와 상징적 문화를 통해 의미를 부여받는 방식을 보여주었다.

전쟁이 끝나고 3년 동안 TO들은 전시에 운영하던 공장을 민간인이 운영하는 장기적인 사업체로 전환하기 위해 계속 현지에 머물렀으며 기업 잡지《티오 다이제스트》는《코카-콜라 오버시즈》로 바뀌었다.[118] 코카-콜라사는 1945년 이후 전쟁이 끝난 뒤 부상하는 미국의 국제적 경제력을 이용해 코카-콜라 세계화 2막에 착수했다.

더 이상 지역적이고 독립적인 프랜차이즈는 없다:
프랜차이즈를 성장시키기 위한 자본주의 현대성의 욕망

미국 정부와 코카-콜라사의 경영진은 세계 경제, 특히 라틴아메리카 경제의 현대화에 대한 미국 내 신흥 개발주의자들의 생각에 어느 정도 전략적 지지를 표명했다. 미국의 산업화와 사회복지 프로그램으로 빈곤과 경제적 격차를 해소하는 정책은 장기적으로 국제 소비자시장을 성장시키고 사회 혁명을 차단하며 자본주의를 보호하는 발판이 될 수 있었다. 1939년 '좋은 이웃' 정책을 설계한 섬너 웰스 차관은 "경제적으로 건전하고 비경쟁적 방법으로 각국의 자원을 개발하는 차원에서 다른 아메리카 국가들과 협력하기 위해" 개인 은행과 미국 정부기관이 지원을 아끼지 않겠다는 정부의 입장을 표명했다. 미국 정부기관들은 정부의 이런 계획을 인용하며 어떤 상업적·산업적 정책이 콜롬비아의 발전에 이득이 되고 미국의 이익에도 부합하는지 판단하기 위해 콜롬비아를 연구하기 시작했다. 그렇게 탄생한 1941년 보고서는 정부를 향해 새로운 산업에 투자하고 콜롬비아의 기존 제조업체를 지원하는 차원에서 운송과 사회기반시설 개선에 투자할 것을 권고했다. 제조업체가 발전하고 임금 근로자가 증가할 경우 콜롬비아의 소수에 불과한 소비자를 대중으로까지 확장시킬 수 있었다. 임금이 향상된 산업 노동자는 자신의 근무지에서 생산되는 제품을 구매할 수 있기 때문이다.[#119]

콜롬비아의 경제 전망에 대해 미국 정부가 1941년 작성한 보고서에 따르면 청량음료 등 소규모 산업은 포스토분 같은 지역 사업가를 통해 성장하고 있었다. 보고서는 콜롬비아 제품을 수출할 해외시장에 큰 기대를 품을 수 없다고 했다. 물론 청량음료 등 일부 제품은 예외였다. 청량음료는 전국적 소비가 가능할 뿐 아니라 수출할 수도 있었다. 정부 지원을 받을 만한 가치가 있는 상품이었다. 보고서에 따르면 "미국 시장에 타진해 볼 가치가 있는 커피-콜라 음료를 개발하려면 콜롬비아 정부뿐 아니라 미국 정부의 공식적 지원이 필요했다".[120] 그러나 그 음료는 개발되지 않았고, 결국 코카-콜라를 판매할 시장만 늘어났다.

INDEGA와 코카-콜라사는 콜롬비아의 국가 개발 목표에 호소하기 위해 프랜차이즈를 콜롬비아 산업으로 포장했지만 코카-콜라사의 소유권과 리더십은 갈수록 북아메리카 쪽으로 치우쳤으며, 이 과정에서 '독립적인' 프랜차이즈 보틀링 업체의 운영에 코카-콜라사가 큰 역할을 하고 있다는 사실이 분명하게 드러났다. 코카-콜라 산업에 투자한 보틀링 업체는 코카-콜라 엑스포트에게서 원액뿐 아니라 포장재, 광고, 장비까지 수입하고 전시 상황 아래 요동치는 설탕시장 때문에 예상치 못한 고비용을 부담해야 했다. 게다가 "코카-콜라사의 막대한 요구로 이사회는 확실한 자금 조달 방법을 찾는 일이 시급했다."[121] 코카-콜라사는 해외 프랜차이즈 업체가 경제적으로 어려운 상황에 처하게 되자 상대적으로 타격을 입지 않은 상황을 이용해 사업을 확장시킬 기회를 엿보았다. 코카-콜라 엑스포트의 독려로 1945년 INDEGA의 주주들은 두 명의 임원(호세 구티에레스 고메스와 다니엘 펠라레즈)을 엑스포트의 뉴욕 본사로 보냈다. 앨버트 H. 스태튼과 그가 운영하는 신흥 라틴아메리카 보틀링 기업, 레프레스코스 파나마 주식회사(1954년 이후 파남코라는 범미 음료회사로 통합되었음)에 자사의 주식을 팔기 위해서였다.

스태튼은 코카-콜라 엑스포트의 라틴아메리카 사업을 관리하는 임무를 통해 기존의 보틀링 공장을 개선하고 시장을 확대해 자신의 이익을 추구할 기회를 엿보았다. 스태튼은 이미 미국에 보틀링 공장을 여럿 소유하고 있었는데, 1941년 그를 비롯한 투자자들은 멕시코의 코카-콜라 보틀링 공장으로까지 손을 뻗었다.[#122] 1944년 2차 세계대전이 끝나고 스태튼은 INDEGA 투자를 확정했다. 그리하여 INDEGA의 경영을 맡게 되었지만 콜롬비아 자회사의 지역성이나 광고, 기업 정체성은 그대로 유지했다. 다음 해 그는 새로운 곳으로 눈을 돌려 처음으로 브라질 프랜차이즈를 매입하기도 했다.

앨버트 스태튼의 코카-콜라 엑스포트와의 오래된 인연은 성장하는 보틀링 기업과 코카-콜라사의 연결고리를 한층 강화시켰다. 코카-콜라사는 직원의 가족이라는 신뢰할 만한 구성원의 도움을 받는다면 자사가 더욱 성장할 수 있으리라고 생각했다. 그리하여 스태튼의 동생 존은 코카-콜라 엑스포트의 북아메리카 판매 담당 부회장이 되었으며(우연히 같은 시기에 그의 형이 소유한 프랜차이즈가 콜롬비아, 멕시코, 브라질에서 사업을 시작했음) 나중에는 코카-콜라 본사의 부회장이 된다.[#123] 앨버트 스태튼은 콜롬비아의 코카-콜라 사업을 개편하도록 동생에게 기술자와 자문가를 보내주었다. 코카-콜라 엑스포트는 콜롬비아에서 사업을 확장시키겠다는 목표로 자회사 코카-콜라 데 콜롬비아Coca-Cola de Colombia를 설립해 현지에서 원액을 생산했으며, 파남코를 비롯한 다른 콜롬비아 프랜차이즈 보틀링 업체의 생산과 마케팅을 감독했다.[#124]

코카-콜라 엑스포트의 관리자와 판촉팀은 보틀링 업체와 현지 판매인에게 현대적 마케팅 기술을 전파했다. 또한 코카-콜라 본사의 지원을 받은 코카-콜라 엑스포트는 파남코와 협력해 새로운 광고·홍보 캠페인에 착수했다. 미니어처 병, 요요(코카-콜라는 자사가 콜롬비아에 요요를 소개했다고 주장함),#125 디즈니 장난감 등 콜롬비아 아이들에게 음료를 홍보하기 위해 선물을 제공하는 병뚜껑 프로모션도 그중 하나였다. 파남코 기업은 "매주 학교나 공장, 상점을 방문해" 무료 샘플과 홍보 자료를 나누어주었고 "이는 즉각적인 판매 증가로 이어졌다".#126

세계화 초기 단계에 시행된 코카-콜라사의 프랜차이즈 방식이 가진 사회적·문화적 논리는 프랜차이즈 보틀링 업체를 현지에 자본주의 현대성을 도입하는 수단으로 보았지만 자본주의의 성장 목표와 충돌하는 부분도 있었다. '지역적이고 독립적인' 보틀링 업체의 이윤 추구욕과 애틀랜타 본사의 시장 성장 압력은 지역성과 독립성에 대한 정의를 확장시켰고, 프랜차이즈 시장을 확대시켰으며, 코카-콜라사를 향한 프랜차이즈의 의존도를 높였다. 그러나 지역적이고 독립적인 보틀링 업체는 코카-콜라사가 국제무대에서 자기표상을 유지하는 데 반드시 필요한 존재였다. 결국 20세기 전반까지만 해도 자유개발주의를 주창하던 코카-콜라사는 20세기 중반이 되자 지역 보틀러를 국가 현대화의 중개인으로 내세우기 위해 좀 더 보호주의적인 개발정책으로 돌아섰다.

코카-콜로니제이션을 중재하다

국가 발전과 코카-콜라의
전후 세계화 중재하기

2차 세계대전의 피해를 거의 입지 않은 미국은 전후 세계를 이끌기에 유리한 입장이었다. 해외시장을 찾던 코카-콜라사 역시 전 세계를 상대로 영향력을 행사할 준비를 마친 상태였다. 1945년 7월, 55개 국가 대표가 새로운 세계 질서를 유지해줄 초국가적 단체인 국제연합UN을 창설하기 위해 샌프란시스코에 모였을 때 코카-콜라 엑스포트 회장 제임스 알로이시오 짐 팔리는 이들이 머무는 호텔에 머물렀다.[#1] 그는 국가원수, 외무부장관, 각국 대표를 위한 만찬과 파티를 주최해 와인과 코카-콜라, 식사를 무한대로 제공했다.[#2]

팔리는 전 세계 수많은 지도자를 만나기 위해 "2년 동안 전 세계를 돌아다녔다"[#3]라고 말했다. 미국을 비롯한 전 세계 각지에서 쌓아올린 경제적·사회적 현대성을 보여주는 상징물로 코카-콜라보다 뛰어난 상품이 어디 있겠는가. 팔리는 해외 방문 때마다 기업의 경영진뿐 아니라 정치 특사로서 대접받았다. 코카-콜라사 회장 로버트 W. 우드러프는 세계화 사업의 귀중한 자산인 팔리에 대해 이렇게 설명했다. "팔리는 대단한 사람입니다. 저는 그가 스페인에 가든 영국에 가든 상관하지 않습니다. 그는 어디를 가든 정부의 환대를 받고 계속 정치적 연줄을 유지해 나갑니다."#4 미국 대통령은 그를 친구이자 해외 '특사',#5 전 세계에 미국의 소프트 파워를 구축하는 데 일조한 기업가라고 불렀다. 한 연설에서 팔리는 정치적·경제적 협력이라는 좋은 이웃정책을 내세우며 국제무역과 코카-콜라의 프랜차이즈 보틀링 산업 같은 개발 사업의 역할을 강조했다. 그는 이 사업이 현대적 고용과 사회 발전에 보탬이 될 거라고 주장했다.#6

1941년 팔리는 코카-콜라사의 범미 부서장으로 곧 INDEGA-파남코를 이끌게 될 앨버트 H. 스태튼과 보틀링 산업을 점검하고 발전시키기 위해 라틴아메리카 전역을 둘러봤다. 뒤이어 스태튼이 운영하는 코카-콜라 프랜차이즈도 방문했다.#7 팔리가 각 도시를 방문할 때면 주요 국제 일간지를 비롯해 소규모 신문사도 환영 행사에 참석했는데, 그들이 작성한 기사에는 팔리의 경제적·정치적 영향력에 대한 우려도 담겨 있었다. 1941년 에콰도르 방문 모습을 담은 캐리커처에서 팔리는 로도스섬의 현대적 거상巨像처럼 그려졌다. 실제 모습과 비슷하지만 거대하게 그려진 팔리가 북에서 남으로 제국주의적인 발걸음을 내딛는 모습 옆에 상대적으로 작게 그려진 검은 피부의 라틴아메리카 남성이 야자나무가 빽빽이 서 있는 섬에서 '북아메리카 환영합니다'라며 손을 흔들고 있었다.#8

팔리를 비롯한 다른 코카-콜라 엑스포트의 경영진이 전후에 전 세계를 방문한 이유는 다양했다. 코카-콜라 엑스포트는 미국의 국제 영향력 향상이라는 물결을 타고 전후 10년간 급성장했다. 그들은 '시장제국'(빅토리아 데 그라지아는 '해외시장을 향한 대기업의 지칠 줄 모르는 욕구'를 이렇게 불렀음#9)을 구현하기 위해 동의와 강압을 수단으로 삼아 미국식 자유 기업 모델과 대량 소비 모델을 시행했다. 이는 주로 공격적인 해외시장 개척을 통해 이루어졌다. 이 과정에 군사력이 개입되기도 했다.

프랜차이즈 사업 모델과 미국 정부의 설탕 배급 면제 덕분에 살아남은 코카-콜라사는 콜롬비아 등 기존의 해외시장에 대한 영향력을 강화했다. 동시에 전시 미국 군대와의 협력을 통해 새로운 해외시장에 침투한 경험을 바탕으로 세계화의 2막을 열고 있었다.

1948년 코카-콜라 엑스포트는 전 세계 보틀러와 코카-콜라 대리인을 위해 기업의 해외 사업 정보를 실은 잡지 《코카-콜라 오버시즈》를 발행했다. 창간호에서 J.F. 커티스 코카-콜라 엑스포트 회장은 "우리는 전 세계 역사상 그 어떤 기업보다도 큰 규모로 여러 국가에서 동시에 사업을 하고 있다"#10라고 하며 세계화를 선포했다.

코카-콜라사의 세계화는 미국 대중의 상상력을 사로잡았다. 대표적인 예는 1950년 《타임》의 표지 이미지로 '세상&친구'라는 설명과 함께 인격화된 코카-콜라 상표가 어린아이 같은 지구에 코카-콜라를 먹이고 있는 모습이다. 이것은 다소 불편하게 느껴지는데, 미소 짓는 얼굴이 지구 뒤에서 길고 얇은 손가락으로 지구를 움켜쥐고 있기 때문이다. "코카-콜라에서는 해가 지지 않는다"#11라는 제목의 관련 기사도 '코카-콜라의 평화로운 세계 정복'을 향한 축하와 비판 사이를 아슬아슬하게 오가고 있었다.

《타임》의 기사는 코카-콜라가 '유럽 전투'에서 행군 중이라고 하면서 코카-콜라의 진출에 반대하는 이들을 '저항군'으로, 코카-콜라사에 설득 당한 시장을 '전사한 병사'로 묘사했다. 이 기사는 코카-콜라 사업이 지역 민과 그들의 경제를 현대화해 저개발 사회를 변모시켰으며, 그들을 소비자 자본주의로 이끌었다고 주장했다. 코카-콜라사는 "'욕구가 있는 곳이라면 누구나 쉽게' 자사의 제품을 구매하도록 했으며 욕구가 없는 곳에서는 '새 로운 입맛과 갈증'을 소개하는 광고로 욕구를 창출했다". 전 세계로 뻗어나 간 미국 제품은《타임》을 창간한 헨리 루스가 말했듯 '미국의 세기'를 널리 알리는 역할을 했으며, 미국이 고립주의에서 벗어나 성공적으로 국제 정치 적·경제적·문화적 지도자로 변모했음을 보여주었다. 기사는 "지극히 미국 적인 제품이 전 세계에서 250개 언어로 팔리는 것은 이상할 정도로 이례적 인 일이지만 고무적인 일이 아닐 수 없다. 이는 미국이 전 세계로 뻗어나간 사실을 마셜 플랜이나 보이스 오브 아메리카 방송보다 더 단순하고 명확하 게 보여주는 증거다"라고 말했다.[12]

《타임》의 기사에 따르면 코카-콜라가 해외시장에서 성공한 이유는 재 료 생산의 외재화와 무형재 생산이라는 독창적인 방식 덕분이었다. 현대 경제를 상징하는 철강이나 자동차 제조업과 달리 코카-콜라사는 정보와 지적 재산(시장 조사, 비밀제조법, 상표 이미지), 광고, 자금 투자에서 이익을 취 했으며 생산과 소매업은 외주를 주었다. 코카-콜라사의 산업 모델과 문화 적 상징물은 코카-콜라 병이 아니라 제품 그 자체였다. 코카-콜라사의 성 공은 '지역적이고 독립적인 프랜차이즈'를 통해 전 세계에 뿌리내린 (시장 분석, 판매 교육, 광고와 재정 분권화 등) 무형재에 달려 있다는 게 기사의 주장 이었다.[13]

미국의 제국주의적 욕망에 대한 우려를 분권화된 외주 생산 모델로, 코카-콜라는 해당 지역에서 재생산되는 미국 제품이 아니라 지역문화의 일부라는 주장으로 누그러뜨리고자 했다. "대부분 지역에서 코카-콜라는 지역문화에 녹아들었다. 병의 갈색과 녹색, 광고의 새빨간 붉은색은 일종의 보호색이 되었다. 브라질에서 코카-콜라는 언어의 일부로 녹아들었고 버스는 코카-콜라와 동일시되었다(버스요금이 코카-콜라 한 병 가격과 비슷했음). 영국령 기아나에서는 학생들이 대영제국 국경일에 코카-콜라를 무료로 제공받았으며, 중동에서 코카-콜라 병은 축구 경기에서 부정직한 심판을 처벌하는 무기가 되었다."#14

이 기사의 주장에 따르면 코카-콜라사는 문화 적응력이 뛰어났다. 미국을 위한 임무가 아니라 자본주의 임무를 수행하고 있었기 때문이다. 코카-콜라사는 "보이스 오브 아메리카 같은 선교사가 아니다. 자유무역이라는 점을 제외하고는 전 세계에 특별히 미국적인 생활방식을 전파하려고 하지 않는다. 코카-콜라사의 주요 관심은 …… 돈을 버는 데 있다." 코카-콜라사는 오로지 수익을 내는 데 관심이 있었으며, 어떤 언어로든 자사의 수익을 정당화할 수 있었다. "270개 정도의 해외 보틀러와 3,000개 정도의 해외 소매상이 약 1억 5,000만 달러의 수익을 거두었으며 …… 코카-콜라사는 어디서든 사업을 창출해내고 있기 때문이다." 전 세계의 코카-콜라 자본주의자들이 수익을 거두고 있었기에 코카-콜라 판매는 "공산주의자의 주장처럼 미국의 부당한 착취는 아니었다."#15

코카-콜라사는 전후 급속하게 성장하는 동안 자본주의 세계화를 추구하기 위해 국제무역이나 해외 자회사 설립과는 다른 프랜차이즈를 이용했다. 프랜차이즈를 바탕으로 한 이런 자본주의에는 20세기 중반 코카-콜라사의 이윤 추구와 현지 엘리트의 이익, 미국 자본주의 확장을 향한 비판이 충돌하면서 발생한 사회적·문화적 논리가 녹아 있었다. 코카-콜라사는 미국 정부와의 제휴를 통해 이득을 보았지만 대외적으로는 정부와 거리를 두었다. 20세기 중반 코카-콜라사는 상징적 전략을 통해 전 세계 어디든 자사의 시스템은 독립적이며 지역적 보틀러, 즉 현지 기업으로 이루어진다고 소개했다. 해외 정부의 수입대체와 케인스 경제정책, 미국의 패권과 자본주의의 부상에 따른 좌파의 우려, 제3세계의 포스트식민주의인 민족주의를 고려할 때 코카-콜라사는 지역 산업이라고 주장할 수밖에 없었다. 해외 정부가 국가개발주의를 주창하고 나서자 코카-콜라사는 전 세계 국가의 경제 발전을 이끄는 '지역적·독립적' 프랜차이즈를 이용해 다국적 개발주의를 주장했다.

이런 역사는 '미국의 세기'에 대한 일반적 인식, 즉 미국의 경제적·정치적·문화적 패권이 큰 저항 없이 자리 잡았다는 인식과는 다르다. 사실 코카-콜라사 등 미국 기업은 전 세계로 뻗어나갈 때 비록 상징적이고 임시적일지라도 제3세계의 국가개발주의자들과 반드시 협상해야 했다. 현지 발전을 꾀한다는 약속으로 상당수의 국가가 자본주의를 받아들였다. '지역적'이라는 말은 지역민과 이익을 공유한다는 뜻으로 해석되었고 '개발'은 번영, 행복, 지속가능성, 생산 수단에 대한 소유권의 공유가 아니라 현대화나 생산과 소비의 증진으로 정의되었다.[16]

코카-콜라사가 다국적 개발주의 홍보 전략을 펼친 것은 《타임》의 기사 처럼 현지 정치 엘리트, 해외 산업 경쟁자, 노동자, 소비자와 함께 좌파가 큰 목소리를 냈기 때문이다. 그들의 공통된 관심사는 국내 경제개발이었다.

코카-콜로니제이션과 불만

전후 전 세계 많은 국가가 코카-콜라사의 해외시장 확장에 부정적 반응을 보였고, 주로 코카-콜라를 향한 혐오감으로 미국 시장제국을 향한 비판을 쏟아냈다. 소비에트연방국가들은 코카-콜라사의 진입을 거부했고, 중국공산당은 본토의 보틀링 공장을 전부 국영화했으며, 코카-콜라의 '비밀' 재료인 계수나무 또는 계피의 공급을 중단했다.#17 코카-콜라사의 전후 성장은 많은 서유럽 국가와 제3세계 국가의 반발을 불러왔다. 공산당을 비롯한 좌익 세력은 코카-콜라가 독점적인 '미국 기업'#18의 확장, 소비자본주의의 발전, 수익을 추출하는 코카-콜라사의 사업 모델, 미국의 국익과 연결되어 있다는 점 등에 우려를 표했다. 정부 지도자들은 미국 기업들의 해외투자가 자신들의 경제에 이득이 되지 않고 국제 수지 적자를 악화시키며, 이로 말미암아 보유한 달러가 미국으로 흘러갈 거라고 걱정했다. 전통 음료를 생산하던 음료 업체 역시 코카-콜라가 자사의 사업뿐 아니라 자국의 전통적인 음료 문화에 위협이 될 거라고 생각했다.

미국 경제지원 프로그램의 일환으로 자유무역시장을 통해 미국 기업이 들어오자 많은 국가가 코카-콜라를 미국 패권의 상징으로 여겼다. 또한 깊어지는 냉전 분위기 가운데 나토NATO, 한국전, 미국의 전략적인 아시아 군사 기지, 미국의 지원을 받은 과테말라 쿠데타 모두 정부의 자기결정권 상실과 자본주의 세력의 통합이 낳은 결과로 보았다. 미국 제품, 상업주의, 기업 관행이 국내의 사회적·문화적 가치에 미치는 영향을 우려하는 사람들도 있었다.

이런 반발이 가장 심했던 곳은 프랑스였다. 프랑스 공산주의자, 와인 생산 업체, 중산층 소비자, 지식층이라는 다소 어울리지 않는 사람들이 한 마음이 되어 시위와 소송, 규제, 신랄한 문화적 비판을 통해 코카-콜라사를 공격했다. 좌파는 코카-콜라사를 미국 자본주의의 물상화라고 비난하며[19] "우리가 코카-콜로나이즈될 것인지"에 대한 답을 요구하기도 했다.[20] 이런 충돌을 다룬 언론 보도는 이 질문을 전 세계로 전파했고, 코카-콜로니제이션은 미국화의 약칭이 되었다.

코카-콜라사는 프랑스 내 반발을 '좌파'와 와인 제조업체의 합작품이라고 생각했지만 이들의 프랑스 진출에 반대한 것은 골수 좌파 당원이나 경쟁 세력만이 아니었다. 1950년 프랑스 정부 부서 다섯 곳에서 코카-콜라사를 조사했다. 세관 당국은 코카-콜라사의 수입허가권을 유예시켰고, 경찰은 파리와 알제의 코카-콜라 보틀러를 상대로 사기 혐의를 제기했다. 공산주의자들과 프랑스 음료 업체는 정부 조사가 미치는 잠정적 유해성, 코카-콜라를 둘러싼 온갖 소송, 공중보건에 해로운 것으로 밝혀진 비알콜성 음료금지법에 대한 대중의 우려를 이용했다.[21] 코카-콜라사를 감독하고 나선 것은 보건복지부였다. 보건복지부는 공권력이 있을 뿐 아니라 대중의 지원까지 받는 규제기관으로 코카-콜라는 이 단체의 표적이 되었다. 설탕, 카페인, 인산 등이 함유되어 있고 코카-콜라사가 끔찍하게 보호하는 '비밀 제조법' 등이 이유였다. 대량 소비재를 정기적으로 감독하고 전통 음료의 역사가 풍부한 프랑스 정부는 제품에 의혹을 품을 수밖에 없었다. 결국 코카-콜라는 국가 정치뿐 아니라 국민의 신체에도 잠정적 위협을 미치는 제품으로 인식되었다.

대중의 상상과 정치적 논쟁에서 공중보건에 대한 우려는 가장 큰 관심을 받았지만, 프랑스 경제와 문화의 건강 상태에 대한 우려도 만만치 않았다. 프랑스 재무부장관은 투자가 미미하며 보틀링 계약 조건이 '지나치다'는 이유를 들어 코카-콜라사의 해외투자허가권을 승인하지 않았다. 이 계약으로는 코카-콜라가 대부분의 수익을 가져가고 사업을 통제한다고 여겼던 것이다.#22 프랑스 문화비평가들은 상업주의를 비롯해 프랑스 도로와 공공장소를 도배하다시피 한 코카-콜라 광고의 피상성을 비난했다. 그들은 상품의 대량 생산과 문화의 상업화로 시장이 모든 것을 결정하는 사회 순응 현상이 나타나고, 이것이 프랑스의 기존 정치적·문화적 가치를 대체하게 될 거라고 했다. 코카-콜라사는 프랑스 소비자에게 호소하는 한편 그들을 달래기 위해 (파리에 지사를 둔) 미국 회사 맥켄에릭슨에서 프랑스 회사로 광고제작사를 바꾸었다.#23

코카-콜라사는 프랑스 정부를 설득하기 위해 최대한 많은 '군사(변호사, 과학자, 인맥이 풍부한 인물)'를 고용하는 데 투자를 아끼지 말라는 지침을 보냈다.#24 짐 팔리는 미국 언론을 통해 프랑스가 독일 점령에서 벗어나는 데 미국이 큰 역할을 했음에도 감사할 줄 모른다고 꾸짖었으며, 공산당의 압력을 묵인하는 정부를 비난했다. 미국 신문은 프랑스 제품에 보복을 가하자고 주장하기까지 했다.

미국 국무부는 '미국의 합법적 이익에 해로운' 법은 '심각한 파급 효과'를 낳을 수 있다고 경고했으며, 주미 프랑스 대사는 코카-콜라를 금하는 것은 "미국을 향한 적대감의 표시"로 프랑스에 대한 경제 원조가 위태로울 수 있다고 보고했다.[25] 이런 위협에 직면하자 조르주 비도 프랑스 수상은 코카-콜라사에 대한 보건복지부의 조치를 즉각 중단시키겠다면서 미국 대사를 안심시켰다.[26]

사실 코카-콜라사의 전략은 최대한 많은 프랑스 보틀러를 최대한 빨리 확보하는 것이었다. 코카-콜라사는 기존의 프랑스 음료 업체와 보틀링 계약을 맺음으로써 "적을 껴안을 수 있었다".[27] 그러나 프랑스는 계속해서 코카-콜라사의 확장에 반대했으며, 1953년 시행된 여론조사에 따르면 "프랑스인의 17퍼센트만 코카-콜라를 '제법' 좋아하거나 '상당히' 좋아했으며 61퍼센트는 '전혀' 좋아하지 않는 것으로 나타났다".[28] 그러나 시간이 흐르자 프랑스인들의 코카-콜라 소비량은 다른 서유럽 시장을 따라잡았으며 코카-콜라는 '미국화'의 상징이 되었다.[29]

자본주의의 진수를 프랜차이즈하다: 다국적 개발주의

1948년 애틀랜틱시티에서 열린 코카-콜라사 최초의 국제 컨벤션에 콜롬비아와 인도 보틀링 업체를 비롯해 전후 새롭게 합류한 해외 프랜차이즈들이 모였다. 행사를 홍보하는 현수막에는 이렇게 씌어 있었다. "우리는 공산주의자를 생각할 때 철의 장막을 떠올린다. 하지만 그들은 민주주의를 생각할 때 코카-콜라를 떠올린다."[30] 전후 코카-콜라사의 선전 문구는 코카-콜라를 자본주의적 민주주의의 대형 프로젝트와 연결시킴으로써 선교사 같은 열정을 뿜어냈다. 실제로 컨벤션에 참석한 코카-콜라사의 경영진은 기도로 대중을 이끌었다. 이들은 소비자의 선택을 민주주의와 동일시했으며, 코카-콜라를 자유롭게 선택할 수 있는 곳이라면 자본주의와 민주주의가 뿌리내릴 거라고 보았다. 20세기 코카-콜라사의 세계화를 이끈 로버트 W. 우드러프는 코카-콜라가 좌익의 분노를 사는 이유를 "자본주의의 본질이기 때문"[31]이라고 설명했다. 1960년대 초 코카-콜라를 이끈 J. 폴 오스틴은 "코카-콜라를 팔 때마다 가게 주인은 이윤을 거두며 부르주아 계급이 된다. 이것이 바로 공산주의자가 코카-콜라에 반대하는 이유다."[32]라고 말했다. 코카-콜라사는 탄산음료를 제공하는 데 그치지 않고 다국적 개발주의라는 형식으로 프랜차이즈를 통해 자본주의를 전파했던 것이다.

1940년대 말과 1950년대 초 연설에서 코카-콜라 엑스포트 회장 팔리는 자본주의적 민주주의라는 문화적 패권을 구축한 미국 브랜드의 공로를 인정했다. "브랜드 시스템과 미 정부 시스템은 기반이 매우 유사했다." 브랜드 제품은 경쟁적인 사업과 개인이 가진 선택의 자유라는 자본주의 가치를 전파하는 '대사'였다.[33] 또한 브랜드는 '통일성'을 구축하고 전 세계의 다양한 집단을 '한데 모으는' 잠재력을 가졌다. '국가적·이념적 장벽을 관통하기' 때문이었다. "다른 민주주의 국가의 국민을 아무리 설득하려고 해도 …… 상대는 우리의 생각을 이해하지 못할 수도 있다." 그러나 우리가 갖고 소유하고 경험하는 브랜드 제품은 그 어떤 사상이나 말보다도 자본주의적 민주주의를 설득력 있게 제시할 수 있다. "더 많은 사람을 미국 제품과 미국의 사업 방식에 노출시킬 경우 …… 그들과 우리 모두 더 나은 삶을 누리게 될 것이다." 브랜드 제품은 "우리의 시스템을 파괴하고자 하는 이들"처럼 "독점적"이지 않았으며 점차 세계화되는 경제·정치 시스템의 수호자였다. 팔리는 상표 규제 등 소비자 보호개혁을 비롯한 브랜드 시스템을 향한 위협은 "대중의 선택할 권리를 앗아가는" "속이 빤히 들여다보이는 사회주의 정책"이라고 말했다.[#34]

그러나 1950년대 말 팔리는 개발도상국과 거래하는 다국적 기업은 정부의 개입 조치를 일부 수용해야 한다고 주장했다. 그는 이런 노선을 사회주의와의 싸움에서 취하게 된 잠정적 전략으로 합리화하며, 수입대체 산업화로 개발도상국의 소비가 증가할 경우 결국 국제무역량이 증가할 거라고 주장했다. 산업화 경제에서 소득 수준이 높아지고 현대적 취향을 즐기게 된 근로자들은 미국 수출품과 미국 다국적 기업 제품의 소비자가 될 것이다. 개발도상국에는 거대한 잠재적 시장이 존재했다. 그러나 당시로서는 미국의 수출품을 구매할 돈이 없었으며, 정부는 자국의 산업이 발전하고 고용이 증가하기를 기대하고 있었다. 팔리는 "개발도상국은 산업화되기를 원한다"라고 주장했다. 그러나 사실 제3세계는 사회적·경제적 조건이 여러모로 부족했다. 그는 세계 경제의 신식민주의를 인정했다. 물론 제3세계에서 추출된 원자재가 선진국으로 흘러들어가면서 이들이 미국과 유럽 경제에 의존하게 되는 한편, 자국에서 생산된 자원으로 만들어진 수입품을 높은 비용을 치르고 구입한다는 사실은 언급하지 않았다. 그는 개발도상국이 산업화되기 위해서는 해외의 제조 기술을 수입해야 했는데, 개발도상국은 그럴 여력이 없기에 미국의 다국적 기업이 개입한 것이라고 주장했다. 개발도상국 정부가 수입대체 산업화정책을 채택할 경우 다국적 기업은 외국인 직접투자를 개발 전략으로 추구해야 한다는 게 팔리의 생각이었다.

개발도상국의 생산성이 높아지면 국제사회에 진 빚을 갚고 미국의 수출품을 구매할 자금을 확보하게 된다. 팔리는 전 세계 자본주의를 위한 원원 전략의 일환으로 "특정 국가의 국내 생산을 도울 경우 그들도 돕고 우리도 돕는 것이다"라고 말했다. 그는 다소 논란의 여지가 있으리라는 사실을 알면서도 다국적 기업은 진정한 자유시장을 고집하는 대신 세계적으로 자리 잡고 있는 정부의 계획경제를 일부 수용해야 한다고 주장했다. 각국 정부는 여전히 미국의 대외 원조를 받고 있지만 자국의 경제에서 좀 더 적극적인 역할을 맡고 있기에 다국적 기업은 이런 상황을 "지지해야 한다"는 게 팔리의 설명이었다. 자칫 '이단'으로 몰릴 수 있음을 간파한 그는 미국 정부도 미국 산업을 위해 시장에 개입했다는 점을 언급했다. 그는 이렇게 말했다. "미국 산업이 자유시장경제의 위험을 무릅쓰지 않으면서 유럽 …… 또는 브라질 …… 산업이 자유시장을 받아들일 거라고 기대할 수 있겠습니까? 당신이나 저나 이런 계획경제를 좋아하지 않을 수 있습니다. 하지만 현실을 직시해야 하며, 아이처럼 울며 보채기보다 현존하는 세계에서 살아야 합니다. 19세기는 거의 60년 전에 끝났기 때문입니다."[#35]

다국적 기업:
코카-콜라사, 자사를 국가경제개발주의로 홍보하다

팔리의 말이 옳았다. 이제 20세기가 되었다. 전 세계적인 경기침체, 전시 기간 정부의 고삐 풀린 지출, 전후 통화 안정화 등을 겪으며 많은 민족국가가 수입대체정책, 케인스 경제정책을 비롯해 국내 경제를 활성화하기 위한 정부 계획을 채택했다. 동시에 상당수의 제3세계 국가가 독립국가로 재탄생했지만 탈식민지 민족주의와 좌파의 힘겨운 싸움은 다국적 기업이 이들 국가에서 계속 경제적·정치적·문화적 영향력(그들은 이를 곧 '신식민주의'

라고 부르게 되었음)을 발휘하고 있음을 여실히 보여주었다. 제3세계 국가는 국내 시장을 보호함으로써 미국의 경제 패권에 대항했다. 미국은 이 시장에 비집고 들어가기 위해 더욱 강하게 밀어붙였으며, 미국의 일부 다국적 기업은 통제권과 수익을 확보하는 한편 자사의 산업을 다국적 개발주의로 합리화하기 위해 외국인 직접투자와 외재화라는 모델을 시도하기도 했다.#36

1950년대 내내 코카-콜라사의 경영진은 자사의 보틀러가 '지역적이고 독립적' 산업임을 강조했다. 1953년 H.B. 니컬슨 회장은 "당신이 보는 코카-콜라는 모두 현지에서 생산됩니다"라고 주장했다.#37 이런 주장은 갈수록 긴요해졌는데, 코카-콜라사의 해외 산업이 급속도로 성장하면서 각국 정부가 거대한 다국적 기업이 필수적이지 않은 소비재를 독점적으로 생산하도록 내버려둬도 되는지 의문을 제기했기 때문이다. 정부의 시장 개입이나 경제민족주의를 향한 요구의 목소리가 높아지자 코카-콜라사는 국내 산업으로, 즉 미국이 아니라 필리핀, 이집트, 콜롬비아의 산업으로 그려졌다. 코카-콜라사는 이런 "분권화가 효율성을 높일 뿐 아니라 전 세계적으로 제품과 기업에 축적될 선의를 향상시킨다"고 주장했다.#38

코카-콜라사는 전 세계로 뻗어나가고 싶은 욕망을 정당화하기 위해 본사의 산업 전략, 기술 경험, 마케팅으로 프랜차이즈가 이득을 보았으며 코카-콜라사는 현지 근로자를 고용하고 현지 제품과 서비스를 구매하는 등 현지 산업에 뿌리내렸다고 주장했다. 높아지는 영향력을 비난하는 이들이 우려를 표하자 코카-콜라사는 자사가 프랜차이즈라는 시스템으로 작은 사업을 이용해 큰 사업을 하는 거라고 주장함으로써 기업자본주의의 독점적 위협에 대한 우려를 불식했다.#39 코카-콜라사는 다국적 기업의 자본주의 (코카-콜라사가 제공하는 '자유경쟁시장을 통한 교육')가 경제 원조보다 개발도 상국에 도움이 된다고 주장했다.

개발도상국에서는 외국인 직접투자와 현지 프랜차이즈 방식에 대해 (코카-콜라 사업과는 거리가 멀었지만) 고용 증가, (주요 자원의 수출에 그치지 않 는) 산업 역량 구축, (국내 자금의 유출을 막는) 수입대체정책을 둘러싼 우려 가 어느 정도 누그러진 것처럼 보였다. 해리 트루먼 미국 대통령의 1949년 취임 연설문에서 1955년 반둥 콘퍼런스의 최종 성명서까지, 신흥 개발 패 러다임을 다룬 수많은 문서는 제3세계 국가의 산업화를 위해선 개인과 기 업이 해외 자본과 기술에 투자해야 한다고 주장했다. 이 산업적 담론과 정 치적 담론에서 언급되지 않은 것은 다국적 기업의 직접투자와 프랜차이즈 시스템이 수익의 본국 송금, 로열티, 수입품을 통해 국제수지에 미칠 잠정 적 영향력이었다. 이는 외화 유출로 이어져 프랜차이즈와 모회사 간의 의 존적 관계를 지속시킬 수 있었다. 게다가 코카-콜라는 국내 산업 제품을 대신할 대체 수입품도 아니었다.

코카-콜라사와 보틀러는 자사의 음료를 지역 프랜차이즈의 제품으 로 홍보하며 초국가적 기업의 사회정의를 강조했지만 각국 정부가 보호주 의 정책을 내세울 때는 이 논리의 개발주의적 측면을 한층 부각시켰다. 예 를 들어 혁명의 기운이 팽배하던 이집트에서 (곧 퇴위할) 파루크 1세와 친 밀한 관계를 맺고 있던 코카-콜라사는 점차 거세지는 민족주의, 반제국주 의 비판 세력, 서양 산업의 국영화를 촉구하는 목소리와 충돌할 수밖에 없 었다.#40 그리하여 보통 여가 생활과 사회성에 초점을 맞춘 코카-콜라의 이집트 광고는 축구 경기를 관람하는 목마른 관중이나 해수욕하는 매력적인 사람들이 코카-콜라를 마시는 모습과 함께 '친숙한 순간 …… 이집트인들을 위해 일자리를 만들어요'#41 같은 문구를 내보냈다. "수천 명의 이집트인을 위한 일자리" 광고는 공장으로 향하는 노동자의 행렬을 보여줌으로써 코카-콜라 공장이 이집트 근로자를 직접 고용하며 이집트 경제에 이득이 된다는 점을 강조했다. 또 다른 광고 "수십만 명의 이집트 중개인"은 "코카-콜라가 이제 이집트 경제에서 큰 역할을 맡고 있는 이집트 산업"이라고 주장했다.#42

멕시코 광고도 같은 맥락이었다. 코카-콜라사는 자신의 사업을 '멕시코 기적(수입대체, 정부의 국내 산업 지원, 민족주의 소비 신조를 통한 국내 경제 성장)'을 향한 미국의 위협이 아니라 그 일부임을 부각시키기 위해 노력했다. 또한 지역 생산이나 재료 확보를 강조하는 일련의 광고를 내보냈으며,#43 "현지 코카-콜라 산업과 다른 지역 산업 간의 긴밀한 관계를 고려할 때 현지 코카-콜라 산업이 국가경제에 미치는 영향은 분명하다고 했다. 코카-콜라는 멕시코의 이익을 위한 …… 산업적 통합을 반영하기 때문이다"#44라고 말하면서 자사의 탄산음료가 멕시코 노동자의 생산성에 기여한다고 주장했다. 코카-콜라가 멕시코 소비자와 근로자 모두의 이익을 위해 현지에서 생산된다는 점을 강조한 또 다른 광고는 멕시코인들에게 같은 지역에 사는 코카-콜라 공장근로자를 알아볼 수 있는지 물었다. "툭스판 출신의 이 남자를 아나요? 그는 수년간 멕시코에서, 특히 툭스판 지역에서 친구를 만들어 왔으며 …… 모범 시민이자 당신이 가족과 함께 살고 있는 이 지역의 귀중한 자산입니다."#45

탈식민지화된 인도에서 코카-콜라 산업을 발전시키다

코카-콜라 세계화의 1막이 콜롬비아에서 펼쳐졌다면 2막의 시작은 인도 진출에서 비롯되었다. 코카-콜라 엑스포트 코퍼레이션은 2차 세계대전이 발발하기 전 인도에 진출할 생각이었다. 미래의 콜롬비아 보틀링 회장 앨버트 스태튼이 1940년 아시아 투어에서 인도 시장을 검토하던 때였다. 스태튼은 인도를 별로 긍정적으로 보지 않았다. "콜카타에는 볼거리가 많긴 하지만 이번 생에 다시 돌아가고 싶을 만큼 대단하지는 않다. …… 콜카타에는 흥미로운 것이 없으며, 도로는 보기만 해도 한기가 돋는다"[#46]라고 표현했다.

그러나 코카-콜라사는 2차 세계대전 당시 인도에 임시 보틀링 공장을 세웠다. 코카-콜라 TO들이 인도 아대륙에 주둔한 미국 군대를 위해 음료를 제조하던 때였다. 전쟁이 끝난 뒤 코카-콜라사는 새롭게 독립한 이 국가에 영구적인 공장을 세우려고 애썼다. 1947년 전후 세계 공장을 둘러보던 중 인도에 대해 엑스포트 회장 팔리는 "사업가의 관점에서 이 시장에 코카-콜라를 선보이는 데 큰 관심"을 보였으며 "인도에 대형 보틀링 공장을 세우는 협상"을 마무리 지었다. 장기적 수익성에 집중한 그는 인도에서 힌두교, 시크교, 이슬람교 간의 파벌적 폭력이 만연할 거라는 점까지 예상하지 못했다. "직접 본 바에 따라 인도인들이 튼튼한 민주주의 기초를 닦기 위해 노력할 거라고 확신했지만 …… 현재의 소요 사태는 경제 상황에 악영향을 미쳤다"[#47]라고 한탄했다.

인도에 파견된 미국 코카-콜라사의 직원들도 자신들이 본 것에 대해 그다지 긍정적이지 않았다. 엑스포트에서 근무하며 전 세계를 돌아다닌 테드 더필드에게 인도와 인도인은 이해 불가능한 존재였다. 그는 인도와 인도의 후진성이 주로 기후나 지형, 비합리적인 종교적 믿음에 따른 문화적 열등성에서 기인한다고 추정했다. 더필드는 인도 내 현대성의 격차를 좁히기 위해 코카-콜라라는 상품을 해결책으로 제안했다.

코카-콜라사는 미국 군대와 협력한 계기로 최초의 인도 보틀러를 소개받기도 했다. 바로 모한 싱 사령관으로 그는 델리에서 성공적인 가구 사업을 운영했는데, 인도에 주둔한 미국 장교들의 집에 가구를 채워주며 맺은 인맥을 발판으로 코카-콜라 보틀링 사업에 진출했다. 코카-콜라가 인도에 경제적·정치적·사회적으로 뿌리내릴 수 있었던 것은 모한 싱 가문과 그들의 코카-콜라 보틀링 프랜차이즈 퓨어 드링크 덕분이었다. 엑스포트의 판매팀이 보기에 모한 싱은 "인도에서 선택할 수 있는 최고의 인물"이었다.#48 싱 가문은 코카-콜라 보틀링 사업을 위해 '절친'에게서 자금을 조달받았다. 그는 인도 최대의 감귤 생산자이자 1950년대 UN의 인도 대표, 1960년대와 1970년대 초 유럽 국가의 대사를 지냈다.#49 엑스포트 경영진은 야다빈드라 싱의 엄청난 부, 일반 인도인들의 삶과 극명하게 비교되는 생활방식에 놀라움을 금치 못했다. 모한 싱 가문은 가구 사업을 발판삼아 건축 사업으로 진출했으며, 뉴델리의 국내·외 고위층을 위해 웅장한 대사관이나 저택을 건설했다. 한 아들(달지트 싱)이 델리 지방자치단체의 부회장이 되고, 다른 아들(차란지트 싱)이 인도 의회에서 국민회의파 의원으로 델리 대표자가 되면서 이 가문은 델리의 최상위층에 오를 수 있었다. 싱 가문이 운영하는 코카-콜라 프랜차이즈는 새롭게 독립한 인도의 수도 뉴델리의 중심부에 위치한 코노트 플레이스로부터 뻗어 나오는 방사형 패턴의

길에서 제조 공장 설립 허가를 받은 유일한 기업이었다.[#50]

1950년 퓨어 드링크는 뉴델리에 건설된 코카-콜라 최초의 인도 프랜차이즈 보틀링 공장이었다. 호화로운 개막식에 수천 명의 사람을 초대했다. 모한 싱은 코카-콜라 산업은 외화를 벌어들일 뿐 아니라 "관련 산업의 성장"을 촉진함으로써 "숙련, 비숙련 장인을 고용하고 …… 2,000명이 넘는 가족에게 생계수단을 제공할 것이다"라고 주장했다.[#51]

하레 크리슈나교인(힌두교의 크리슈나 신을 믿는 종파-옮긴이) 마흐타브 인도 산업통상부장관이 뉴델리 공장의 개막식에 참석했으며, 자와할랄 네루 수상 역시 주빈석에 앉아 카메라를 향해 코카-콜라를 마시는 포즈를 취했다.[#52] "미국은 인도 수상의 요청에 응하는 차원에서 코카-콜라 공장을 수립하는 데 지원을 아끼지 않았다"라는 코카-콜라 직원들이 전한 마흐타브의 진술은 코카-콜라사가 인도의 요청으로 사업을 시작했음을 강조했다. 비록 인도의 요구 조건에 따라 협상하기는 했지만 코카-콜라사는 인도 시장으로의 진출을 자사의 국제적 영향력을 보여주는 증거로 여긴 듯했다. 《코카-콜라 오버시즈》는 "[코카-콜라]의 개막식은 상당히 인상적이었다. 뉴델리에서는 [1911년] 조지 5세가 인도를 방문한 이후 그처럼 대규모의 행사가 진행된 적이 없었다"라고 말했다. 훗날 코카-콜로니제이션과 기업의 신식민지주의를 향한 인도인들의 비난을 부지중에 예견한 셈이다.[#53]

코카-콜라사와 퓨어 드링크는 자신들의 사업을 '다른 이들에게 가능성을 선사하며 그 결과 생활방식과 근로 조건을 [개선하는] 산업 모델'로 제시했다. 《코카-콜라 오버시즈》에 따르면 퓨어 드링크의 봄베이 공장은 그 지역에서 가장 아름답고 현대적인 시설 중 하나로 2개의 보틀링 생산 라인,

임원 사무실, 교육실, 설탕과 식수 처리 설비, 실험실, 물품 보관실, 직원 숙소, 손님 숙소, 상주 간호사가 있는 진료소, 구내식당, '교육적·오락적 영화를 볼 수 있는' 독서실, 테니스 코트와 배드민턴 코트, 수영장, 젊은 고객을 모으는 정원이 갖춰진 수많은 건물이 있어 '봄베이의 명소'가 되었다. 코카-콜라사의 입장에서 이 공장은 저개발의 바다에 뿌려진 자본주의 현대화의 한 방울이었다. 미국 코카-콜라사의 경영진은 "봄베이에 이런 시설을 갖춘 곳은 이곳뿐이다. …… 정말 멋지다는 얘기를 들었다"라고 말했다. 그러나 공장 바깥에는 "하루하루 근근이 살아가는 사람이 득실거렸다".#54

코카-콜라는 미국의 다국적 기업이 전매 상표가 붙은 화학 공식을 이용해 산업적으로 생산한 제품이었다(코카-콜라사가 일반적으로 홍보하는 특징이었음). 그러나 20세기의 새로운 시장이 그랬듯 코카-콜라사와 인도 프랜차이즈 업체는 이 음료가 지역 소비자를 위한 안전한 먹거리임을 홍보해야 했다. 퓨어 드링크가 운영하는 델리 공장의 개막식에서 마흐타브는 그 자리에 모인 사람들에게 코카-콜라는 순수한 물질로 만들어지고 건강에 이로우며 위생적이라고 확언했으며 "인도에서 널리 소비되는 다른 음료보다 큰 인기를 끌 거라는" 희망을 내비쳤다.#55 그는 은연중에 다른 음료를 비난했는데, 여기에는 개발주의를 추구하는 정부의 현대적인 산업 음료에 대한 선호, 종교적 이유와 카스트제도에 따른 알코올 생산과 소비에 대한 경멸, 영국 식민지주의 음료가 계속 팔리는 것에 대한 국수주의자Nationalist의 비난이 담겨 있었다.

콜롬비아처럼 코카-콜라가 소개되었을 때 인도에서는 이미 다양한 상업 음료가 존재했다. 병 음료를 비롯해 (인도 국민의 대다수가 즐기는) 비공식적으로 팔리는 온갖 음료가 있었다. 다만 상인들은 깨끗하지 않은 식수와 자국의 재료를 사용했다. 산업적으로 제작된 음료 광고들은 이런 길거리 음료의 '품질'과 '위생 상태'에 의문을 제기했다. 중상층 인도인들은 코카-콜라가 들어오기 한참 전에 이미 병에 담긴 청량음료를 마시기 시작했고, 음료 취향은 사회경제적 지위와 긴밀히 연결되어 있었다.

코카-콜라가 진출한 인도의 음료시장에서는 해외 제품과 인도 제품에 대한 주장이 식민지주의의 맥락 안에서 이루어졌다. 19세기 식민지 인도에서 병에 담긴 청량음료는 영국에서 수입한 제품뿐이었다. 가격이 비싸고 주요 식민 거점지에서만 구입할 수 있어 이 음료를 마시는 인도인은 거의 없었다. 그러나 1837년 존 펨버튼이 코카-콜라 제조법을 만들기 전 영국 화학자 헨리 로저스가 작은 실험실에서 '탄산수'를 만들었고, 이 탄산수를 대량으로 생산하기 위해 봄베이에 공장을 세웠다.#56 1915년쯤 로저스는 이 회사를 4명의 '파시 젠틀맨(조로아스터교 인도인)'에게 매각했으며, 1945년 새로운 인도인에게 매각했다. 로저스의 회사는 1940년대 말 코카-콜라가 인도 시장에 진출하기 전까지 그 어떤 청량음료 보틀러보다 많은 음료를 판매했다.#57

콜롬비아를 비롯한 다른 국가들처럼 인도의 청량음료 산업은 초국가적 문화 교류와 식민지적 영향 아래서 탄생했다. 물론 수많은 음료 제조업체는 산업 초기 단계에조차 민족주의적 정서를 강조했다. 하주리 앤 선즈 *Hajoori & Sons*는 진취적인 다우디 보하라(이슬람 시아파의 분파인 이스마일파) 압바스 압둘 라힘 하주리가 설립했는데, 그는 십대 때 인도 시장을 점령한 영국의 청량음료를 판매하기 시작했다. 1920년대에 직접 청량음료를 제작한 그는 이 음료를 100퍼센트 인도 음료로 시장에 내놓았다. 간디의 '스와데시Swadeshi 운동'에 동조하는 한편, 영국의 식민주의에 반대하기 위한 외국산 제품 구매 거부 운동에 동참하기 위해서였다. 하주리는 반식민주의 산업 감각이 뛰어났다. '위스키 노'는 거세지는 민족주의 분위기 속에서 탄생한 무알코올(그리고 비영국적인) 음료였다. 그러나 런던에서 수입한 음료 제조기로 만들어진 이 음료가 '순수'하게 인도 제품인지는 논란의 여지가 있었다. 1960년 이 기업은 상표명을 '소스요'로 바꾸었는데, '사회적 음료'임을 나타내기 위해 이탈리아어이자 라틴어 소시우스Sosius에서 가져온 이름이었다.#58

힌두 상인들은 "물을 팔아 이윤을 거두는 것이 옳지 않다고 생각했기 때문에 인도 청량음료 산업이 발전하는 데 (로저스와 하주리, 듀크스, 팔론지를 비롯한 기타 음료 제작자처럼) 민족적·종교적 소수인종이 중심적 역할을 했으며",#59 인도 아대륙의 지방 분권주의로 지역마다 인기 있는 브랜드가 각기 달라서 어떤 음료 브랜드도 전적으로 '인도'식이라고 주장할 수 없었다. 그러나 새롭게 독립한 인도가 이 복잡하고 다양한 배경 가운데서 국가 정체성을 마련하는 동안 국내 청량음료 산업은 계속 외국 제품에 반대하는 민족주의 노선을 추구했다.

인도의 국가 정체성을 상징하는 제품과 관련된 코카-콜라의 역사는 처음부터 파를레(4장과 7장 참고)라는 특정 기업과 긴밀한 관계를 맺고 있었다. 퓨어 드링크가 최초의 코카-콜라 공장을 세우기 일 년 전 유명한 디저트 생산 업체인 파를레는 청량음료를 만들기 시작했다. 1949년 파를레는 글루코-콜라를 출시하며 '인도 최초의 콜라'라고 홍보했다. 독창적인 전면 기사 광고를 통해 글루코-콜라를 들고 있는 손 사이로 봄베이에서 알코올이 금지되었다는 (가짜)이야기가 관통하는 이미지를 내보냈다. 파를레의 지역 상황과 맥락에 대한 지식을 이용한 광고는 해외 경쟁사인 코카-콜라사를 공격했다. "코카-콜라는 미국에서 가장 인기 있는 청량음료로 인도에서 유행한 적은 없었다. 다른 맛 때문이다! 인도에서 가장 인기 있는 디저트 업체인 파를레보다 인도인의 맛에 대해 더 잘 아는 기업이 있을까?"[60] 1951년 시행된 일련의 광고는 코믹한 '도덕적' 교훈을 담아 코카-콜라의 해외성을 은근히 공격했다. 한 광고는 옷을 최소한으로 걸친 몸매 좋은 외국인 아내가 인도 왕자와 이혼하는 장면을 내보냈다. 이 광고는 "도덕적 교훈: 국왕이 존경할 만하고 같은 취향을 지닌 인도 여성과 결혼했다면 행복하게 살았을 텐데"라는 말로 끝났으며 '글루코-콜라…… 인도인의 구미를 당기는 맛'이라는 문구로 대미를 장식했다.[61]

파를레가 광고를 통해 코카-콜라를 공격하는 동안 막후에서는 더 큰 충돌이 일어났다. 코카-콜라사가 파를레를 상대로 상표권 침해 소송을 걸었던 것이다. 코카-콜라사는 글루코-콜라가 자사의 브랜드와 그 모습과 이름이 너무 비슷하다고 하면서 소비자와 판매인에게 혼란을 줄 수 있고, 새로운 콜라가 코카-콜라사의 인기와 명성을 이용해 이익을 취할 수 있다고 주장했다.[62] 코카-콜라사의 퓨어 드링크 공장은 글루코-콜라가 시장에 출시되고 나서 일 년 뒤 문을 열었지만 엑스포트 코퍼레이션은 이미 인도에서 상표 등록을 마친 상태였다. 글루코-콜라의 상표는 코카-콜라와 비슷한 필기체를 사용했으며 이름도 비슷했지만 상표와 병에는 파를레의 제품임이 명확히 표시되어 있었다. 게다가 파를레의 광고는 늘 이 브랜드의 상대적인 '인도성'을 강조함으로써 자사의 콜라를 다른 콜라와 차별화시켰다. 그럼에도 상표권 등록 담당자가 코카-콜라사의 편을 들어주자 파를레는 잠시 새로운 음료 '파를레 콜라'를 생산했지만, 결국 콜라 시장을 미국 브랜드에 내주고 과일 맛 나는 청량음료에 집중했다.[#63]

20세기 전반기에 몇몇 인도 청량음료 기업이 보틀링 시장에 진출했다. 파를레, 듀크, 터프, 브랜든, 프리미어, 팔론지는 봄베이, 페리니는 콜카타, 스펜서는 칼리, 빈센트는 마드라스, 하주리 앤 선즈는 구자라트 주의 슈라트에 공장을 건설했다. 그러나 1977년 《인도 타임스》는 "코카-콜라사가 인도를 침략한 1950년 이후 수십 년간 이들 기업 가운데 대부분이 …… 천천히 사라지고 말았다"[#64]라며 못마땅하게 여겼다. 청량음료를 살 돈이 없는 가난한 시골 지역의 청량음료 시장은 상당히 작았고, 싱 가문의 코카-콜라 프랜차이즈는 계속 성장했다. 퓨어 드링크는 뉴델리(1950년), 봄베이(1951년), 콜카타(1953년), 칸푸르(1954년)의 공장을 시작으로 1970년대에는 총 8개의 보틀링 공장을 확보하며 당시 코카-콜라 세계 시스템 중 가장 넓은 지역을 아우르는 독립적 보틀러가 되었다.

"코카-콜라 마타 틴토":
코카-콜라, 콜롬비아 경제민족주의와 맞닥뜨리다

콜롬비아에는 유명한 말이 있다. "코카-콜라 마타 틴토"로 직역하면 "코카-콜라가 커피를 죽인다"가 되지만 실제로는 코카-콜라가 커피보다 강하거나 우월하다는 의미를 담고 있다.[#65] 원자재(정유, 바나나, 코카인) 수출로 유명한 콜롬비아에서 커피보다 국가 정체성과 밀접한 단일 제품은 없다.

따라서 대중의 상상에서 커피가 코카-콜라를 통해 '사망'한다는 것은 코카-콜라의 영향이 얼마나 큰지를 보여준다. 커피 자본주의라는 자유무역 기조의 역사는 미국의 신식민지 개입처럼 사실 코카-콜라가 뿌리내리는 데 도움이 되었다. 미국의 융자와 외국인 투자로 자금이 유입되고 원자재가 유출되면서 수십 년간 콜롬비아는 다국적 기업과 해외무역에 개방적이었기 때문이다. 그러나 콜롬비아에서 활동하는 다국적 기업은 짙어지는 국가민족주의 때문에 점차 위협을 느끼게 되었다. 수입대체 산업화를 장려하기 위한 보호주의적 관세와 무역정책, 산업 투자를 활성화시키기 위한 개입적인 통화정책, 해외 자산 몰수를 가능하게 하는 법안, 노동조합의 설립 등의 조치는 다국적 기업에 새로운 사회적 함의를 요구하기에 이르렀다.

1930년대와 1940년대 콜롬비아에서는 대기업과 다국적 기업을 향한 비판의 목소리가 거세졌다. 이 기간에 콜롬비아의 노동자운동은 점차 힘을 얻었고 연맹을 결성하며 기업에게는 양보, 정부에게는 개혁을 얻어냈다.#66 한편 사회주의당과 공산주의당이 점차 세력을 확장하자 1950년대 공적인 준군사 세력이 이들을 제압하기에 이르렀다.#67 인민당 지도자 호르헤 엘리에세르 가이탄은 노동자와 소비자의 권리를 호소하며 엘리트와 독점자본주의를 규탄했는데, 1948년 그가 암살당하며 10여 년에 걸친 폭력 사태, 라 비올렌시아*La Violencia*가 시작되었다.

빠른 속도로 성장하던 콜롬비아 산업 엘리트들은 자신들의 성공과 독과점 구조를 유지하기 위해 수입제한정책, 저렴한 가격 덕분에 시장에 넘쳐나는 제품에 높은 관세를 부과하는 보호주의 정책 등을 밀어붙였다. 메데인의 강력한 직물 제조업이 주축이 되었지만 가공식품, 병 음료, 금속과 장비, 화학물질과 약품 제조업의 지지를 한 몸에 받은 산업주의자들은 정치적 연줄, 언론, 최근에 설립한 ANDI(코카-콜라 INDEGA의 회장이자 공동 창립자, 소수 투자자인 호세 구티에레스 고메스가 이끌었음)를 이용해 콜롬비아의 신흥 산업 분야를 보호하기 위한 운동을 펼쳤다. 이런 경제민족주의를 추진한 새로운 산업 부르주아는 정치적·경제적·사회적 측면에서 '진보주의'의 모델이 아니었다. 이들은 좌파와 독립적인 무역연합주의를 제압하고 국내 시장의 독점적 규제를 유지하고자 했으며, 자신들에게 도움이 되면 콜롬비아의 정치적·군사적 독재정부와 협력관계를 맺기도 했다.[68] 전 세계 산업 엘리트가 그렇듯 부르주아들 역시 개인 소유의 산업을 통해 국가 경제 발전이 이루어져야 한다는 경제민족주의의 담화를 이용해 자신들의 경제적 이익이 국가와 자국민의 이익에 부합한다고 주장했다.[69] 특히 보호주의 산업 계층은 막대한 토지를 소유한 엘리트, 자신의 제품이 미국 시장에 판매되도록 자유무역을 추구한 커피 경작자들과 각축을 벌였으며, 날로 고조되는 정치적 갈등 속에서 정치적·경제적 영향력을 발휘하기 위해 그들과 대립했다.

일부 다국적 기업은 국가개발주의와 콜롬비아 노동연합이라는 위협을 피하기 위해 콜롬비아에서의 생산과 자원 추출을 간접적으로 통제하는 쪽으로 방향을 전환했다. 심지어 바나나 농장, 가공 처리용 기계, 화물선의 소유권에서 바나나의 국제적 유통과 마케팅에 이르기까지 극단적인 수직화 과정을 거치는 유나이티드 프루트사조차 기술 감시, 까다로운 계약, 독점권을 통한 간접적 통제권을 유지한 채 바나나 농장의 소유권을 콜롬비아인에게 매각하기 시작했다.[70] 물론 이런 혁신은 콜롬비아를 비롯한 전 세계에서 코카-콜라사가 이미 오래전부터 시행해 온 기업 관행이었다.

미국 정부와 코카-콜라사는 자유무역을 밀어붙였지만 콜롬비아의 경제 발전에 콜롬비아 정부가 개입하는 것을 어느 정도 눈감아주었다. 그들은 국가 주도의 국내 산업 활성화, 수입대체정책, 케인스 통화 개입을 통한 라틴아메리카 경제의 현대화가 이 지역의 만연한 빈곤과 경제적 불평등을 완화시켜 주고, 잠정적인 소비자시장을 확장시켜 주며, 전 세계의 사회혁명을 막아줄 수 있다고 생각했다.[71] 2차 세계대전 이후 미국이 전 세계 수많은 국가에게 자유무역을 시행하도록 강요했을 때 콜롬비아는 반공산주의 이념을 공유한 확고한 동지라는 자국의 지위를 이용해 미국이 보호주의 경제정책을 일부 받아들이도록 했다. 1950년대 무역 협상에서 콜롬비아는 기존의 자유무역 조항을 폐기했으며, 자국의 신흥 산업을 보호하기 위해 미국 수입품에 관세를 부과했다. 그 대가로 미국은 콜롬비아에 직접투자를 위한 좀 더 안전한 조건을 보장받았다. 미국 기업의 자산이 몰수당하지 않고 수익 또한 안전하게 미국으로 송금되도록 보장하는 조건이었다.[72]

그리하여 '콜롬비아 산업의 황금기'가 찾아왔다.[73] 콜롬비아 정부가 나서서 국내 산업을 보호하고 발전시키는 한편 사회간접시설에 투자한 덕분이었다. 급성장하는 커피 생산에 따른 수익 증가와 그 어느 때보다도 높은 커피 가격, 번성하는 미국 경제와 콜롬비아와의 재정적 관계 덕분에 콜롬비아 경제에 더 많은 투자가 이루어졌다.[74] 그러나 노동역사가 미겔 우루티아의 지적처럼 이 시기는 '권력과 영향력의 황금기'이기도 했다.[75]

코카-콜라사의 경영진, 콜롬비아 산업주의자, 미국 외교관의 공언과 달리 콜롬비아 자본주의의 확장은 자본주의의 성장으로 이어지지 않았다. 이

기간 콜롬비아는 대규모의 사회적 동요를 경험했으며, 자유당과 보수당 간의 오랜 유혈투쟁인 라 비올렌시아로 민주적 사회가 와해되고 말았다. 이 투쟁으로 20만 명 가까이 목숨을 잃었다. 역사가 메리 롤던이 말했듯 라 비올렌시아로 '비현실적' 삶이 펼쳐졌다. 일부 콜롬비아인은 군사단체를 창설했고 다른 사람들은 시골 지역에 만연한 폭력 사태로 갈 곳을 잃었다. 그런 가운데에도 ANDI 회장이자 코카-콜라 INDEGA 회장인 호세 구티에레스 고메스는 "콜롬비아의 경제가 이보다 좋을 수 없다"라고 말했다.[76]

20세기 중반이 되자 도심화가 급속도로 진행되어 1960년까지 시골 인구의 절반이 도시로 이동했다.[77] 토지가 소수에게 집중되면서 극심해진 불평등이 농업의 산업화, 기계화, 인구 증가로 더욱 악화되자 땅이 없는 농부들과 빈곤한 소규모 토지 소유자 역시 갈 곳을 잃었다.[78] 콜롬비아의 산업 성장은 현대적인 직업과 소비라는 미끼로 시골 사람들을 도시로 이끌었다. 많은 콜롬비아인이 도시경제에 흡수되면서 발생한 사회적 변화는 기존의 생활방식과 생계에 큰 혼란을 안겨주었다. 부유한 도시인들은 어마어마한 소비를 했다. 레이Ley나 티아Tia 등 새로운 체인점에서 대량 생산된 콜롬비아 제품과 수입재가 판매되자 1945~1953년 콜롬비아의 소비는 6.2퍼센트 증가했다.[79]

콜롬비아 정부는 자국의 경제에 개입하기는 했지만 여전히 미국과 미국의 자금에 크게 의존하고 있었다. 콜롬비아는 한국전에 적극적으로 참여한 유일한 라틴아메리카 국가였는데,[80] 전쟁을 계속하기 위해서는 미국의 경제적·군사적 원조가 필요했다. 이런 자원은 미국의 반공산주의 노선과 긴밀히 연결되어 있었고, 이는 콜롬비아 엘리트가 바라는 일이기도 했다.[81] 미국 정부는 라우레아노 고메스와 구스타보 로하스 피니야 콜롬비아 대통령을 민주주의자로 추앙하며 그들에게 원조를 제공했지만, 사실 그들은 라틴아메리카의 독재주의자(미국은 자국의 이익에 부합한다고 판단되면 독재주의자들도 지원했음)와 공통점이 더 많았다. 로하스 피니야는 콜롬비아 군대를 대륙에서 가장 막강한 세력으로 바꾸겠다는 목표 아래 자유당, 공산주의자, 농민반란이 국가를 위협하는 대규모 공산주의 반란이라고 미국 정부를 설득했다.[82] 그는 공산주의자를 제거하는 일이라면 미국이 자신의 행위를 눈감아줄 거라고 여겨 라 비올렌시아 기간 무자비한 제압을 통해 군사력을 휘둘렀다.[83] 이런 냉전 전략은 미국 군대와 중앙정보국CIA의 라틴아메리카 침투를 통해 여실히 드러났다. 미국 정부는 콜롬비아에 군사원조와 장비를 제공했으며, 미국 군대는 콜롬비아 군대가 새롭게 세운 군사학교에서 대반란 진압 기술을 훈련하는 데 도움을 주었다.[84]

미국을 비롯한 국제 대출기관은 사회간접시설에 투자하고 재정 의무를 요구함으로써 콜롬비아의 경제를 발전시키는 것을 재정 대출과 원조의 목표로 삼았다. 그리하여 콜롬비아는 세계은행이 '가장 선호하는 고객'이 되었다. 1963년 세계은행은 콜롬비아의 고속도로 건설에 가장 많은 융자금을 제공했다.[85] 또한 콜롬비아가 통화정책과 자금 조달로 산업을 활성화시키되 공공 사업이나 농업개혁 등 전반적인 사회 프로그램에는 지출을 제한할 것을 권고했다.[86] 1960년대 미국은 콜롬비아를 라틴아메리카 내 '진보동맹Alliance for Progress'의 대표작품으로 만들기 위해 애썼다. 그리하여 빈곤을 근절하고 공산주의 반란을 막을 수 있기를 바라며 경제 발전 프로젝트를 장려한다는 명목 아래 국제은행을 비롯한 여러 기관과 함께

100만 달러가 넘는 금액(진보동맹 자금의 11퍼센트에 해당하는 금액)을 콜롬비아에 빌려주었다.[87]

미국의 정치적·경제적 패권이 콜롬비아 엘리트의 동의를 이끌어내기는 했지만 콜롬비아의 국가개발주의는 코카-콜라 자본주의자 스태튼에게 여전히 골칫거리였다. 콜롬비아의 관세와 세금정책은 다른 라틴아메리카 정부에 비해 보호주의 성향이 약했지만 이로 말미암아 재료와 자재를 콜롬비아로 들여오는 데 한계에 부딪혔다. 스태튼은 코카-콜라 회장 우드러프에게 "이곳은 따분하기 짝이 없습니다. 기계가 고장 난 게 아니라면 정부가 당신 회사를 망하게 하려는 것 같군요"라는 내용의 서신을 보냈다.[88] 그는 해외 수입품에 지불할 달러가 부족한 상황, 비용과 정부 제한 때문에 설탕, 탄산가스, 병, 코카-콜라 원액을 확보하기 어려운 상황에 불만을 토로했다.[89] 코카-콜라사와 협상해야 하는 프랜차이즈 가맹주였던 스태튼은 자신의 프랜차이즈에 원자재 수입권을 높여 달라고 요구하는 한편,[90] 수입품의 가격을 낮추고 콜롬비아에 원액 생산 공장을 수립하는 등 코카-콜라사의 도움이 필요함을 강조했다. 그리하여 정부의 보호주의에도 스태튼의 INDEGA 프랜차이즈는 번창했고 많은 수익을 올렸다. 1949년 그가 운영한 프랜차이즈의 판매액은 그가 합류한 해인 1945년과 비교해 6배나 증가했다.[91]

그러나 미국의 다국적 청량음료 기업이 운영하던 프랜차이즈가 모두 그랬던 것은 아니다. 바랑키야에 위치한 미국 영사관은 보호주의의 영향에 대해 우려 섞인 보고서를 보냈다. 코카-콜라 프랜차이즈인 엔보텔라도라 델 트로피컬은 '수입 시럽에 부과되는 높은 관세'로 보틀러들이 파산 직전이고 공장이 일주일에 2~3일만 돌아간다고 불만을 표했다. 하지만 콜롬비아 보틀러 포스토분은 수익을 내고 있었으며, 생산 공장을 확장하기까지 했다. 이런 상황은 "[미국] 기업들이 국내 시럽을 사용하는 현지인들과 경쟁하기 어려울 것처럼" 보이게 만들었다.[#92]

콜롬비아가 미국의 자본 투자와 사업을 받아들이기는 했지만 코카-콜라사는 경제국가주의라는 맥락 가운데 자사의 위치를 잡는 데 신중을 기했다. 보고타에 위치한 미 대사관이 1955년 진행한 콜롬비아 국제무역페어에서 INDEGA와 코카-콜라 엑스포트를 대형 미국 전시관에 참여시키려 하자 그들은 비용을 지불하더라도 별도의 코카-콜라관으로 참여하겠다고 했다. 미 대사는 그들이 "콜롬비아 기업으로 여겨지기를 바랐다"라고 말했다. 콜롬비아 내 자회사나 지사를 통해 사업을 운영하는 미국의 다국적 기업들은 전시회에서 "미국 기업으로 보이기를 바라지 않았다".[#93]

완전 생산, 완전 소비: 국가 발전을 위한 다국적 브랜드

코카-콜라사의 전후 해외 광고는 획일적인 모습의 반짝이는 코카-콜라 병이 현대적 생산 라인을 따라 끝없이 쏟아져 나오는 모습을 담았다. "품질유지야말로 고객이 신뢰하는 품질이다"나 "한결같은 품질, 한결같은 맛" 같은 태그라인이 달린 이런 광고는 코카-콜라 공장이나 상표가 위생적이고 현대적인 생산 라인과 제품의 표준화를 보장한다는 점을 말해주었다. 생산 지향적 메시지는 행복한 사람들이 코카-콜라를 마시는 모습을 보여주는 소비 중심적 광고 이미지를 보완해주었다. 이들 광고는 대량 생산이 (제품을 생산하는 동시에 소비하는 산업 노동자에 의한) 대량 소비와 짝을 이룬다는 소비자 자본주의 경제 모델인 포드주의식 '선순환'을 바탕으로 했으며, 케인스 경제학의 수요 주도 성장과 안정화이론에 부합하는 것이었다. 대량 유포된 브랜드 이미지는 광고 덕분에 고객의 수요가 급증하고, 그 결과 자본주의는 앞으로 잉여와 소비 감퇴라는 과거의 위기를 겪지 않을 거라고 약속했다.[94]

코카-콜라사는 제3세계뿐 아니라 경기침체로 고전 중인 부유한 자본주의 국가들을 상대로 향후 경제안정성을 유지하는 데 자사가 중요한 역할을 할 거라고 설득해야 했다. 20세기 중반 코카-콜라사는 경제위기를 "자본주의의 근본적 문제가 아니라 소비 부족" 탓으로 돌리는 자유경제이론의 혜택을 톡톡히 보았다.[95] 1958년 W.W. 로스토는 훗날 영향력 있는 저서 《경제 성장 단계: 반사회주의 선언문Stages of Economic Growth: A Non-Communist Manifesto》(1960년)으로 출간되기도 한 연설에서 모든 '후진국'은 식민주의, 농산물의 국제적 거래, 개인투자, 산업화, 기술 발전 단계를 거쳐 현대적 국가로 진화한다고 주장했다. 경제 성장을 사회의 '성숙도'를 결정하는 잣대로 보았다. 심지어 민족주의도 공동의 경제 이익이 자국 엘리트에게 기업가적 행동과 투자를 하도록 부추기는 단계를 거친다고 했다. 코카-콜라 광고는 로스토의 '고도 대중소비시대Age of high mass consumption'의 약속을 시각적으로 보여주었다. 수요 중시 경제는 자본주의의 안정성을 약속했고, 현대화이론은 미국 자본주의의 발전 가능성을 설득력 있게 제시했다.[96]

이런 광고는 홍보와 브랜드 제품이 소비자 경제를 안정화시킬 수 있다고 주장했다. 광고는 자본주의자에게 "대량 생산의 사양에 맞춰 소비자를 '생산'하는 청사진"을 제공했으며,#97 생산을 낳는 소비를 장려했다. 코카-콜라사의 경영진은 광고가 프랜차이즈와 국가 경제를 위해 경제 성장을 촉진한다고 주장했다. 엑스포트 회장 팔리는 소비를 부추겨 전후 일자리를 잃은 군인들에게 일자리를 제공하는 광고인의 역할을 칭찬한 미국 대통령 해리 S. 트루먼의 말을 인용하기도 했다. 팔리는 광고 산업이 1920년대에 전문 직종이 된 이후 경제적·사회적으로 자신들의 업무를 합리화하기 위해 발판으로 삼았던 논리를 이용했다. 제품 마케팅은 제품과 소비자 선택을 더 잘 파악함으로써 경제뿐 아니라 대중에게도 도움이 된다는 논리였다.

코카-콜라사의 경영진이 제기한 주장에 따르면 소비자 선택은 자본주의적인 민주주의의 기본 가치였다. 1948년 《코카-콜라 오버시즈》는 창간호에서 소비자 선택을 민주주의와 직결시키는 사설을 내보냈다. "언제, 어디서든 코카-콜라를 살 때 사람들은 코카-콜라의 모든 측면에 대해 신임투표를 하게 된다. 이런 신념이 유지되면 우리는 더 많은 유권자를 확보할 수 있다. 어디서든 음료를 선택할 자유가 있는 사람들을 말이다."#98 또한 〈민주주의와 상표〉라는 제목의 기사는 브랜드가 "상표나 사인을 이용해 경쟁사 간에 자유로운 선택을 내릴 수 있는 대중을 위한 민주주의"를 의미하며, 따라서 "자유 경쟁과 자유 선택의 진수"라고 주장했다. 다국적 기업이 시장을 독점하고 반경쟁적·반민주적 방식으로 현지 제품을 밀어내거나 매수할 수 있다는 우려를 반박한 이런 주장은 브랜드를 시장경쟁을 위한 시작점으로 삼았다. 시장경쟁은 '자유 선택이라는 민주주의 권리'와 동일시되는 개념이었다.#99 코카-콜라사가 내보낸 20세기 중반의 광고는

자사의 제품뿐 아니라 소비자 민주주의라는 논리도 함께 홍보했다.[#100]

코카-콜라사가 자사의 소비자 자본주의 모델이 대중의 현대적 삶에 기여한다고 주장하는 동안 이 기업의 광고는 주부를 겨냥해 가정생활의 현대화를 의미하는 소비의 모습을 제안했다. 잘 차려입은 채 웃고 있는 아이가 엄마에게 코카-콜라를 달라고 하는 모습이나 잘 차려진 식탁 위 유리잔에 담긴 코카-콜라를 감사히 받는 손님의 모습을 담았다. 여성 소비자는 가정에 음식을 제공할 성 역할을 가지는 한편 불필요한 제품을 소비하기 위한 합리적 이유가 필요했다. '가정'을 주제로 한 광고는 주부들에게 코카-콜라는 새롭고 최고를 추구하는 아이들의 요구를 충족시킨다고 선전했으며, '환대'를 주제로 한 광고는 코카-콜라가 손님들에게 문화적 역량을 갖추고 후한 대접을 하는 가족의 '훌륭한 취향'을 보여준다고 홍보했다. 게다가 가사를 담당하는 여성의 일손을 덜어주도록 코카-콜라는 (주스를 만들거나 여러 가지 술을 섞는 것과 달리) 별도의 작업이 필요 없는 포장 제품이었다. 코카-콜라의 1950년대 슬로건 '시그노 데 부엔 구스토(좋은 취향의 신호)'는 이 시기에 급증한 소비 분위기에 편승해 코카-콜라가 현대적인 화려한 생활의 기준이 된다고 홍보했다. 대부분의 코카-콜라 광고는 편안하게 여가생활을 즐기는 소비자의 모습을 담았지만, 여성을 겨냥한 메시지는 그들의 노력 덕분에 이런 현대적 소비가 가능해졌음을 보여주었다.

고칼로리의 '상쾌한 휴식'을 제공한다는 전시 때 주장을 발판 삼아 코카-콜라사는 전후 자사의 제품이 산업 노동자에게 원기를 제공한다고 홍보했다. 코카-콜라 판매인들은 회사의 관리자를 설득해 업무 현장에 냉장고와 자판기를 들여놓도록 했다. 그들은 점심시간이나 휴식시간에 코카-

콜라를 마실 경우 덜 '현대적이고' 덜 위생적으로 생산된 음료나 알코올성 음료를 마실 때보다 노동자들의 생산성이 높아진다는 코카-콜라의 사기 진작 효과를 알렸다. 1950년대 도시화와 산업화가 진행되던 콜롬비아에서 코카-콜라 광고는 비서, 기술자, 사업가, 산업 노동자의 현대적 업무와 소비 취향을 홍보했다. 이런 광고는 노동자에게 어필하기 위해 때로는 놀랄 정도로 노동자 계급의 미학적 특징을 채택하기도 했다. 한 광고는 근육질의 팔이 연대 행위인 것처럼 노동자들에게 코카-콜라를 돌리는 모습을 실었고, 또 다른 광고는 전투성을 띤 주먹처럼 높이 들어 올린 코카-콜라를 통해 현대적 노동의 힘과 소비를 보여주었다.

1950년대 소비자문화는 보통 쾌락주의로 특징지어진다. 개발 경제와 폭력의 발발로 제품 판매가 한정적이었던 콜롬비아도 예외는 아니었다. 그러나 잭슨 리어스Jackson Lears의 주장처럼 이런 광고는 '소비자문화는 다채로운 쾌락주의가 아니라 통제와 자유 간 긴장의 균형을 찾는 새로운 방식'임을 상기시킨다. 소비문화는 '노동과 경영 사이에 이루어지는 교환 시스템'의 필수 요소였다. 노동자에게는 노동 규율과 정치적 수동성의 대가로 높은 임금이 주어졌고, 임금은 그런 노동으로 생산된 제품의 소비를 가능하게 해주었다.[101] 미국을 비롯해 (콜롬비아를 포함한) 많은 서구 사회에서[102] 노동자들은 생산 수단이나 짧은 노동 시간의 선택 같은 요구 사항을 포기하는 대신 높은 임금을 받았다. 폭력적인 정치 압제를 통해 반공산주의 탄압이 이루어지던 콜롬비아에서 노동자들의 마음을 얻기 위해 산업 생산성의 결실을 조금 나눠주는 것은 자본주의자들에게 결코 어렵지 않은 일이었다. 소비는 덜 급진적인 노동자 계층을 바라는 콜롬비아 산업가들의 욕망을 채워주고 현대 산업의 노동 규율을 준수하는 대가로 노동자들에게 제공되는 일종의 성과급이었다.[103] 사실 소비는 케인스 모델과 사회계약, 즉 '완전 생산과 완전 소비라는 균형 잡힌 경제'의 필수 요소였다.[104]

코카-콜라 공장이 품질 기준, 노동 규율, 기술, 내부의 산업문화를 통해 현대적 노동자와 소비자를 탄생시킨다는 게 코카-콜라사의 주장이었다. 팔리는 전후 연설에서 "눈부시게 흰 …… 현대적인 코카-콜라 생산 공장이 초라한 옷을 걸친 원주민과 옷을 거의 안 입다시피 한 아이들이 있는 움막 한가운데 문을 열 것이다"라고 말했다. 필리핀과 이집트 등 다른 개발도상 국에서도 이야기의 배경만 바뀔 뿐 같은 내용이 반복되었다. 코카-콜라 노동자들은 깨끗하게 다림질한 유니폼을 입었고 공장 소속 의사에게 진료를 받았으며 의무적으로 샤워를 했다. 팔리는 한 공중보건 직원의 말을 인용해 이렇게 말했다. "코카-콜라가 위생 분야에 미치는 영향력은 막강하다. 이 나라의 공중보건을 개선하는 데 있어 그 어떤 수단보다 효과적일 것이다. …… 코카-콜라는 매우 유용한 위생교육 수단이다."[105]

코카-콜라사가 20세기 중반 광고에 공장의 모습을 자주 등장시킨 것은 제품에 반영된 현대적 생산의 우월성뿐 아니라 국가 경제 발전에서 자신들이 맡은 역할을 강조하기 위해서였다.[106] 이런 광고는 생산을 코카-콜라 사의 자산으로 간주하고 지역 소비자가 사용하고 직접 관찰할 수 있는 대상으로 제안하는 한편, 코카-콜라 생산을 유례없는 '고품질'에 '순수한' 제품을 만들어내는 복잡하고 기술적인 과정으로 신비화했다. 광고에는 공장 건물의 외관이나 코카-콜라 생산 라인의 이미지가 담긴 그림이나 사진이 실렸는데, 낯선 외국 기업을 의심의 눈초리로 바라보는 현지인에게 시각적 메시지를 제공하기 위해 현대적 장비와 지역 근로자들을 강조했다.[#107] 이들 광고는 보통 공장을 방문하는 가족이나 학생들을 등장시켜 잠정적 소비자의 의심을 누그러뜨리고 그들이 실제로 공장을 방문할 필요가 없다고 홍보했다.[#108] 그러나 어떤 광고는 "놀러오세요, 친구"라는 문구로 초청을 제안하기도 했으며,[#109] 특별 투어 개막식에 소비자를 초대하기도 했다.[#110] 아르헨티나의 한 코카-콜라 광고는 "파라과이 550[로사리오에 위치한 이 공장의 주소]에서 코카-콜라는 모두가 보는 가운데 생산된다"[#111]라고 하면서 코카-콜라 공장 건설이 아무 문제도 없고 확실하게 그 지역에 기반을 두고 있다는 사실을 보여주었다.

콜롬비아의 코카-콜라 공장은 현지 제조 공정에 대해 설명하기 위해 엑스포트 책자를 이용했다. '태양의 빛처럼 순수한'이라는 문구가 실린 앞표지에는 코카-콜라의 순수성과 생산 과정의 투명성을 홍보하기 위해 자연과 산업의 상징물이 결합된 이미지를 실었다. 뒤표지에는 "한결같은 품질의" 코카-콜라가 생산 라인에서 속속 나오는, 자주 반복되는 이미지가 실렸다. 또한 그 아래에는 (전통 복장으로 구분되는) 전 세계 사람들이 코카-콜라가 생산되는 과정을 들뜬 표정으로 바라보는 일러스트가 실렸다. 책자 본문에는 여러 쪽에 걸쳐 작업 공정도를 통해 생산 공정의 각 단계를 보여주었고, 미소를 머금은 노동자들이 기계 옆에서 열심히 일하는 모습이 실렸다.[#112] 이 모습은 코카-콜라의 품질이 노동력이 아니라 코카-콜라사의 한결같은 관리와 기술 기준에서 비롯된다는 것을 시사했다. 노동인구를 특정 지역으로 한정하지 않음으로써 이 메시지는 코카-콜라사의 산업 모델과 마찬가지로 전 세계 어디서든 복제될 수 있었다.

광고 개발

코카-콜라사는 콜롬비아의 정기간행물을 비롯해 미국에서 제작되고 라틴아메리카의 주요 도시에서 판매되는《셀렉션 오브 리더스 다이제스트》나《라이프 인 에스파뇰》등 스페인어 잡지에 싣는 광고를 통해 자사가 콜롬비아 발전에 기여한다고 홍보했다.#113 이들 광고에는 화이트워싱 백인이 아닌 캐릭터인데도 백인 배우로 캐스팅하는 행위-옮긴이된 라틴아메리카인들이 코카-콜라 산업의 현지 기여를 설명하는 일러스트가 실렸다.#114

코카-콜라사는 코카-콜라 공장이 가져온 고용과 기술의 현대화를 비롯해 자사가 국가 경제와 가족 경제에 기여한 바를 보여주기 위해 코카-콜라 산업에 생계가 달린 전형적인 '현지 가족'의 이미지를 반복적으로 사용했다. 아들이 아버지가 일하는 코카-콜라 공장을 손가락으로 가리키고 있으며, 근로자에게 넉넉한 월급과 성취감을 제공하고 근로자의 여가 시간을 존중하는 현대적 고용주라고 주장하는 모습이 많은 광고에 사용되었다. 잘 차려입은 젊은 부부와 아이들이 아버지가 쉬는 날 산책하는 모습도 담았는데, 코카-콜라 공장을 지날 때 어린 아들이 공장을 가리키며 "봐요! 아빠가 일하는 곳이에요!"라고 소리친다. 광고는 '후아니토'가 이런 자부심을 느껴 "마땅하다"고 말한다. 아버지의 직업은 "코카-콜라의 생산, 제조, 유통에 관여하는 다른 수많은 사람의 일자리와 마찬가지로 보수가 넉넉하고 흥미롭기 때문이다".#115 또 다른 광고는 "강력한 자동 세척기에서 살균되어 반짝이는" 코카-콜라의 감독관으로 일하는 아버지를 들뜬 마음으로 가리키는 아이의 관점을 이용해 "코카-콜라 산업은 가계의 경제 복지에 기여하는 훌륭한 직업을 제공한다"라고 말한다. 이런 경제적 이득은 지역사회, 심지어 국가 전체로 확장된다고 주장했다. "모든 코카-콜라 보틀러는 필요한 제품과 서비스를 구매함으로써 지역 산업이 번성하는 데 기여하는 독립적 기업이기 때문이다. 코카-콜라의 생산과 제작, 유통은 이런 방식으로 국가 발전에 기여한다."[116]

보틀링 업체 소유주와 그들이 운영하는 새로운 코카-콜라 프랜차이즈는 사업가 '돈 페르도'가 등장하는 1954년 광고 "이렇게 해서 새로운 사업이 탄생한다"에서 '현지 경제 발전의 중심'으로 설정되었다. 자신이 사는 마을에 코카-콜라 공장을 세운 돈 페르도는 사교클럽 친구들에게 정기 회의를 갖자고 제안한다. 코카-콜라의 해외 확장이 지역적이고 유기적인 과정임을 보여주는 부분이다. 민첩하고 선견지명이 있는 돈 페르도는 현대적인 공장이 지역사회에 도움이 된다고 자랑스럽게 말한다. "품질 좋은 음료를 만드는 과정에 참여하는 수많은 노동자를 비롯해 가게에서 음료를 파는 이들에 이르기까지 수많은 사람의 협조 덕분에 우리 보틀러는 오늘날 지역 경제와 수많은 가족의 생계를 이끌어가는 데 중요한 역할을 하고 있습니다."[117] "미래로 향하는 첫 발걸음"이라는 극적인 제목의 광고가 코카-콜라 보틀러에 고용된 젊은 전문직 남성의 이미지를 통해 제안하는 것처럼 코카-콜라는 개인과 국가를 미래로 안내해주었다.

수많은 광고가 코카-콜라를 지역 일자리 창출자로 홍보했다. 한 광고에는 '후안과 마리타'라는 친근한 중년 커플이 등장했다. 이들이 운영하는 가게는 코카-콜라 판매뿐 아니라 코카-콜라를 찾는 사람들이 가게에 들어와 다른 제품도 구매한 덕분에 "계속 성장하고 있다"[118] 또 다른 광고에서는 노동자 계층인 '후안과 호세'가 등장하는데, 이들은 코카-콜라 광고판을 설치하는 '보수가 괜찮은' 일을 하면서 중간 중간에 코카-콜라를 마시며 휴식을 취하는 '이중 기쁨'을 누린다.[119] 또 다른 광고는 '도처에 있는 사람'에 포커스를 맞춘다. 어디서나 존재하며 대체 가능한 것처럼 보이는 표준화된 코카-콜라 상점의 주인은 음료를 통해 수익을 거두는 한편 음료의 수요 창출에 기여하기도 한다.[120]

이들 광고는 코카-콜라 산업이 관련 산업에 미치는 긍정적 영향을 부각시키며 "점점 더 많은 사람이 수입 가운데 일부를 직·간접적으로 코카-콜라를 통해 취하고 있다"라고 주장했다.[121] 어떤 광고는 자신이 생산한 '전 세계적으로 유명한' 코카-콜라병을 자랑스럽게 들고 있는 유리 제작자를 소개했으며, 또 다른 광고는 재목을 마련하기 위해 삼림을 베는 톱의 '윙윙거리는' 소리를 발전의 신호로 치켜세웠다. 이 광고에 등장하는 목재소 주인은 코카-콜라를 '최고의 고객'이라고 말한다. 지역 보틀러가 코카-콜라 상자, 광고판, 공장 확장을 위해 목재를 구매하기 때문이다.[122]

1950년대 말까지 라틴아메리카의 코카-콜라 광고는 대외적으로 국가 발전에 초점을 맞춰 경제와 사회 현대화를 주창하며 코카-콜라 브랜드와 이것을 연관 지었다. 이들 광고는 자사의 사업을 공공서비스로 제시하며 "지역사회에서 활동하는 코카-콜라 보틀러는 당신[독자]에게 헌신합니다. 라틴아메리카를 현대화하는 전문직 근로자를 존중하며 젊은이들이 이런 현대화에 동참하도록 장려하고자 합니다"라고 말했다. 광고는 발전을 위한 선제 조건을 마련하기 위해 환경과 사회를 합리적으로 개선하고 문명화하는 기술을 지닌 전문가를 추앙했다. 각 광고는 젊은이라면 "국가 발전에 기여하고 번영된 삶을 살기 위해" 이런 직업을 고려해야 한다는 제안으로 끝이 났다.[123] 광고 하단에는 독립적인 보틀러를 통해 코카-콜라가 점차 많은 국가에서 생산되고 있다는(1956년에는 80개였던 것이 1957년에는 100개로 늘어났음) 문구가 적혀 있었다.[124]

코카-콜라 다국적 개발주의의 한계

20세기 중반 코카-콜라는 국가 경제 발전이 코카-콜라 산업의 핵심 목표라고 홍보했지만 코카-콜라사의 경영진이 전후 경제적 자기결정주의와 국가개발주의 명목 아래 시행된 보호주의를 전적으로 받아들인 것은 아니었다. 코카-콜라사는 자사의 산업을 국가 산업으로 홍보할 수 있을 때 자사와 자본주의의 성장을 보호하는 선에서만 이런 주장을 받아들였다.

사실 코카-콜라사는 자유무역을 옹호할 수 있는 기회가 생기면 주저하지 않고 기회를 적극 활용했다. 코카-콜라의 생산은 근본적으로 초국가적으로 이루어졌다. 원액과 재료를 수입하고 수익을 미국으로 송환해야 했으므로 다국적 기업이 성장하려면 자유시장을 옹호할 수밖에 없었다. 1957년 전국해외무역 컨벤션에서 팔리는 "극단적 형태의 국권은 진보, 평화, 상호 이해의 적이 된다"라고 말했다. 팔리는 '국권'이라는 개념이 정부가 새로운 규제와 세금을 부여하고, 다국적 기업의 성장을 제한하며, 기업이 본국으로 수익을 보내는 것을 막고, 심지어 산업을 국유화하기 위한 허가권으로 사용된다고 주장했다. 그는 외국인 투자는 개발도상국의 '도덕성'과 '성숙도'에 달려 있다면서 개발도상국을 학생처럼 취급했다. 팔리는 '개인적 투자 자금의 흐름에 기여하는 조건'을 지침으로 제안했다. 이는 미국 기업의 해외 사업은 미국 국내법에서 면제받아야 하고, 해외에서 벌어들인 수익에 대한 세금을 부과해선 안 되며, 국가보호주의를 향한 그의 비판을 감안할 때 다소 모순되게도 주최 국가는 '오래된 해외 투자 자금'을 새로운 해외 투자 자금에서 보호해야 한다는 내용이었다.[125]

코카-콜라 엑스포트는 계속 자신들이 국가 경제 발전에 기여한다고 주장했지만 콜롬비아 사업 운영에서 발생한 자본은 사실 미국의 소유였다. 코카-콜라 공급에 관여하는 부차적 산업은 광고의 주장과 달리 지역 산업과는 거리가 멀었다. 가장 비싸고 복잡한 장비는 미국 기업으로부터 수입했으며 미국 전문가가 감독했다. 콜롬비아와 인도 보틀링 프랜차이즈는 음료를 채우고 뚜껑을 닫고 병을 소독하기 위해 값비싼 미국 장비를 구입해야 했다.[126] 해외 보틀러는 관리직이나 기술직이 필요할 때마다 기업 간행물에 미국 장비를 잘 다룰 줄 아는 '숙련된' 직원을 찾는다는 구인광고를 냈다. 1948년 콜롬비아 보틀러 앨버트 스태튼은 날로 확장되는 자신의 프랜차이즈에서 일할 사람을 찾기 위해 구인광고를 냈다. 콜롬비아가 남아메리카에 있다고 밝힌 이 광고는 미국 보틀링 장비에 익숙하고 스페인어를 조금 할 줄 아는 사람을 장기 또는 단기로 고용한다고 했다. 경비는 지불할 것이고, 쉽지 않은 일이지만 성장하는 산업에 함께할 수 있으며, 이상적인 기후에서 괜찮은 생활 조건과 낮은 세금을 강조했다.[127]

콜롬비아의 코카-콜라와 관련된 부차적 산업은 코카-콜라의 개발주의식 광고에서 주장하는 모습과는 달랐다. 1950년대 내내 상표권이 등록된 코카-콜라 재료(병, 뚜껑, 인쇄물 등)는 여전히 파나마를 통해 미국에서 수입되었다.[128] 1953년과 1957년 콜롬비아 산업에 대한 미국 정부의 보고서에 따르면 코카-콜라사의 현지 경쟁 업체, 포스토분과 가세오사스 콜롬비아나스는 자체 병뚜껑 공장을 운영하고 있었지만 청량음료 기업 모두가 병을 수입해야 했다.[#129] 관세를 피하는 한편 콜롬비아의 기존 업체만으로 부족한 생산량을 대체하기 위해 스태튼은 직접 사업을 운영하고 자금을 투자해 자신의 코카-콜라 공장에 병, 뚜껑, 운반 상자, 탄산가스, 간판을 공급하고 냉장고와 사내 석판인쇄기를 제공했다.[#130] 코카-콜라사는 외국인 직접투자의 이런 사례를 "라틴아메리카의 산업화를 위한 촉매제"로 홍보했다.[#131] 물론 콜롬비아 노동자와 자원을 활용함으로써 콜롬비아의 제조업은 해외 수입보다 경제 발전에 더 많은 기여를 했다. 그러나 수익의 대부분은 미국 투자자를 비롯해 소수의 콜롬비아 엘리트에게 돌아갔다. 게다가 이 같은 관련 산업의 직접적 통제가 더 이상 수익성이 없다고 판단되자 코카-콜라 투자자들은 리퀴드 카보닉사나 오웬스 일리노이스 글래스사 같은 익숙한 기업으로 투자처를 옮겼다. 현지 자회사를 통해 콜롬비아로 확장한 다국적 기업이었다.[#132]

콜롬비아의 코카-콜라 보틀링 산업을 점령한 앨버트 스태튼은 코카-콜라 광고의 주장과 달리 '지역적이고 독립적인 보틀러'가 아니었다. 코카-콜라 본사를 떠난 뒤 그는 전 세계 코카-콜라 사업체에서 일하며 일부 보틀링 프랜차이즈를 관리하다가 엑스포트의 범아메리카 부서의 부회장 자리에 올랐다. 그는 코카-콜라사의 라틴아메리카 사업을 관리하던 중 1940년대 콜롬비아에서 INDEGA를 인수했고, 멕시코와 브라질에서도 여러 보틀링 프랜차이즈를 인수했다. 이는 그의 동생이 남아메리카의 해외 판매를 담당하는 코카-콜라 부회장 자리에 오른 시기와 맞물렸다. 스태튼은 이 세 국가의 보틀링 사업을 성장시켜 결국 10여 개의 공장을 소유하게 되었다. 스태튼의 아들 앨버트 주니어와 우즈는 아버지의 뒤를 이어 콜롬비아, 멕시코, 브라질에서 추가로 보틀링 공장을 인수했으며 1990년대 경제자유화 이후 브라질, 콜롬비아, 코스타리카, 과테말라, 멕시코, 니카라과, 파나마, 베네수엘라에 이르는 라틴아메리카 지역으로 보틀링 제국을 확장해 나갔다. 그리하여 라틴아메리카에서 가장 큰 청량음료 보틀링 기업이 되었으며, 20세기 말에는 전 세계에서 두 번째로 큰 코카-콜라 보틀링 기업이 되었다.[#133]

메데인에서 태어난 스태튼의 손자 우즈 W. 스태튼은 가족 사업에 합류해 파남코 이사회에 몸담았으며, 라틴아메리카에 또 다른 다국적 기업 맥도날드를 진출시켰다. 할아버지처럼 맥도날드 남아메리카 부서의 회장이 된 우즈 W. 스태튼은 지주회사 아르코스 도라도스[황금색 아치]를 이용해 다국적 기업의 프랜차이즈 부문으로 진출했다. 그후 아르코스 도라도스는 라틴아메리카와 카리브해 지역 내 20개 국가에서 1,800개의 지점을 운영하며 전 세계에서 가장 큰 맥도날드 프랜차이즈가 된다. 우즈 W. 스태튼은 부에노스아이레스에서 수십 년간 살았지만 2012년에는 《포브스》가 선정한 전 세계 억만장자 중 콜롬비아에서 세 번째로 자산이 많은 인물이 되었다.[#134] 강력한 두 다국적 기업과 가족의 역사는 긴밀히 연결되어 있었다. 맥도날드는 코카-콜라사의 가장 큰 고객이며 우즈 W. 스태튼은 21세기 초 라틴아메리카에서 가장 큰 코카-콜라/맥도날드 프랜차이즈 이사회 회장이 되었다.[#135] 스태튼 가문은 확실히 코카-콜라 광고에 나오는 '돈 페드로'가 아니었다.

다국적 기업을 통해 수십 년간 지속된 국제 경제의 불평등을 향한 비판이 21세기에 들어서면서 거세진 것은 아니다. 자사의 보틀링 공장이 다른 국가의 경제를 활성화시킨다는 코카-콜라사의 주장은 20세기에도 모든 사람을 설득하지 못했다. 미국 정부도 마찬가지였다. 코카-콜라 엑스포트는 다른 국가의 경제 발전을 돕는다는 명목으로 해외시장에 진출하기 위해 미국 기관에 두 차례 협조를 구했다. 1948년에는 미국 경제협조처ECA, 마셜플랜의 전후 유럽 경제회복 프로그램을 관장하는 단체에 유럽을 비롯해 프랑스의 북아프리카 식민지에 새롭게 투자함으로써 얻은 수익을 미국 달러로 환전하도록 보장해줄 것을 요청했다. 코카-콜라사가 요청한 보장 금액은 736만 2,500달러였다. 코카-콜라사는 잠정적인 해외 보틀링 공장에 제공할 보틀링 장비, 트럭, 자동차, 상자, 병, 뚜껑, 보틀러에게 공급할 시럽과 원액, 재료와 제품을 테스트할 실험 장비, 장비와 건설비용, 원액과 시럽을 만들기 위한 재료와 설탕, 지사 개조와 비품 제공, 애매모호하고 값비싼 '기술 서비스 및 판촉, 개발비용'에 지출할 돈이라고 주장했지만 실은 생산 효율성, 품질 관리, 판촉을 관리하는 코카-콜라 엑스포트 직원에게 지급될 돈이었다.[136]

코카-콜라 엑스포트는 자사의 지원 이유를 프랜차이즈의 다국적 개발주의로 포장했다. "지역적이고 독립적인 프랜차이즈가 재정 차원에서도, 관리 차원에서도 해당 프로젝트에서 중요한 역할을 맡을 것이다"라고 보고했으며 ECA 검토자는 '좋음!'[137]이라는 손 메모를 남겼다. 엑스포트는 자사의 주요 목적이 원액과 시럽을 해외 보틀러에게 판매하는 거라고 설명했지만 "자사는 전문적인 화학, 공학, 기술, 생산, 판매 조언과 비법을 해외 보틀링 공장에 제공했으며 가장 많은 수입을 보장하는 방법과 방식으로 제품 판매를 장려했다"#138라고 하면서 이차적 목적은 사실 해외 개발임을 암시했다.

그러나 ECA 행정관들은 경제적 이익에 대한 코카-콜라 엑스포트의 설명이 솔직하지 못하다고 생각했다. 이 보고서를 검토한 담당자는 카이로 거리의 상인에 대한 엑스포트의 거침없는 묘사를 문제 삼았다. 이들은 "등에 냉장고를 진 채" "목마른 사람들에게" 코카-콜라를 팔아 "하루를 마칠 때면 과거의 궁핍한 생활과 달리 아이들을 위해 음식을 사고 아내를 위해 옷을 사며 자신을 위해 신발을 살 수 있는 수입이 조금 생기게 되는데" 이는 결국 "식품, 옷, 신발 시장의 성장으로 이어진다"는 게 보고서의 주장이었다. 한 검토자는 보고서 한쪽에 "엑스포트의 똑똑하고 젊은 광고 카피라이터가 쓴 게 분명하다!"라고 의견을 달았다.#139

사실 ECA 행정관들은 코카-콜라가 유럽의 경제 회복을 저해하지 않을까 우려했다. 한 검토자는 "코카-콜라사는 해당 프로젝트가 특정 국가의 외환 보유고 상황에 영향을 미치지 않을 거라는 표리부동한 주장을 펼쳤다. …… 이 프로젝트는 결국 해당 국가의 외환 보유고에 악영향을 미칠 것이다. 이는 유럽 엑스포트를 통해 필수라고 할 수 없으며 해외 판매용으로 설계되지 않은 제품의 제조와 유통에 자원을 적용해야 하기 때문이다."#140라고 말했다.

또한 ECA는 자신들의 투자가 "고용을 창출하며 국내시장에 제품을 공급하는 산업을 활성화시킴으로써" 해당 국가에 이득이 될 거라는 코카-콜라사의 주장에 의문을 제기했다. 코카-콜라 산업 모델은 사실 필수적이지 않은 제품의 생산을 위해 핵심 원자재를 빼돌리는 것이었다. 이는 결국 많은 사람을 고용하고 상당한 수출품을 양산했던 유럽 와인 같은 국내 음료 시장을 저해할 수 있었다. 게다가 원액과 장비를 구입하고 코카-콜라 엑스 포트가 기술, 판매, 마케팅 서비스에 부과하는 높은 비용을 지불하려면 외화가 필요했다. 유럽 국가들은 성장하는 미국 산업을 통해 들여오던 넘쳐 나는 수입품 때문에 이미 외환위기를 겪고 있었으며, 자국의 통화를 보호하지 못하는 상태였다.[141] ECA 검토자는 "ECA가 각국 국민이 코카-콜라를 마실 수 있게 한다는 목적에 보조금을 지원했다는 사실이 알려지면 상당한 반대가 있을 것이다"라고 하면서 "코카-콜라 엑스포트에 보조금을 지원하는 데 강력히 반대한다"고 결론을 내렸다.[142]

10년 후 코카-콜라 엑스포트가 또 다른 요청을 했을 때도 미국 정부는 이들의 주장에 설득당하지 않았다. 1957년 엑스포트는 국제 경제 발전을 위해 해외 원조를 담당하는 국제협조처[ICA]에다 인도에 새롭게 투자해 확보한 루피의 달러 환전을 보장해줄 것을 요청했다. 코카-콜라 엑스포트는 인도에 25만 달러를 들여 원액 공장을 짓겠다고 제안했다. 그렇게 되면 일 년에 12만 오스트리아 파운드를 들여 해외에서 수입하는 원액의 비용을 절감할 수 있었다. 엑스포트는 3년 동안 원액 공장에서 나오는 수입을 가져가지 않겠다는 약속까지 했다. 3년 후 연간 수입에 과거 3년 동안 쌓아둔 수익의 25퍼센트를 얹어 본국으로 송환하는 조건이었다. 예상되는 연간 수입은 처음에는 6만 2,500달러(여기에 지난 3년의 수입 4만 6,878달러가 추가되었음)였지만 빠르게 증가할 터였다. 코카-콜라 엑스포트는 미국 자금 투자자와 인도의 동업을 통해 10여 개의 보틀링 공장을 새로 건설할 계획이었다.

인도 정부는 다국적 기업의 진출에 따른 자국의 환율 변동을 우려했으며 코카-콜라사가 미국으로 송환할 수익이 인도의 원액 공장에 투자한 금액을 빠르게 넘어설 거라고 걱정했다. 그러자 코카-콜라 엑스포트는 그것이 값비싼 브랜드를 비롯해 프랜차이즈 산업 모델과 사업을 하는 대가라고 주장했다. "문제는 인도 정부가 수익-자본 투자 비율이 너무 높다고 생각한다는 것이다." 미국 정부의 투자 자문은 이렇게 보고했다. 하지만 코카-콜라 엑스포트는 "우리는 이런 수익이 합당하다는 입장을 고수한다. 이는 청량음료 제작과 마케팅, 전 세계 마케팅에 대한 수년간의 연구 결과를 바탕으로 한 것이다"라고 했다.[143] ICA는 이에 동의하지 않았으며,[144] "이는 인도 정부에 상당히 좋지 않은 산업처럼 보인다"라고 결론을 내렸다.[145]

"전 세계적으로 …… 좋은 취향의 신호": 20세기 중반 코카-콜라 세계화의 비전

전후 미국 기업들의 영향력이 높아지면서 미국의 시장제국이 확장되자 미국인들은 코카-콜라가 해외시장에서 거부감 없이 받아들여지는 광고 이미지를 반복적으로 보게 되었다.[146] 코카-콜라사는 전 세계 어디서든 지역성을 주장하는 한편, 전 세계를 대변하고 세계화되고 싶은 욕망을 표현하는 데 머뭇거리지 않았다. 전 세계 곳곳에서 코카-콜라를 제공하고 소비자의 환심을 사는 코카-콜라사의 능력을 묘사한 이런 광고는 미국 소비자 자본주의의 매력과 뛰어난 적응성을 보여주었다. 전 세계 사람들이 미국 제품을 즐기는 모습은 미국의 세기가 진행 중이며 편안하게 받아들여지고 있다는 증거로 여겨졌다. 광고는 이런 모습이 전 세계를 상대로 보여주기 위해 미국이 억지로 꾸민 게 아니며 코카-콜라와 자본주의가 국가를 막론하고 보편적 매력이 있음을 방증하는 것이라고 했다.

이런 메시지를 담은 코카-콜라 광고는 《내셔널 지오그래픽스》《라이프》《더 세러데이 이브닝 포스트》등 미국 주요 잡지의 뒤표지에 실리는 특권을 누렸다. "좋은 취향의 신호"라는 광고는 코카-콜라가 버뮤다, 벨기에, 브라질, 쿠바, 인도, 이탈리아, 일본, 멕시코 등 해외시장에서 소비되는 모습을 담았다. 이 광고는 미국인, 특히 광고 속에서 늘 확연히 눈에 띄는 백인들을 전 세계에서 초대했다. 아무리 외딴 지역에서도 코카-콜라를 볼 수 있었기 때문이다. 이처럼 코카-콜라는 전 세계 문화의 일부가 되었다. "100개가 넘는 국가를 통해 …… 매일 5,800만 번 이상 방영되는 …… '콜라를 마셔요' 광고는 환영의 수단이자 다름의 수용이었다." 리우데자네이루 광고는 이렇게 설명했다. 이들 광고는 '다른' 사람들이 '미국인처럼' 코카-콜라를 즐기는 모습(자유 기업과 이 기업이 생산한 소비재를 즐기는 모습)을 바라보는 즐거움을 선사하는 한편, 그들의 이국적인 '다름'을 그대로 유지했다. 이는 다름을 수용할 줄 아는 미국 자본주의 패권의 우월성을 보여주는 또 다른 증거였다. 코카-콜라의 소비와 자본주의 확장 가운데서도 이런 다름이 유지된 이유는 소비와 자본주의가 지닌 보편적 매력 때문이었다.

코카-콜라사는 홍보 영화를 제작하기도 했다. 코카-콜라가 전 세계를 받아들이고 전 세계가 코카-콜라를 받아들임을 기념하는 영화로, 학교와 사교 클럽, 비즈니스 클럽, 극장을 비롯해 보틀러가 확보할 수 있는 장소라면 어디서든 상영되었다. 예를 들어 〈동양의 진주〉(1954년)는 1950년대 필리핀의 '전통성'과 '현대성'이라는 이중성을 주제로 민속춤, 의복, 음식, 시골 생활의 모습을 (새로운 전통이 된 코카-콜라와 잘 어울리는) 공장, 도시, 서양 의복을 걸친 젊은이들과 한 화면에 담았다. 시골이든 혼잡한 도시든 간에 필리핀인들은 사회성, 취향, 품질을 보장받기 위해 미국인처럼 콜라를 선택했다. 필리핀 고객을 비롯해 코카-콜라의 수용성을 설득해야 하는 다른 사람들을 향해 성우는 필리핀을 "우리의 아름다운 땅"이라고 불렀으며 코카-콜라를 "발전을 위한 파트너로서" "자연스러운" "가족 구성원이자 ...... 신뢰할 만한 오래된 친구"라고 불렀다. '현대적 장비와 숙련된 노동자가 팀으로 일하는' 코카-콜라 보틀링 공장은 방카Banca 보트, 말이 끄는 카레텔라스Caretelas 같은 지역의 이국적 운송 수단과도 함께했다. 이 영화는 코카-콜라가 "필리핀에서, 필리핀 사람을 통해, 필리핀 사람을 위해 만들어진다"라고 주장하며 필리핀 모래로 유리병을 제작하는 산업에 이르기까지 코카-콜라와 관련 있는 필리핀 산업을 나열했다.

또 다른 영화 〈멋진 세상〉(1959년)은 25개 국가에서 선보이기 전에 미국에서 먼저 상영되었다. "코카-콜라가 16개 대륙에서 어떻게 우아하고 자연스럽게 안착했는지 보여주기 위해서였다."[147] 이 영화는 '보편적인 이상' '통합력' '공통적 욕구' '전 세계 사람들'의 '행복을 추구하는 비슷한 욕망'을 강조함으로써 문화적 차이를 뛰어넘는 인간의 보편성을 보여주었다. 남성과 여성이 만나는 모임이나 국가 스포츠, 춤은 나라마다 다르지만 공통적 욕망에 기인하는, 코카-콜라 소비처럼 차이를 극복하는 보편성으로 묘사되었다.[148] 코카-콜라사는 미국을 비롯한 해외 보틀러에 공급하기 위해 이 영화를 9개 언어로 번역해 영사 필름 2,000부를 제작했다.[149]

코카-콜라사는 1964년 만국박람회에서 〈멋진 세상〉의 화려한 비전을 '실물 크기의 입체 모형'으로 구축함으로써 계속 세계화를 구체화시켜 나갔다. 만국박람회를 방문한 수백만 명의 관람객은 중국 호텔을 지나 홍콩의 거리로 향했다. "공기 중에 백단유 향기가 떠다니고 시장에서는 중국인들의 재잘대는 소리가 들리는 곳이었다." 달빛과 재스민으로 가득한 타지마할, 전나무와 소나무 가운데 설치된 스위스 스키 산장, 캄보디아 앙코르와트의 "새소리와 향기로운 꽃으로 활기 넘치는 열대우림", 리우데자네이루에 정박한 유람선 갑판에서 아래를 내려다본 관람객들은 마지막으로 코카-콜라사의 음료로 가득 찬 방에 도착했다. 코카-콜라사는 전시관 옆에 상당히 눈에 띄는 '숨은 설득자'를 세워놓았다. 세상에서 가장 큰 카리용^많_{은 종을 음계 순서대로 달아놓고 치는 악기-옮긴이}이 들어 있는 탑으로, 이 카리용은 고객들에게 코카-콜라 전시관을 방문하거나 전시장 곳곳에 비치된 매대 어디서든 코카-콜라를 마시는 것을 잊지 않도록 매 시간 코카-콜라 주제곡을 연주했다.[#150]

1950년대 말까지 코카-콜라의 세계화 프랜차이즈 모델은 다국적 개발주의를 강조했다. "유럽, 아프리카, 아시아, 태평양의 외딴 섬을 비롯해 인근의 라틴아메리카 국가에서 코카-콜라 산업은 지역 산업으로 받아들여졌다." 1959년 엑스포트 코퍼레이션 로이 S. 존스 회장은 이렇게 주장했다.[#151] 코카-콜라의 사업은 "자유 세계를 통해 기하급수적으로 성장했다. '건강한 세계 경제는 건강한 지역 경제에 달려 있다'는 원칙이 수년간 시행된 결과다. ⋯⋯ 이는 당연히 지역민을 위해 더 많은 일자리를 창출하며 해당 국가의 경제 발전에 진정으로 기여하는 코카-콜라의 명성을 높여준다." 코카-콜라 엑스포트의 임원진은 얼마 안 가서 전 세계 시장이 코카-콜라에게 문을 열 것이라고 예상했다. 이들은 "무역 규제가 감소하며 자유시장이 더욱 번창할 것으로 예상되는 이 시기에 전 세계 코카-콜라 산업은 확실히 미래를 향해 나아가고 있다"라고 말했다.[#152]

"전 세계에
코카-콜라를 사주고 싶다"

'The Real Thing'과 1960년대의 혁명

코카-콜라사는 1960년대와 1970년대의 새로운 사회운동, 반체제 세력, 신식민지주의 문제를 지정학적 질서와 초국가적 자본의 성장을 가로막는 위협 요인으로 보았지만 이런 변화를 이끄는 젊은이들이 자사의 음료를 마시기를 간절히 바랐다. 이 시기의 '사회혁명'에 대응하기 위해 코카-콜라사는 국내 라디오와 TV를 비롯해 해외시장에서 선보일 광고 "The Real Thing"을 제작했다. 전 세계의 젊은 세대를 자유를 구가하는 코카-콜라의 소비자로 재구성하는 광고였다. '전 세계에 코카-콜라를 사주고 싶다'라는 캠페인은 당시 급진적인 사회문화운동에 대응하는 코카-콜라사의 방식이었다. 코카-콜라사는 그들의 충동과 표현 스타일을 일부 통합하는 대립적 이미지를 제시했으며, 반체제적 가치와 다민족적 관점을 이용해 회사를 홍보했다. 이는 다양하지만 조화로운 세계에서 피어난 전 세계인의 우정이라는 유토피아를 구상하기 위한 시도였다. 그러나 이런 조화는 세계적 제품의 소비라는 보편적인 자유 안에서 구상된 통합성에 기인한 것으로 대가가 따를 수밖에 없었다. 그 대가는 바로 코카-콜라와 자본주의 시장이었다. '기업의 세계화'를 내세우며 세계적인 기업이자 세계화를 대변하는 기업으로서 코카-콜라사는 국제적인 광고를 통해 스스로를 광고했을 뿐 아니라 코카-콜라를 팔 수 있는 전 세계 자유시장을 미리 그려보기도 했다.

세계화 양식: 국제적인 패턴 광고

코카-콜라사는 초국가적 브랜드 홍보를 위해 최초로 '야심 찬'#1 모델을 개발했다. 소위 '패턴 광고'라고 불리는 이 모델의 목표는 코카-콜라를 체계적으로 국제시장에 선보이는 것이었다. 코카-콜라 엑스포트는 국제시장에 선보일 광고 캠페인의 원형 자료와 구체적 전략을 제공했으며, 현지 지사나 보틀러는 동일한 캠페인에서 살짝 차이를 둔 여러 광고 버전 중 하나를 선택할 수 있었다. 이들은 현지 소비자를 겨냥해 해당 광고를 미묘하게 바꿀 수도 있었지만 코카-콜라 엑스포트와 해외 광고 에이전시가 만든 광고를 그대로 번역하거나 복제해 사용하는 경우가 많았다.

유형재 생산 시스템과 마찬가지로 코카-콜라사의 상징적 광고 시스템은 프랜차이즈 보틀링 시스템을 중심으로 이루어졌다. 해당 국가에 맞는 광고 캠페인을 제작하기 위해 다국적 광고 에이전시나 지역 광고회사가 전 세계 곳곳에서 활동을 시작하기 전, 코카-콜라사는 현지 소비자에게 다가가기 위해 자체 시스템을 이용해 광고를 보급하고 (언어적으로, 때로는 문화적으로) 지역에 맞춰 번역해 현지 시장에 선보였다. 패턴 광고에도 결국 프랜차이즈의 문화적 논리가 적용되었던 것이다.

앞 장에서 살펴본 콜롬비아와 인도 코카-콜라의 역사에서 알 수 있듯, 코카-콜라사는 해외 자회사와 프랜차이즈 시스템을 통해 자사의 사업을 지역적이면서도 세계적인 사업으로 조직화했다. 패턴 광고는 해외 노동자를 통한 유형재 생산 시스템이라는 프랜차이즈 모델처럼 코카-콜라사와 이 기업이 생산하는 제품의 광고에서도 확실하게 권력의 위계질서가 존재하며 노동 분업이 이루어지고 있음을 보여주었다.

초기 광고 시스템의 주요 문화적 산물은 애틀랜타와 뉴욕에서 생산됐다. 그러나 해외 보틀러와 자회사의 현지 정보를 활용하기 위해 그들에게 한정된 자율권을 보장해줌으로써 그들이 패턴 광고 자료 가운데서 원하는 것을 선택하게 하고, 필요하면 이를 수정하여 최고의 대중 매체와의 접점을 찾도록 했다.

코카-콜라사의 패턴 광고는 지역에 따라 약간 변형시킬 수 있었지만 일관성을 유지했다. 코카-콜라 엑스포트와 해외 광고 에이전시 맥켄에릭슨은 그들이 생각하는 '보편적' 주제를 바탕으로 신문과 잡지 광고 캠페인(훗날에는 라디오와 TV 광고 캠페인)을 제작했다. 그런 다음 (멕시코시티에 본사를 둔 맥켄에릭슨의 라틴아메리카 부서에서 제작된 광고처럼) 문화적·언어적으로 중요도가 높은 대형 시장을 위해 원형 광고를 바탕으로 다양한 버전을 만들었으며, '패턴 북'을 통해 해외 지사와 보틀러에게 수정안과 관련된 지침을 제공했다. 1964년 맥켄에릭슨이 설명했듯, 그들은 패턴 광고를 제작할 때 약간의 변형을 거쳐도 국제적으로 다양한 관점에서 접근할 수 있는 보편적 매력을 지닌 주제를 찾고자 했다. 패턴 광고의 목적은 '전 세계 사람들에게 친근하게 다가갈 수 있는 모습'을 찾아내는 한편 지역의 요구 사항을 충족시키는 것이었다. '쉽게 변형시킬 수 있는 기본 형식'으로 제작된 원형 광고에는 대형 머리기사, 일러스트 패널, 광고 카피가 포함되었다. 이 것은 현지 시장에 맞춰 수정할 수 있지만 각 지사에는 형식과 주제를 엄격 히 유지해야 한다는 지침이 내려졌다. 드문 일이긴 했지만 잠정적 수익 측 면에서 중요한 시장이거나 문화적 차이가 뚜렷해 독특한 광고가 필요하다 고 판단되거나 보틀러가 이를 요구할 만큼 영향력이 큰 경우 코카-콜라 엑 스포트는 해당 국가 또는 지역에 국한된 캠페인을 제작하기도 했다.

코카-콜라 보틀러는 자체 광고를 제작할 수도 있었고, 때때로 그렇게 하기도 했다. 그러나 정확한 상표 표기, 제품이 추구하는 정신의 정확한 반 영, 고품질의 미학과 자재 이용 등 기업이 정한 엄격한 기준을 반드시 준 수해야 했으며, 최종 승인을 받기 위해 코카-콜라 엑스포트에 모든 광고를 제출해야 했다.[2] 더욱이 보틀러는 이미 코카-콜라사에 광고비를 지불했기 에 지속적으로 제공되는 패턴 광고 자료를 받아 사용할 수밖에 없었다. 그 리하여 대부분의 지역에서 코카-콜라의 광고는 미국에서 해외시장을 위해 제작된 원형 광고를 바탕으로 만들어졌고 그 결과 품질, 취향과 인종, 계층, 생활방식의 위계질서에 대한 미국의 문화적 가정이 코카-콜라 광고의 "보 편적이고 균일한" 경향에 반영되었다.[3]

1961년 코카-콜라사는 미국 보틀러를 위한 전당대회에서 자체 제작 영상 〈전 세계 커뮤니티〉를 선보였다. 코카-콜라사는 패턴 광고 전략이 다 양한 시장에 일관성이 있는 품질과 메시지를 전하는 데 효과적이지만, 수 익의 극대화를 위한 지역적 변형도 가능하다고 설명했다. 이를 위해 엑스 포트는 매년 '다양한 국가의 관습에 부합하도록 변형시킬' 수 있는 광고가 담긴 패턴 북을 배포했다. '코카-콜라와 음식'이라는 주제로 미국에서 개발한 그림 패턴 광고는 해외시장에 맞춰 수정되었다. "멕시코에서 방영된 광고의 경우 내용은 그대로 두었지만 광고에 등장하는 음식이 바뀌었는데, 소시지 대신 타코가 등장했다." 독일이나 이탈리아 광고는 언어만 바뀌었을 뿐 뉴욕에서 제작한 원형 광고가 그대로 사용되었다. "광고에 사용된 모델의 모습이 상당수 유럽 국가와 크게 다르지 않아서" 사진도 그대로 사용되었다. 그러나 이 영상에 따르면 필리핀, 홍콩, 브라질 등에서는 현지 모델과 복장으로 광고를 다시 촬영했다. 엑스포트 경영진은 이런 광고 이미지가 지역 인구의 다양성을 반영하지 못한다는 사실을 인정하지 않거나 이해하지 못했다. 그들은 패턴 광고 시스템이 "전통적인 코카-콜라 광고를 지역의 요구 사항에 맞춰 쉽게 변형시킬 수 있는 형태로 제공하며" 현지 광고인 양 그 나라에 부합하는 광고를 제공하는 것이라고 생각했다.[4]

마케팅 역시 맥락에 따라 변형이 가능하기는 했지만 일관성을 유지해야 했다. 코카-콜라 엑스포트의 판매 담당 부서장은 '일관성을 띤 교육'을 통해 전 세계의 다양한 시장에 '판매의 기본 원리'를 전하는 데 많은 에너지를 쏟았다고 했다. "코카-콜라 산업은 알다시피 어디서든 지역적인 산업입니다. 그래서 지역의 요구 사항에 맞춰 훈련을 제공하죠. 하지만 이 훈련에 있어서도 일관성을 유지해야 합니다." 주요 훈련 도구 가운데 하나는 '보물 상자'였다. 이는 매뉴얼, 책자, 슬라이드 프레젠테이션, 미국 마케팅 프로그램 영상으로 가득 찬 해외 지사의 책장을 가리킨다. 여기에는 홍보 물품에서부터 판매인의 트럭 경로 관리에 이르기까지 모든 것에 대한 구체적 지침이 담긴 책이 20권 넘게 꽂혀 있었다.

패턴은 같게, 관리는 다르게

20세기 중반 코카-콜라사의 세계화 모델은 전 세계적 패턴 광고 시스템으로 요약된다. 이 시스템은 미국 소비자 자본주의를 원형으로 하는 보편적 시각을 보여준다. 공통적 주제와 양식, 표현을 유지하지만 미묘하고 관리 가능한 표현의 차이를 통해 전 세계에 수정 적용되었다. 엑스포트의 지침서는 해외 지사에 "[패턴 광고]북의 내용을 최대한 충실하게 따르라"고 권고했다. 패턴 캠페인에서 수립한 원칙을 엄격하게 유지하면 전 세계적으로 코카-콜라의 이미지를 강화하고 통합하는 데 큰 도움이 될 거라고 생각했기 때문이다.[5] 기존의 패턴 광고를 변형한다고 해도 그 정도는 미미했다. 호주, 레바논, 콩고처럼 다양한 시장의 소비자는 지역 보틀러가 홍보하는 자국의 언어로 쓰인 광고 문구를 읽었지만 코카-콜라사의 '친절한 환대' 캠페인에 실린 동일한 패턴 광고의 그림을 보았다. 한 여성이 코카-콜라병을 동성 친구 두 명에게 건네는 모습이었다. 코카-콜라 광고가 늘 그렇듯 세 모델 모두가 서양 의복을 입은 백인이었다.[6]

변형의 정도가 크지 않았지만 그 의미는 상당했다. 코카-콜라 엑스포트 코퍼레이션의 해외 지사와 보틀러는 엑스포트 본사에서 보낸 선택지 가운데 그들이 생각하기에 현지 소비자에게 문화적으로 가장 적합한 광고를 전략적으로 선택했으며, 때때로 지역민에게 더 가까이 다가가기 위해 수정하기도 했다. '환대'를 주제로 한 보편적 광고가 대표적인 사례다. 유럽과 라틴아메리카 광고에서는 여성이 집에서 한 커플에게 코카-콜라를 대접하는 모습이 실렸는데, 아랍어를 사용하는 이집트 시장에서는 원형 광고에서처럼 서양 스타일의 커플은 그대로 두되 북아프리카의 문화적 맥락을 반영해 터번을 두른 하인이 음료를 대접하는 모습으로 바꾸었다.[7] 1950년대 스포츠를 주제로 한 인쇄 광고의 경우 모로코와 콜롬비아 자회사는 둘 다 축구 선수의 이미지를 사용했는데, (아랍어와 스페인어로) 번역된 광고 문구를 수정한 것 말고도 선수의 얼굴과 머리 모양을 살짝 바꾸었다.[8]

코카-콜라 엑스포트 코퍼레이션의 해외 지사와 보틀러는 패턴 광고를 현지화하고 구체적인 시장을 겨냥한 광고를 제작하기 위해 현지의 문화적 산물이나 국가 상징물을 이용하기도 했다. 이런 광고는 전 세계에서 생산되고 산업적으로 제작되는 코카-콜라가 지역문화와 잘 어울린다고 주장했다. 이슬람교도가 대부분을 차지하는 국가에서는 코카-콜라를 라마단 단식 이후 마시기에 완벽한 음료, 즉 전통적이면서도 현대적인 국가에 적합한 음료로 포장했다. 예를 들면 1950년대에 제작된 이집트 광고는 단식 후 처음 집에서 식사하는 상류층 가족의 모습을 담았는데, 그들 뒤로 전통적 이슬람 건물과 현대적 건물이 어우러진 도시의 스카이라인이 보였다.[9] 또한 1950년대 이집트에서 발행된 인쇄 광고는 군복을 입은 이집트 남성을 반복적으로 등장시켰는데, 이는 코카-콜라를 아랍 국가의 현대성이나 민족주의와 나란히 두기 위한 시도였다.

여성 모델은 코카-콜라의 문화적 수용성과 현대적 매력을 보여주기에 최적의 대상이었다. 이집트 광고에서는 터번을 쓴 채 물담배를 피는 남성 옆에 머리 수건을 쓴 채 코카-콜라를 들고 웃고 있는 여성의 모습이 실렸다. 현대적 소비재와 전통적 소비재가 '완벽한 휴식'을 위해 짝을 이룬 모습이었다.[10] 미국에서 흔히 볼 수 있던 "코카-콜라 걸스" 광고에서는 옆집에 사는 젊은 여성이 다소 성적으로 묘사되었다. 이들은 사회적으로 수용될 만한 수영복이나 드레스를 입은 채 코카-콜라를 마시거나 주고받았다. 이미지 아래에는 단순하게 "좋아요"라는 암시적 문구가 있었다.#11 이 광고의 이집트 버전은 미국 광고를 다소 순화시켜 젊은 이집트 여성의 순수함과 '순수하고' '건강에 좋은' 음료를 연관 지었다.

해외시장에서 광고에 사진을 사용하는 사례가 늘면서 패턴 광고의 표현 정치학이 더욱 복잡해졌다.#12 그림에서 사진으로 옮겨 가면서 사진을 수정하는 게 아니라 광고 캠페인을 아예 다시 촬영해야 했다. 사진 광고의 모방 능력은 민족과 인종의 기표 귀로 들을 수 있는 소리로써 의미를 전달하는 외적 형식을 이르는데, 말이 소리와 그 소리로 표현되는 의미로 성립된다고 할 때 소리를 가리킴- 옮긴이, 복장, 배경, 사회문화적 맥락을 통해 현실적이고 지역에 적합한 모델과 상황을 보여줄 거라는 약속과 함께 사람들의 기대감을 한층 높였다.

해외시장을 겨냥해 광고를 다시 제작할 때도 미국의 원형 광고를 바탕으로 삼았다. 백인으로 대변되는 사람과 경제, 사회, 문화적 발전에 대한 서양의 정의에 적합한 문맥 등을 통해 그들의 성향과 생각을 전달했다. 그림 패턴 광고의 미, 계층, 현대성이라는 기준은 모델과 미술 제작의 변화를 더해 사진 광고라는 새로운 수단으로 고스란히 옮겨 갔다. 물론 사진 이미지는 만들어진 것이었지만 이 이미지가 가진 설득력 있는 현실주의는 광고가 개발도상국의 소비자들이 열망하는 '현실'을 더 강력하게 대변하는 수단이 되었음을 뜻했다.

여성이 잘 꾸며놓은 거실에서 동성 친구들에게 코카-콜라를 대접하는, '환대'를 주제로 한 1958년 코카-콜라 광고에는 해외 광고 관리자와 보틀러의 선택이나 각색이 잘 드러나 있었다. 이탈리아에서 사용된 원형 사진,

이라크에서 사용된 그림 원형, 필리핀에서 재촬영된 사진을 보면 모델의 스타일과 자세, 의복, 머리 모양, 배경(창문을 비롯해 간이식당, 그릇, 식물에 이르기까지)은 거의 동일하다. 물론 이탈리아 광고는 백인 미국 모델이 등장하는 코카-콜라 엑스포트의 원형을 그대로 사용했지만 필리핀에서는 지역을 대변하는 모델로 광고를 재촬영했으며, 이라크에서는 원형 그림을 다시 제작해 서양 의복을 입혔지만 인종이 명확히 구분되지 않는 선에서 모델을 표현했다. 이들 광고는 잠정적인 지역 소비자를 표현하는 각기 다른 수단을 통해 잘 꾸며진 집에서 카드놀이를 즐기는 여유로운 현대적 가정주부와 코카-콜라를 연관 지었다. '가정' 또는 '가정주부' 시장을 겨냥한 광고는 코카-콜라를 가정식과 함께 등장시키고 아이들에게 바람직한 음료로 홍보하는 등 계속 환대와 서비스라는 주제를 활용했으며, 이 과정에서 음료의 소비를 장려했고 성 역할을 정립하기도 했다.[13]

1950년대와 1960년대 초 코카-콜라 패턴 광고에는 잘 차려입고 건강해 보이는 상류층 백인 가정과 젊은이들이 등장했다. 코카-콜라사는 보틀러에게 1955년 광고 캠페인을 선보이며 이렇게 설명했다. "사회적·경제적 수준이 높은 계층(일부의 경우 경제적·문화적으로 가장 높은 계층)을 모델로 사용했는데, 이는 당연히 '구매자의 욕망을 자극하는 요소'다. 이는 심리학적으로 입증된 사실, 즉 사람들은 꿈에서나마 자신을 투영할 수 있는 상황을 보고 싶어 한다는 것을 바탕에 두고 있다." 광고는 5,000만 병의 코카-콜라가 매일 소비된다는 점을 강조함으로써 코카-콜라를 "이 세상에서 가장 널리 소비되는 청량음료"로 만들었다.

광고 내용은 세계 각국 소비자의 맥락에 맞춰 수정되었지만 코카-콜라

음료와 자본주의 현대성과의 연계는 모든 광고의 공통된 주제였다. 당시 대부분의 미국 광고처럼 코카-콜라 광고는 전후 평화와 안정, 경제적 번영을 향한 미국의 열망을 반영하고 있으며 이를 발판으로 삼았다. 전후는 미국 자본주의의 황금기였으며, 미국인들의 생활수준은 전례 없이 높아졌다. 경제 성장을 촉진하기 위해 대량 생산과 대량 소비가 장려되었다. 교외에 사는 중산층 백인 미국 가정은 편안하고 안전하며 깨끗한 환경과 생활 양식을 구축하기 위해 제품의 소비했다. 이를 통해 미국식 생활방식을 구매한 것이다.[14] 이런 전후 소비자문화는 사회적 순응을 낳았다. 그 결과 개인의 정체성은 자본주의에서 생산되는 제품의 소비를 통해 정의되며, 개인은 아무리 사소한 것일지라도 제품을 통해 자신을 차별화할 수 있다는 생각이 퍼져나갔다. 궁극적 통일성을 요구하되 약간의 변형을 허락한 패턴 광고 시스템은 널리 전파되면서 이런 보수적 가치를 대변하는 동시에 이를 전달하는 역할을 맡았다.

현대적인 소비를 방영하다

코카-콜라와 현대성의 연계는 광고 전달 매체에서도 나타났다. 현대성을 대변하는 전달 매체가 인쇄물에서 라디오(나중에는 TV)로 넘어가자 코카-콜라사는 이에 대응하기 위해 새로운 미디어 양식에 맞춰 패턴 광고 전략을 수정했다. 음료 산업은 초기 라디오의 좋은 광고주였다. 1927년 코카-콜라사는 라디오 광고를 시작했다가 1950년대가 되자 드라마나 스포츠 중계방송, 뮤지컬, 버라이어티 프로그램을 후원했다.[15] 코카-콜라사가 후원하는 라디오 프로그램은 여러 부문으로 나뉘었다. '코카-콜라 시그니처'라는 관현악단의 왈츠가 흐르는 가운데 아나운서나 스타 진행자가 음료를 직접 홍보하기도 했고, 코카-콜라 슬로건을 강조하는 짧은 문구나 "코카-콜라를 생산하는 당신의 친근한 이웃"을 통해 쇼가 방영된다는 것을 청자들에게 상기시키는 문구가 등장하기도 했다.

1장의 콜롬비아 사례에서 살펴봤듯, 코카-콜라 엑스포트와 해외 보틀러는 지역이나 국영 라디오의 관현악단, 스포츠 중계방송 등을 후원했다. 코카-콜라 엑스포트는 해외에서 사용할 라디오 프로그램의 제작에도 집중했다. 1940년대 론다 뮤지컬 드 라 아메리카스Ronda Musical de Las Americas, 미국 뮤지컬 종합는 그중 하나였다. 이 프로그램은 라틴아메리카 지역의 최소 35개 보틀링 국가에서 방영되었는데,#16 코카-콜라는 이 지역을 미국과 뮤지컬 취향이 동일한 문화적-언어적 시장으로 보았다. 또한 라틴아메리카 음악에 '코카-콜라 시그니처'를 섞기도 했으며, 호른과 기타를 추가해 서곡序曲을 재해석하고 스페인어나 포르투갈어로 된 광고 문구를 남성 진행자의 목소리를 통해 전달했다.

1950년대와 1960년대 초 코카-콜라사는 "집에서 코카-콜라를 즐기세요" "킹사이즈는 더 많은 것을 제공합니다" "정말로 상쾌하게" 등 코카-콜라의 광고를 떠올리게 하는 CM송을 만들었다. 리듬, 라임, 반복을 강조하는 가사에 광고 메시지를 잘 전달하기 위해 음악을 입혀 기억하기 쉬운 선율을 탄생시켰다. 라디오(그리고 곧 TV)를 통한 반복적 노출로 청자의 머릿속에 잠입한 '귓가에 맴도는 멜로디'는 광고가 끝나고 시간이 한참 흐른 뒤 자신도 모르게 흥얼거리고 휘파람을 불도록 기획되었다. 사실 전염성 있는 5행시와 '짤막한 노래'는 방송이 등장하기 한참 전부터 사용되었다. 1896년 이미 "코카-콜라를 마시면 /모두가 더욱 /강하게! 강하게! 자란다 /코카-콜라를 마시면 /사상가들은 /더 밝게! 더 밝게! 생각한다"[17] 같은 노래가 불렸다. 이 단조로운 가사는 오랫동안 기억에 남거나 큰 소리로 반복해 말하도록 기획되었으며, 이를 위해 광고 제작자들은 인기 있는 음악이나 대중적 노래에 동일한 가사를 삽입했다.[18] 그러나 전 세계 수많은 국가에서 라디오를 비롯한 상업적 매체를 대량 채택하면서 광고 CM송은 새로운 국면을 맞이했다. 기업의 제품과 잠정적 구매자를 광범위한 소비자와 브랜드 정체성에 통합시키기 위해 인쇄 광고가 상표와 시각적 사인을 사용한 것처럼, 음악을 '커뮤니티의 창조나 통합을 위한 도구'로 사용하고자 한 기업은 청각적 로고로 CM송을 사용했다.[19] 기억하기 쉬운 CM송은 국제 음악 파노라마에서 주요 역할을 맡게 되었다.[20] 시간, 라임, 반복을 고도로 구사한 CM송은 형식도 상당히 현대적이었다. 코카-콜라의 이런 광고는 현대 소비자시장을 주제로 삼았다. 라디오 광고는 보통 라디오 방송이라는 현실적 수단을 이용해 현대적 삶과 소비자의 생활 속 음향 효과(공장의 사이렌 소리, 기차와 차 경적 소리, 냉장고 문 여닫는 소리, 라디오 소리)를 창출함으로써 청자의 관심을 끌었으며, 코카-콜라를 현대성과 결부시켰다.

1950년대에 TV가 등장하자 코카-콜라사는 새로운 수단을 통해 광고를 확장해 나갔다. 십대에게 다가가기 위해 인기 있는 뮤지컬 버라이어티 쇼를 후원했다. 1950년대 말 미국의 TV 방송사는 잡지 광고 모델을 채택했다. 광고 수익을 극대화하고 후원자가 프로그램의 내용에 미치는 영향을 최소화하기 위해 광고를 프로그램 중간 '휴식' 시간에 등장시킨 것이다.

사실 TV 광고는 라디오와 비교해 패턴 작업이 훨씬 더 어려웠는데, 지역에 적합한 배경과 모델에 대한 기대 때문이었다. 그러나 엑스포트는 스토리보드, 한 장의 악보로 발행되는 음악이나 음향뿐 아니라 '해외 담당자가 고품질의 균일한 TV 광고나 영화 광고를 제작하도록 전반적 지침'을 제공했다. 엑스포트의 광고부 부서장의 설명에 따르면 "멕시코 보틀러는 멕시코 버전의 맥과이어 시스터를 전달받았다." 한 광고에서는 옆집 아가씨처럼 관능적인 '멕시코 맥과이어 시스터즈'가 사무실에서 춤추는 젊은 비서로 등장했는데, 이들은 '정말로 상쾌한' CM송#21에 맞춰 '코카-콜라 그란데'가 소비자에게 '더 많은 보답'을 한다는 내용의 노래를 불렀다.

끈질긴 기표: 20세기 중반 미국 문화의 자본

코카-콜라사의 광고는 자사의 제품을 브랜드화함으로써 잠정적 소비자에게 다가가기 위한 '수단'이 되었다. 언어에서 단어가 맡은 역할처럼 브랜드는 그 자체만으로는 핵심적 의미가 없는 기표이며, 제품의 핵심적 특징에서 그 의미를 부여받지도 않는다. 브랜드는 사실 의미의 체계 내에서 변화하는 관계와 상호 교류를 통해 제품이나 사람(소비자, 노동자, 규제자, 경쟁자)의 생각, 문화적 맥락, 사건, 브랜드에 의미를 부여하는 광고주의 의식적 노력에 따라 그 의미를 부여받는다. 앞서 콜롬비아, 프랑스, 인도 코카-콜라의 역사에서 살펴봤듯, 코카-콜라 브랜드의 중요성이 변하는 과정을 보면 브랜드가 '유동적 기표'임을 알 수 있다. 내부적 속성이 고정적이지 않으면서 재특징화와 해석, 연상 구축과 욕망의 투영에 열려 있다는 뜻이다. 광고주는 시장의 새로운 요구 사항, 맥락, 이념에 부합하고 인기 유지를 위해 계속 코카-콜라를 인기 있는 상징으로 만듦으로써 이런 수단의 유연화에 기여한다. 그러나 브랜드가 완전히 자유롭다는 뜻은 아니다. 브랜드에는 과거와 역사의 흔적이 고스란히 남아 있다. 게다가 브랜드의 의미는 브랜드의 소유권을 주장하고 자신의 이익에 부합되도록 브랜드를 형성하려는 기업이나 마케팅 담당자, 광고주가 통제할 수 없는 힘을 통해 정의된다. 브랜드를 사용하는 경쟁 업체, 소비자, 노동자, 활동가, 문화 생산자는 브랜드의 기존 의미를 이용하는 한편 그것을 사용해 브랜드를 재형성한다. 기업은 새로운 지역에서 자사의 제품을 홍보할 때 의미의 유동성을 활용해 현지 시장에 맞춰 브랜드의 의미를 수정하기도 한다.

코카-콜라사는 20세기 내내 세계로의 팽창, 생산의 탈분권화, 광고의 변형을 강조했지만 미국의 이념이 담긴 광고를 계속 '고수'했다. 소비와 젊음을 추앙하는 것처럼 상당수가 의도성을 내포하고 있었다. 코카-콜라 광고에는 제품 생산에 가장 큰 영향력을 미치는 것들의 가치가 담겨 있었다. 바로 자기민족 중심주의, 백인 우월주의, 문화적 위계질서와 현대성의 정의, 실용성에 대한 생각과 기업 중심에서 (변방으로 인식되는) 다수의 세상으로 퍼져나가는 패턴 광고의 수용성이었다. 코카-콜라사가 자사의 광고를 현지화하기 위해 애쓸 때조차 기업 광고의 소비자 중심적 이념에는 미국의 관점이 담겨 있었다.

코카-콜라 광고는 홀로 동떨어져 있는 게 아니라 코카-콜라의 '미국성'을 표현하는 매체와 함께 상호 텍스트적으로 소비되었다. 코카-콜라를 일상생활의 상징으로 만들겠다는 목표 아래 코카-콜라 브랜드는 광고 게시판, 가게 표지판, 자판기, 매장 광고뿐 아니라 미국 내 식당, 클럽, 극장, 가정, 심지어 학교에서도 볼 수 있었다. 광고와 마케팅에 수십 년간 집중적으로 노력을 쏟아부은 결과 '미국식 생활방식'에 대한 이해를 코카-콜라와 연결시키는 데 성공했다. 코카-콜라사는 노먼 록웰이 그린 삽화의 등장인물, 즉 국가 스포츠 영웅, 군인, 매력적인 옆집 소녀, 유명인사, 산타(코카-콜라 광고에 등장한 산타로 말미암아 대중에게 산타 복장이 붉은색으로 각인되었음#22)가 코카-콜라를 들고 있는 광고를 통해 이 같은 정의를 구축했다. 이런 강력한 문화적 연상과 미국인의 생활 어디서나 존재하는 코카-콜라의 편재성 덕분에 코카-콜라는 대중문화에서 미국의 생활을 보여주는 배경이자 기표로 사용되었다. 이는 특히 해외시장으로 뻗어나가던 할리우드에서 두드러졌다. 코카-콜라사는 할리우드를 통한 브랜드 홍보를 적극 지원하고 관리하기 위해 1960년대 로스앤젤레스에 지사를 설립하기도 했다.#23

코카-콜라는 자칭 현대적 산업의 산물이었으며, 미국의 대중문화에서 묘사되는 높은 생활수준과 동일시되었다. 1950년대와 1960년대 콜롬비아의 경제가 성장하면서 부유한 계층의 소득 수준이 향상되었는데, 그들이 어떻게 돈을 쓰는지 보여주는 수많은 이미지가 등장했다. 이 새로운 소비자문화는 중산층 가정의 10대 청소년으로 요약되었다. 그들은 미국 청소년과 점차 동일시되고, 같은 소비 패턴을 보여주었다. 콜롬비아의 폭발적 인구 성장과 도시화로 청년문화는 그 어느 때보다 강력하고 눈에 띄었다. 1960년대 초 콜롬비아의 거의 절반에 가까운 인구가 15세 미만이었다.#24 십대의 알코올 소비를 줄이기 위해 학교와 부모들은 그들에게 파티를 열어주었는데, 코카-콜라 댄스Coca-cola bailables라고 부르던 이 파티에는 청량음료와 보통 쿰비아Cumbia, 콜롬비아의 카리브 연안 지역에서 유래한 4/4박자의 민속음악-옮긴이 밴드가 라이브로 연주하는 춤곡이 빠지지 않았다. 콜롬비아의

코카-콜라 보틀러는 파티를 장려하고 후원했으며 청량음료도 제공했다.[#25]

콜롬비아 중산층의 사회적·문화적 관습과 권위주의적 자기표현, 소비를 거부하고 새로운 것을 상징하는 제품에 대한 취향, 시대적 양식 등을 수용한 십대들을 다소 조롱하는 투로 코카콜로Cocacolo라고 불렀다.[#26] 1954년 보고타 잡지《세마나》는 코카콜로와 콜카니스타Kolkanitas, 여성 코카콜로는 자기주장이 강하고 정의를 기다리지 않는다면서 이 세대적 소문화를 이렇게 정의했다. "이들은 열세 살 때 코카콜리스모Cocacolismo에 들어가서 스무 살 때 나온다. 청바지에 스웨터를 입고 모카신을 신으며 십대만의 은어를 사용한다. 춤을 잘 추어야 하지만 망보, 볼레로, 쿰비아, 블루스(쿰비아를 제외하고 모두 해외에서 들어온 춤)만 추어야 하고 다음에 나오는 취향 가운데 최소 다섯 가지를 겸비해야 한다. 애니메이션, 행성에 대한 모험소설, 미국 음악, 얼음처럼 차가운 청량음료, 영화, 라디오, 스포츠, 껌, 개조한 자동차였다."[#27] 코카콜로가 미국의 십대와 친밀감이나 취향 면에서 상당히 비슷했음을 알 수 있다.

코카콜로는 순해 보이고 그들의 관심사가 피상적으로 보일지도 모른다. 그러나 이들 세대의 소비문화를 비롯해 기존의 사회적·문화적 기준에 대한 저항, 심지어 그들을 겨냥한 제품의 소비 성향은 10년 후 등장한 여러 가지 보헤미안적 실험, 아방가르드 문화와 문학운동, 사회운동, 젊은이들의 저항의식이 생겨나는 토대가 되었다. 문화비평가 안토니오 크루즈 카르데나스는 안티코카콜리스타Antico-cacolista인 콜롬비아의 기성세대는 그들을 '두려운 재앙'인 양 취급한다고 말했다. 그러나 그들은 다른 세대처럼 시대의 산물이었으며, 그전 세대의 청년문화가 콜롬비아에 문화적·사회적·정치적 개혁을 가져왔듯 새로운 시대를 구축할 준비가 되어 있었다. 카르데나스는 "코카콜로는 우리 문화가 가장 힘겹고 모순적이며 국내외의 삶이 급속도로 변하는 시기에 등장했다. 이들은 과거와 완전히 다르다. …… 코카콜로는 제트기, 영화, 애니메이션, TV의 산물이다"라고 말했다.#28 그러나 그는 '망보, 껌, 행성 모험'이 코카콜리스모의 전부는 아니라고 했다. '코카콜로 청년'은 최근 '보고타에서 6월 8일과 9일 같은 사건'이 발발하는 데 기여했다. 대학생들이 로하스 피니야 장군의 독재에 저항하다가 (대한민국에서 최근 돌아온) 콜롬비아 군부대의 총에 맞아 10명이 사망한 사건이었다. 뒤따른 학생들의 선언과 시위, 콜롬비아의 고리타분한 관습을 바꿀 것을 제안하는 '진지하고 철두철미한' 진술서는#29 전세가 군사정권에 불리하게 돌아가는 데 기여했다(하지만 곧이어 또 다른 군사정권이 등장했음). 카르데나스에 따르면 이들 청년은 콜롬비아의 창시자와 다를 바 없었다. 이들 창시자 역시 "국가의 역사를 바꾼 1800년대의 코카콜로였다."#30

1950년대 말과 1960년대 콜롬비아 주요 문학운동인 무위(無爲)주의, 즉 나다이스모Nadaismo를 이끈 시인들은 미국 비트족처럼 당대의 사회를 무례할 정도로 타도 대상이라고 비판했지만 좀 더 실존주의적이었으며, 심지어 허무주의적 색채를 띠었고 1940년대와 1950년대 라 비올렌시아의 잔인성을 목격했기에 코카콜로를 자신들의 무리로 받아들였다. 1958년 곤살로 아랑고가 휴지에 쓴 시 〈최초의 나다이스타 성명서〉(훗날 덜 매력적인 수단으로 널리 출간되었음)에는 코카콜로를 역사적 중개인이 될 세대로 묘사한 내용이 담겨 있었다. 이미 대중문화, 소비, 자유 사상, 호색에 집착하는 기존 세대에 저항하던 코카콜로 청년들은 곧 '군사 압제'와 '콜롬비아의 정신적·문화적 질서'에 대항하는 혁신적 힘이 되었다. "고로 코카콜로는 내가 이제부터 '위협적인 세대'라고 부를 세대를 형성할 것이다."#31 나다이스타의 반이념은 콜롬비아 사회의 마음을 차지했으며 기존 정권에 대한 코카콜로 세대의 불만이 점차 거세지는 가운데 코카-콜라 광고를 비롯한 광범위한 소비자문화는 이들 청년문화가 힘을 얻는 데 기여했다.

자본주의자들이 약속한 국가 경제 발전은 1960년대 상당수 콜롬비아인에게 요원한 일로 여겨졌다. 대부분의 콜롬비아인은 수입대체산업화 성장의 둔화, 낮은 커피 가격, 늘어가는 공채公債, 인플레이션, 임금 정체, 실업에 시달리고 있었다.#32 1965년 콜롬비아의 수입 격차는 주요 라틴아메리카 국가들 가운데 두 번째로 높았다. 국민의 45퍼센트가 빈곤에 시달렸으며, 신생아 사망률은 선진국에 비해 6배나 높았고, 인구 가운데 절반만 식수를 이용할 수 있었다. 그런 가운데 코카-콜라 공장은 공공 상수도나 공장 소유의 우물을 통해 음료에 사용할 식수를 확보했다.#33

국가 발전에 대한 담론은 설득력이 있었지만 현실은 이와 거리가 멀었다. 전 세계적으로 이루어지는 국가통제주의자나 개입주의자적 경제정책과 공공 부문에 대한 광범위한 투자에 비하면 콜롬비아 정부가 경제 발전에서 맡은 역할은 미미했다. 자유당과 보수당은 1958~1974년 국민전선체제를 통해 번갈아가며 대통령을 배출했지만 농업개혁, 노동자 권리, 빈곤 완화 등의 문제를 해결하지 못했고 급진주의적 세력을 선거정치에서 더욱 멀어지게 만든 비민주적 정치를 불러왔다.

쿠바 혁명으로 급진적으로 변한 학생들은 성직자이자 대학교수 카밀로 토레스 레스트레포가 제시한 사회주의와 자유주의 통합 이념을 바탕으로 1960년대 민족해방군ELN 게릴라에 합류했다. 같은 기간 콜롬비아 무장혁명군FARC은 마르크스주의를 바탕으로 시골에서 농민부대를 창설했다. 두 세력은 그후 수십 년간 코카-콜라 공장과 배송 트럭을 절도, 갈취의 대상으로 삼았다. 무기를 들고 싸운 콜롬비아인은 소수였지만 수많은 사람이 1960년대와 1970년대 반체제적 히피스모Hippismo, 즉 히피즘의 영향을 받았다. 중산층 청년으로 이루어진 반란 세력은 코카-콜라와 이 브랜드에 반대함으로써 하위문화적 저항을 표현했으며, 이 세대의 문화적 중개인으로서의 의식을 전파하기도 했다.#34 자본주의와 함께 콜롬비아에 대중문화가 도입되면서 도시의 젊은이들은 미국 젊은이들과 상당히 비슷해졌다. 또한 이들 제품을 향한 비판도 이 문화의 일부가 되었다.

코카-콜라의 긴 1960년대

'긴' 1960년대에 전 세계의 젊은이들은 자유주의, 반식민지주의, 혁명운동에 불을 지폈다. 수십 년간 이어진 세계화와 전 세계적 광고로 미국 기업 자본주의의 상징물이 된 코카-콜라사는 투쟁 세력에게서 맹공격을 받았다. 코카-콜라사의 사업과 관행에 반하는 운동과 반체제적 표현이 난무했다. 코카-콜라사는 소비자를 우롱하고 소비자의 삶을 낙후시키는 소비자 자본주의를 전파하고 가장 가난한 국가에서 가장 부유한 국가로 수익을 빼앗아가며 압제적 정치나 경제 체제에 연루된 지역 엘리트와 협력하고 국제 무대에서 미국의 정치력과 경제력을 대변한다는 비난을 받았다.

1973년 퇴임하기 전까지 코카-콜라 엑스포트 코퍼레이션 이사회 회장을 역임한 열렬한 냉전주의자 제임스 팔리는 코카-콜라사를 향한 공격을

"학생 운동가에서부터 전문적인 테러단체에 이르기까지 구소련 정부의 지시를 받은 훈련된 공작원"의 활동이라고 말하며 "공산주의 비단뱀이 힘없고 자유로운 이들을 향해 똬리를 튼" 또 다른 사례라고 주장했다.[35] 사실 세계 곳곳에서 통제되지 않은 상태로 이루어지는 기업을 향한 반대는 위협적이었다. 칠레와 쿠바, 이집트 등 사회주의 국가나 혁명적 정부는 코카-콜라가 경제적·문화적 신식민주의 산물이라며 코카-콜라 공장을 국영화하거나 폐쇄시키고, 인도를 비롯한 제3세계 국가들도 정기적으로 동일한 조치를 취하겠다고 협박했다.

1960년대와 1970년대 라울 프레비시, 안드레 군더 프랑크, 페르난도 엔히크 카르도소, 사미르 아민처럼 종속이론을 믿는 신흥 지식인들은 전세계 경제질서를 공격했는데, 특히 제3세계 국가들을 의존적으로 만드는 미국 기업의 신식민지주의를 비난했다.[36] 리처드 바넷과 로널드 밀러는 1974년 출간된 《글로벌 영향력Global Reach》에서 특히 국제 경제의 '상업적 영양실조'를 불러오는 코카-콜라사의 경제적 착취를 비난했다. 그들은 코카-콜라사의 활동을 개발도상국 국민들을 설득해 소비주의를 수용하게 하고, 필수영양소가 아닌 코카-콜라에 돈을 쓰게 만드는 "멍청한 세계화"라고 일컬었다.[37]

코카-콜라 공장과 직원은 이런 경제 착취와 (미국 자본과 결탁한 것으로 보이는) 정치 독재자에 반하는 무장혁명 세력의 공격을 받았다. 일부 혁명단체는 급여를 인상하거나 근로 조건을 개선하기 위해 폭력을 휘두르겠다고 협박했으며, 다른 이들은 사업장에 위협을 가하겠다고 협박하며 기업을 괴롭히거나 기업 임원을 납치해 반란 자금을 확보했다. 1971년 멕시코 게

레로 주에서는 코카-콜라 보틀링 업체를 소유한 백만장자가 시골 지역의 게릴라에게 납치되었다. 이들은 정치수용자를 쿠바로 석방하고 20만 달러의 몸값을 지불하라고 요구했다. 아르헨티나에서는 페론 주의 좌익단체인 몬토네로가 코카-콜라사를 비롯한 미국 기업들의 지사를 폭격했고, 코카-콜라사는 납치 사건이 이어지자 코카-콜라 관리자의 무사 귀환을 위해 해방군FAL을 비롯한 여러 게릴라단체에 거액의 몸값을 지불해야 했다.[#38] 또한 좌파를 구금하고 고문하며 살해하는 데 가담한 군사정보 장교를 고용하는 등 미국과 아르헨티나의 공권력과 협력했으며, 반공산주의 비밀 공작 전문가를 고용하기도 했다. 전문가는 납치범에게 공개적으로 "우리는 너를 죽일 것이다. 네 부인을 찾아 그 여자도 죽일 것이다"[#39]라고 말해 국제적 관심을 받은 적도 있다. 코카-콜라사는 현지 정부와 공모해 정부정책을 합법화하고 강화시켰다는 비난을 받았다. 1968년 아랍연맹 국가들은 코카-콜라사를 비롯해 이스라엘에서 활동하는 몇몇 기업을 상대로 보이콧했고, 중동과 북아프리카에서 코카-콜라사의 사업은 큰 타격을 입었다.

이 기간에 코카-콜라사는 전 세계 여러 곳에서 거세지는 노조단체와도 싸워야 했다. 1972년 우루과이에서 2명의 근로자가 좌파적 혁명운동에 가담했다는 이유로 체포되자 보틀링 공장 노동자들이 반란을 일으켜 공장을 점유했다.[#40] 코카-콜라사의 미닛메이드 플로리다 감귤 농장에서는 세자르 차베스가 주로 아프리카계 미국 이민자로 이루어진 노동 세력을 모아 나은 보수와 주거 시설, 의료 서비스, '거의 노예 수준'으로 여겨지는 근로 조건을 개선하기 위해 싸웠다.[#41] 그 결과 코카-콜라사의 노동 관행에 대중의 관심이 쏠렸고[#42] 애틀랜타 성직자단체, 오퍼레이션 브레드바스켓

Operation Breadbasket은 인종차별주의적 채용정책을 채택한 코카-콜라사를 상대로 선택적 구매 캠페인(보이콧)을 펼쳤다. 이들은 코카-콜라 생산 라인에 아프리카계 미국인을 채용하고 인종차별적 직원 화장실과 라커룸을 없애라고 요구했다.[43]

코카-콜라사는 1960년대와 1970년대에 반인종주의자와 소비자를 비롯해 환경운동단체의 지속적인 공격을 받았다. 인종평등회의The Congress of Racial Equality는 코카-콜라 광고에 아프리카계 미국인이 등장한 적이 없다며 코카-콜라사를 상대로 보이콧이나 다름없는 활동을 펼쳤다(코카-콜라사는 이 단체를 회유하기 위해 통합 광고를 내보내고, 아프리카계 미국인 미디어 시장에 광고 지출을 늘렸음). 연방통상위원회는 오해의 소지가 있는 광고와 반독점법 위반 혐의로 코카-콜라사를 고소했다. 이 기관은 코카-콜라사가 프랜차이즈 보틀러와 맺은 계약이 경쟁을 낮추고 가격을 높이는 지역 독과점을 양산했다고 비난했다.[44] 1970년 최초의 지구의 날이 다가오자 코카-콜라사 CEO J. 폴 오스틴은 특히 환경단체의 비난을 우려했다. 환경단체는 코카-콜라사가 반환 불가능한 병이나 배송 트럭, 광고판으로 "시골 풍경을 망치고 있다"라고 했는데, 오스틴은 자사가 반대의 '이상적 타깃'이 된 이유가 그 때문이라고 말했다.[45]

지배적인 반체제

신좌파는 실제로 영향력이 있었으며, 1960년대까지 이어진 미국의 대중적 담론을 향한 문화적 불만이라는 대형 기류를 타고 급상승했다. 학계와 언론은 포디즘포드 모델 같은 기계화된 대량 생산 체제-옮긴이과 소비자 자본주의가 낮은 기업문화를 비난했다. 데이비드 리스먼은《고독한 군중》(1950년)에서 전후 미국을 비롯해 미국이 낳은 (현대적 기업 등) 조직의 번영과 (교외 생활방식이나 대량 소비 등) 이들의 사회적·문화적 방식은 지원과 승인을 받기 위해 주위에 의존하는 '타인 지향적' 사람들에게 특권을 제공했다고 주장했다. 존 K. 갤브레이스는《풍요한 사회》(1958년)에서 사적재Private good의 생산이 사회 번영을 측정하는 기준이 되면서 공익을 비롯해 사회나 개인의 웰빙이 간과되었다고 주장했다. 광고를 통한 새로운 소비자 욕망과 욕구 창출이 소비자 경제를 좌우한 결과 발생한 상황이었다.[#46]

기업의 (착취경제에서 맡은 구조적 역할은 아닐지라도) 위계질서, 순응성, 소외화를 비난하는 이들은 산업 커뮤니티의 누군가, 특히 내부에서부터 기업 자본주의에 새로운 활기를 불어넣고자 하는 젊은층에 호소했다.[#47] 더글러스 맥그레거는 영향력 있는 저서《기업의 인간적 측면The Human Side of Enterprise》(1960년)에서 표준화와 권위주의적 통제, 기업의 위계질서를 통해 노동자를 억압하는 지배적 관리 모델을 노동자의 창의성과 개성을 존중함으로써 생산성을 낳는 모델로 바꿀 것을 촉구했다. 로버트 타운센드의《더 나은 기업 만들기Up the Organization》(1970년)는 한 발 더 나아가 간디, 마틴 루터 킹 주니어, 심지어 호치민의 산업 모델을 언급하며 직원을 '노예'로 취급하는 '괴물 기업'을 비난했다.[#48]

광고는 20세기 중반에 강화된 소비자 자본주의에도 불구하고, 또는 그 이유로 비난받기도 했다. 처음에는 그저 〈왈가닥 루시〉의 비타미타베가민Vitameatavegamin, 비타민과 고기, 채소, 미네랄의 합성어로 허구의 자양강장제-옮긴이 에피소드 같은 단막극이나《리더스 다이제스트》에 실린 로이 노르의 폭로성 기사 '담배와 폐암Cancer by the Carton'(둘 다 1952년에 등장했음) 등 대중문화에 등장하는 광고 산업을 향한 '냉소적 인식'이 전부였다.[49] 그러나 1960년대에 밴스 패커드의 베스트셀러《숨어 있는 설득자들The Hidden Persuaders》이 등장하면서 광고는 전면적 공격을 받았다. 이 책은 "우리의 무의식적 습관, 구매 결정, 사고 과정을 지배하고 …… 우리의 습관과 선택을 그들에게 유리하도록 조종하기 위해" 광고업계가 사회과학자와 자칭 인간 행동 전문가들의 '동기부여 연구'를 어떻게 활용하는지 구체적으로 밝혀주었다.[50] 코카-콜라사는 자사의 보틀러에게 1955년 광고 캠페인은 정확히 '동기부여 연구'라는 새로운 기술 분야 전문가의 작품이라고 떠벌린 바 있었다. 이들 전문가는 "코카-콜라를 소비자의 의식(또는 심지어 무의식)에 어떻게 침투시킬지 결정하는" 임상 심리학자, 정신학자, 사회 인류학자였다.[51] 연구진들은 붉은 색상,[52] 장황한 단어('밝은, 상쾌한 …… 맛있는, 신선한, 건강한, 품질의'), 영감적인 '꿈'의 모델과 배경[53]이 소비자의 특정한 심리적 반응을 불러일으킨다고 주장했다. 대중의 분노가 이어지자 의회에서 조사에 착수했고, 주요 TV 네트워크는 '부지불식간에 영향을 미치는 메시지'를 금지하는 정책을 실행했다. 일단 소란은 잠잠해졌지만 광고 산업의 윤리에 대한 불신은 지속되었다. 패커드의 더 큰 비난, 즉 광고 산업은 대중을 고분고분하고 조종 가능한 대상으로 보아 "집단 영혼, 집단 커뮤니티"를 창조한다는 주장은 쉽게 사라지지 않았다.[54]

광고계의 창조적 젊은이들은 1960년대의 젊은 세대와 비슷했다. 그들은 소비자를 균질적이고 복종적인 대중으로 취급하는 광고 산업뿐 아니라 광고 산업이 생산하는 광고의 비논리성과 순응주의를 향한 비난에 공감했다. 이들은 문화적 비판에서 경제적 잠재력뿐 아니라 반체제적 양식과 가치를 이용해 자본주의를 재생산할 기회를 엿보았고, 패커드가 제시한 '사회공학' 접근법으로 눈을 돌렸다. 이들은 좀 더 좁은 시장에 침투하기 위한 새로운 전략을 개발하기 위해 소비자의 동기부여와 브랜드 '개성' 구축에 대한 '깊이 있는' 연구를 이용했다. 광고업계는 타깃을 겨냥한 좀 더 교묘한 광고를 제작하기 위해 '시장 세분화' 전략을 채택했고, 청년시장을 대상으로 한 역동적 장이 탄생했다. 광고 혁신과 기업 경쟁을 펼칠 수 있는 새로운 장은 높은 스타일 회전율과 소비 증가의 잠재력을 갖췄다.[55]

광고 차별화

전례 없는 번영을 구가하던 1960년대 초 코카-콜라사의 광고는 미국에서 성년이 되어가던 세대의 해방주의적 청년문화에 편승하는 데 실패했다. 코카-콜라의 인쇄 광고에는 전부 백인 중상층의 '완벽한' 가족이나 건강하고 젊은 사람들이 등장했다. 라디오에서는 엄마가 야구 연습을 마친 10대 아들에게 신선한 코카-콜라를 건네거나 젊은 여성들이 다음 번 파티에서 '패밀리 사이즈' 코카-콜라와 가장 잘 어울리는 음식이 무엇인지 수다를 떠는 내용의 광고가 나왔다. 게다가 "최선을 다해 일하고 난 뒤 신선한 코카-콜라를 마시자"라는 메시지를 전하는 맥과이어 시스터즈의 달콤한 목소리를 통해 반복적으로 들리는 "정말로 상쾌한" 같은 CM송은 지나치게 감상적으로 들렸고, 1960년대 청년들에게는 공허하게 느껴졌다.[56]

젊은 세대의 관심을 사로잡는 것은 펩시가 더 뛰어났다. 펩시 광고는 청년들을 장래가 유망한 친구, 심지어 반항적인 신흥 세력이라고 불렀다.

1961~1963년 시행된 광고 캠페인에서 펩시는 '젊게 생각하는 이들을 위한' 음료였고, 1960년대 말이 되면서 이 청년들은 '펩시 세대'로 불렸다. 펩시 TV 광고는 모터바이크의 부웅 하는 소리처럼 흥분되는 소리로 조용한 분위기를 깨고 캘리포니아 십대들이 부산한, 거의 무법에 가까운 모험을 감행하는 모습을 담았다. 광고 촬영 형식도 청년 특유의 내용에 맞게 과감했다. 한 TV 광고에서는 헬리콥터가 산길을 걷고 있는 젊은 커플에게 펩시 자판기를 떨어뜨리는 모습을 담았다. 이 광고에는 "펩시는 여러분 세대의 소유물입니다. 그렇지 않고선 펩시가 왜 그처럼 여러분에게 다가가려고 하겠습니까?"[#57]라는 성우의 목소리를 입혔다. 청년들을 자신만의 취향과 관심사, 욕구를 가진 강력한 소비군으로 본 광고는 이 세대만의 정체성 형성과 반체제 양식, 새로운 소비시장을 장려했다.[#58]

일부 문화비평가는 이런 광고가 '60년대 세대'를 예견했으며, 심지어 이 세대를 낳았다고 주장했다. 광고가 청년들을 하나의 집단으로 칭하며 이들에게 힘을 실어준 것은 사실이다. 그러나 이는 광고 전문가들이 주위에서 일어나는 문화적·사회적·정치적 반란을 직시했기 때문에 (일부의 경우 그들 스스로 구현해 낼 수 있었기 때문에) 가능했다.[#59] 광고제작자들은 현명하게도 음료 브랜드를 청년문화와 동일시하며 해방이라는 원기 왕성한 반체제 욕구와 대중문화의 제약성에 대한 거부감을 자유로운 제품 선택 의사와 시장을 통한 권력 회복으로 바꿔놓았다. 또한 청년문화를 이용해 슬론 윌슨의 책에 나오는 회색 플란넬 양복을 입은 남자를 '청바지 자본주의'로 바꾸는 데 성공했다.[#60] 그들은 자유와 해방이라는 가치를 이용해 청년 세대가 자본주의 패권에 동의해야 하는 이유를 새롭게 제시했다.

코카-콜라사는 청년 중심적인 생기 넘치는 자본주의에 합류할 기회와 '펩시 세대'를 놓칠까 봐 두려워했다. 또한 청년들의 관심을 끌고 싶었는데 그러기 위해서는 새로운 형식의 광고와 해외시장, 힙한 어감이 필요했다. 전 세계로 뻗어나가며 시장을 성장시키겠다는 목표를 달성하기에 세인트루이스에 위치한 코카-콜라사의 오랜 광고 에이전시 다시D'Arcy는 적합한 파트너로 보이지 않았다. 1956년 코카-콜라사는 라디오 광고뿐 아니라 TV라는 새로운 매체에서 공격적 성향을 드러내며 수많은 해외 지사와 사업장을 운영하고 있던 맥켄에릭슨으로 거래 업체를 바꾸었다.[61] 코카-콜라사는 젊은 소비자에게 다가가기를 원했으며, 그들 문화의 중심에 서고 싶었다. 특히 맥켄에릭슨은 코카-콜라사가 시장을 확대하고 싶은 라틴아메리카 지역의 전파 매체에 대한 경험이 풍부했다.[62]

맥켄에릭슨은 스탠더드 오일을 비롯해 제너럴모터스, 질레트, 네슬레, 굿이어, 코카-콜라 등 다국적 기업 덕분에 1920년대 이후 해외로 뻗어나가 1956년에는 15개 국가에서 24개 지사를 운영했다.[63] 맥켄에릭슨의 해외 사업은 "1960년대에 우후죽순으로 뻗어나갔다". 1960년대 말 이 에이전시는 국내가 아니라 해외에서 더 많은 사업을 하게 되었으며, 1970년대 초에는 전 세계에서 가장 많은 해외 사업을 거느린 에이전시가 되었다.[64] 코카-콜라사가 맥켄에릭슨을 택한 것은 국제적 감각과 해외 언론매체와의 다양한 경험 때문만은 아니었다. 그들이 제안하는 청년다운 표현 양식의 다름 때문이었다. 맥켄에릭슨은 '1960년대 말 힙함과 다름의 상징'이었다.[65]

1959년이 되자 전 세계 120개 국가에서 코카-콜라가 팔렸다.[66] 이런 상황을 고려해 코카-콜라사 회장 윌리엄 E. 로빈슨은 다국적 에이전시 맥켄에릭슨과 좀 더 통합적 전략을 구축해 해외와 국내 광고를 통합하려고 했다. 코카-콜라사는 맥켄에릭슨의 가장 크고 (GM의 뷰익 브랜드 다음으로) 중요한 고객이 되었다. 미국 내 모든 광고, 유럽 광고의 상당수와 라틴아메리카 광고의 대다수, 엑스포트의 원형 광고를 전부 이 에이전시에 맡겼다. 그 결과 코카-콜라사는 맥켄에릭슨의 코카-콜라 담당팀에게서 큰 관심을 받았다. 이 팀은 다양한 해외 지사에서 뽑은 창의적 인재를 포함한 121명의 직원으로 이루어진 '프로젝트 팀'이었다.#67

1960년대 중반 코카-콜라사는 해외 광고라는 새로운 분야에서 '전 세계적으로 가장 큰 야망을 가진 시행자'가 되었다. 맥켄에릭슨의 코카-콜라 담당팀은 "조화로운 해외 마케팅 전략을 마련하기 위해 총력을 기울였다". 맥켄에릭슨은 ['한 장면, 한 소리' 원칙을 바탕으로 코카-콜라 광고를 제작했다. 전 세계적으로 일관성을 띤 광고를 만드는 한편 (시각 광고든 청각 광고든) 모든 미디어 광고를 서로 연결시키기 위해서였다. 미디어 풍경이 인쇄물뿐 아니라 라디오와 TV로 확장되어 매체에 상관없이 모든 광고가 본질적으로 연결된 것처럼 보이는 것이 목표가 되었다. 맥켄에릭슨은 회보를 통해 다음과 같이 설명했다. "'한 장면' 원칙은 코카-콜라 광고라면 어디에 등장하든, 다른 코카-콜라 광고와 '가족적' 유사성을 공유해야 함을 의미한다. 모든 광고는 특정 매체의 요구 사항 때문에 각기 다를 수밖에 없지만 보편적으로 반복되는 기본 요소로 연결되어 있다. …… '한 소리' 개념은 코카-콜라 광고라면 어디서든 유사한 소리를 담아내야 한다는 것을 의미한다."#68

맥켄에릭슨은 이를 해외 광고에 접근하는 기존 방식의 변화로 여겼다.

초창기 광고 캠페인이 "미국에 좋은 것이 전 세계에도 좋다"는 전제 아래 애초에 미국 시장을 겨냥해 제작된 광고를 해외시장으로 옮겨 심은 거라면 "한 장면, 한 소리" 패턴 광고의 경우 해외시장에 호소할 수 있는 보편적 주제를 담은 캠페인의 구상을 목표로 했다. 1987년 맥켄에릭슨의 코카-콜라 해외 광고 담당 부서장은 당시를 회상하며 광고 내용은 미국을 중심으로 제작되었지만 여러 지역에서 수정이 가능하도록 처음부터 해외 소비자를 염두에 두었다고 말하며 이를 '프랜차이즈' 광고 시스템이라고 설명했다.[69] 의사소통의 실질적 권력 구조 측면에서도 두 가지 해외 광고 모델에는 약간 차이가 있었다. 후자의 경우 맥켄에릭슨이 해외 소비자와 해외 권위 기관을 이해하고 이들에게 호소함으로써 원형에 기반을 둔 자신만의 광고 버전을 만들려고 애썼어도 보편적 주제의 전 세계적 적용이라는 열망이 담긴 광고 아이디어는 뉴욕에서 구상되었다. 이것이 다국적 기업인 코카-콜라사와 맥켄에릭슨이 마주한 어려움이었다. 그들은 세계 자본이라는 부상하는 권력과 지역성이라는 문화적 특성을 중재하는 [형식으로] '표준화와 다양성을 동시에' 달성하는 원형을 만들어내야 했다.[70]

마르크스와 코카-콜라의 아이들

장 뤽 고다르의 1966년 뉴웨이브 영화 〈남성, 여성Masculin Féminin〉에는 1960년대에 성인이 된 세대를 "마르크스와 코카-콜라의 아이들"이라 부르는 유명한 설명자막이 등장한다. 1960년대 지속적인 사회적·문화적 변화와 이 시대의 거친 '아이들'에 발맞춰 나가고 싶었던 코카-콜라사는 반체제 문화와 소수의 다름을 이용한 광고를 제작했다. 이 같은 해외 광고는 로드릭 퍼거슨의 말을 빌리면 "지배적 가능성이라는 새 시스템"[#71]을 통해 젊은이들의 문화적 반란과 소수 집단의 권력 주장을 활용했다.

코카-콜라사가 전후 베이비붐 세대라는 강력한 소비 집단의 환심을 사기 위해 광고에 더 많은 에너지를 쏟자 맥켄에릭슨의 창의적 젊은 직원들은 다소 주저하는 광고주를 밀어붙여 코카-콜라가 새로운 모습과 새로운 소리, 즉 자신만의 목소리를 내도록 만들었다. 맥켄에릭슨의 광고 제작 감독 빌 백커는 코카-콜라사가 1960년대 청년들을 어떻게 다루는지가 중요하다고 지적했다. '청년시장'을 직접적으로 겨냥한 광고는 거부감을 살 게 분명했다. 하지만 광고의 양식과 형태를 바꿀 경우 청년들은 코카-콜라를 자신의 일부로 받아들일 가능성이 있었다.[#72] 결국 코카-콜라사와 멕켄에릭슨의 임원진은 '코카-콜라와 가장 잘 어울리는 것' 캠페인을 코카-콜라를 손에 들고 부르면 좋을 일상적 활동에 대한 노래로 바꾸었고, 인기 있는 포크송 그룹에게 이 노래를 부르게 했다. 《광고의 시대Advertising Age》에 따르면 이로써 "CM송이 완전히 바뀌게 되었다". 이는 CM송이 아니라 '노래 형식을 띤 최초의 광고'로 상위 40위 라디오와 로큰롤 시장을 겨냥한 것이었다.[#73] 새로운 형태의 광고로 실험을 감행한 이 캠페인은 30초, 60초, 심지어 90초 동안 이어지는 '노래'를 선보였다. 노래는 당대의 대중음악처럼 제작되고 녹음되었으며 코카-콜라가 아니라 코카-콜라와 가장 잘 어울리는 음식에 대한 내용을 담았다. 광고는 라디오에서 흘러나오는 팝송처럼 들렸지만 은근슬쩍 코카-콜라를 언급함으로써 코카-콜라가 청년들의 일상에 자연스럽게 녹아들었음을 보여주었다. 길이와 상관없이 모든 노래는 "코카-콜라와 잘 어울리는 것/코카-콜라와 잘 어울리는 것"이라는 코러스에서 절정을 이루었다.

코카-콜라사는 이 노래("코카-콜라와 잘 어울리는 것")를 통해 1960년대의 소리로 만든 여러 인종의 연주자들을 청년 대중문화와 통합했다. 미국 광고계 최초로 백인 음악가뿐 아니라 흑인과 라틴계 음악가를 고용했으며, 스페인어를 사용하는 사람을 겨냥한 광고에서는 R&B와 소울 뮤지션, 로커 등 다양한 장르의 음악가가 고용되었다. 코카-콜라사는 남아프리카 출신의 미리암 마케바(인기 있는 가수이자 망명한 반인종차별주의 운동가이기도 했으며, SNCC와 흑인인권운동을 이끄는 스토클리 카 마이클과 결혼했음) 등 국제적 명성을 가진 예술가를 비롯해 아르헨티나(라 호벤 과디아), 스페인(로스 브라보스), 일본(포 리브스)의 비트 로커 등 해외시장을 겨냥해 다양한 지역 출신의 음악가를 고용했다.[74]

코카-콜라의 다음 광고 슬로건이 등장한 것은 1969년이었다. 'The Real Thing'이라는 슬로건에는 1960년대 청년들의 문화적·정치적 변화를 이용하려는 코카-콜라사의 의도가 잘 드러나 있었다. 펩시 광고를 보며 자란 '펩시 세대'들에게 코카-콜라를 'The Real Thing'으로 선전하기 위해서는 코카-콜라가 진짜 콜라이며 '코카-콜라 전쟁'[75]이라는 기업 간 이미지 전쟁에서 초기 구세군이나 다름없다고 주장해야 했다. 그러나 이 슬로건은 문화적 가치의 변화를 인정하는 것이기도 했다. 맥켄에릭슨의 빌 백커 감독은 "광고의 핵심이 1960년대의 목소리에 귀 기울이는 것이다"[76]라고 말했다. 기업 잡지에 따르면 'The Real Thing' 캠페인은 "코카-콜라의 기본적이고 본질적인 진짜 품질"을 주장했다.[77] 한때 강조되었지만 이제는 피상적으로 보이는 맛, 상쾌함, 크기, 포장 등 실질적 특징의 '진실성'이 아니라 진짜라는 느낌과 진실성의 개념을 향한 호소가 광고의 대상이 되었다. 토머스 프랭크는 "미국 자본주의가 1950년대에 소비자를 기만하고 순응성을 낳았다면 1960년대에는 대중에게 진실성, 개성, 차별성, 반란을 제안하게 될 것이다"라고 주장했다. 광고주의 이런 노골적 시도는 코카-콜라사의 'The Real Thing' 슬로건에서 가장 확실하게 드러났다.[#78]

코카-콜라사는 자신이 만들어냈지만 이제 거짓이라 비난받는 광고 이미지의 상징적 질서에서 코카-콜라가 'The Real Thing'이라고 주장하기 위해 인종과 반체제 미학을 바탕으로 진실성과 힙한 분위기를 표현하고자 애썼다. 1960년대까지 코카-콜라사의 미국 광고에는 백인 모델만 등장했다. (제시 오언스나 미 묘기 농구단 할렘 글로브트로터스 등) 아프리카계 미국 운동선수가 나오는 광고나 '흑인시장'을 겨냥해 흑인을 모델로 쓴 패턴 광고는 몇 개 되지 않았다. 당시에는 '통합' 광고를 사실상 금지하는 규칙이 있었다.[#79] 흑인이 등장하는 일부 광고의 경우 하인이나 유모처럼 백인에게 종속된 역할을 맡았다.[#80] 미국 광고에서 흑인 모델이 새롭게 부상하면서 아프리카계 미국 소비자는 과거에 부인되던 문화적·경제적 힘을 얻을 수 있었다. 그러나 이런 이미지가 제공한 '대표성'은 음료시장이나 아프리카계 미국 소비자로서의 수익성에 한정되었고 정치·경제·사회 문제를 실질적으로 해결해주지는 못했다. 다름을 바탕으로 한 새로운 마케팅이 수익성 있고(산업 연구에 따르면 1960년대 중반 전체 인구의 11퍼센트밖에 차지하지 않는 아프리카계 미국인이 청량음료의 17퍼센트를 소비했다고 함[#81]), 코카-콜라사가 모든 인종의 젊은 소비자에게 광고했듯 이 다름을 본질적으로 '진짜'이고 날것이며 반체제적인 것으로 상품화할 수 있음을 깨달았음에도 광고 이미지의 이런 변화는 사회적 변화를 이끌 만큼 혁신적이지 못했다.

1969년 'The Real Thing' 캠페인을 통해 코카-콜라사는 처음으로 통합 광고를 내보냈다. 흑인과 백인 모델이 한 화면에서 동등하게 교류하는 모습이었다. 뉴욕 맨해튼에서 선보인 코카-콜라 최초의 TV 통합 광고는 다양한 인종으로 이루어진 십대 청소년들이 함께 농구하는 모습을 보여준 뒤 더러운 도로, 통나무집, 미국 국기, 캘리포니아 해안 등 미국 전역을 훑고 지나갔다.[82] '해안가의 소년들'이라는 인쇄 광고에서는 흑인과 백인의 십대 남자 아이 둘이 공원 벤치에서 어깨를 나란히 하고 앉아 있는 모습을 담았다. 불과 5년 전만 해도 법적으로 불가능한 일이었기에 더욱 상징적인 모습이었다.[83]

미국과 코카-콜라사의 해외시장 전역에서 방영된 "The Real Thing" 광고는 과거에 저항하는 청년들의 반란을 보여주기 위해 대중음악과 반체제 미학을 활용했다. 코카-콜라사와 맥켄에릭슨은 인기 있는 가수를 섭외하는 전략을 노래 광고에도 적용했다. 가짜처럼 들리는 CM송이나 억지로 꾸민 듯한 대화는 가급적 피했다.[84] '영혼의 대부' 제임스 브라운이 부른 코카-콜라 노래는 펑크의 즉흥성과 절박성을 포착해 냈고, 무디 블루스와 피프스 디멘션은 코카-콜라에 멍한 사이키델릭 록과 소울을 가미했다.[85] 이런 광고는 급진적 예술가와 반체제 스타의 다름을 활용했다. 그들의 음악과 양식은 규범적인 중산층 문화에 도전하는 것처럼 보였으며, 날것의 'The Real Thing'을 암시했다. 모두 코카-콜라가 원하는 이미지였다. 인쇄 광고는 나팔바지를 입은 청년들이 기타를 든 모습을 담았으며, 때때로 당시 콘서트 포스터의 사이키델릭한 스타일을 모방하기까지 했다. 강렬한 단색과 거칠고 거리낌 없는 이미지는 코카-콜라를 반항적이고 환각적으로 보이도록 만들었다. 인도 광고에는 남아시아 문화에서 주로 차용한 히피 미학뿐 아니라 데브 아난드의 〈하레 라마 하레 크리슈나〉(1971년) 등 영화에 등장하는 발리우드의 재도용과 재해석이 적용되었다.[#86]

'The Real Thing' 캠페인의 해외 패턴 광고는 전 세계 청년문화를 발판으로 삼았다. 세대의 공통 문화가 존재한다는 사실은 새로운 시장과 해외 시장을 모두 확보하고 싶지만 상당수의 광고 자료를 중앙집중적으로 만들어내던 기업에게 반가운 일이 아닐 수 없었다. 'The Real Thing' 캠페인은 대성공이었다. 대부분의 해외시장에서는 번역된 광고가 수년 동안 유통되었다. 스페인어 시장에서는 다소 강렬하게 '삶의 불꽃'으로 번역되었다.[#87] 아르헨티나의 라디오 광고는 큰 인기에 힘입어 RCA가 음반으로 발매했는데, 부에노스아이레스에서만 첫 2주 동안 2만 부가 팔렸다.[#88] 코카-콜라에 대한 직접적 언급은 삭제되었지만 노래가 나가기 전 광고가 집중적으로 방영되어 대중에게 이 노래는 코카-콜라의 소리로 남게 되었다.

"The Real Thing" 광고는 의도한 것은 아니지만 자본주의와 문화의 관계가 완전히 바뀌었음을 보여주었다. 1960년대가 되자 광고의 목표가 제품의 기능적 가치, 즉 제품의 특징과 용도 판매에서 브랜드 홍보로 바뀌었다. 비교적 표준화된 품질의 제품이 시장에 넘쳐나면서 제품은 사용 가치의 비교뿐 아니라 감정적·문화적, 심지어 사회적 연결성과 욕구를 브랜드의 상징적 가치와 연결 짓는 과정 가운데서도 경쟁해야 했다. 제품 자체에는 관심을 거의 기울이지 않으면서 제품이 'The Real Thing'임을 주장하려면 포스트모더니티 이론가들의 주장에 의존해야 했다. 이들 이론가가 주장하는 제품 문화에서는 "마케팅 사인 부호가 제품보다 우선시되거나 이를 선행할 뿐 아니라 제품과 그 상징 간의 구별까지 아울렀다".[89] 제품의 '진짜' 특성을 언급하지 않고 제품의 '진실성'을 판매하는 고도의 전략 아래 기획된 광고는 브랜드를 자기지시적인 신호로 판매했다. 브랜드를 비롯해 브랜드 이미지와 함의가 제품에 가치를 부여하기 시작한 것이다. 브랜드의 의미를 통해 수요를 창출하고자 하는 코카-콜라사 등 소비재 기업에게 브랜드는 주요 투자 대상이자 가치의 원천이 되었고,[90] 결국 코카-콜라 브랜드는 코카-콜라사의 가장 소중한 자산이 되었다.

20세기 말이 되자 '문화적 표상의 상품화된 형태'가 일상을 잠식하며 '선진 문화의 구성 요소'가 되었다.[91] 기업들은 이런 상품화된 형태를 자신의 지적 재산으로 적극 보호했지만 이를 널리 보급하기도 했으며, (청량 음료 판매점에서의 첫 데이트나 할리우드 영화 장면을 떠올리게 하는 등) 브랜드에 의미와 연상 부여를 하기 위해 소비자나 다른 문화 생산자의 도움을 받기도 했다.[92] 브랜드는 결국 인기 있는 어휘이자 대중문화의 일부가 되었으며 사람들은 자신만의 의미를 만들기 위해 브랜드에 대한 소유권을 주장하기 시작했다. 코카-콜라는 일상 어디서나 존재한다는 한결같은 광고를 통해 전 세계 사람들의 공동 문화 자원이 되었다. 그리하여 코카-콜라는 전 세계 대중문화를 보여주는 얼마 안 되는 사례 가운데 하나가 되었으며, 그 존재와 영향력 덕분에 반지배적인 문화적 정치를 전달할 때 남용되거나 오용되는 기표가 되었다.

대중이 코카-콜라를 통해 대중의 불만을 표현한 것은 긴 1960년대의 사회운동과 사회이론이라는 광범위한 '문화적 변화'를 보여주는 대표적인 사례였다. 이 문화 영역은 시민운동에서부터 학생운동, 국가해방운동에 이르기까지 다양한 운동에서 사람들을 사회적 투쟁으로 이끄는 공통된 기반이 되었다. 이는 지배 계층이나 제도, 규범, 행동 강령이나 표현 규칙에 반대하는 사회적 투쟁의 장이었다. 당시 문화는 공격의 수단이 되기도 했다. 운동을 이끄는 사람들이나 이들의 동지인 문화생산자가 특정 사안으로 대중의 이목을 끌고 대중을 과격하게 만들며 새로운 사고방식을 개발하기 위해 문화적 표현이라는 수단을 이용했기 때문이다. 이런 문화적 중재는 지배적 문화를 데투르네멘트detournement, 방향 전환이나 납치, 남용을 뜻하는 프랑스어로 지배적 문화의 압도적인 힘을 스스로에 반하는 데 사용해 변형을 만드는 것-옮긴이로 이용했으며, 대안적인 문화 양식과 생활방식을 창조했다.#93 이런 운동과 이를 이끈 학생들은 새로운 입장과 전략을 이해하려고 노력했으며, 그람시의 문화적 패권주의처럼 문화 연구를 향한 이론적 접근 가운데서 문화적 개념은 (기존의 권력 구조가 스스로를 정당화하고 변화를 꾀할 수 있는 수단이었던) 정치적 개념으로 발전했다.

따라서 긴 1960년대의 정치적·경제적 투쟁은 상징적인 전선에서도 이루어졌다고 할 수 있다. 예술가와 문화생산자가 소비자 자본주의와 문화의 대중화, 미국 제국주의에 의문을 제기했기 때문이다. 이런 투쟁의 상당수는 전 세계 어디서나 볼 수 있는 코카-콜라 상품의 기호를 통해 이루어졌다. 길 스콧-헤론의 시 〈혁명은 TV에 방송되지 않는다〉(1970년)의 마지막 구절을 보면 미국의 급진적이고 경제적인 정치를 향한 점차 거세지는 비난이 문화와 소비자 사회에 영향을 미치고 있음을 알 수 있다.

당시의 상징적 영화들은 코카-콜라를 기업의 영향력과 문화의 대중화를 보여주는 상징물로 이용했고, 종종 코카-콜라에 저항하고자 하는 폭력적 욕망을 표현했다. 이런 영화에서 코카-콜라는 긍정적이지 않은 최후를 맞이했다. 코카-콜라 자판기는 〈닥터 스트레인지 러브〉(1964년)나 〈내가 어떻게 폭탄에 대해 걱정하기를 그만두고 사랑하게 되었는지〉(1963년)에서 총에 맞고, 몽키의 사이키델릭한 영화 〈헤드〉(1968년)에서 폭파되고 만다.

그래픽 예술에서는 팝아티스트들이 코카-콜라 상표의 글씨체와 호블 스커트밑통을 좁게 한 긴 스커트-옮긴이 모양의 코카-콜라 병을 사용해 상품 기호의 편재성을 강조했으며, 고급문화와 대중문화 간의 구분을 없애는 역할을 했다. 앤디 워홀은 1960년대 초 코카-콜라 시리즈, 벨벳 언더그라운드의 루 리드가 코카-콜라를 마시는 모습을 담은 1966년 스크린 테스트 필름 등을 통해 코카-콜라의 대량 복제성을 분석했다. 상표의 재생산과 재부호화는 의미를 창조하는 포스트모던주의 관행으로, 때때로 공통의 기호 언어를 사용해 기업의 편재성에 도전하기도 했다. 후기구조주의자들의 사상이 저작권, 독창성, 특별성 등 자본주의 이념을 파괴했다면 문화생산자들은 기업의 지적 재산을 공통의 언어로 사용했다.[94]

그러나 코카-콜라사는 여전히 자사의 상표 사용을 철저히 감시했다. 1970년 뉴욕 인쇄업체 제미니 라이징이 코카-콜라 브랜드의 독특한 글씨체, 색상, 최근 광고 슬로건('트레이드마크' 대신 '레이드마크Raid-Mark'를 사용했음)을 이용해 '코카인을 즐기자' 포스터를 제작하자 코카-콜라사는 상표권 침해 소송을 제기해 이 기업이 사업을 중단하도록 만들었다.[95] 브랜드와 포스트모던 저항시대의 상표권 소송은 더 이상 경쟁적 모방을 막기 위한 행위만이 아니었다. 상표권 소송에는 브랜드 문화를 향한 기업의 욕망과 두려움이 반영되었다. 코카-콜라사는 사람들이 자사의 브랜드를 통해 연결되고 브랜드에 의미를 부여하며 다른 잠정적 소비자에게 브랜드를 전파하기 바랐지만 의미의 대중화에 대한 통제권을 상실하지 않을까 두려워하기도 했다.

코카-콜라는 1960년대와 1970년대 라틴아메리카의 비판적인 현대 예술에 자주 등장하는 주제였다.#96 멕시코 최초로 실험영화 페스티벌에서 다수의 상을 수상한 루벤 가메즈의 1964년 초현실주의 영화 〈비밀제조법 혹은 피 속에 주입된 코카-콜라〉는 1960년대 초기 TV 광고의 감수성을 패러디했다. 정맥주사로 코카-콜라를 수혈받는 환자의 이미지를 통해 미국 제국주의에 대한 멕시코의 수동성을 표현했다. 브라질 예술가 칠도 메이어레스의 "이념적 순환으로의 삽입: 코카-콜라 프로젝트"(1970년)는 시각예술이자 급진적 행위로 실제 코카-콜라병에 정치적 선언문을 적은 뒤 이를 다시 유통시킴으로써 코카-콜라 체제를 전복시키고자 했다. 병이 비었을 때는 잘 보이지 않지만 어두운 코카-콜라로 채울 경우 "양키는 집에 가라"는 문구나 이 병을 화염병으로 바꾸는 안내문이 보였다. 게릴라들이 미국 제국주의와 브라질 독재정권에 반기를 들 때 메이어레스는 코카-콜라의 물질적·상징적 편재성을 제품에 저항하기 위한 수단으로 사용해 코카-콜라병을 이념적 무기로 바꿨다. 악성코드처럼 기업 시스템에 유통되면 시스템을 망가뜨리고, 이를 접하는 이들에게 비판적 소비를 부추길 거라는 희망에서였다. 이 작품에는 배경 음악이 필요 없었지만 급진적인 브라질 작곡가 지우베르투 멘지스의 1966년 합창곡 〈베바 코카-콜라(코카-콜라를 마셔요)〉가 어울릴 법했다.

'평화를 위한 새로운 힘' 또는 새로운 '사회혁명'의 대상

코카-콜라사의 경영진은 1970년대 코카-콜라 체제에 대한 저항의 배경이 우려된 나머지 '혁명'이라는 주제로 콘퍼런스를 열었다. 최초의 콘퍼런스는 '청년 반란'이라는 주제로 사흘에 걸쳐 진행되었다. 코카-콜라 광고 에이전시의 부회장, 브랜드 관리자, 계획자, 연구자, 임원진들은 인류학과 심리학, 언론, 대중문화 전문가의 의견을 들었고 콘퍼런스에 참석한 하버드대학교 학생들은 '청년의 취향, 스타일, 믿음, 정체성, 사회나 가족에 대한 청년들의 태도, 불만과 제한, 혁명, 개혁과 환멸, 변화를 위한 수단' 등에 대해 토론했다.[97]

두 번째 콘퍼런스의 제목은 더욱 으스스한 '사회혁명에서 살아남는 법'이었다.[98] 코카-콜라 회장 J. 폴 오스틴은 잠정적 연사에게 보내는 초청장에서 티그리스부터 유프라테스, 영국 제국에 이르기까지 '위대한 문명'의 흥망성쇠를 언급하면서 이 콘퍼런스의 의도를 설명했는데, 불길하게도 록펠러센터와 미국 자본주의의 이미지가 마지막을 장식했다.

"[우리는] 다국적 기업, 특히 미국 기업이 마주한 문제를 직시해야 합니다. 미국의 군사적·기술적·정치적·경제적 지위의 상대적 추락은 필수불가결하게 미국의 사업, 특히 코카-콜라사처럼 미국을 상징하는 기업에 영향을 미칠 것입니다. 미국의 태도와 생활방식의 혁신적 변화는 전 세계인을 비롯해 미국을 향한 그들의 태도에 영향을 미칩니다. 게다가 일본에서부터 러시아, 서유럽, 새로운 개발도상국에 이르는 다른 사회의 높아지는 영향력과 자기의식은 코카-콜라사를 비롯한 나머지 것들에 큰 영향을 미치고 있습니다. 우리는 이 부분에 주목해야 합니다. …… 우리는 변화, 사건, 운동을 비롯해 세계 무대에 미치는 영향을 예측하고 그것이 미국 다국적 기업에 의미하는 바가 무엇인지 논의해야 합니다."#99

또한 오스틴은 코카-콜라사 내의 권력 이동에 대해서도 염려했다. 1970년대 초 코카-콜라 청량음료는 절반 이상이 해외에서 판매되었다. 오스틴은 임원의 국적도 다양해서 기업 경영 자체가 더욱 '분권화'되고 있다고 말했다. 그러나 미국 제국주의와 기업의 영향력이 비난을 받는 것은 '정치적·경제적 변화'뿐 아니라 '태도와 생활방식의 …… 혁신적 변화' 때문이기도 했다. 오스틴은 이런 변화를 수용할 극단적 수단을 고려했다. 그는 "우리 회사가 어디에 기반을 두어야 하는지에 대해(중립적 국가), 자사의 소유권과 조직에 대해, 자사의 제품과 사회적·경제적 책임에 대해 질문하도록 유도하고 우리는 어떤 관점도 받아들일 것이다"#100라고 말했다.

이 마지막 말은 세계를 하나로 묶는 소비자 자본주의의 힘에 대한 코카-콜라 회장의 자신감이 드러나 있다. 1960년대에 '평화를 위한 새로운 힘'이라는 제목의 연설에서 오스틴은 국제무역과 마케팅을 통한 '경제 성장과 변화의 기적'에 대해 언급했다. 그는 혁신적이고 자유로운 세계주의 기업과 자유시장에 비해 각국 정부는 유연하지 못하고 제한적이며 적대적이기까지 하다고 말했다. 신자유주의 세계화의 담론을 예시한 그는 기업과 자유시장이 세계적 시민 소비자에게 힘을 실어줄 것이며, 이로써 (다국적 기업과 국제무역의 성장을 저해하는 정부의 보호를 필요로 하며 비협조적 정부의 지시를 받던) 시민 생산자라는 오래된 개념이 흔들리게 될 거라고 주장했다. 권력을 부여받는 세계적 소비자와 다국적 기업 간의 제휴는 세계화를 촉진시키고, 제품과 서비스를 향한 욕구에 방해가 되는 장벽을 제거하며, 국가 간의 협력을 필요하게 만들 거라고 했다. 오스틴은 냉전 이중주의를 넘어서는 세상을 '역동적 힘이 여러 곳으로 분산되는 새로운 다중심주의' '동양이나 서양 연합에 가입해야 할 필요가 없는 새로운 국가의 등장'으로 보았다. 미국의 다국적 기업은 국제적 '원자재 확보'나 로열티, 프랜차이즈, 합작투자 등 사업 구조를 통해 민족주의나 무역보호주의가 불러온 '문제'를 극복하는 데 있어 '유연성'과 '혁신'을 보여주었기 때문에 "이 같은 변화에 대처할 준비가 되어 있었다". 이제 그들에게는 '자유세계의 공동 시장'을 향한 희망을 실현할 잠재력이 있으며, 그들의 성공은 사회에 큰 영향을 미칠 게 분명했다. 오스틴은 "자유무역을 누릴 기회가 많아지면 세계평화가 더 확고해질 것이기 때문이다!"라고 외치며 코카-콜라사 같은 다국적 기업은 소비자가 자사의 브랜드에 관심을 갖도록 장려하고, 국제 자유시장을 추구함으로써 전 세계 '평화를 위한 새로운 힘'이 될 거라고 주장했다.[101]

'전 세계에 노래 부르는 법을 가르치다': 기업 세계화를 구상하다

코카-콜라사는 (오스틴의 주장처럼) 조직이나 정치의 물리적 변화가 아니라 (광고의 주장처럼) 코카-콜라의 소비를 '평화를 위한 새로운 힘'이라는 비전으로 1960년대의 '사회혁명'에 대응했다. 코카-콜라사는 'The Real Thing' 캠페인을 더욱 강력하게 밀어붙였다. 이 캠페인은 전 세계 시장에 선보일 광고이자 과격한 운동이 벌어지던 긴 1960년대에 코카-콜라를 진정한 유토피아로 홍보하기 위한 수단으로 사용되었다. 1971년이 되자 '전 세계에 코카-콜라를 사주고 싶다' 캠페인이 추가되었다. 맥켄에릭슨의 빌

백커 감독은 "전 세계 다양한 사람 간의 더 나은 의사소통을 촉진하는 것이라면 무엇이든 추구할 욕구와 필요성을 느끼는 청년들"의 의식과 직접 겪은 한 사건에서 영감을 받아 이 캠페인을 제작했다.

1971년 그가 코카-콜라의 "The Real Thing" 라디오 광고를 녹음하기 위해 런던으로 갈 때 비행기가 아일랜드를 경유해 가야 하는 일이 벌어졌다. 피곤하고 화가 난 승객들은 그날 밤을 함께 보냈다. 그러나 다음 날 아침 백커는 화가 나 있던 그들이 기분 좋게 코카-콜라를 나눠 먹는 모습을 보았다. "코카-콜라는 다양한 사람을 연결해주는 300그램짜리 제품이었죠. …… 결국 우리는 코카-콜라를 원래 제작 의도인 신선한 음료가 아니라 모든 사람이 함께 마실 수 있는 작은 제품, 잠깐 동안 서로 친구가 되는 데 도움이 되는 보편적 음료로 봐야 했죠." 그는 "이 아이디어가 미국을 넘어 전 세계로 확장될 수 있겠다"고 생각했다.[102]

백커는 초기 미국 정착민이자 정치가 집안 출신으로 은수저를 물고 태어났다. 틴 팬 앨리의 음악에서 영감을 받아 작사가가 된 그는 이런 배경을 코카-콜라 광고 제작에 이용했다. 제작팀에는 로큰롤 밴드를 위해 여러 히트곡을 작곡한 영국 백인 중산층 출신의 반항아 로저 쿡이 있었으며, 아프리카계 미국 작곡가 겸 프로듀서인 빌리 데이비스도 있었다. 1950년대에 주요 인사들 가운데 한 명으로 개발도상국들을 방문한 빌리 데이비스는 광고 에이전시 임원들이 이 업계로 꾀어내기 전까지 모타운레코드와 체스레코드에서 일했다.[103]

전 세계의 단합을 위한 광고 노래를 제작하는 과정에는 차이에서 비롯된 긴장감이 존재했다. 데이비스는 코카-콜라사가 전하고 싶어 하는 핵심 문구에 대해 "전 세계 사람들을 위해 무언가를 할 수 있다면 그들에게 코카-콜라를 사주지 않을 텐데"라며 회의적인 반응을 보였다. 그는 차라리 "우선 모두에게 집을 사준 뒤 평화와 사랑을 공유하고 싶다"[#104]라고 하는 게 낫다고 말했다. 다른 두 명의 작곡가에게는 집을 사는 것이 고민의 대상이 아니었기 때문에 이는 데이비스의 배경 덕분에 얻은 통찰력이었다. 그리하여 그들은 가사에 "전 세계에 집을 사주고 싶다"를 넣기로 했다.

> 전 세계에 집을 사주고 그 집을 사랑으로 채우고 싶다.
>
> 사과나무와 꿀벌, 눈처럼 하얀 멧비둘기를 키우고 싶다.
>
> 전 세계에 완벽한 화음으로 노래 부르는 법을 가르쳐주고 싶다.
>
> 나와 함께 노래 부르자.
>
> 전 세계에 코카-콜라를 사주고 함께 어울리고 싶다.
>
> 코카-콜라는 진짜다. 오늘날 세상이 원하는 것이다.
>
> 전 세계에 완벽한 화음으로 노래 부르는 법을 가르쳐주고 싶다.
>
> 전 세계에 코카-콜라를 사주고 함께 어울리고 싶다.
>
> 코카-콜라는 진짜다. 오늘날 세상이 원하는 것이다.
>
> 코카-콜라, The Real Thing.

이 노래에는 균형 잡히고 듣기 좋은 목소리가 필요했다. 그래서 누가 부를 것인지, 이 노래에 담긴 이중적 의미를 누가 잘 전달할 것인지가 문제였다. 백커는 "적절한 목소리가 입혀지지 않을 경우 광고는 믿기 어려운 말처럼 들릴 것이다. 심지어 농담처럼 들릴 수도 있다. 실효성이 전혀 없는 의사소통 수단이 될 것이다"라며 걱정했다. "'전 세계에 코카-콜라를 사주고 싶다'는 코카-콜라사의 목소리일까? 아니면 더 큰, 즉 코카-콜라사가 속한 우리가 살고 있는 시대의 목소리일까?"

백커는 이 부분에 대해 나름의 전략을 구사했음을 인정한다. 광고가 아슬아슬한 경계에 놓여 있다고 생각한 그는 "이 광고가 당시의 포크송이나 찬송가 같은 느낌으로 불리도록 …… 코카-콜라와 비교해 더 크게 들리도록 만들었다". 진실성을 부여하기 위해 백커는 포크송 그룹 뉴시커스에게 "모두에게 다가갈 수 있는 따뜻한 편곡을 해달라. 부드럽고 귀여운 편곡으로 이 메시지에 개인적 생각을 드러내고 싶은 욕구를 억눌러 달라"고 말했다. 호주 출신으로 런던에서 활동하던 뉴시커스는 광고 노래를 불러 본 적이 없었다. 그들의 이런 '순수성'은 광고 에이전시 임원진의 걱정과 호감을 동시에 샀다. 녹음실에서 이루어진 첫 시도는 부자연스럽게 들렸고, 백커는 CM송을 부르는 게 아니라 '노래 형식의 광고'를 불러야 한다고 그룹을 설득해야 했다. "CM송의 주제는 상품이다. '펩시-콜라가 딱 그것이다(또는 새로운 세대의 선택인가)' '미국의 심장박동은 오늘날의 쉐보레다' '코카-콜라가 그것이다'가 이런 사례다. '코카-콜라를 사주고 싶다'는 그보다 훨씬 더 큰 개념으로 광고해야 한다." 코카-콜라보다 큰 것을 위한 광고처럼 진실되게 들리지 않는 한 코카-콜라 광고로 적절하지 않았던 것이다.#105

광고 제작 감독은 이 노래를 여성 리드 보컬리스트 이브 그레이엄의 달콤하고 또렷한 목소리로 시작해야 한다고 결정했다. 광고의 핵심인 소망은 여성의 목소리에서 나올 때 진실되고 순수하게 들릴 거라는 게 그의 생각이었다. "우리는 이 광고가 남성과 비교했을 때 여성의 소망에 더 가깝다는 사실을 깨달았다. …… 이브의 목소리는 전 세계에 집을 사주고 싶다는 소망을 잘 전달할 수 있는 목소리였고, 전 세계 5억 명의 청취자는 그녀의 말이 진심처럼 느껴질 것이다."[106] 그녀의 목소리는 전 세계적으로 화합과 사랑을 촉구하는 목소리를 낼 수 있는 사람이 누구인지 함축적으로 보여주는 한편 소외 계층의 요구와 다른 민족을 걱정하고 중재하기 위해 위협적이지 않으면서도 거의 모성에 가까운 느낌을 품어냈다.

코카-콜라사는 TV 광고 "힐탑"을 제작하는 데 25만 달러를 투자했다. 음향에 어울리는 유토피아적 분위기의 시각 효과를 위해 비현실적인 도버 해협의 흰 절벽에서 최초 촬영이 이루어졌다. 수천 명의 출연자가 동원되었는데 마침 비가 오면서 풍경과 배우들이 젖어버렸고, 영상은 지나치게 어두웠으며, 예산은 바닥나고 말았다. 결국 광고 제작자는 이탈리아 로마 외곽의 언덕 꼭대기에서 재촬영을 이어갔다. 첫 촬영지와 비슷한 목가적 분위기를 자아내는 개인 소유지로 날씨도 좋다는 얘기를 들었기 때문이다. 촬영 감독으로는 반체제 미학을 제공하기 위해 해스컬 웩슬러를 고용했다. 다양한 국가 출신의 출연진 65명이 각기 다른 전통 복장을 입고 '세계 최초의 통합 코러스'를 불렀다. 전 세계인으로 이루어진 코러스의 존재감을 높이기 위해 립싱크를 하는 1,200명의 이탈리아 십대 청소년이 그들을 에워쌌다.

전 세계적 화합이라는 유토피아적 비전을 담기 위해 모든 것이 준비된 것처럼 보였지만 촬영장의 모습은 오히려 그 반대에 가까웠다. 웩슬러와 광고 제작팀이 주인공을 촬영하는 동안 수백 명의 십대 청소년으로 이루어진 엑스트라는 네 시간을 찌는 듯한 버스 속에 갇힌 채 기다려야 했다. 결국 웩슬러는 광고 촬영을 갑자기 중단했고, 제작팀은 다시 촬영하기 위해

힐탑에서 자본주의 패권을 구상하다

최종 광고는 청각적 수단에서도 시각적 수단에서도 '코러스'의 비유를 활용했다. 전 세계적 제품인 코카-콜라의 소비를 통해 하나의 세상으로 통합된 다양한 문화를 묘사하기 위해서였다. 이렇게 해서 'The Real Thing' 캠페인의 급진적 통합 광고가 등장한 지 불과 몇 년 만에 전 세계의 다양성을 담은 "힐탑" 광고가 제작됐다. 그레이엄의 목소리와 청년들의 이미지로 이루어진 광고는 코러스를 이끄는 백인 여성 주위로 나머지 그룹이 질서정연한 직선으로 천천히 만들어지는 모습을 카메라에 담았다. 전통 복장으로 구별되는 다양한 문화 그룹이 '세계 최초의 통합 코러스'를 이루었다. 이들은 각기 다른 민족을 상징했으며, 위협적이지 않은 방식으로 전 세계의 화합 가능성을 보여주었다. 전 세계 젊은 소비자들의 집합에는 또 다른 국제단체가 등장했는데, 광고 끝에 올라가는 자막에 등장하는 코카-콜라 보틀러였다.

이탈리아의 산비탈에서

우리는 전 세계 청년들을

한데 모았다.

전 세계에

코카-콜라가 진짜라는

코카-콜라 보틀러의 메시지를

전하기 위해서다.

시각적으로도 청각적으로도 이 광고는 당시의 반체제 정신을 상기시켰다. 장면들이 서로 녹아들어 가며 사이키델릭 색상의 모음을 탄생시켰는데, 카메라는 밝은 색상의 옷을 입은 다양한 문화를 대표하는 청년들을 훑고 지나간 뒤 힘차게 노래 부르는 백인 여성의 얼굴에 잠시 초점을 맞췄다. 신비스러운 분위기를 연출하기 위해 머리 위에서 이들의 전체 모습을 담았다. 팝 포크록 스타일의 음악에 따라 부르기 쉬운 가사와 가수들의 화음은 커뮤니티의 친밀감을 보여주었다.#108 직접적으로 언급되지 않았지만 "전 세계에 완벽한 화음으로 노래 부르는 법을 가르쳐주고 싶다"는 가사의 청각적 비유를 통해 세계 평화의 메시지가 광고 전체에 깔려 있었다. 이 조화로운 유토피아는 힐탑이라는 목가적 장소에서 구축되었다. 인종 평등, 자원 분배, 반체제적 유토피아 커뮤니티의 너그러움이라는 관례, 평등, 소박함 등 급진적인 정치적 견해는 모호하지만 소비 가능한 형태로 드러났다.

광고와 노래는 소비자의 심금을 울렸다. 편안한 포크송 형식의 노래는 시청자들이 '세계 최초의 통합 코러스'를 따라 부르게 만들었다. 광고에 열정적인 반응을 보인 소비자들이 코카-콜라사에 수십만 통의 편지를 보냈다. 코카-콜라사는 예전과 비교해 훨씬 많은 편지를 받았다. 사람들은 라디오와 TV방송국에 전화해 광고를 방영해 달라고 요청했다. 이 노래는 특히 교회, 학교, 사회단체에서 인기가 많았으며 세상이 '완벽한 화음'을 이루기를 바라는 의미로 코카-콜라가 언급되지 않은 버전을 불렀다.

지금까지도 "전 세계에 코카-콜라를 사주고 싶다" TV 광고는 '전 세계에서 가장 인기 있는 광고'라는 문구와 함께 세계인의 사랑을 받는 상징적 광고로 언급되고 있다.#109 청중은 광고가 추구하는 세계 평화, 다민족사회,

자원 공유, 국경을 초월하는 집단성에 깊은 인상을 받았다.

오늘날 시청자들의 눈에는 이 지엽적인 동화에 내재된 한계와 정치적 문제가 보일 것이다. 인종 차이와 청년들의 반체제운동을 그저 하나의 상징으로 표현한 광고는 격변이 일던 시기에 실제로 다양한 인종의 청년을 하나로 묶는 정치를 상징적으로 말살시켰다.

광고는 차이가 있음에도 불협화음이 없는 '화음'을 추구했다. 이는 세계 평화를 갈등과 구조적인 권력이 사라진 포스트정치적 프로젝트로 제시했으며, 다른 이들의 차이를 발판으로 삼아 그들의 유사성을 제시했다. '오늘날 세상이 바라는 것'은 코카-콜라를 향한 공통된 갈증이었다. 청년들의 반항과 인종적, 포스트식민주의적 해방을 상징하는 대상으로 광고가 제시하는 패권의 비전을 합리화했다. "전 세계에 코카-콜라를 사주고 싶다" 광고는 다양한 사람이 평화롭고 자유롭게 코카-콜라를 나눠 마시는, 신자유주의를 바탕으로 한 단일화된 세계질서를 제시했다. J. 폴 오스틴의 주장에 따르면 코카-콜라의 소비는 비록 광고일지라도 '평화를 위한 새로운 힘'이었다.

코카-콜라사는 제품 생산 과정뿐 아니라 "힐탑" 광고 제작 과정에서도 '새로운 경제질서'를 활용했다. 해외 촬영지는 광고 제작자가 바란 초자연적 느낌을 주기도 했지만 이 장소를 택한 것은 사실 수익 때문이었다. 치솟는 광고 예산에 서명한 코카-콜라사와 맥켄에릭슨은 해외 보틀러에게 광고를 패키지로 판매할 경우 제작 비용을 만회할 수 있을 거라고 생각했다. 그러나 국제 문화 산업의 재정 구조는 문제를 불러왔다. 광고에 출연한 미국 배우들은 광고가 방영될 때마다 돈을 받았다. 해외에서 방영될 때도 예외가 아니었다. 코카-콜라사는 광고가 방영될 때마다 광고 출연진에게 비용을 지불해야 할 경우 해외 보틀러와 자회사가 사업에서 손을 떼지 않을까 걱정했다. 그러나 국제 문화 산업의 불평등한 정치적·경제적 장은 빠져나갈 구멍을 제공해주었다. 유럽 배우와 가수들은 이 돈을 받지 않았던 것이다.#110 그리하여 코카-콜라사는 '런어웨이 생산미국에서 방영될 프로그램을 실제로는 미국 밖에서 촬영하는 경우-옮긴이'에 착수했다. 결국 "전 세계에 코카-콜라를 사주고 싶다" 광고는 아이디어 구상과 제작 과정에 있어 세계적 광고 캠페인 시대로의 전환을 의미했다. 코카-콜라사는 광고를 제작한 뒤에 패턴화하는 게 아니라 전 세계를 대변하도록 해외 청중을 염두에 두고 광고를 제작했던 것이다.

그러나 TV라는 형식, 높은 제작비와 그에 따른 광고 내용의 중앙집중적 통제를 고려할 때 이 광고는 코카-콜라사가 그리는 세상이 확실하게 애틀랜타와 뉴욕의 관점에서 나왔음을 보여준다. 1971년 말 코카-콜라 엑스포트는 'The Real Thing' 캠페인의 20개가 넘는 TV 패턴 광고와 함께 "전 세계에 코카-콜라를 사주고 싶다" 광고를 해외 마케팅 지사에 보냈으며,#111 1972년 2월까지 이 광고는 모든 지역(유럽, 아프리카, 라틴아메리카, '극동지역')의 라디오와 TV뿐 아니라 영화관에서도 방영되었다.#112 해외 지사는 본사에서 보낸 패턴 광고를 번역해 라디오에 내보냈고, TV의 경우 기존 광고에 더빙을 입혔다.

코카-콜라 엑스포트는 TV 광고가 크게 바뀌는 것을 원하지 않았다. 음향은 큰 비용을 들이지 않고도 더빙을 통해 쉽게 변환이 가능했지만 영상을 재촬영할 경우 큰 비용이 들었기 때문이다. 그 결과 미국 패턴 광고 영상에 등장한 모델들은 인종적으로나 문화적으로 늘 미국인의 모습이었다. 게다가 배우의 입모양은 더빙된 목소리와 일치하지 않아서 더 이질적으로 느껴졌다. 코카-콜라 엑스포트는 이 문제를 해결하기 위해 더빙이 쉽도록 만화나 화면상에 대화가 없는 실사촬영 TV 광고를 제작했다. 현지 배우와 이미지 몽타주로 각기 다양한 버전의 광고를 제작한 뒤 훗날 다른 시장에서 방영할 때 음악과 보이스 오버를 입혔다.

코카-콜라 엑스포트는 'TV/영화 구독 서비스'도 시작했다. TV 광고 제작 '아이디어'를 보여주고 현지 제작이 필요할 경우 광고의 품질을 유지해야 하는 담당자에게 '스토리보드' 제작 관련 지침을 제공하기 위해서였다.[#113] 그러나 TV 광고의 높은 촬영비를 감안할 때 코카-콜라 엑스포트는 해외 지사와 보틀러가 코카-콜라 브랜드를 대변하는 광고의 높은 품질을 유지하지 못할 거라고 여겨 해외 담당자에게 현지 제작이 아니라 본사에서 제작한 광고 자료를 그대로 사용할 것을 권했다.

1966년 코카-콜라 엑스포트가 해외 마케팅 담당자에게 보낸 마케팅 뉴스 게시판을 통해 강력하게 주장한 것처럼 본사에서 제공한 패턴 광고 영상을 사용하되 음악만 살짝 바꾸는 것이 재정적·창의적 면에 있어서도(그들이 보기에 '한 장면, 한 소리'를 보장하기 위해) 합리적이었다. 그해 코카-콜라 엑스포트는 '244개의 광고 영상을 위한 인쇄와 재제작 자료'를 해외 지사에 보냈다. 현지 재촬영은 자금과 노력의 이중 낭비를 불러오지만 패턴 영상을 사용할 경우 현지 재촬영비의 80퍼센트를 절약할 수 있었기 때문이다. 코카-콜라 엑스포트는 절약한 돈으로 방송 시간을 더 많이 확보하고 시청자가 코카-콜라 광고를 보는 횟수를 늘리는 데 사용해야 한다고 주장했다.

해외 지사가 자신만의 패턴 광고를 제작하는 대신 기존 광고를 더빙하도록 한 것은 '코카-콜라 글로벌 광고 시대'의 대표적 전략이었다.#114 1980년대와 1990년대에 코카-콜라사는 패턴 광고를 지역적으로 변형시키기보다는 중앙집중적으로 통제했다. 1980년대의 '코카-콜라가 그것이다'와 1990년대의 '언제나 코카-콜라' 캠페인은 젊은 연인, 놀이공원, 빅게임, 해변 등 보편적 주제와 일반적 상황을 몽타주로 그려 외국어로 쉽게 더빙하도록 했다. 캠페인에는 문화적 차이를 중앙에서 관리하고 대변할 수 있다는 가정이 내재되어 있었다. 그리하여 동일한 광고의 10여 개에 달하는 다른 버전(다른 인종을 모델로 사용했지만 일관성을 유지했음)을 전 세계 주요 시장에 보냈으며, 소수 언어를 사용하는 시장에서는 더빙이 이루어졌다. 이런 상징적 제작 시스템의 중앙집권화 또는 통합화에는 유형재 시스템을 재구성하려는 코카-콜라사의 광범위한 전략이 반영되었다.

이 전략은 1980년대 초 미국, 1990년대에는 전 세계 여러 지역에서 프랜차이즈 보틀링 시스템을 통합하려는 노력으로 분명하게 드러났다. 상징적 제작 시스템의 통합과 프랜차이즈 보틀링 시스템의 통합 모두 "전 세계에 코카-콜라를 사주고 싶다" 광고에서처럼 코카-콜라를 중심으로 하는 단일한 세상을 꿈꾸는, 기업에 의한 세계화라는 동일한 논리에서 탄생했다.

"전 세계에 코카-콜라를 사주고 싶다"는 전 세계의 통합이라는 유토피아를 제시했지만 반패권적 사회나 문화운동을 담아내지는 못했다. 따라서 그후 수십 년간 코카-콜라사와 맥켄에릭슨의 경영진은 이 광고가 선견지명의 안목을 가졌고, 반동적 측면에서 "모든 세대의 상상을 포착한다. 세상은 격동의 1960년대에서 회복하고 있는 중이기 때문이다"라며 떠들고 다넜다.[115] 코카-콜라사는 자신들이 글로벌 기업이자 세계화의 상징라고 주장했지만 '평화를 위한 새로운 힘'이 전 세계인과 '사회혁명'의 요구를 들어줄 거라고 암시해 두려움(심지어 자사의 두려움)을 완화시키기도 했다. 이 새로운 힘은 글로벌 브랜드를 소비할 자유를 제공하는 새로운 자본주의적 패권이었다.

인도화하거나 인도를 떠나라

국수주의자, 포스트식민주의 인도에 도착한
코카-콜라를 반대하다

1970년대 초 무더운 여름, 인도 사회주의노동당 지도자이자 정치가 조지 페르난데스가 작은 마을을 방문해 물 한잔을 청했다. 그러나 지역 공무원은 그 마을의 음료가 마시기 적합하지 않다면서 대신 코카-콜라를 건넸다. 그때 페르난데스는 '무언가 잘못되었다. 30년의 자유화 계획 덕분에 인도 마을 곳곳에 코카-콜라가 들어왔지만 마실 물조차 없다니'[#1]라고 생각했다. 몇 년이 지난 1977년 자나타당의 산업부장관으로 선출된 페르난데스는 "사람들은 코카-콜라가 아니라 식수를 마셔야 한다"[#2]라고 말하면서 인도 마을의 90퍼센트가 안전한 식수가 부족한 상황을 개선할 수 있는 돈이 코카-콜라사의 배를 불리는 데 사용되고 있다고 주장했다.[#3] 인도 경제에 생산적 기여를 하기는커녕 인도의 경제를 저해하며 큰 이윤을 남기는 소비재 판매를 통해 인도의 자금을 가져가는 다국적 기업은 필요 없다고 여겼다. 시골 지역의 소규모 공장에서도 다른 청량음료를 생산할 수 있었는데, 이런 경우 지역민을 고용하고 낙후된 지역을 '발전'시키는 데 도움이 되었다.

페르난데스는 인도 국회 록 사마(하원)에서 이렇게 말했다. "지난 25년 동안 코카-콜라사가 인도에서 펼친 활동은 개발도상국 내에서 별로 중요하지 않지만 높은 수익을 확보할 수 있는 곳을 찾아 사업을 운영하는 다국적 기업이 어떻게 성장하고, 정부의 제대로 된 각성이 없는 상태에서 경쟁력 없는 국내 산업을 옥죄는지 보여주는 전형적 사례다."#4 인도의 정부 각료들은 코카-콜라사가 인도에서 사업하는 동안 인도에 투자한 금액과 비교해 훨씬 많은 금액을 미국으로 가져갔다고 주장했다. 인도 정부는 코카-콜라 엑스포트 코퍼레이션이 인도에서 재정 자본과 제작 '노하우'와 관련해 사업 운영 소유권을 '인도화'하거나 인도를 영원히 떠나야 한다고 결정했다. 그리하여 1977년 말 코카-콜라사는 결국 인도를 떠났다.

1977년 코카-콜라사의 갑작스러운 인도 철수는 코카-콜라 시스템을 향한 반발, 바로 국유화의 위협을 잘 보여준다. 이는 다국적 기업이 '발전하는' 인도 경제에서 수익을 앗아가는 문제에 대처하기 위한 인도 정부의 조치였다. 코카-콜라사의 인도 철수는 이 기업과 인도 상황에 한정되는 독특성이 있긴 했지만 광범위한 투쟁과 논쟁, 역사적 순간의 형성 과정을 뜻했다. 이것은 제3세계의 '개발도상국'에게 제1세계의 '선진국'이 계획한 경제 미래의 대안과 열린 대화의 기간이 끝났음을 뜻했다. 식민주의의 멍에에서는 벗어났지만 여전히 그 유산과 함께 살고 있는데다가 막대한 부채와 대외의존성에 직면한 국가의 원수들은 점차 세계화되고 있지만 여전히 일부 국가가 지배하는 경제에서 좀 더 공평한 관계를 유지하고자 애썼다. 그러나 인도를 비롯해 정치적으로 선진국에 의존하던 국가들은 자국의 발전을 정의하는 데 애를 먹었으며, 코카-콜라사 등 다국적 기업의 역할도 그 중 하나였다.

인도 포스트식민주의 정부는 재정적·지적 재산이라는 세계적 제도의 구조적 불평등에 관심을 갖게 되었다. 그러나 이 제도에서 벗어나는 대신 국가 발전을 위해 이를 활용했으며, 국민 전체가 아닌 인도 내 산업 부르주아를 배불리는 데 민족주의 담론을 사용했다. 이런 역사는 초국가적 자본주의를 향한 국수주의자적 비판에 내재된 가능성과 함정을 보여준다. 인도 정부는 국가 전체의 이익을 추구한다는 구실을 내세워 같은 나라에서 승자와 패자라는 계층 구조를 더 확실하게 만들었던 것이다.

1970년대 말 코카-콜라사는 인도의 1973년 외환규제법FERA을 준수해야 하는 가장 유명한 기업이 되었다. FERA는 국외의 외환 흐름을 관리하는 법으로, 기업의 이익을 본국으로 송환함으로써 인도의 외환 보유고에서 달러를 빼내는 코카-콜라사 같은 다국적 기업을 겨냥한 것이었다. 코카-콜라사는 미국의 자회사 코카-콜라 엑스포트 코퍼레이션을 비롯해 자신들이 100퍼센트 소유한 같은 이름의 인도 자회사를 통해 이득을 취했다. 이들 자회사는 싱 가문의 퓨어 드링크 회사 등 인도 프랜차이즈 보틀러에게 청량음료 원액, 장비와 자재, 마케팅 자료, 판매와 기술 원조를 제공한 뒤 비용을 청구했고 그에 따른 수익을 코카-콜라사와 주주들에게 송금했다.

인도 정부는 인도 루피의 가치를 고정하는 데 사용되는 미국 달러 보유고를 유지하는 데 애를 먹고 있었다. 미국 정부는 1970년대 초 자국의 경제위기 때 금본위제에서 이탈했는데, 데이비드 하비를 비롯한 다른 사람들의 주장처럼 신자유주의의 이런 상징적 사건은 사람들이 새롭게 유통되는 통화에 투기하도록 만들어 자본의 금융화를 가속화시켰다.[#5] 외환 보유고가 없으면 인도 정부는 전 세계 금융 시스템 내에서 루피의 환율에 영향을 미칠 수 없었고, 그렇게 되면 국가 발전에 필수적인 해외 기술을 살 수 있는 역량과 (루피의 가치가 하락하면서 급증한) 외채를 지불할 능력이 제한될 수밖에 없었다.

1977년 인도 정부는 FERA를 언급하며 코카-콜라사가 코카-콜라 엑스포트에게 인도 자회사 지분에서 최소 60퍼센트를 매각함으로써 자국 내 사업을 '인도화'할 것을 요구했다. 게다가 FERA는 코카-콜라 엑스포트에게 자사의 기술을 인도에 이전할 것을 요구했다. 즉 인도에서 원액을 제작함으로써 제작 '노하우'와 코카-콜라의 '비밀제조법'을 공유하라고 했다. 인도가 소유하고 운영하는 자회사가 코카-콜라의 청량음료 원액을 생산하고 판매할 경우 더 많은 수익과 산업 지식이 인도에 남게 될 터였다. 인도의 기업이 청량음료를 생산할 수 있는데 해외 기업이 그처럼 많은 수익을 거둘 이유가 없다는 게 인도 정부의 입장이었다. 그리하여 코카-콜라사는 '인도화'하지 않을 경우 인도를 떠나야 했다.

코카-콜라와 FERA를 둘러싼 논쟁은 1977년 몇 달간 인도 록 사마, 뉴스 헤드라인, 광고, 공청회의 주요 안건으로 등장했다. 대규모 정치 격변이 일어나 2년간 지속된 민주주의와 시민적 자유 유예('더 이머전시')가 종식되면서 자나타당이 인도 독립 후 최초의 비의회 여당으로 부상한 해였다. 인도화의 위협에 맞서 코카-콜라사가 인도를 떠난 것은 코카-콜라 글로벌 시스템의 큰 타격이자 인도 경제 역사의 극적 순간이었다. 코카-콜라사가 인도를 떠나도록 만든 논쟁은 미국의 영향력을 향한 비판과 국제 경제 시스템의 구조적 불평등이론, 포스트식민주의 국가를 위해 조정된 사회주의 계획, 인도의 뿌리 깊은 경제적·문화적 민족주의를 보여주었다. 인도 정부는 코카-콜라사에 공개적으로 도전장을 내밀어 자본주의 제도의 상징적이고 물질적인 전시물을 겨냥했고, 이 과정에서 인도인과 국제 사업 공동체의 생각을 사로잡았다.

1970년대 말 인도 정치인들은 코카-콜라사가 전 세계적으로 뻗어나가기 위해 사용한 개발주의적 논리에 직접적으로 맞섰다. 코카-콜라사는 오래전부터 자신들의 상품이 프랜차이즈 보틀러를 부유하게 해줄 뿐 아니라 고용을 창출하고 병 제작과 냉장 등 관련 산업을 발전시키고 (제품의 대량 소비를 장려함으로써) 현지 음료 가게와 외식업체의 판매를 촉진시켜 경제 발전을 가져올 거라고 약속했다. 코카-콜라사는 프랜차이즈의 논리를 통해 자신들의 산업을 담론적·물질적으로 합리화하려고 했으며, 자사의 제품을 전 세계적인 동시에 지역적이라고 홍보하면서 개발도상국에 다국적 개발주의를 제공했다. 그러나 인도 국수주의자의 반발에서 알 수 있듯, 코카-콜라사의 개발주의적 자기 홍보가 늘 설득력이 있었던 것은 아니다.

사실 코카-콜라사의 입장에서 인도화 요구는 새삼스러운 문제가 아니었다. 지난 10년 동안 코카-콜라사는 전 세계에서 이런 위협을 받고 있었다. 라틴아메리카 보틀링 공장의 국유화도 그중 하나였다. '제2세계'의 사회주의자들은 이미 코카-콜라사를 미국 제국주의자이자 자본주의자의 독점 행위로 낙인찍었으며, 이 기업의 제품이 자기 국가에 진출하는 것을 차단했다. 같은 위협이 당시 '제3세계'의 비동맹 국가에서도 일어났다. 이들 국가의 잠정적 청량음료 소비자는 코카-콜라사의 확장에 상당히 중요한 역할을 했다. 1960년대 말 아랍연합국가들은 코카-콜라사가 이스라엘에서 사업을 하며 시온주의자 정착민의 식민주의를 합법화한다면서 코카-콜라를 보이콧했다. 아랍국가의 보이콧은 중동과 아프리카에서 코카-콜라사의 사업에 큰 지장을 주었는데, 특히 청량음료 원액을 중동에 판매하는 주요 수출업체였던 인도 자회사에 악영향을 미쳤다. 1974년 이후 이런 수출이 줄어들면서 인도의 외화 수입(수익은 국제통화로 인도로 송금되었음)은 30퍼센트나 감소했다. 사실 이 수입은 코카-콜라사가 외국 기업의 수익 방출을 염려한 정부를 상대로 자신들의 인도 사업을 합리화할 수 있는 몇 가지 명분 가운데 하나였다.#6 코카-콜라사의 가장 큰 시장 중 하나인 인도를 잃는 것은 분명 큰 타격이었지만 코카-콜라사는 자사를 인도화함으로써 자신들에게 불리한 선례를 남기느니 인도를 떠나는 쪽을 택했다.

다국적 기업과 새로운 국제 경제질서를 향한 촉구

코카-콜라사가 인도에서 철수하게 된 배경에는 다국적 기업이 세계 경제에 미치는 영향에 대한 국내·국외의 비판, 특히 (인구의 대부분을 차지하지만 이에 걸맞는 경제적 영향력이 거의 없는) 제3세계 개발도상국에서 코카-콜라사의 신식민주의적 역할을 향한 거센 비판이 있었다. 이 비판은 1974년 아프리카, 아시아, 라틴아메리카 국가 출신의 77개국 그룹G77이 유엔에서 신국제경제질서NIEO를 제안하면서 직접적인 정책 요구의 형태로 드러났다. 제3세계 국가가 원하는 발전을 촉진시키기 위한 개발도상국과 선진국 간 대화의 시작을 알린 NIEO의 주요 원칙에는 자국에서 활동하는 세계적인 기업을 통제할 수 있는 권리가 포함되었다. 다국적 기업이 활동하는 국가의 국내 경제에 이득이 되는 조치를 통해 초국가적 기업의 활동을 '규제하고 감시하는' 권한을 확보하는 것이 NIEO의 목표였다.[7] NIEO는 자국의 천연자원과 경제 활동에 대한 개발도상국의 주권뿐 아니라 개입주의자적 수입대체 등 경제정책을 장려하고 대형 다국적 기업에게서 현지 기업을 보호하며 국유화 권리 확보나 소유권의 국내 이전을 통해 전 세계 경제질서를 재구축하고자 했다. 이 새로운 질서는 천연자원을 비롯해 제3세계 수출품의 가격과 제1세계 수입품 가격 간의 '공정하고 공평한' 관계 아래 자유로운 경제적 교류를 제안하기도 했으며, 이를 위해 개발도상국으로 재정 자원을 보내기 위한 우호적 조건을 확보하고 (선진국에서 개발도상국으로)기술을 전달하며 국내 기술을 개발하는 원칙을 바탕으로 했다. 이는 인도가 FERA를 통해 현실화하려는 원칙이기도 했다.[8]

그러나 NIEO는 1960년대와 1970년대의 사회운동과 지식운동에서 탄생한, 미래 경제에 대한 대안적이고 급진적인 사상의 종식을 의미하기도 했다. NIEO가 자주적 국익을 강조한 이유는 국내 부르주아가 국가 경제를 점령하고 있는 상황 때문이었다. NIEO는 제3세계 국가 내 글로벌 자본주의를 향한 사회주의자들의 반박을 진보적 엘리트 계층의 의견으로 막은 꼴이었다. 제3세계 국가의 진보적 엘리트 계층은 세계 자본주의라는 오랜 꿈을 실현하기를, 즉 가장자리에 위치한 국가들을 잘 통합함으로써 전체 시스템의 지속적 성장을 도모하기를 촉구했다.[9] 이들은 '개발도상국'의 국내 경제 성장, 국제무역 확대, '선진국'의 원조 개선을 촉구하며 제3세계 국가가 자본주의의 성장에 영향을 미칠 수 있게 해달라는 단순한 요구 사항을 제안했다. 길버트 리스트의 주장처럼 NIEO를 비롯해 제3세계 국가의 개발 중심적 엘리트 계층이 제안한 제3세계 개발 모델은 성장을 우선시하고 선진국 수준의 구매력을 확보하는 주류 경제의 기본적인 이론에서 크게 벗어나지 않았다. 근본적 목표는 현대화와 산업화였다. 즉 경제생산성을 향상시키고 수출을 통해 해외시장을 점유하며 경제적 합리성과 효율이라는 부르주아 가치를 주입하는 것으로 개발의 생태계적 또는 문화적 결과를 둘러싼 우려, 즉 이득이 국가 전체에 고루 분배되지 않는다는 사실은 외면당했다.#10 엘리트 계층이 이득을 취할 수 있도록 게임의 규칙을 바꾸는 것이지 게임 자체를 끝내려는 게 아니었다.

그러나 초국가적 기업과 그 기업이 위치한 국가의 조직적 저항으로 NIEO의 제안은 현실화되지 못했다. 1980년대가 되자 선진국의 스태그플레이션경기불황 가운데서도 물가가 계속 오르는 현상_옮긴이, 제3세계 국가 내 석유생산국의 지속적 빈곤과 쌓여 가는 부채 등 정치·경제 환경이 바뀌면서 세계는 시장 주도의 경제정책으로 전환되었다. 20세기 말 유엔은 다국적 기업과 관련된 정책을 전면 개정했다. NIEO의 행동 강령이 '제3세계의 개발 목표에 방해가 되는 다국적 기업의 활동'을 비난했다면 1990년대 말 유엔의 기조는 세계화의 난제를 해결하기 위한 방법을 찾기 위해 '동등한 이해당사자'로서 기업이나 국가와 협력하는 것이었다.#11

새로 독립한 제3세계의 국가원수들이 상당수 그랬듯, 1970년대 인도의 주요 지도자들은 정치적·군사적 점령의 멍에에서 벗어나자마자 초국가적 기업과의 필연적 관계와 경제 이익 때문에 계속 식민주의 아래 놓이게 될 거라는 생각에 치를 떨었다. 제3세계 내 국수주의자와 사회주의자는 권리와 복지를 요구하는 자국민을 돕기 위해 새로운 주권국가 내 핵심 자원의 통제권을 확보하기 위해 안달이었다. 식민주의 체제 아래서 제한을 받던 국가 정체성이 포스트식민주의 아래서 또다시 위협받지 않을까 하는 우려가 거세지는 가운데 해외 기업은 불만의 대상이 될 수밖에 없었다. 기존 식민지 세력과의 관계, 임원 자리에 외국인을 고용하는 관행, 현지 노동자에 대한 초라한 대우, 이국적 문화 가치의 상징 때문이었다.[12]

초국가적 기업은 개발도상국의 자원을 통제하고 착취하며 그 과정에서 축척한 부를 자국으로 송금하는, 신식민주의의 가장 노골적 중개인이었다. 게다가 상업적·다국적 기업은 개발도상국의 국내 경제 발전을 크게 저해할 수도 있었다. 재료나 완제품(보통 제3세계 국가에서 추출한 원자재로 만든 제품)은 인도 같은 국가에 수출되었기 때문에 국내 통화가 자국 밖으로 빠져나가게 만들고, 인도인 스스로 그런 제품을 생산하는 대신 구매함으로써 선진국 경제에 의존하도록 만들었기 때문이다.

2차 세계대전이 한창일 때부터 인도 정치인과 산업주의자들은 해외 기업의 영향력에 제제를 가하기 시작했다. 1943년 창설된 타타그룹의 책임자가 이끄는 총독의회의 재건위원회는 전후 경제 프로그램을 계획했는데, 공공 시설이나 철도를 비롯해 국가 발전에 필수라고 여겨지는 신사업의 국영화나 규제도 그중 하나였다. 독립 전 인도를 이끈 지도자들은 정부의 산업 규제가 최우선 분야에서 생산이 이루어지고 특정 지역이 발전하며 공정한 근로 조건과 만족스러운 품질이 확보되고 수익이 국외로 빠져나가지 않는 데 기여하리라고 생각했다.[13] 이들은 영국 다국적 기업의 증가하는 지사와 자사가 그랬듯이 해외자본, 특히 인도 주식회사가 전후 새로운 경제 기회를 독식하지 않을까 두려워했다. 그러나 인도 경제지도자들은 해외 원조가 필요하다고 생각하기도 했다. 결국 인도 정부는 (철강, 공학, 장비, 화학, 비료, 제약 등) 핵심 산업 분야의 외국인 지분을 소수로 제한해야 한다고 주장했다. 이는 영국의 이익뿐 아니라 영국 기업에 '안전한' 조건을 제공하는 1935년 인도 정부법에도 상충했으므로, 결국 영국 정부는 인도 정부의 1945년 산업정책 제안을 받아들이지 않았다.[14]

1947년 인도가 독립한 뒤 여당이 제안한 정책의 목표는 해외 기업의 역할을 제한하고 인도 기업의 발전을 장려하는 것이었지만, 이 목표를 달성하기 위한 별도의 법안이 도입되지는 않았다.[15] 외국인이 인도 기업의 자회사를 소유해도 마찬가지로 제한이 없었다. 물론 정부기관이 해외 기업에 비공식적으로, 보통 불규칙적으로 압력을 가하긴 했다. 1948년 산업정책 결의안은 해외 자금이 새롭게 독립한 국가의 산업화에 꼭 필요하다고 보았지만 해외 자금에 의존하는 신사업의 제안은 전부 중앙정부의 검토와 승인이 필요하다고 명시했다.[16]

1949년 세계은행에서 융자금을 지원받은 자와할랄 네루 정부는 다국적 기업을 찬성하는 쪽으로 정책을 바꿨다. 인도는 외환위기로 외환 보유고가 바닥나면서 루피 약세와 인플레이션에 시달렸다. 외환위기는 인도가 국내 발전을 꾀하고 수입대체정책을 실행하기 위해 필요한 해외 제품과 기술을 확보하는 데 장애물이 되었다. 이런 상황에서 정부는 다국적 기업을 어느 정도 허용하는 쪽으로 돌아설 수밖에 없었다. 인도 정부는 해외 기업을 유치하기 위한 차원에서 외국 자본이 인도 자금과 동일하게 규제받고, 외국 기업은 본국으로 수익을 송금할 수 있다고 선언했다.[17] 1957년 의회 정부는 외국 기업에 더욱 관대한 정책을 선포했고, 그 결과 1967년 외국 기업은 인도 기업 자산의 20퍼센트를 통제하게 되었다. 이는 1957년 10퍼센트에 비해 2배나 증가한 수치다.[18]

1960년대 중반 인도는 중국, 파키스탄과의 전쟁으로 막대한 국방비를 지출했을 뿐 아니라 두 번의 겨울 계절풍으로 농작물 생산량이 감소했다. 식량 부족과 기근의 위협 아래 인도는 해외 원조에 의존하게 되었고, 수입이 늘어나면서 이미 바닥난 외환 보유고는 고갈되었다. 미국, 세계은행, IMF는 자금을 빌려주면서 인도를 향해 무역 규제를 완화하고 루피를 평가절하하며 새로운 농업정책을 채택하라고 요구했다.[19] 인도는 이에 응했고, 해외 원조와 다국적 기업의 참여로 농업 분야에서 정부 주도의 막대한 투자가 이루어지면서 소위 농업혁명이 시작되었다.

1960년대 중반 전 세계 금융기관의 요구대로 루피의 평가절화와 무역 자유화가 이루어졌지만 인도 경제는 더욱 침체되었다. 수출 증가와 해외 자금 유치를 통해 세계 경제를 통합한다는 목표가 현실화되지 못했던 것이다. 인도는 이미 세계은행에 큰 빚을 진 상태였지만 발전을 꾀하려면 더 많은 돈이 필요했다. 선진국들이 자국의 농업과 산업을 보호하기 위해 자유무역을 규제하면서 인도의 수출 잠재력에 제한을 가하는 한편 인도가 수출시장을 계속 개방하도록 압력을 가하자 상황은 더욱 악화되었다. 인도는 기술과 제품을 수입하고 쌓여 가는 해외 부채를 갚으려면 외화가 필요했다. 1960년대 말 해외 자금의 막대한 유출로 발생한 재정 적자와 외환 보유고 위기를 해결하기 위해 정부는 지출을 대폭 줄였고, 그 결과 공공 부문의 지출이 삭감되었다.[20] 루피의 평가절하는 인도 내 제품 가격 상승으로 이어졌고, 실업 증가와 식량 부족이 지속되면서 악화된 경제 상황은 실패

한 자본주의를 향한 대중의 불만으로 이어졌다.[21]

계속되는 사회 불평등에 대한 일반적 반대를 비롯해 높은 임금과 토지 소유권 등 특정한 사안을 중심으로 노동자, 농민, 학생이 주축이 된 전투적 운동이 일어났다. 이런 폭발적인 사회운동으로 1960년대 말과 1970년대 초 인도 정치는 급진주의 성향이 강해졌고, 인디라 간디의 의회당은 '가리비 하타오Garibi hatao, 가난을 근절하자'라는 캠페인 슬로건을 내걸었던 인도 사회주의당의 지원으로 겨우 명맥을 유지할 수 있었다. 이 기간에 등장한 인도 여당의 새롭고 더욱 급진적인 사회주의 기조로 외국 기업과 대형 인도 기업을 전략적이고 중요한 산업의 '핵심 분야'로 한정시키는 복잡한 허가 시스템 등 정부 주도의 경제규제정책이 탄생했다. 외화 유출이 제한되었으며 사업, 특히 해외 자금의 투자로 운영되는 사업을 감시하는 절차가 수립되었다. 이 모든 조치는 경제민족주의 정책의 일환이었다.[22] 이 정책을 비난하는 이들은 이런 규제 시스템을 '규제왕국License Raj'이라고 불렀는데, 그 중심에 FERA가 있었다.

탈 코카-콜로니제이션:
FERA와 코카-콜라 세계 시스템을 향한 인도 정부의 도전

FERA는 인도에서 다국적 기업의 자금이 본국으로 빠져나가는 문제를 해결하고 기술 이전을 통해 생산력을 확보하기 위한 인도 정부의 노력에서 비롯되었다. 이에 FERA는 해외 기업에 인도 자회사를 설립하고 외국인 지분(인도인이 보유하지 않은 주식)을 40퍼센트 이하로 낮출 것을 요구했다. 새로운 인도인 주주가 나머지 60퍼센트를 보유함으로써 소유권을 인도화하도록 한 것이다. 의무적 매각을 완료하고 나면 자회사는 법적으로 인도 회사가 되었다.[23] 새롭게 인도화된 기업은 인도 주주뿐 아니라 전 세계 투자자에게 배당금을 지급하도록 되어 있었다. 그러나 핵심 산업 분야의 사업이나 정교한 기술, 선진 무역, 국내에서 확보하기 힘든 기술이나 기반시설을 사용하는 사업은 면제 대상으로 외국인이 높은 비율의 지분을 소유할수 있었다. 코카-콜라사처럼 수익이 높고 기술 수준이 낮으며 '중요도가낮은' 소비재 기업은 이런 조치에 특히 취약할 수밖에 없었다.[24]

당시 미국 산업 교과서에 따르면 FERA는 전 세계적으로 "해외투자에가장 큰 압력을 가하는 조치였으며"[25] 인도의 해외 사업 환경을 빠르게 변모시켰다. 1981년 말 900개에 달하는 기업이 FERA 아래 사업 허가 신청을 했는데, 인도 정부는 외국인 지분을 매각하지 않은 약 250개 기업(그중100개 기업은 이미 외국인 지분이 40퍼센트 이하였음)을 승인했으며, 외국인 지분을 매각한 360개 기업을 승인해주었다. 후자의 경우 245개 기업이 외국인 지분을 40퍼센트 이하로 낮추었지만 나머지 기업은 인도에서의 사업운영 조건에 대한 계약을 바탕으로 협상에 임한 결과 더 높은 비율을 확보했다. 나머지 14개 기업은 인도 정부에게서 허락을 받았지만 이와 상관없이 사업장을 닫고 인도를 떠나기로 결정했다. 마지막 10여 개 기업은 국영화되거나 다른 기업과 전략적 합병이 이루어졌다.[26]

코카-콜라사는 물질적으로도 상징적으로도 FERA의 가장 중대한 타깃이었다. 1958년 인도 정부는 미국에 위치한 코카-콜라 엑스포트 코퍼레이션이 수입 원자재로 원액을 생산하기 위해 인도 자회사를 설립하도록 허가해주었다. 명목상으로는 인도 내 4개의 보틀링 공장이 원액을 수입하는 데 지출해야 하는 외화를 절약한다는 목적에서였다. 이 자회사는 기존 4개 공장의 수요를 충족시키는 정도로 생산을 제한하기만 한다면 원액을 생산할 수 있었다. 그러나 코카-콜라 엑스포트는 "원액 생산에 산업허가권이 필요하지 않으며, 등록증에는 승인된 생산량이 기술되어 있지 않다는 사실을 이용해 …… 그후 몇 년 동안 생산량을 어마어마하게 늘렸다. 정부의 공식적 승인을 받지 않은 채 일 년 생산 원액의 양을 30만 킬로그램에서 260만 킬로그램으로 늘린 것이다". 1997년 좀 더 규제적인 정부는 이렇게 기록했다. 원액 생산량이 늘자 코카-콜라 엑스포트는 인도 보틀링 시스템을 확장했으며, 퓨어 드링크가 운영하는 공장에 더해 14개의 새로운 프랜차이즈 보틀링 공장에 원액을 공급했다. 1970년이 되자 인도에는 총 22개 코카-콜라 공장이 운영되었다.[27] FERA가 통과된 후 코카-콜라 엑스포트는 산업허가권을 갱신해야 하는 난제에 부딪혔지만, 이 법의 약한 시행력 덕분에 계속 성장할 수 있었다. 그리고 주요 경쟁자 파를레를 앞서가며 인도 음료 산업에서 우위를 점했으며 "국가 음료로 부상하게 되었다".[28]

인도 정부는 코카-콜라사가 FERA의 조건을 준수하도록 만들기 위해 1958~1974년 이 기업이 공장과 장비에 투자한 현금은 66만 루피에 불과했지만 (원액 재료, 상표 제품, 장비 등) 수입품에서 발생한 수익으로 6,870만 루피에 해당하는 외화를 본국으로 송금했다고 주장했다. 그 외에도 연방준비은행의 승인을 기다리는 외화가 3,690만 루피에 달했다.[29] 인도 정부는 코카-콜라사가 자사의 원액을 400퍼센트라는 말도 안 되게 높은 수익을 얹어 인도 보틀러에 판매한다는 혐의를 제기하기도 했다. 이곳에서 나오는 별도의 수입 역시 미국으로 송금함으로써 코카-콜라사는 인도가 절실히 필요로 하는 외화를 빼가고 있었다.#30 이는 1957년에 ICA가 내건 주장과 동일했다. ICA는 코카-콜라사가 인도에 원액 공장을 건설하는 데 미국 정부의 도움을 받고자 지원서를 신청했을 때 이를 거절한 적이 있었다.

조지 페르난데스는 록 사마 앞에서 이렇게 증언했다. "수출(엑스포트)은 그 이름에서 알 수 있듯 코카-콜라 엑스포트 코퍼레이션이 내건 또 다른 목표 가운데 하나다." 그는 같은 기간(1958~1974년) 코카-콜라 엑스포트가 수출로 거둬들인 수입은 9,920만 루피이지만 이 금액은 생산되지 않은 제품을 추가해 부풀렸다고 주장했다. 이 기업은 인도 제품을 취급하는 무역회사의 역할도 했기 때문이다. 인도 정부가 문제를 시정하기 위해 "코카-콜라 엑스포트가 생산한 제품의 수출만을 고려하겠다"라고 결정하자 실제 수출액이 크게 줄어들었다. 또한 정부 조사단은 코카-콜라사가 재료 수입 가격과 원액 수출 가격을 조작했다고 고발했다. 미국 본사의 철저한 감시 아래 모회사의 각기 다른 지사에서 이 두 가지 가격을 결정했기 때문이다. 페르난데스는 "따라서 수출이 사실상 급감했으며 1976~1977년 코카-콜라 엑스포트의 수출액이 184만 루피에 불과하다고 해도 결코 놀랄 일이 아니다"#31라고 결론을 내렸다. 결국 인도 정부는 FERA를 언급하며 코카-콜라 엑스포트가 인도에 자회사를 설립한 뒤 지분의 60퍼센트를 인도 주주에게 배정해 인도에 더 많은 수익을 남길 것을 요구했다.

코카-콜라 엑스포트는 이 조건에 동의했지만 대신 '철저히 비밀에 부친 영업 비밀'을 보호하기 위해 '품질 관리와 연락사무소'를 운영할 수 있도록 허가해 달라고 했다.#32 페르난데스는 이 역제안이 "FERA의 조항에 어긋난다"고 주장했다. 코카-콜라사가 제안한 인도 기업은 코카-콜라 엑스포트의 인도 사업 운영, 즉 코카-콜라 원액 생산 사업을 인수하지 않고 그저 이를 판매하는 역할에 그칠 것이었기 때문이다. 페르난데스는 "이런 제안은 한정된 기간 내에 기술 노하우를 인도 기업으로 완전히 전달할 것을 요구하는 기술 이전 지침에 위반된다"라고 말하면서 연방준비은행이 이 제안을 거절했다고 발표했다.#33

인도 정부는 노하우나 지적 재산의 이전을 요구함으로써 성역을 건드렸다. 바로 코카-콜라의 '비밀제조법'이었다. 인도 정부는 이 제조법을 '기술적 노하우'로 보았지만 협상이 결렬된 뒤 코카-콜라 엑스포트 동양 부문 부서장 앤서니 영은 언론을 향해 이렇게 말했다. "이는 사실 자산의 성격을 지닌 영업 기밀로, 둘은 근본적으로 다르다."#34 애틀랜타 본사의 코카-콜라사 대변인은 인도 정부와의 협상이 '코카-콜라사의 비밀 영업인 제조법에 대한' 통제로 이어졌다면서 "코카-콜라사는 전 세계 사업장에 적용되는 기본적 정책에 대해 인도 정부의 동의를 얻을 수 없었다. 코카-콜라사는 음료의 균일한 품질과 진실성을 확보하기 위해 현지 품질 관리 부서를 통해 계속해서 코카-콜라의 생산을 통제하고 관리하겠다는 입장을 고수했다"#35라고 말했다.

이런 논쟁은 기업자본주의를 가능하게 하는 법적 자산보호장치의 핵심을 비롯해 코카-콜라사가 자신의 제품을 홍보하고 계속 시장을 점유하며 프랜차이즈의 논리를 통해 수익을 확보하는 바로 그 기준을 파고들었다. 이에 맞서 영은 '비밀제조법'은 '기술적 노하우'가 아니기 때문에 특허받은 지적 재산이 아니라고 주장했다. 미국 법에 따르면 특허 받은 지적 재산은 제한된 기간 법의 보호를 받지만 결국 공공의 영역으로 들어가게 되어 있었다. 1장에서 설명했듯 코카-콜라사는 비밀제조법을 영업 비밀로 유지하고 특허 신청을 하지 않음으로써 영원히 독점권을 유지할 수 있었다. 또한 3장에서 살펴봤듯 이 비밀제조법은 코카-콜라가 다른 신생 기업의 제품과 달리 본질적이고 단일한 'The Real Thing' 문화 제품이 되는 데 핵심적 역할을 했다.

전 세계에서 가장 유명한 지적 재산인 코카-콜라의 영업 비밀에 FERA를 적용하는 것은 공고해지는 국제적인 지적 재산 체제에 도전하고 인류의 지식이라는 총체적 부를 모두와 공유할 것을 요구하는 개발도상국의 몸부림이었다. 이런 조치로 지적 재산을 둘러싼 공적 토론이 시작되는 가운데 인도 정부는 막후에서 제약이나 컴퓨터 산업에 비슷한 압력을 가하고 있었다. 잠정적 특허나 영업 비밀의 이전은 신흥 산업 분야에서 선진국과 개발도상국 간의 관계를 크게 바꿀 수 있었다. 수많은 기업과 해외단체가 당시에 그랬듯 기술 이전에 대한 논의를 선진국이 개발도상국과 지적 재산을 '공유하는' 문제로 볼 경우 사안은 관대함과 원조의 차원으로 여겨졌다. 개발도상국에서 선진국으로 이동하는 지적(물질적) 제품의 복잡한 흐름과 심지어 강압적 추출이라는 과거는 관심 밖으로 밀려나게 되어 있었다.

그러나 코카-콜라사의 '영업 비밀' 구축 역사에 있어 '노하우'는 절대로 천재적인 개인의 작품이 아니라 개발도상국의 자원을 비롯해 수많은 사람의 기여와 다양한 자원, 현지 지식을 바탕으로 구축된 것이라고 할 수 있다. 라틴아메리카에서 소비되는 코카(잎)와 아프리카에서 소비되는 콜라(분말)를 코카-콜라에 사용하고, 이것을 회사의 이름으로 지은 것만 보아도 알 수 있다는 점이다.

전 세계 신문사의 편집자에게 기술 이전과 코카-콜라사의 인도 철수에 대한 관심과 열정적 의견을 담은 내용의 수많은 편지가 도착했다. 콜카타 신문《더 스테이츠맨》의 한 인도 독자는 인도가 원액 생산을 책임지지 못하게 하는 코카-콜라사의 태도를 조롱하기 위해 청량음료가 기름 추출이나 (인도인들이 잘하는) 컴퓨터 제조보다 복잡한 기술이 필요한 것처럼 행동한다고 비꼬았다. 코카-콜라 사업을 하려면 인도에서 큰돈을 빼내는 방법을 알아야 하고 법을 따르지 않도록 정치인들을 설득할 줄 알아야 하며 소비자를 속일 줄 알아야 한다고 했다. "60만 루피를 투자해놓고 1,000만 루피의 외화를 송금하려면 얼마나 높은 수준의 기술과 정교함이 필요할지 생각해 보라. 또한 FERA를 준수하지 않아야 하는 이유에 대해 많은 정부 관료를 설득해야 하고, 다국적 기업의 사업이 인도에 가져오는 혜택을 정치인들에게 체계적으로 설명해야 하며, 잘 속는 소비자들을 상대로 코카-콜라가 진짜라고(비록 진짜가 아니지만) 설득해야 한다."[36]

비밀제조법을 공개하라는 인도 정부의 위협은 프랜차이즈 보틀러를 통해 전 세계의 지역 경제를 현대화한다는 코카-콜라사의 다국적 개발주의 담론에도 악영향을 미쳤다.《더 스테이츠맨》은 "인도 같은 국가들은 청량음료나 치약 등 제품에 투자하기보다는 전력, 관개를 비롯한 다른 개발 프로젝트를 우선시해야 한다. 청량음료나 치약 제조법은 국내에서 얼마든지 확보할 수 있기 때문이다"라고 논평했다.《인도 타임스》도 "인도는 정교한 기술이 필요한 프로젝트에서 미국의 협조가 필요하다"[37]라고 했다. "코카-콜라 사업은 정교한 기술이 필요하지 않으며, 수출 잠재력이 낮은 별로 중요하지 않은 산업이다"라며 같은 의견을 내놓았다.[38] 인도 산업은 자체 생산으로 청량음료의 수요를 충족시킬 수 있었다. 인도의 지도자들은 시골의 소규모 생산 공장은 일자리 창출에도 기여할 거라고 주장했다.

청량음료와 소비자 자본주의를 제공하는 것이 개발을 중시하는 인도 정치인을 설득하기에 충분하지 못하다는 사실을 깨달은 코카-콜라사는 중요한 기술 노하우를 이전할 테니 우선순위가 낮지만 수익이 높은 자사의 사업을 계속하도록 허가해 달라고 했다. 영은 인도의 농업 분야가 발전하는 데 코카-콜라사가 도움이 될 수 있으며, 식수 부족 문제를 개선하는 데도 도움이 될 수 있다고 인도 정부를 설득했다. 그는 "우리는 감귤, 차, 커피의 가장 큰 재배자다. ······ 농약에 대한 노하우가 있으며, 담수화와 관련한 지식을 제공할 수도 있다"[#39]라고 주장했다.

코카-콜라사는 1970년대에 인도를 비롯한 개발도상국에서 이런 전략을 취했다. 코카-콜라사의 경영진은 민족주의의 위협에서 자신의 사업을 보호하기 위해 개발도상국에 경제적 기여를 해야 할 필요성을 인정했다.

인도에서 이런 사건이 벌어지는 동안 코카-콜라의 가장 큰 시장 중 하나인 멕시코는 초국가적 기업에게서 국내 경제를 보호하기 위해 새로운 외국 상표법을 만들려 하고 있었다. 코카-콜라 회장 J. 폴 오스틴은 코카-콜라사의 해외투자와 외화가 멕시코에 기여하는 바를 주장하기 위해 즉시 멕시코로 날아가 포르티요 멕시코 대통령을 만났다. "멕시코 자본이 소유한 보틀링 프랜차이즈는 레몬을 경작해 미국으로 수출하고, 목화와 설탕을 구매해 미국으로 수출하며, 우리의 음료를 시험 판매하는 기회를 갖는다. 마지막으로 멕시코에 가장 큰 이득이 되는 것은 수로를 이용한 내륙 새우 양식의 성공적 실험이다." 그는 이 같은 주장을 내세워 설득했고, 결국 이 법에서 면제를 받았다.#40 그러나 코카-콜라 회장 오스틴은 이사회를 향해 아쉬운 마음이 한껏 담긴 말투로 이렇게 설명했다. "해외 기업이 국제 수지에 큰 기여를 하지 않고도 다른 국가에서 사업하던 시절은 이제 갔다."#41

'킹사이즈 제국의 전복을 꿈꾸는 위원회'

경제적·정치적·문화적 민족주의는 코카-콜라사가 1970년대 인도에서 추방되는 것으로 정리되었다. 이를 둘러싼 논쟁이 한창인 가운데《인도 타임스》에 〈코카-콜라를 제거하다〉라는 풍자를 담은 단편이 실렸다. 바치 J. 카르카리아가 쓴 이 단편은 인도에서 일어난 코카-콜라사를 향한 비판을 희화한 것이었다. 이야기의 배경이 되는 이름 없는 국가는 정치적으로 독립한 지 거의 30년 만에 마침내 '제국주의의 족쇄에서 벗어나 진정한 자유를 누리기로' 결심했다. 국내 한 청량음료 기업의 지하실에 모인 지도자들은 '반국가 음료 코카-콜라에 반대하기 위해' 킹사이즈 제국의 전복을 꿈꾸는 위원회C.O.K.E.를 창설했다. 이 투쟁은 물질적이기도 상징적이기도 하다. "그들이 싸우는 대상은 단순히 인도인들이 만드는 해외 기업의 비알코올성 음료가 아니다. 그들은 이 음료가 상징하는 바를 상대로 싸우고 있다."

지도자들은 서양 세력의 문화재 오염이라는 문화적 국수주의자의 비판을 담아 이렇게 말한다. "무해하게 보이는 이 음료는 수년 동안 수백만 명의 청년을 영광스러운 유산인 님부-파니(레모네이드)에서 멀어지게 만들었다. 코카-콜라는 타락한 서양 문화가 상징하는 모든 것을 보여주었다." 코카-콜라는 서양의 문화적 제국주의뿐 아니라 "더욱 직접적으로 …… 전 세계 개발도상국의 열망을 억누르는 …… 미국의 신식민지주의를 상징했다.

(미국) 침입자들은 무료 음료와 잡지, 영화, 담배를 건네주며 '이것과 가장 잘 어울리는 것이다'라고 달콤한 목소리로 속삭인 뒤 거품이 나는 탄산음료를 돌렸다." 게다가 마르크스주의적 관점에서 "코카콜라는 가진 자와 갖지 못한 자, 착취당하는 노동자와 착취하는 자본주의자, 도시의 부자와 시골의 가난한 자, 세련된 도시 거주민과 인구의 70퍼센트를 차지하는 고된 노동에 시달리는 시골 거주민 간의 극심한 차이를 완벽하게 상징하고 있다." 개정된 스와데시(간디의 자립운동)는 "코카-콜라는 간디의 위대한 사상과 대척점에 놓여 있다. 수많은 자회사를 거느리며 온갖 특혜로 얼룩진 다국적주의라는 괴물이 코카-콜라의 구린 이면에 도사리고 있기 때문이다"라고 주장했다. 이 위원회는 코카-콜라를 상대로 '인도를 떠나라' 캠페인을 실시하면서 이를 대체할 아유르베다식이 요법, 약재 사용, 호흡 요법을 조합한 힌두의 전통 의술-옮긴이 인도 음료를 출시했다. 위원회의 손에 망하게 생긴 코카-콜라사 CEO는 그동안 수차례 "죽음과 민족주의라는 악몽에 시달렸지만 이번은 …… 진짜다"라고 말했다.#42

카르카리아의 풍자적 단편에 나오는 이야기처럼 코카-콜라사는 진짜 시련을 겪었고, 그 가운데 경제적·정치적 민족주의라는 원대한 일을 수행하기 위해 조직된 새로운 인도 정부가 탄생했다. '더 이머전시' 기간에 인디라 간디가 이끄는 의회당 정부가 자행한 시민자유의 남용, 학생, 농민, 노동조합의 박해를 종식시키는 한편 인도의 기본적인 사회주의 통치를 부활하기 위해 자나타(국민)당이 선거를 통해 정권을 장악했다. 독립 이후 의회당이나 네루 간디의 가족이 아닌 정부가 선출된 것은 처음이었다. 이는 과거 청산뿐 아니라 가능성과 불확실성으로 가득 찬 정치적·경제적 시기를 상징했다. 그러나 자나타당은 이머전시가 낳은 정치적 위기를 해결하기 위해 다양한 정치적 이념을 지닌 많은 지도자로 급하게 조직되었기에 집권하는 순간부터 정부정책을 수립하는 데 애를 먹었다.

이런 정치권력의 극적 변화는 코카-콜라사에 더 큰 걱정을 안겨주었다. 물론 새로 취임한 모라르지 데사이 총리의 알코올 금지령 시행 선언은 코카-콜라사에게 희소식이었다. 그러나 그 기쁨은 그리 오래가지 않았다. 자나타당 지도자인 데사이와 자야 나라얀 등을 비롯해 여러 장관, 즉 페르난데스(산업)와 H.M. 파텔(금융), 모한 다리아(상업) 등이 정치 리더십을 두고 경쟁하며 향후 '5개년 계획'을 수립하기 시작했던 것이다. 이 계획은 실업, 시골 지역의 빈곤, 사회적 '낙후성'을 비롯한 포스트식민지 국가에 닥친 수많은 난제를 해결하기 위한 정부 중심의 경제정책이었다.#43

그들은 코카-콜라사를 몰아내는 것을 단기의 정치적·경제적 대업으로 삼았다. 이는 눈에 잘 띄는 제품의 형태로 구현된 서양의 문화적 제국주의와 착취를 일삼는 다국적 자본주의를 향한 물질적·상징적 저항이었다. 코카-콜라사를 공격하는 것은 수년간의 위기 끝에 국가를 통합하고 경제개혁을 열망하는 인도인들의 마음을 사로잡겠다는 소망을 염두에 둔 민족주의적 행위였다. 다양한 정치 이념 모두 이 부분에서는 의견일치를 보았다.

코카-콜라사를 상대로 한 싸움에는 인도 민족주의 정치의 제품을 둘러싼 물질적·상징적 논쟁이라는 유산이 이용되었다. 제품을 둘러싼 이런 투쟁은 인도 독립운동의 핵심이었다. 인도 독립운동은 영국 제품을 보이콧하고 자국의 제품과 생산 기술을 지원하기 위해 스와라지(자립), 스와데시(국내 산업), 간디의 비폭력 철학을 영국의 식민주의에 도전하는 경제 전략으로 내세웠기 때문이다. 인도의 국수주의자들은 인도처럼 식민지에서 경작하고 구매한 목화로 제작한 맨체스터 의류를 보이콧한 적이 있었다. 완제품의 형태로 인도 땅에 다시 들어온 이 의류는 비싼 가격에 팔렸다. 스와데시 운동은 현지에서 재배된 목화를 엮어 카다르 직물Khadi, 손으로 짠 무명로 의류를 제작하는 지역 패션 산업을 장려했다.

한편 모한다스 간디의 비폭력 시민불복종운동은 소금을 겨냥했다. 식민주의 제도 아래 시행된 소금 독점과 소금세를 거부하며 소금을 자유롭게 거둬들일 것을 지지했다. 소금세는 영국령 인도제도에 상당한 수입을 안겨주고 가난한 이들을 더욱 빈곤하게 만들어 물질적 비난의 대상이기도 했지만, 일상적으로 소비하는 광물에 부여하는 세금이었기에 그 상징성이 강했다. 간디가 "먼 곳에서 들여오는 것을 제한하고 인접 환경을 이용하고 이를 위하는 우리 안의 정신"[44]이라고 정의한 스와데시는 자급자족, 스와라지를 통해 지역 환경의 개선에 전념할 것을 강조했다. 스와데시는 생산의 물질적 조건을 개선하는 데 전념할 것을 강조하는 정치경제학을 바탕으로 했다. "그랬기에 '스와데시'는 빈곤을 양산하고 노동자, 인류, 기타 생명에 해가 되는 산업을 지원하는 과정에서 소비자 자신이 조장하는 폭력에 유의하라고 촉구하는 것을 목표로 했다."[45]

인도의 정치적·경제적 민족주의의 밑바탕에는 문화적 민족주의가 깔려 있었다. 간디를 비롯한 다른 국수주의자들은 인도인 특유의 영성, 지식 형태, 비물질주의라는 '긍정적 오리엔탈리즘'을 추구했다.[46] 이는 '반식민 민족주의의 기본적 특징'이 된 문화적 '인도성'을 강조했다.[47] 대량 소비와 생산이라는 이국적 가치와 관계를 끊음으로써 간디는 훗날 코카-콜라사의 제품과 소비자문화를 통해 구현된 서양의 현대성과 현대화를 거부했다. 간디는 "인도 문명은 도덕적 존재를 승격시키는 경향이 있지만 서양 문명은 부도덕성을 전파한다. 후자는 신을 믿지 않지만 전자는 신에 대한 믿음을 바탕으로 한다. …… 따라서 인도를 사랑하는 이들이라면 아이가 엄마의 가슴에 매달리듯 인도의 옛 문명을 당연히 지켜내고자 노력해야 한다"라고 주장했다.[48]

간디가 추구한 자립과 윤리적 소비라는 가치는 코카-콜라를 다른 나라의 위험한 영향력이라고 비판하는 데 있어 순수성과 오염에 대한 힌두교나 카스트제도의 해석과 겹치는 부분이 있었다. 순수성은 코카-콜라 같은 제품에 대한 우려로 완벽하게 통합될 수 있는 개인적이면서도 집단적 가치였다. 코카-콜라는 실체가 있는 음료로 인체에 흡수되었고, 문화적 상징이자 사회적 관습으로 대중문화에 널리 유통되었다. 코카-콜라의 영업 비밀을 향한 공격은 노하우와 기술 이전 공유 차원뿐 아니라 잘 알지 못하는 수입 재료를 먹음으로써 생길 수 있는 건강에 대한 의심 차원에서 이루어졌다. 다리아 상업장관은 "먹을 수 있는 것인데 보건부의 정밀 조사를 받지 않는 단 하나의 국가를 알고 있나요?"[49]라고 물었다. 다른 음료들은 상대적으로 건강에 좋고 위생적이며 본질적으로 '인도산'이거나 최소한 인도 재료로 만들어졌다고 생각했다. 무엇이 '순수한' 인도 음료인지를 둘러싼 논쟁은 모라르지 데사이 수상이 자신의 건강은 매일 자신의 소변을 마시는 아유르베다의 관습을 따른 덕분이라고 선언하면서 극에 치달았다. 인도와 미국 신문사 모두 이를 코카-콜라와 대비시키기 위한 자극적 소재로 사용했다.[50]

신체를 둘러싼 담론은 청량음료 기업이 양산한 여러 형태의 '의존성'에 대한 일반적인 비판으로 이어졌다. 1975년 한 록 사마 의원은 "이 기업은 모든 인도인을 코카-콜라 중독자로 만드는 데만 관심이 있다"[51]라고 주장했다. 인도 정부의 코카-콜라사에 대한 손가락질은 인도를 자본주의 시스템에 정치적·경제적으로 의존하게 만든 기업에 대한 광범위한 비판의 일환으로 진행되었다. 1977년 여름과 가을 매주 기업들의 탐욕과 악행, 정치적 부패에 대한 폭로가 이어졌다. 이로 말미암아 기업, 특히 인도에서 사업을 하는 다국적 기업을 향한 불신이 더욱 깊어졌다.[52] 과거 분명하게 드러나지 않았던 코카-콜라사의 정치 부패 역시 1977년 8월이 되자 확실히 드러났다. 코카-콜라사는 1971년 이래로 20개 국가의 해외정책 담당자에게 총 1,300만 달러에 달하는 뇌물을 주었다고 인정했다.[53]

코카-콜라는 미국의 경제적·정치적 신식민지주의의 상징으로 반미 정서를 부추기기도 했다. 미국의 해외정책은 인도인의 분노를 샀고 (인도 아대륙 내 관계가 악화되면서) 이웃국가 파키스탄에 대한 군사적·경제적 지원에서부터 인도양의 군사화, 냉전시대 해외 점령과 제3세계 정책에 이르기까지 다양한 정책이 1970년대 내내 주요 신문의 헤드라인을 장식했다. 한 록 사마 의원은 인도인들이 코카-콜라를 구입함으로써 발생한 수익이 미국으로 다시 보내지면서 "우리가 파키스탄의 무기 수송을 돕고 있는 게 아닐까?"[54]라고 의문을 제기하기도 했다.

코카-콜라사는 미국의 정치력이나 군사력을 떠올리게 했다. 인도 신문 기사에 따르면 전 조지아 주지사였던 새로운 대통령 지미 카터는 코카-콜라맨 몇 명을 백악관으로 데려갔으며, 심지어 전 코카-콜라 회장인 찰스 덩컨을 국방부차관으로 임명하기까지 했다.[#55] 《더 힌두》는 "대선운동 기간 해외정책에 대해 그처럼 확신에 찬 이유가 뭐냐는 질문에 카터가 '나는 국무부가 필요 없소. 내게 코카-콜라가 있기 때문이오'라고 재치 있게 말했다."[#56]는 기사를 실었다.

카터 행정부, 구체적으로 카터 대통령은 코카-콜라 임원과 긴밀한 관계를 맺고 있었다. 코카-콜라 회장 J. 폴 오스틴도 그중 한 명이었다. 오스틴은 카터의 대통령 출마를 위해 기금을 조성했을 뿐 아니라 정치에 개입하는 것 외에 '가능한 모든 원조와 협조를 제공하겠다'는 약속까지 했다. 미국 정부와 코카-콜라사 간의 관계는 역으로 작용해 코카-콜라사는 전미국 국무부장관인 헨리 키신저와 딘 러스크를 외교 분야에서 활동할 코카-콜라사 엑스포트 회장으로 고용하면 어떨까 심각하게 고려하기도 했다. 제임스 팔리가 지난 수십 년간 지켜온 바로 그 자리였다.[#57] 코카-콜라의 인도 보틀러조차 미국과 정치적 연줄이 있었다. 예를 들어 달지트 싱(모한 싱의 아들)과 퓨어 드링크 회장은 1960년대와 1970년대 국무부와의 업무 때문에 워싱턴으로 향하면서 외교위원회 회장 찰스 H. 퍼시 상원의원과 개인적인 친분이 있다고 주장했다.[#58]

"인도식으로 하다": 기업민족주의를 홍보하다

코카-콜라사는 FERA를 피하기 위해 비밀리에 인도 지도자들과 협상을 시도하는 한편, 공개적으로 인도화에 대응하기 위해 민족주의라는 서사로 자신의 사업을 합리화하기도 했다. 이 역사는 20세기 말에 '글로컬라이제이션Glocalization, 글로벌 시장을 겨냥하면서도 지역문화에 적합하도록 맞춤식으로 제품이나 서비스를 만들어내는 것-옮긴이'을 비롯해 전 세계 시장 내 다름의 상품화를 둘러싼 논쟁이 있기 전부터 민족주의 브랜드의 탄생에 자본이 전략적으로 관여했음을 보여준다. 코카-콜라사의 세계화 목표에 어긋나는 것처럼 보이는 이런 조치는 사실 인도 등 포스트식민지 국가에서 자사의 이익을 보호하기 위한 활동이었다.

코카-콜라사의 강제 철수가 신문 헤드라인을 장식하는 동안 코카-콜라사는 지면을 통해 자사의 제품이 FERA의 목표에 부합하다고 하면서 인도의 기업민족주의를 홍보했다. 기업민족주의는 기업과 국가가 이익 공동체로서 그들의 운명이 상호 연관되어 있음을 의미했다. 인도 기업에 좋은 것이나 인도식이라 여겨지는 것이라면 인도라는 국가에도 좋을 수밖에 없다는 논리였다.[59] 사회주의가 반영된 인도의 자본주의는 인도 기업의 이익을 추구했으며, 이는 인도의 엘리트 계층에 막대한 이익을 안겨주었다. 이런 상황에서 외국 기업은 수출과 외환 보유고 확보에 기여하고 현지에 기술 노하우를 전하며 인도 경제에 장기적으로 헌신하는 자신들의 역할을 홍보했고, 인도 기업들은 해외 기업들이 FERA 아래서 상대적으로 취약한 상황을 이용해 자신들의 정체성을 보여주는 광고를 재빨리 만들어냈다.

FERA가 통과되기도 전인 1970년대 초 인도 정부는 미국으로 수익을 송금하는 코카-콜라사의 행위에 우려를 표했고, 결국 코카-콜라사는 '인도에서 코카-콜라는 인도식으로 사업한다'라는 태그라인과 함께 '인도성'을 강조하는 몇몇 광고를 내보냈다. 앞서 살펴본 라틴아메리카 광고처럼 인도의 광고는 코카-콜라 보틀링 사업의 지역성을 주장하면서 보틀링 업체는 인도인이 소유하고 지역 근로자를 고용한다고 주장했다. "인도인이 소유하고 인도인이 관리하며 인도인을 채용하는 인도 내 22개 기업은 인도에서 가장 사랑받는 청량음료 코카-콜라를 생산한다. 이는 135개가 넘는 다른 국가에서와 마찬가지로 1만 명의 직원을 직접 채용하고, 20만 명이 넘는 사람에게 중요한 생계 수단을 제공하는 지역산업이다. 그들 대부분은 판매인이다." 이 광고는 미국 기업이 인도에 직접투자를 하고 있다는 증거를 제시하는 대신 인도 보틀러가 해당 산업에 투자하고 있음을 강조하며 '1억 루피가 넘는 인도 기업의 투자'와 코카-콜라 보틀링 산업이 관련된 인도 산업에 가져다주는 혜택에 대해 언급했다.

시리즈로 제작된 또 다른 광고는 인도의 코카-콜라 사업이 코카-콜라의 세계적 유통망을 통해 작년에 2,170만 루피에 달하는 수출 성과를 냈다고 주장했다. 코카-콜라 원액은 8개 국가로, 망고 음료와 차는 미국으로, 껌과 캐슈너트는 유럽으로 수출되었다. 광고는 "이는 시작에 불과하다. 우리의 특별 연구개발팀은 인도의 새로운 수출품과 새로운 해외시장을 개발하기 위해 노력하고 있다. 이 일이 가능한 이유는 인도에서 코카-콜라 사업이 인도식으로 운영되고 있기 때문이다"라고 주장했다.[60] 코카-콜라사는 자사의 사업이 기본적으로 세수를 통해 인도에 도움이 된다고 주장했다. "현지 산업이 세금을 통해 일 년 동안 국가 경제에 기여하는 금액은 1억 루피에 달한다. 인도에서 코카-콜라가 더 많이 생산될수록 인도 경제는 더 많은 혜택을 볼 것이다."[61]

그러나 이 광고의 '인도성'에 대한 주장 이면에 놓인 권력과 권한은 기업이 구상하는 기업 세계화라는 언어로 표현되었다. 광고에서는 "코카-콜라사의 인도 보틀러가 배포했다"라고 주장했지만 다국적 기업의 목소리를 이용했으며, "인도 기업가가 …… 세계 최고의 청량음료를 생산하지만" 지역의 품질을 보장하는 것은 전 세계적 기준임을 보여주었다.[62] 광고는 130개 국가가 코카-콜라를 생산하고 소비한다고 했다. 130개 국가가 자국 내에서 이 기업의 성공적 운영을 허락했다는 뜻을 내비친 것이다. 대부분이 유럽의 선진국을 비롯한 제3세계 국가라는 점은 코카-콜라사가 보편적으로 받아들여지고 있으며, 인도에서 코카-콜라 글로벌 시스템이 지역화되었음을 시사했다.[63]

한편 인도의 청량음료 업체들은 인도 시장을 점령했던 경쟁사 코카-콜라사를 둘러싼 부정적 여론을 기회로 삼아 자신들이 인도 기업임을 주장하고 나섰다. 듀크는 'The Real Thing'보다 나은 음료라며 킹 콜라를 기세등등하게 홍보했고,[64] 우타르프라데시 주 아그로산업기업(아그로)은 자신들의 존재감과 '순수성'을 주장했다.[65] 다른 사기업들 역시 국가 권위자와 결탁해 자신들의 제품이 개인적으로, 국가적으로도 소비하기에 '건강'하다고 홍보했다.

코카-콜라사가 인도를 떠나면서 가장 큰 이득을 보게 된 기업은 인도에서 가장 큰 청량음료 생산 업체이자 코카-콜라사의 숙적 파를레였다. 인도가 국가적 자부심을 느낄 만한 인도의 다국적 기업으로 자사를 홍보한 파를레는 광고와 보틀링 공장에 막대한 투자를 했다. 국내외로 뻗어나간 파를레의 브랜드는 1970년대 말이 되자 브랜드 시장에서 가장 판매율이 높은 인도의 청량음료가 되었다. 파를레는 인도 경쟁자들(1977년 듀크와 로저스는 일 년에 수천 루피를 투자했지만 파를레는 250만 루피나 투자했음)과 비교해 훨씬 더 많은 금액을 투자했지만 코카-콜라사나 코카-콜라 프랜차이즈

만큼은 아니었다.[66] 파를레의 원액 생산 공장(파를레 엑스포트 Pvt 주식회사)은 인도 내 30개 프랜차이즈를 비롯해 다른 국가의 7개 프랜차이즈에 원액을 공급했다. 사실 파를레의 미래는 코카-콜라사의 미래와 연결되어 있었다. 1980년대 말 코카-콜라사가 인도를 떠나면서 가장 큰 수혜자가 되었지만 1990년대 시장자유화로 인도로 돌아온 코카-콜라사를 위한 발판이 되어주기도 했다.

코카-콜라사가 곧 철수한다는 소식을 들은 파를레는 과일 맛이 나는 골드 스폿, 림카, 마자 음료의 광고로 신문을 도배했다. 대부분의 광고가 '골드 스폿-당신을 미소 짓게 만드는 맛' 같은 슬로건을 내걸며 제품이나 브랜드 중심적인 기존의 방식을 고수했지만 광고는 전반적으로 코카-콜라사의 철수에 맞춰 제작되었고 '인도는 청량음료를 수출한다' '국내외에서 품질이 승리한다' 같은 태그라인과 함께 다국적 기업의 인도 경제민족주의를 홍보했다.[67] 파를레는 자사의 음료 원액을 직접 두바이, 쿠웨이트, 모리셔스, 방글라데시, 동아프리카, 세이셸, 싱가포르에 수출했으며,[68] 그해 수출로 2,000만 루피의 외화를 벌어들였다. 광고는 '인도 청량음료의 미래는 밝다'고 으스대며 파를레는 가장 큰 인도 회사이기 때문에 "경쟁적인 해외시장을 겨냥한 제품을 개발하는 데 필요한 혁신을 창조할 수 있다"라고 주장했다.[69] "이런 업적을 달성하는 데는 수많은 혁신과 동력이 필요했다. 국내 30개 보틀링 공장이라는 인도 내 네트워크에서 얻은 경험이 도움이 되었지만 그게 전부는 아니었다. 파를레는 치열한 해외시장에서 버틸 수 있는 고품질의 청량음료를 개발하고 구상하며 제작하고 홍보하는 기술을 수년간 연구하기도 했다." 수많은 광고가 인도는 파를레 덕분에 수출 지향적인 인도 다국적 기업을 소유했으며, 인도 소비자들은 성공의 맛을 공유할 수 있다고 주장했다. "따라서 다음 번 여러분은 림카나 골드 스폿, 마자를 마실 때 해외에서 300만 명이 같은 음료를 마신다는 사실을 알게 될 것이다. 파를레라는 혁신적인 기업 덕분이다. 파를레는 인도에만 30개 보틀링 공장이 있으며, 해외에 7개 프랜차이즈가 있다'[#70]라고 홍보했다.

한편 싱 가문의 코카-콜라 보틀링 프랜차이즈, 퓨어 드링크는 코카-콜라 사업으로 말미암아 잃게 된 수익을 회복하기 위해 재빨리 새로운 콜라 제품인 캄파 콜라를 출시했다. 퓨어 드링크는 완전히 새로운 음료 브랜드를 선보이기 위해 한때 유명했던 제품을 언급하는 전략을 택했다. 과도기적 태그라인은 '청량음료계의 선구자이자 인도에서 가장 큰 코카-콜라 보틀러인 퓨어 드링크의 음료'[#71]나 '퓨어 드링크―품질이 보장되는 맛의 보관소'[#72]라고 홍보했다. 코카-콜라사는 더 이상 인도에서 제품을 생산하지 않았지만 퓨어 드링크는 자사의 위상을 재정립하기 위해 널리 알려진 음료 브랜드를 이용했다. 자사를 코카-콜라의 품질과 대등하게 만드는 데서 오는 혜택이 추방된 다국적 기업과 연결되는 데서 발생하는 위험에 비해 좀 더 컸기 때문이다. 퓨어 드링크의 광고는 인도인들에게 봉사하는 충성스러운 인도 산업으로 자사를 포장하며 끝을 맺었다.

코카-콜라사가 인도에서 철수하겠다는 선언을 하고 몇 주 뒤 인도 최초의 코카-콜라 보틀링 공장의 개막식이 있었다. 이 날을 기념해 퓨어 드링크는 인도 보틀링 기업을 설립한 선견지명 있는 기업가 사다르 모한 싱을 국가 영웅으로 치켜세움으로써 다국적 기업과의 관계를 재정립했다. 인도 내 산업 담론을 이용한 이 광고는 퓨어 드링크가 인도에서 가장 인기 있는 청량음료(코카-콜라)를 생산할 뿐 아니라 "인도 청량음료의 성장과 현대화를 이끌었고 수천만 개의 일자리를 창출했으며 수많은 소규모 부수 산업의 발전에 기여했다"고 주장했다. 산업부장관 조지 페르난데스의 정치적 연설문에서나 등장할 법한 서사였다. 글로벌 기업과의 사업 제휴를 통해 얻은 퓨어 드링크의 '경험과 전문성'은 이제 새로운 인도 제품에 적용될 것이라고 했다. 퓨어 드링크는 인도 소비자들이 새로운 제품에 보여준 따뜻한 마음에 감사를 표했다. 이에 보답하기 위해 퓨어 드링크는 "소비자의 삶에 기쁨을 더하기 위해 전념……[그게 바로 The Real Thing]"하겠다고 다시 다짐했다.[#73] 퓨어 드링크는 이 광고를 통해 코카-콜라사의 상징적 광고 슬로건을 기호론적으로 국유화했다. 수년간 인도에서 다국적 기업을 홍보하는 데 도움이 되었던 이 슬로건은 기업민족주의의 정신 속에 인도 산업과 소비자 간의 관계를 상징하기 위해 다시 사용되었다.

FERA를 코카-콜라에 적용하라는 압박은 초국가적 기업의 영향력을 향한 비판적 반응이기도 했지만 여기에는 인도 엘리트 간의 정치적·경제적 힘겨루기가 크게 작용했다. 퓨어 드링크의 정치적 영향력에 반대하는 신문 기사들은 코카-콜라를 생산하는 '퓨어 드링크라는 대기업을 향한 정부의 태도'라는 암묵적 기사를 내보냈다.[#74] 퓨어 드링크의 차란지트 싱 Charanjit Singh 가문은 공개적으로 정부가 코카-콜라사를 대하는 태도에서 '정치적 보복'의 낌새가 보인다고 진술했다.《뉴욕타임스》는 "싱은 3월 선거에서 자나타당에 패배한 의회당의 지지자이자 재정가로 유명하다. 싱은 남델리 선거구에서 의회 후보로 출마했다"[#75]고 보도했다. 파를레 회장 라메시 차우한Ramesh Chauhan은 자나타당과 장관들에게 코카-콜라사를 쫓

아내라고 '적극적으로' 설득한 것으로 밝혀졌다.[#76] 코카-콜라사의 사업을 비난하던 이들은 코카-콜라사가 정부 관계자의 방조 가운데서 경쟁을 억누르고 수익을 뽑아내기 위해 불공정한 수단을 채택했다고 혐의를 제기했다. 자나타당의 지도자는 "코카-콜라사는 정부 규제를 우회함으로써 의회당 정부의 특혜를 받았다"[#77]고 말했다. 한편 퓨어 드링크는 산업부장관 조지 페르난데스가 사리사욕을 채우기 위해 코카-콜라사를 본보기로 벌주었다고 비난했다. 퓨어 드링크의 차란지트 싱은 이렇게 추측했다. "페르난데스는 거인 잡는 조지로 자신이 얼마나 훌륭한 사회주이자인지 보여주고 있다."[#78] 퓨어 드링크와 퓨어 드링크 소속 노동조합원들은 코카-콜라 보틀링 공장의 일자리 상실과 이것이 국가 경제에 미치는 영향에 주의를 환기시키기 위해 페르난데스의 집 앞에서 철야 농성에 들어갔다. 그들은 대체 음료를 생산할 때까지 코카-콜라를 생산할 수 있도록 함으로써 인도 노동자에게 충성하겠다는 약속을 행동으로 옮길 것을 요청했다.[#79]

인도 정부는 코카-콜라가 떠나면서 생긴 일자리 공백을 해결하기 위한 계획을 제안했다. 인도 보틀러를 위해 국영기업이 청량음료 원액을 생산한다는 계획이었다. 1973년 중앙식품기술연구소는 조합 산업장관에게서 코카-콜라를 대체할 제품을 개발해 달라는 요청을 받았으며, 1976년 음료 제조법의 상업적 사용을 위한 준비를 마쳤다.[#80] 기관은 이 음료가 "코카-콜라를 대체할 우리 음료가 될 것이다"라고 말했다. 정부는 음료의 이름을 짓기 위해 고액의 상금을 내걸고 전국 규모의 대회를 기획했다. 그러나 한 록사마 의원이 '인디라 간디 정부의 종식과 코카-콜라 생산 중단처럼 인도에서 큰 변화가 있던 해'를 기념하기 위해 '77'이라는 이름을 제안하자 정부는 이 안을 즉시 채택했다.[81] 정부는 "우리에게는 국기, 국가, 국조, 국가 로고, 국가 동물이 있으며 이제는 국가 청량음료 '77'이 있다"[82]라고 선언 했다. 그러나 '77'의 출시는 계속 미뤄졌고 마침내 시장에 선보였을 때 퓨 어 드링크의 새로운 콜라(캄파 콜라)와 파를레의 새로운 콜라(섬스 업)와 경 쟁하다가 서서히 사라지고 말았다.

'국내' 청량음료의 민족주의적 낭만화 작업은 결코 쉽지 않았다. 시골 거주민이든, 도시 거주민이든 대다수의 인도인에게 병 음료의 정기적 소 비는 경제적으로 불가능한 일이었다. 코카-콜라사가 인도를 떠난 1970년 대 말에도 주요 보틀러의 연간 청량음료 판매량은 20억 병에 불과했다. 이 수치는 일 년에 1인당 약 3병의 음료를 마신 셈이었으며,[83] 자산과 자본의 극심한 격차를 고려하면 모든 국민이 동등한 양의 음료를 소비한 것으로 볼 수도 없었다.

'국내성'을 강조하는 파를레 등의 기업은 광고의 카피만큼 '순수'하지 도 않았다. 파를레는 초국가적 사업도 하고, 림카를 비롯해 생수의 제조법 과 상표권을 소유한 이탈리아 기업 비슬레리에 외화를 지불하고 있었다. 파를레는 비슬레리의 인도 자회사, 비슬레리(인도) 주식회사의 지분을 상 당수 보유했고 비슬레리와의 계약으로 림카를 생산했다. 퓨어 드링크가 코 카-콜라를 생산한 방식과 거의 동일했다.[84]

인도 자본주의자들은 초국가적 기업을 향한 비난으로 이득이 보았다. 코카-콜라사가 1977년 인도에서 쫓겨날 당시 파를레는 수익성 있고 강력 한 다국적 기업으로 성장한 상태였다. 봄베이에 원액 제조 공장(파를레 엑스 포트 Pvt 주식회사)을 비롯한 보틀링 공장을 여럿 운영하고 있었다. 파를레는 국내에서 일 년에 1억 9,200개의 음료를 판매했으며 서아시아와 동남아시아 등 해외에서 이 판매량의 3분의 2에 해당하는 음료를 판매하면서 수출액이 2,000만 루피에 달했다.[85] 수출 덕분에 해외에서 거둔 수익을 다시 인도로 가져올 수 있었으며, 이는 음료 생산에 필요한 재료를 수입하는 데 드는 비용을 쉽게 상쇄시켰다.[86] 아시아 내에서 경제지도자가 되고 싶지만 외환 보유고가 늘 걱정이었던 인도 정부에게 반가운 존재가 아닐 수 없었다.

코카-콜라사가 떠나고 일 년 뒤 파를레는 33퍼센트의 점유율로 인도의 청량음료 시장을 선도했으며, 점차 독과점으로 성장해 결국 1980년 말에는 청량음료 판매의 70퍼센트를 차지했다.[87] 1977년에 출시된 파를레의 콜라 섬스 업은 코카-콜라사의 오랜 부재 가운데 인도에서 가장 인기 있는 청량음료가 되었으며, 오늘날까지도 그 명성을 유지하고 있다.[88]

1977년 인도 남부를 처음으로 방문한 새로운 미 대사 로버트 F. 고이는 인도와 미국의 관계, 특히 두 국가의 핵정책, 인도의 지역적 영향력에 대한 미국의 인정, 구소련의 영향력에서 벗어나야 할 필요성을 논하기 위해 기자회견을 열었다. 그러나 기자회견의 질문은 순식간에 코카-콜라 관련 사안으로 넘어갔다. 그는 인도 정부가 코카-콜라사를 대하는 방식은 차후 인도를 향한 미국의 투자에 악영향을 끼칠 거라고 말했다.[89] 그러나 미국은 기술적으로 자립하고자 하는 인도의 바람을 존중한다고 덧붙였다. 인도 정부가 코카-콜라사와 비교해 좀 더 저렴하게 국내 청량음료를 생산하거나 국내 컴퓨터 산업을 양성할 수 있다고 생각할 경우 미국 정부가 개입하지 않겠다는 입장이었다.[90]

앞으로 두 국가가 사업적 거래를 할 수 있는 기회는 여전히 남아 있었다. 미국의 사업은 "현실적이었으며 합리적인 수익을 거둘 수 있는 기회를 포착하기 위해 노력하고 있었기 때문이다".[#91] 그러나 "많은 미국 기업이 자나타당 정부가 어떤 경제정책을 실행할지 지켜보며 때를 기다리고 있다"는 게 그의 생각이었다. 그는 코카-콜라사의 추방이라는 '중요한 상징성'이 간과될 수 없다고 말했다.[#92]

그뒤로 인도 장관들은 미국과 유럽을 방문할 때마다 코카-콜라사를 중심으로 한 인도의 해외투자와 다국적 기업과 관련된 정책에 대한 질문을 받았다. 1977년 9월 상무부장관 모한 다리아는 자나타당 정부의 무역정책을 논의하기 위해 주, 사업, 재정 지도자들과 한자리에 모였다. 그는 "코카-콜라사와 관련된 사안이 계속해서 등장하고 있다. …… 이 정책이 미국의 투자를 유치하는 데 도움이 되는가"라는 질문을 받았다.[#93] 다리아 장관은 미국 내 인도 관련 기관들이 모인 회의에서 "코카-콜라사에 저항하기 위해 인도 정부가 취한 조치가 반미 행위라는 주장은 특정한 사람들이 만든 '악의적인 프로파간다'다. …… 이는 미국에 있는 우리의 형제나 친구와는 아무런 상관이 없다"라고 말했다.[#94] 그러나 그는 "예전 정부가 코카-콜라사에서 행한 압력에 굴복했다면서 현 정부는 그렇게 하지 않을 것이라고 했다".[#95] 다국적 기업들이 인도를 떠나고 국제 사업 커뮤니티의 압력이 거세지자 FERA를 공개적으로 지지한 자나타당 정부의 태도는 다소 누그러졌다.

자나타당은 고작 3년을 집권한 뒤 정치적으로 분열되면서 빈곤, 불평등 같은 국가가 당면한 주요 문제를 해결하지 못했다. 다국적 기업에 대한 경제적 대안을 마련하고 소규모 산업의 발전을 장려하며 깨끗한 식수에 투자함으로써 시골 지역의 물 부족을 줄인다는 목표는 결국 달성되지 못했다. 시사만화에는 목마른 마을 주민이 "우리에게는 이제 식수도, 코카-콜라도 없다!"라고 외치는 모습이 실렸다.[96] 파를레의 청량음료 시장이 성장하는 동안 퓨어 드링크는 캄파 콜라 브랜드로 사업을 꾸준히 이어갔으며, 인도의 개발 열망이 물리적으로 더 반영된 새로운 사업 영역에 진출하기도 했다.[97]

코카-콜라사는 자회사의 지분을 인도 투자자와 공유하거나 영업 비밀 제조법을 인도 생산자와 공유하는 선례를 남기는 대신 인도를 떠남으로써 국수주의자들의 반발에 굴복하지 않기로 결정했다. 코카-콜라사의 연례보고서에는 거대한 인도 시장의 손실에 대한 직접적 언급은 없었지만 회장 출마를 준비 중인 부회장 로베르토 고이주에타의 연설에 잘 드러나 있었다. 고이주에타는 "해외 사업의 확장은 지역 경제의 개선을 통해 세계 경제를 발전시킬 수단과 기회를 줄 뿐 아니라 사람들 간의 경계를 허물고 국가 간의 긴장을 완화하며 지속적인 평화 추구를 위한 단체를 수립할 수 있는 수단과 기회를 제공한다"[98]고 주장했다. 그러기 위해 네 가지 기업 목표에 집중해야 했다. 1977년 인도에서 기술되었지만 그곳에서의 관행을 대변하지 않는 목표로 '기업 소유' '기술 이전' '세계적 관점 유지' '전 세계의 조화'[99]였다.

1970년대 말 많은 해외시장이 코카-콜라를 받아들였고 코카-콜라사는 인도에서 시선을 돌리게 되었다. 코카-콜라사는 이집트 사막에 1만 5,000에이커에 달하는 오렌지 농장을 건설하고 이집트가 오렌지주스를 수출해 절실한 외화를 벌어들이도록 도와줌으로써 중동과 북아프리카에서 다시 입지를 다졌다.#100 그러나 코카-콜라사를 향한 민족주의적 반대는 누그러졌지만 코카-콜라 글로벌 시스템을 향한 새로운 초국가적 저항이 일고 있었다. 결국 코카-콜라사는 인도 정부의 경제민족주의를 따르기를 거부하며 당분간 인도를 떠났고, 그 결과 1990년대 인도에 극적인 신자유주의 경제정책이 수립되며 코카-콜라사가 인도로 돌아오기 전까지 코카-콜라 글로벌 시스템에는 16년 동안 커다란 구멍이 생겼다.

모든 병마다 있는 사람

콜롬비아 코카-콜라 보틀링 공장의
노동과 신자유주의적 폭력

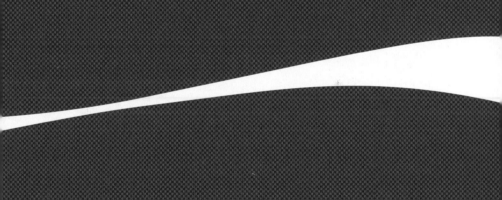

20세기 말에 콜롬비아에서는 무시무시한 이야기가 돌았다. 누군가 코카-콜라 병 안에서 손가락을 발견했다는 것이다. 일부에서는 보틀링 공장에서 살해된 노동조합원의 손가락이라고 했다. 이 이야기는 당연히 사실이 아니었으며, 사람들이 이것을 곧이곧대로 믿을 거라고 생각하지도 않았다. 그러나 코카-콜라사의 제품과 브랜드 이미지를 끌어내리는 이런 이야기에는 본능적으로 전 세계 기업 자본주의, 노동자의 삶, 수십 년간 이어진 콜롬비아 내 무력분쟁 간의 관계를 향한 의심과 혐오가 반영되어 있었다. 실제로 신자유주의의 바람이 부는 콜롬비아에서 코카-콜라는 노동자를 향한 폭력이 일어나고 있음을 보여주는 대표적인 사례였다.

콜롬비아의 노동 역사를 재구성하려면 많은 자료가 필요하다.[1] 노동자의 역사는 기록되지 않았고, 폭력에 노출된 노동자의 경험과 콜롬비아 노동조합 지도자의 현실은 가해자에 대한 법적·정치적 면책 가운데 계속 부인되었다. 진실은 수십 년간 은폐되어 묻히거나 이런저런 긴 폭력의 역사로 복잡해졌다. 그 결과 조합원들의 증언은 의심을 받았고 그들은 물리적 위협이나 고발 대상이 되는 더 큰 위험에 처하게 되었다. 기업 문서와 달리 노동자들의 기억은 흐릿하고 주관적일 수밖에 없다. 구두로 기술된 역사, 관련 자료, 증언은 의심의 눈으로 바라봤을 때 이념적이고 논리적이지 않을 수 있다. 수십 년간 콜롬비아에서 민족지학 연구를 한 인류학자 마이클 타우시크는 콜롬비아에 대한 수많은 정의는 이 국가를 혼돈 상태로 묘사하는 데 그치고 있다고 말한다. 그는 "이 나라에서 혼돈은 규범에서 벗어난 게 아니라 일상이며 전략적으로 중요한 정치적 이념 측면에서 질서정연한 무질서이기도 하지만 무질서한 질서이기도 하다"[#2]라고 말했다. 예외적이고 이해할 수 없으며 무작위적 폭력이 낳은 혼돈을 허용할 경우 폭력이 특정 단체를 상대로 자행되었다는 사실, 권력과 착취라는 시스템을 유지하기 위해 폭력이 얼마나 유용하게 이용되었는지를 간과하도록 만든다. 노동자들의 진술과 활동이 이를 입증해준다. 그들은 혼돈을 견뎠으며, 그들의 삶에 부여된 무질서한 질서에서 정치적·경제적 힘을 이해하고 되찾기 위해 노력했다.

콜롬비아의 코카-콜라 노동조합원이 겪은 폭력은 극단적이었고 콜롬비아에 한정되었지만 코카-콜라사가 보틀링 공장을 합병하고 노동자 구조조정을 실시한 데 따른 불안정한 상황과 깊이 관련되어 있었다. 전 세계 보틀링 시스템에 몸담은 노동자들은 이런 불안정한 상황에 노출되어 있었다. 불법 무장단체가 노동자들을 상대로 휘두른 폭력은 콜롬비아의 신자유주의에 대한 열망을 부추겼다. 그 결과 코카-콜라사와 보틀러는 두려워하던,

소위 진압 가능한 노동자들에게 노동 '유연화' 정책을 실행할 수 있었다. 코카-콜라사의 노동자 구조조정은 반대를 낳았고, 그 결과 폭력적인 상황을 더 악화시켰다. 정책은 당연히 이에 반대하는 노동운동을 불러왔는데, 여기에 동참한 노동자들은 폭력적인 압제의 대상이 될 수밖에 없었기 때문이다. 콜롬비아 노동조합원들의 주장에 따르면 코카-콜라사와 보틀러가 직접 선동했든 그렇지 않았든 간에 불법 무장단체가 휘두른 폭력은 코카-콜라사에 이의를 제기하지 않는 순종적인 노동자를 낳았다.[#3]

콜롬비아의 국가 발전 전략이 신자유주의 정책으로 바뀌자 기업들은 새로운 시장으로 영역을 확대시켜 나가면서 새로운 방식으로 자본을 축척하기 시작했다. 그 결과 콜롬비아 코카-콜라 보틀링 공장의 업무는 대폭 줄어들었고, 하도급이나 임시 고용(단기 또는 시간제 고용)으로 바뀌게 되었다. 이는 노동자들의 생계와 노동단체를 운영해 나가는 데 지장을 주었다. 콜롬비아에서 가장 큰 코카-콜라 노동자단체인 전국식품노동자조합인 시날트라이날은 이 시스템에 도전하면서 불법 무장 세력의 표적이 되었다. 공권력, 게릴라, 마약 밀매 카르텔, 암살, 기타 불법적 폭력 활동 간 지속적인 무력 분쟁 가운데서 부상한 무장 세력은 협박과 납치, 암살, 공포라는 억압적 문화를 양산하면서 노동조합의 활동을 폭력적으로 억눌러 자본주의자들의 이익을 극대화하는 데 기여했다. 지속적인 노동투쟁과 반복적 폭력으로 조합원을 잃게 된 노동조합원들은 코카-콜라사를 상대로 전 세계적 캠페인을 벌였다. 그들은 코카-콜라사가 일삼는 착취적 노동정책, 폭력 세력과의 결탁 등이 노동자의 삶을 위태롭게 만든다고 비난했다.

콜롬비아 보틀링 업체의 '유연화' 정책은 코카-콜라 프랜차이즈 시스템이라는 외재화정책의 연장선상에 있었다. 코카-콜라사의 사업은 '독립적인' 라틴아메리카 프랜차이즈 대형 보틀러와 긴밀히 연결되어 있었지만 코카-콜라사는 이 프랜차이즈 시스템을 이용해 재정적 책임과 법적 책임을 교묘히 피해 갔다. 프랜차이즈의 사회적 논리에 따라 코카-콜라사는 진입이 어려운 시장과 분쟁 지역에서 사업을 벌이는 콜롬비아 보틀러에 압력을 가하면서 노동자의 경제적·물리적 복지에 미치는 영향에는 관심을 기울이지 않았다. 코카-콜라사는 특히 폭력이 행사되었다는 사실이 밝혀졌을 때 콜롬비아의 코카-콜라 노동자들을 자신들과 상관없는 예외적 대상으로 취급했다. 그러나 노동자들은 기업 시스템에서 자신들이 맡은 핵심적 역할을 주장했다. 결국 전 세계 노동자의 지원을 받은 콜롬비아 노동조합원들은 코카-콜라사의 기업 구조, 브랜드 구성, 소비자와의 관계를 역이용해 그들에게 압력을 가하는 다국적 네트워크를 구축했다.

콜롬비아의 코카-콜라 보틀링 사업을 통합하다

범아메리카 음료 기업(파남코)은 앨버트 H. 스태튼의 지휘로 1940년대 이후 콜롬비아, 멕시코, 브라질에서 인수와 확장 프로그램을 시행하고 있었다. 이는 1990년대 신자유주의 정책이 실행되기 전 최후의 확장 조치였다. 코카-콜라 글로벌 시스템이 시행된 인도에서처럼 라틴아메리카 정부와 산업 엘리트는 1980년대 내내 국가개발주의를 통해 해외 자금과 다국적 기업에 제제를 가했다. 이런 상황에서 파남코는 멕시코와 브라질, 콜롬비아 등 기존의 자회사를 성장시키는 데 집중했다. 파남코는 자신들이 사업을 하는 국가의 소수 주주로까지 자회사에 대한 투자를 확대했는데, 이는 시장에 영향을 미치는 정치적·경제적 격변이라는 반복되는 환경에도 불구하고 '코카-콜라사가 콜롬비아에서 입지를 다지는 데 도움이 되었으며' 파남코는 '라틴아메리카 커뮤니티와의 긴밀한 관계'를 주장할 수 있었다. 코카-콜라사와 인연이 두터운 스태튼 가문이 (1980년대 초까지) 이 기업을 이끌었으며, (1990년대까지) 재정적 이익을 장악하고 있었다.[#4]

파남코는 기존의 콜롬비아 자회사 INDEGA를 성장시키는 데 집중했다. 메데인뿐 아니라 보고타, 부가, 칼리 등 여러 지역에 공장이 세워졌다. 1970년 파남코 콜롬비아는 콜롬비아의 가장 큰 양조 회사이자 보틀러인 바바리아 S.A.에게서 엠보텔라도라 로맨을 인수하며 유명한 현지 브랜드 콜라 로맨과 대서양 연안의 바랑키야, 카르타헤나, 몬테리아, 예두파르 공장을 흡수했다. 2년 후 파남코는 바바리아에게서 엠보텔라도라스 데 산탄데르를 매입했고 그 과정에서 여러 공장을 흡수하면서 콜롬비아 내 대부분의 코카-콜라 공장을 통합했다. 파남코는 이들 보틀러를 인수할 때 개별적인 자회사의 이름(인더스트리얼 데 가세오사스-INDEGA, 엠보텔라도라 로맨, 엠보텔라도라스 데 산탄데르)을 신호 체계나 광고, 기업 정체성에 그대로 사용했다. 그 덕분에 소비자에게 같은 기업이라는 인식은 심어주면서도 자사의 급속한 확장을 숨길 수 있었다. 파남코 콜롬비아는 점차 성장해 18개 보틀링 공장을 운영하게 되었고 "콜롬비아에서 소비되는 코카-콜라 제품의 99퍼센트를 생산하고 유통하고 상업화했다".[#5]

파남코의 성장은 광범위한 유통으로 판매를 늘리고 규모의 경제를 꾀하며 코카-콜라사와의 거래에서 더 큰 영향력을 발휘함으로써 거둔 잠정적 수익 덕분이었다. 그러나 파남코는 주요 경쟁사의 통합으로 압력을 받기도 했다. 경쟁사들은 콜롬비아 정부의 국유산업 촉진정책으로 성장을 지원받고 있었다. 1960년대와 1970년대 콜롬비아 기업가 아르딜라 룰은 가세오사스 럭스, 가세오사스 포사다 & 토분, 가세오사스 콜롬비아나스를 인수하고 이들을 (다양한 인기 브랜드를 판매하며 1980년대에는 펩시 제품의 프랜차이즈가 된) 콜롬비아에서 가장 큰 음료 기업인 포스토분에 합병시켜 청량음료 산업을 통합했다.[#6] 포스토분은 다양한 분야에서 사업을 운영하는 대기업 오르가니자시온 아르딜라 룰의 계열사였다. 콜롬비아에서 가장 큰 영향력을 가진 회사로 성장하던 아르딜라 룰은 유리병과 탄산, 설탕 농장과 설탕수수 압착기 생산에 이어 1970년대 초부터는 콜롬비아에서 가장 큰 민영 라디오와 TV방송국까지 운영하는 수직 통합으로 큰 수익을 올렸다.

라 그란 파밀리아를 확장하다

콜롬비아 보틀링 공장의 노사관계에는 미국의 소유권에서 비롯된 영향력이 반영되었다. 1940년대부터 1960년대까지 INDEGA-파남코는 가족이 운영하는 기업이라는 느낌이 있었다. 앨버트 스태튼은 자신이 내걸었던 기업 온정주의로 공장 노동자들이 평화를 유지하는 것을 자랑스러워했다. 1964년 그는 R.W. 우드러프에게 보내는 편지에서 "40년 동안 파업이 한 번도 없었다"[#7]라고 말했다. 파남코의 사업 운영 초기는 2000년대 관리 스타일과 대조적이었다.[#8] 스태튼은 직원들의 가족 병원비, 집 수리비를 비롯해 온갖 비용을 지원해주었다. 스태튼은 자금이 부족한 직원들의 집에 드는 비용을 지원하기 위해 재단도 설립했다.[#9] "그는 모든 직원의 고통을 자신의 고통처럼 생각했죠." 그러나 그에게는 다른 기억도 있었다. "앨버트

H. 스태튼은 아주 엄격하고 신뢰할 만한 사람이었어요. 사람들이 일할 때는 좋아했죠. 열심히 일하는 한 그에게는 별로 문제될 게 없었지만 일이 틀어지거나 직원들이 제대로 일하지 않는다고 생각되면 화를 억누르지 못했어요."[10] 1972년 스태튼의 건강은 나빠졌으며, 파남코가 콜롬비아에 있는 대부분의 코카-콜라 공장을 통합할 때쯤에는 좋은 쪽으로든 좋지 않은 쪽으로든 그의 주의력이 흐트러졌다.[11]

1970년대 중반이 되자 미국에서 태어난 차세대 임원들이 파남코를 운영하게 됐다. 콜롬비아 전역에 수많은 자회사와 공장을 운영할 정도로 성장한 파남코는 규모의 경제를 통해 효율성과 안정성이 향상되었지만 분산된 수많은 노동자를 관리해야 하는 어려움에 봉착했다. 파남코는 가족이 운영하는 기업, 특히 온정적인 기업이라는 느낌을 주기 위해 애썼다. 이런 노력의 일환으로 산업 관계 부회장을 임명했고, 그가 이끄는 팀은 개인이나 조합과의 협상을 통해 노동자의 요구에 귀 기울였으며 기업 프로그램과 이벤트를 기획했다. 또한 1970년대 'The Real Thing' 광고 캠페인의 스페인어 슬로건에서 이름을 빌린 새로운 기업 신문 《라 치스파 데 라 비다La Chispa de la Vida, 삶의 불꽃》를 창간했다. 창간호에 따르면 이 신문은 직원들에게 기업에 대해 알리고, 관리자와 최근 확장으로 늘어난 파남코 인력 간의 원활한 의사소통을 돕는 역할을 했다. 신문은 개인적 보틀링 공장뿐 아니라 INDEGA와 코카-콜라사의 역사와 관련된 기사도 실었다. 그러나 새로운 노동자의 충성심을 강화시키려고 애쓸 때도 기업 구조에 대해서는 신비화 전략을 취해 파남코 기업체의 이름을 절대 언급하지 않았으며 '우리 사업'이라든지 애매모호하게 '기업과 자회사'라고만 언급했다. 신문은 파남코에 노동자의 개인적 삶과 직장에서의 삶을 끼워 넣으려고 했다. 또한 보틀링 기업이 콜롬비아의 정체성과 산업에 헌신한다고 강조했다. 매월 공장 관리자와 파남코 임원이 작성한 기사도 실었는데, 국가적 기업을 구축하는 데 있어 노동자와 관리자의 협력에 초점을 맞춘 기사였다. 그러나 노동자의 청결과 근면에서부터 특유의 사회적 역할과 가족 책임에 이르는 다양한 주제에 대한 온정주의적이며 교육적인 기사는 하향식 의사소통이 더 생산적이고 더 나은 공장 근로자를 만든다고 주장했다. 파남코의 임원들은 파남코라는 그란 파밀리아에서 노동자의 선을 위해 힘쓰는 관대하지만 권위적인 아버지상으로 묘사되었다. 그러나 보틀링 공장과 기업의 '가족', 코카-콜라사를 위한 이 명예롭고 남성적인 조직에서는 모두 각자 맡은 역할이 있었다.

노동자의 힘을 구축하다: 시날트라이날의 기원

사실 그란 파밀리아는 기업 잡지에서나 존재할 뿐 실제 노동자의 삶과 거리가 먼 빈약한 구조였다. 1970년대 말부터 1980년대 중반까지 콜롬비아는 경제 침체기에 접어들었다. 생산량과 임금이 하락하는 탈공업화 단계였다. 판매 하락으로 실직 위기에 놓인 코카-콜라 노동자들은 경제적으로 힘든 시기를 버티기 위해선 그란 파밀리아를 위해 하나로 뭉쳐야 한다는 명목 아래 임금 동결로 내몰렸다. 1980년대 중반 경기가 살아나자 노동자들은 자신들의 희생을 언급하며 임금 인상을 요구했지만 관리자들은 이를 거부했고, 그 결과 공장에서 파업이 일어났다.

1980년대까지 코카-콜라 노동자들은 주로 특정 기업을 중심으로 한 소규모 조합에 소속되었다. 단일 공장이나 소수의 코카-콜라 공장 노동자들로 이루어진 조합으로 보틀링 기업에게서 막대한 영향을 받았다. 1984년 파남코가 콜롬비아 내 대부분의 코카-콜라 보틀링 공장을 통합하면서 노동자들은 다양한 지역의 코카-콜라 노동자뿐 아니라 관련 산업에 종사하는 노동자들을 아우를 수 있는 조직이 필요하다고 생각했다. 그들은 지역 노동조합들을 콜롬비아에서 가장 큰 청량음료와 주스 회사 포스토분을 비롯해 펩시 보틀러의 노동조합들과 통합해 새로운 조합 신트라딩가스콜을 만들자고 제안했다. 신트라딩가스콜이 창설된 지 채 일 년이 되지 않아서 연안지역 보틀링 공장 노동자들이 파업을 일으켰다. 파업이 시작된 사흘 만에 파남코는 노동자의 월급을 인상해주었다.[12]

한편 가공품과 음료 산업 등 다른 분야에서는 좀 더 과격한 노동조합이 조직되었다. 1982년 초국가적 기업 네슬레와 보던 푸즈-치콜락의 공장 노동자들은 산업계를 아우르는 식품과 음료 조합이 되겠다는 목표 아래 시날트라이날을 설립했다. 이 조합은 마르크스주의를 바탕으로 다국적 기업 노동자들을 위한 전략을 수립했으며 '결집(공장 앞에서의 집회), 비방, 그래피티, 벽보' 등 노골적 항의 방식으로 유명했다.[13] 당시 시날트라이날과 연결된 젊은 노동자들은 1970년대와 1980년대에 자유신학 성직자의 가르침을 받는 노동자학교에서 성년기를 보냈으며, 기독교 마르크스와 공산주의 청년단체에 가입해 콜롬비아의 불평등과 자본주의를 향한 비난의 목소리를 키워 나갔다.[14] 1933년 코카-콜라 보틀링 기업 파남코가 국제적인 통합을 위한 자금을 마련하기 위해 뉴욕증권거래소에 상장되던 해, 콜롬비아의 신자유주의 경제와 노동 규제 가운데서 1,880명의 코카-콜라 신트라딩가스

콜 회원은 시날트레이닐에 가입해 조합 세력을 강화하기로 했다.[15]

시날트레이닐 지도자 윌리엄 멘도사에 따르면 이로 말미암아 조합과 콜롬비아 보틀러의 관계가 극적인 변화를 맞게 되었다고 한다. 더 이상 가족 소유의 기업이 아니라 (보틀링 기업의 지분을 대거 매입한 코카-콜라사를 비롯한) 주주들에게 얽매이게 된 파남코는 새로운 관리 방법을 선택했다. 파남코는 확장과 통합 프로그램에 착수했으며 수익이 저조하자 공장 문을 닫고 정규직 근로자의 '자발적' 은퇴를 권하는 등 구조조정을 감행했다. 멘도사는 "파남코 콜롬비아의 정책은 이곳이 아니라 코카-콜라 본사에서 수립되었다"라고 말했다. 파남코는 저항하는 조합원을 향해 강경한 입장을 취했다. 보틀링 공장 관리자는 노동자들에게 시날트라이닐과 연관되어선 안 된다고 경고했으며, 직원들이 시날트라이닐에 가입하자 기업은 '반조합 캠페인, 조합원을 게릴라 구성원이자 기업을 적대시하는 괴물로 묘사한 캠페인'을 시행했다.

그 결과 일부 조합원은 조합에서 탈퇴했으며, 남아 있던 이들은 불법 무장단체의 타깃이 되었다.[16] 코카-콜라 공장의 조합원들은 과거에도 불법 무장단체의 폭력과 정치적 압력에 시달렸지만 그 위협의 강도가 더욱 세졌다. 시날트라이닐 조합원들은 구조조정을 비난하고 통합된 보틀링 기업이 노동에 따른 결실을 더 많이 공유할 것을 요구하며 1944년에 파업을 감행했다.[17] 그러자 이들을 진압하기 위해 불법 무장 세력이 폭력적 제압에 나섰는데, 이들로 말미암아 코카-콜라 보틀링 공장에는 새로운 노동 체제가 자리 잡게 되었다.

콜롬비아의 신자유주의와 코카-콜라 노동자

신자유주의 개혁을 통한 콜롬비아 경제 개방은 1990년 세사르 가비리아 트루히요 대통령이 말 그대로 아페르투라Apertura 개방정책을 시행한 뒤 가속화되었다. 워싱턴 콘센서스1990년 미국 국제경제연구소(IIE)가 남미 국가들의 경제위기 해법으로 제시한 세제개혁, 무역·투자 자유화, 탈규제화 등 10가지 정책으로 미국식 시장경제 체제를 주 골자로 함-옮긴이가 시행되면서 부채 부담에 시달리던 전 세계 국가는 구조조정을 강요받았고, 가비리아 행정부는 미국이 콜롬비아의 마약 밀매를 퇴치하기 위해 220억 달러의 안데스 지원 프로그램을 약속하자 시장자유화개혁에 동의했다.[18] 콜롬비아는 신자유주의 정책을 통해 구조조정과 경제 규제 완화를 의무화했고 외국인 직접투자, 무역자유화, 낮은 관세 장벽, 노동의 '유연화' 등 새로운 노동 규정을 수용했다. 정부는 이런 유연한 노동정책인 레비 50(1990년)을 탄생시킨 법으로 콜롬비아 노동자와 공장이 전 세계 노동시장과 투자시장에서 '경쟁우위'를 점하도록 하여 '고용 창출'의 성과를 냈다고 주장했다.[19] 그러나 노동학자들의 주장에 따르면 노동비용을 낮춤으로써 기업을 유치하기 위한 레이 50은 가장 퇴보적인 콜롬비아 노동법이었다.

코카-콜라 직원들에게 레이 50은 고용안정성과 혜택, 조합의 힘을 약화시키는 '유연한' 노동정책을 의미했다. 콜롬비아 경제학자 히카르두 보닐라 곤살레스는 "레이 50이 시행된 지 10년 뒤 시장은 꽤 유연해졌지만 실업이 증가했다"라고 말한다.[20] 한편 게릴라나 불법 무장단체, 지역 간에 벌어진 전쟁으로 수많은 사람이 도시로 몰려들었다.[21] 그리하여 2000년대에 높은 실업률을 기록하고 임시직과 비공식 근로자를 양산했으며, 저렴한 노동력으로 쉽게 대체될 수 있다는 인식으로 노동자들의 불안정한 상황은 더욱 악화되었다. 한편 사회복지 시스템에도 신자유주의 개혁의 바람이 불면서 노동자의 취약성이 더 커졌다. 레이 100(1993년)으로 개인연금 시스템이 도입되고, 의료 서비스는 더 민영화되었다. 그후 무역 규제를 완화하고 무역 장벽을 제거한 레이 49와 재정단체를 자유화하는 레이 45가 시행되며 콜롬비아 시장은 자본주의 확장에 문을 활짝 열었다.#22

이런 개혁은 콜롬비아의 코카-콜라 보틀러에게 수익을 확보할 수 있는 새로운 장을 제공했다. 판매 지점과 비교적 가까운 곳에서 음료를 생산하는 프랜차이즈 생산 방식 덕분에 코카-콜라사는 이미 해외 노동시장의 값싼 임금이라는 혜택을 누리고 있었다. 그러나 코카-콜라 보틀링은 프랜차이즈의 전 세계적 분산으로 지리적 측면에서 비교적 '고정된' 산업이었다. 다른 산업 분야와 달리 경제자유화에도 인건비가 더 저렴한 국제 노동시장으로 생산 공장을 쉽게 옮길 수 없었다.#23 결국 보틀러들은 일부 공장을 인건비가 좀 더 저렴한 지역의 공장에서 생산되는 음료를 가득 채운 유통센터로 바꿈으로써 인건비가 비싼 직원의 수를 줄여 나갔다. 그러나 시장의 공간적 확장이 한계에 부딪히자 그들은 노동을 재정의하며 가치를 다시 매기는 새로운 노동제도를 활용해 수익을 늘렸다. 파남코는 정규직 노동자를 임시직, 시간제, 단기직 등 불완전 고용인 '유연한' 업무로 교체하고 노동계약을 인력회사에 외주로 주고 노동자를 독립적 계약자로 재분류했다.#24

코카-콜라사가 보틀링 직원의 고용과 관련된 책임과 비용을 피하기 위해 오랫동안 시행하고 있는 프랜차이즈를 통한 외재화정책을 콜롬비아 프랜차이즈가 활용하게 된 것이다. 이들은 이 전략을 이용해 코카-콜라 노동자의 직접적 정규 고용을 피했다. 콜롬비아의 코카-콜라 노동자들이 겪은 프레카리자시온precarización(취약화/불안정화)은 불법 무장단체의 폭력이라는 위협 아래 상당히 극단적 형태를 띠었다. 프랜차이즈화, 기업 통합, 노동 '유연화'를 고려할 때 프랜차이즈를 통한 노동의 외재화라는 사회적 논리에는 이런 불안정한 상황이 내재되어 있을 수밖에 없었다. 노동자들이 법에 의존하려고 하자 코카-콜라사는 보틀러와 재정적으로 더욱 긴밀해지는 상황에서도 노동자에 대한 책임을 회피했다.

자본주의, 기업 합병, 노동 착취에 자금을 대다

금융화를 비롯해 주주들의 이익에 부합해야 한다는 압력이 거세지자 코카-콜라사는 '세계화' 전략과 보틀러 합병을 시행해 새로운 방법으로 코카-콜라 노동자에게서 잉여가치를 뽑아냈다. 20세기 후반 코카-콜라 사업은 더욱 금융화되었다. 코카-콜라사는 보틀러에 집중적으로 투자했는데, 이로써 보틀링 산업에 영향력을 발휘했고 그에 따른 수익도 거둘 수 있었다. 코카-콜라사는 해외 사업에서 얻은 수익을 본국으로 보낼 시기를 결정하고 다양한 파생상품으로 해외시장의 노출에 대비하기 위해 통화시장에도 투자했다. 코카-콜라사의 해외 수익은 원액 판매뿐 아니라 보틀러에게 무형자산(상표, 마케팅, 사업 서비스 등에 대한 사용)의 허가권을 내주는 과정에서도 창출되었다. 코카-콜라사는 세금이 낮은 국가의 자회사로 수익을 송금함으로써 세금을 피했기 때문에 이런 자산을 분류하고 여기에 값을 매기는 것은 코카-콜라의 무형재 생산 시스템으로 벌어들이는 수익에서 큰 부분을 차지했다. 게다가 코카-콜라사는 주식(주식 발행과 재매입, 배당금 결정)을 통해 자사와 주주를 위한 자금을 창출하기도 했다.

20세기 말 미국의 경제 매체들은 코카-콜라사의 청량음료만큼이나 금융상품에도 관심을 보였고, 기업의 주가와 주주에게 지급된 배당금을 전면 보도했다. 재정이라는 무형재 생산에 대한 관심은 청량음료 보틀링이라는 유형재 생산에 더 큰 부담으로 작용했다. 코카-콜라사가 금융투자와 합병을 통한 비용 절감으로 보틀러에게서 더 큰 수익을 뽑아내려고 했기 때문이다. 1980년대와 1990년대 코카-콜라사의 가파르게 상승하는 주가와 배당금은 '세계화' 덕분이라고 여겨졌다. 그러나 이 용어는 코카-콜라사의 시장 확장을 강조할 뿐 주주들의 배를 불리기 위해 해외 보틀러에 투자하고 이들을 합병하는 과정에서 이루어진 금융화와 노동 착취라는 실질적 역학에 대해서는 아무것도 설명해주지 못했다.

코카-콜라사의 세계화 전략은 대형 보틀러의 합병을 중심으로 시행되었는데, 이는 기업과 주주들에게 막대한 수익을 안겨주었다.[25] 공식 발표문에 기술된 것처럼 코카-콜라사의 목표는 '특정 해외 보틀러에 공격적으로 투자하는' '보틀링 정렬 전략'을 통해 '전 세계 보틀링 시스템을 강화하는' 것이었다. 이를 통해 비교적 분권화된 보틀링 시스템 내에서 번창한 소규모의 지역 보틀러를 인수·합병하고 코카-콜라사가 선택한 대형 보틀러를 빠르게 성장시키고자 했다. 또한 '핵심 보틀러'를 합병해 '제품 생산과 유통, 마케팅 시스템의 영향력과 효율성을 극대화'할 수 있었다.[26] 1980년대와 1990년대 코카-콜라사의 해외시장 확장과 전략적 투자를 이끈 CEO 로베르토 고이주에타는 보틀러 합병을 주주들에게 안겨줄 수익과 직접 연관 지으며 이렇게 말했다. "우리의 확고한 전략은 자사와 보틀러의 목적과 목표, 계획을 정렬하는 것이다. 우리는 수익을 창출하는 장기적 성장을 위해 엄청난 기회를 포착해 내는 역량을 갖춘 사업 시스템을 생산해야 한다. 우리는 계속 이런 전략을 시행할 것이다. 이는 주주에게 제공하는 가치를 극대화하겠다는 목표를 달성하는 데 반드시 필요한 핵심 요소이기 때문이다."[27]

코카-콜라사의 주가KO는 주주의 가치를 상징하고 주주에게 부를 제공하는 매력적인 금융상품이 되었다.[28] 1990년대 급성장한 주식시장에서 KO는 기술주와 비교해 덜 매력적이었지만 더 안정적이고 믿을 만한 품목이었다. 칼 마르크스의 이론처럼 제품에 값을 매기고 이를 돈으로 바꾸다 보면 해당 제품을 생산한 노동이 가려지게 마련이지만 KO 같은 주식의 경우 보틀링 공장 근로자의 노동을 가리는 데 그치지 않고 아예 없앰으로써 금융상품의 가치를 더욱 높였다.

KO가 주주의 가치를 높이는 대상으로 부상한 데 있어 투자자 워렌 버핏이 일조했다. 1988년 그는 코카-콜라 주식을 10억 달러나 매입했으며, 그후로도 투자를 이어갔다. 워렌 버핏의 지속적인 투자로 코카-콜라 주식은 그의 투자 전략의 상징이 되었다. 그가 보기에 코카-콜라는 확실한 투자처였다. 시장에서 따라갈 수 없는 경쟁우위를 점하고 있었기 때문이다. 코카-콜라는 세상에서 가장 유명한 브랜드로 불황이 없었으며 전 세계 생산과 유통 시스템, 보틀러 독점권을 확보하고 있었다. 코카-콜라사는 대부분의 수익을 해외에서 거둬들여 코카-콜라의 주식 매입은 해외시장 노출을 통해 투자자의 주식 보유를 다각화하기 위한 전략이었다. 코카-콜라사는 막대한 자금이 자신들의 사업에 재투자되어야 한다고 요구하지 않았기 때문에 수익의 상당 부분이 배당금과 주식 환매를 통해 주주의 배를 불리는 데 사용되었다. 버핏은 9.3퍼센트의 주식(170억 달러의 가치)을 매입하며 코카-콜라사의 가장 큰 주주이자 기업 임원이 되었다. 버핏이 실제로 코카-콜라의 소비를 부추겼는지는 확실하지 않지만 그가 코카-콜라 주식에 투자하자 사람들이 따라 하기 시작했다. 버핏은 회계와 기업경영의 투명성을 옹호하고 시장 가치에만 의존하기보다 주식의 기본적인 경계 가치를 바탕으로 결정을 내리는 장기적 투자 스타일 덕분에 존경받는 투자자가 되었고, 이는 기업과 시장에 긍정적 영향을 미쳤다. 그는 좋은 자본주의자로, 자본주의가 기업의 행동과 노동자들의 고용에 미치는 영향이라는 큰 역사의 주인공이기도 했다.

주주와 금융 매체의 정밀조사가 진행되고 수익 증가분과 배당금을 공개하라는 압력이 거세지자 코카-콜라사의 임원진은 코카-콜라 주주들을 염두에 둔 상황에서 여러 가지 결정을 내려야 했다. 코카-콜라 주주의 이익이 관리자와 노동자, 소비자, 사회 이익 등에 반하는 상황에서도 예외가 아니었다. 결국 주주들에게 더 많은 수익을 안겨주기 위해 비용을 절감한다는 목표 아래 이루어진 보틀러 합병에서 희생당한 것은 다름 아닌 해외 노동자였다.

보틀링 공장이 합병되면 청량음료 판매뿐 아니라 원액 판매도 증가할 게 분명했다. 보틀러들이 공장을 좀 더 효율적으로 운영하게 되면서 코카-콜라사는 원액 가격을 높일 예정이었다. 합병이 이루어지면 현대화된 생산라인과 효율적으로 관리되는 노동자를 둔 소수의 대형 공장을 통해 노동비를 절감할 수 있었다. 코카-콜라사는 핵심 보틀러의 성공을 언급하며 판매 실적을 높이지 않으면 합병될 수 있다면서 소규모 보틀러에 압력을 가했다. 사실 핵심 보틀러에게는 성장하고 싶은 자체 동기가 있었다. 그들은 자사의 주주들에게 더 많은 수익을 안겨주고 코카-콜라사에 더 많은 영향력을 휘두르고 싶어 했다.

코카-콜라사의 입장에서는 보틀링 기업에 투자할 경우 잃는 것보다 얻는 것이 더 많았다. 보틀링 시스템의 통합으로 원액 생산을 늘리고, 통합된 대형 보틀러에 투자함으로써 수익을 거둘 수도 있었다. 이는 코카-콜라사가 100퍼센트 소유한 보틀러에만 해당되는 얘기가 아니었다. 코카-콜라사가 주식을 일부 매입했거나 초기에 자금을 투자한 많은 대형 보틀러 역시 주기적으로 코카-콜라사에 수익을 지급해야 했다. 1990년 코카-콜라사가 주식을 보유한 보틀러들은 전 세계 코카-콜라 생산량의 40퍼센트 미만을 책임지고 있었지만 '이런 전략이 급속도로 시행된 결과' 7년 후인 1997년에는 코카-콜라사가 주식을 보유한 보틀러들이 전 세계 코카-콜라 생산량의 65퍼센트를 책임지게 되었다.[29]

코카-콜라사는 전략적으로 보틀러의 주식을 대량 매입했지만 주식 보유 비율을 50퍼센트 미만으로 유지했다. 덕분에 보틀러의 재무 성과(특히 부채)에 대해 책임지지 않아도 되었으며, 그 결과 자사의 재무 성과와 주식 가격을 부풀릴 수 있었다. 회계 목적에서(엄밀히 말하면 보틀러는 자회사가 아니라 독립적 기업이었음) 재정 책임뿐 아니라 법적·사회적 책임을 지지 않는 것은 코카-콜라사가 보틀러와의 관계에서 수익을 거두는 확실한 전략이었다. 코카-콜라사는 프랜차이즈가 보틀링이라는 고비용이 수반되는 사업을 운영하도록 허락하는 한편, 그들이 성장하고 확장하도록 압력을 가했고 때때로 보틀러를 합병하기 위해 그들의 주식을 전략적으로 매수하기도 했다. 합병한 보틀러를 자회사로 운영하다가 보틀링 기업의 재정적 위험과 부채 부담을 피하기 위해 대형 보틀러 프랜차이즈로 분리시켰으며, (북아메리카의 대형 보틀러 코카-콜라 엔터프라이즈의 경우처럼) 다시 프랜차이즈화하겠다는 목표로 재인수한 뒤 이 과정을 반복했다.

코카-콜라사가 보틀링 산업에 휘두르는 다양한 형태의 영향력을 지켜보면서 금융분석가와 기업회계 비평가들은 독립적인 프랜차이즈 보틀러를 부정한 조직으로 보았다. 코카-콜라사의 임원들이 보틀러이사회의 회원으로 보틀러의 사업 결정을 감독했으며, 많은 보틀러의 대형 주주였다. 그뿐 아니라 프랜차이즈 계약을 통해 보틀러에 영향력을 행사하기도 했다. 코카-콜라사는 보틀링 공장의 거래와 보틀러의 인수·합병에 대해 자신들의 승인을 받으라고 요구했으며, 보틀링 기업이 코카-콜라 제품만 생산하도록 규제를 가했고, 음료 원액 가격과 지불 조건을 정했다. 계약서상에서조차 프랜차이즈는 독립적 권한을 갖지 못했다.

코카-콜라 해외 보틀러의 합병과 구조조정이 이루어지고, 그로 말미암아 다국적 대형 핵심 보틀러가 탄생할 수 있었던 것은 전 세계적인 금융화와 신자유주의로 외국인 투자 규제와 수입 통제가 제거된 덕분이었다.[30] 1993년 뉴욕증권거래소에 상장된 파남코는 좀 더 효율적이고 수익성 있는 대형 보틀러를 만들겠다는 목표를 갖고 다른 라틴아메리카 시장에서 소규모 보틀러를 인수하기 위한 새로운 자금을 조달했다. 그리하여 콜롬비아, 멕시코, 브라질에 이미 대형 보틀러를 소유하고 있던 파남코는 코스타리카, 과테말라, 니카라과, 파나마, 베네수엘라의 보틀러를 비롯해 코카-콜라를 생산하고 유통하는 그들의 권리와 그들이 생산하는 다른 청량음료, 생수, 맥주 브랜드를 인수했다. 이런 성장은 소형 보틀러의 인수·합병을 통해 효율성과 수익을 높이는 코카-콜라사의 '보틀링 정렬 전략'과 일치했다. 코카-콜라사는 협상을 빠르게 성사시키고 보틀링 기업에 막대한 금액을 투자하는 등 새로운 인수 과정에서 파남코를 도왔다. 코카-콜라사가 핵심 엘리트 보틀러이자 코카-콜라 글로벌 시스템의 주요 선수로 정한[31] 파남코는 이제 라틴아메리카에서 가장 큰 보틀러이자 미국 외 시장에서 가장 큰 프랜차이즈 보틀러가 되었다.

라틴아메리카는 코카-콜라사의 가장 성공적인 해외시장이었다. 파남코를 비롯한 일부 보틀링 기업이 수익성 높은 멕시코 시장에서 성장한 덕분이었다. 그러나 보틀링 기업은 그다지 높은 수익을 거두지 못했다. 코카-콜라사의 성장 독려로 막대한 빚을 졌기 때문이다. 반면 코카-콜라사의 경쟁사인 펩시는 대형 시장과 소수의 보틀러로 시작해 규모의 경제를 누렸으며 낮은 소비자 가격을 확보할 수 있었다.

1990년대 지속되는 경기침체와 통화 평가 절하, 신자유주의 개혁으로 라틴아메리카 국가에서는 청량음료를 팔기가 더욱 어려워졌다. 그리하여 1999년 파남코는 처음으로 6,000만 달러에 달하는 순손실액을 보고했다. 손실의 상당 부분은 막대한 빚으로 보틀러를 인수하는 과정에서 발생했다. 코카-콜라사에게서 베네수엘라 보틀링 기업을 인수한 것이 대표적 사례였다.[32]

《월스트리스저널》은 막대한 빚으로 기업 인수의 대상이 된 파남코에 대해 "1990년대 중반 코카-콜라사가 주축이 된 빠른 합병의 희생양이다"[33]라고 선언했다. 파남코가 '코카-콜라사의 합병 계획의 희생양'이었다면 그 피해는 고스란히 노동자에게로 돌아갔다. 콜롬비아 코카-콜라 공장에서 일하던 6,700명의 노동자가 일자리를 잃었다.[34]

2000년 파남코는 본사를 파나마시티에서 플로리다의 마이애미로 옮겼다. 파남코의 경영진은 이곳에 머물며 수천 마일이나 떨어진 보틀링 공장과 노동자를 대신해 그들에게 영향을 미칠 결정을 내렸다. 경영진이 다국적 보틀링 투자 기업으로써 현지 관리자에게 생산과 재정 관련 업무를 지시함에 따라 현지 관리자는 자회사와 보틀링 공장을 운영하는 데 있어 비교적 자율권을 누릴 수 있었다.[35]

이로써 코카-콜라의 콜롬비아 공장은 새로운 원거리 경영 체제 아래서 돌아가게 되었다. 2002년 코카-콜라사는 코카-콜라 펨사가 파남코를 인수할 거라고 선언했다. 몬테레이의 맥주 공장으로 시작한 펨사포멘토 이코노미코 멕시카나, FEMSA는 인기 있는 맥주 브랜드와 멕시코 내에 여러 개의 코카-콜라 공장을 소유한 대형 보틀러였다. 코카-콜라의 판매량은 파남코에 비해 절반밖에 되지 않았지만 전 세계에 산재한 코카-콜라 보틀러들과 비교했을 때 자금력이 탄탄했고(파남코와 동시에 뉴욕증권거래소에 상장되었음), 파남코의 부채를 떠안을 만큼 재무 상태도 건전했다. 코카-콜라사는 파남코의 경우처럼 펨사가 이 강력한 시장 위치를 점하도록 준비시키기 위해 1993년에 코카-콜라 펨사의 주식을 30퍼센트 인수했다.[36] 그리하여 이미 강력한 멕시코 기업이었던 펨사는 주요한 초국가적 기업으로 부상했으며, 전 세계에서 두 번째로 큰 코카-콜라 보틀러가 되면서 전 세계 코카-콜라

판매량의 10퍼센트를 책임졌다.[37]

그러나 펩사가 파남코를 인수하고 새로운 회사에 코카-콜라사가 막대한 투자를 하는 과정에서 코카-콜라사가 주장하는 독립적 프랜차이즈가 거짓임을 보여주는 복잡한 자본·경영 관계가 드러났다. 이 거래로 코카-콜라사는 새로운 라틴아메리카 대형 보틀러의 의결권을 46퍼센트로 늘렸다. 코카-콜라 펩사의 임원뿐 아니라 이사회 회원 18명 가운데 4명을 임명할 수 있는 권한을 부여받았고, 보틀링 기업의 이사회가 내리는 중요한 결정을 거부할 수 있는 권리까지 얻었다. 그뿐만이 아니었다. 코카-콜라사는 원액 가격을 일방적으로 정하거나 새로운 보틀링 계약을 거절할 수 있는 권리도 가졌다.[38]

새로운 펩사는 파남코가 시작한 비용 절감 프로그램에 다시 착수했다. 2003년 펩사가 콜롬비아 코카-콜라 보틀링 시스템을 손보면서 더 많은 공장이 합병되었고, 더 많은 인력 구조조정이 있었다. 펩사는 콜롬비아 보틀링 공장 11곳의 생산 라인을 폐쇄했으며 대부분의 생산을 보고타, 바랑키야, 부카라망가, 메데인, 칼리 등 '대형 공장' 5곳에 집중시켰다. 그 외 다른 공장은 문을 닫거나 규모를 줄여 적은 인력으로 운영되는 유통센터로 바꿔버렸다. 그 과정에서 노동자들을 해고하거나 '자발적' 은퇴를 종용해 인력을 수천 명이나 줄였다.

이 같은 대대적 구조조정이 이루어지긴 했지만, 코카-콜라사의 청량음료를 생산하고 유통하는 데는 여전히 사람의 손이 필요했다. 그러나 새로운 경영진과 공장 폐쇄, 외주, 수당 없는 단기계약 등의 전략으로 말미암아 코카-콜라 그란 파밀리아 시대의 남아 있던 연결고리는 사라진 지 오래였다. 2000년대 중반 콜롬비아 코카-콜라에서 근무하던 직원들 가운데 75~80퍼센트가 임시직으로 일했다. 이들은 조합에 소속된 노동자들과 비교해 75퍼센트나 적은 월급을 받았으며, 조합의 보호를 받지 못한 채 불안정한 상태에서 일해야 했다.[39]

21세기 초 콜롬비아 코카-콜라 공장의 업무

콜롬비아 노동법이 신자유주의 노선을 채택하면서 인건비를 낮추도록 조작하고 조합의 힘을 약화시키기 위해 다양한 방법이 동원되었다. 노동조합이 결성되지 않은 수많은 일자리가 해고, 퇴직, 공장 라인 폐쇄 등의 조치로 사라졌다. 조합원들이 이를 자신들의 생계를 위태롭게 하고 조합을 결성하지 못하게 만들기 위한 직접적 공격으로 보는 것은 당연한 일이었다. 남아 있는 노동자들은 임시직 등 불안정한 고용 상태에서 일해야 했다. 독립적 고용주나 단기계약 조건으로 말미암아 노조에 가입할 수 없었으며, 불안정한 고용으로 조합을 결성할 수도 없었다. 이들은 하청업자, 임시 고용중개인, '협동조합'에 고용되었다. 여기서 협동조합은 이름과 상관없이 직접 고용된 노동자들이 수행하던 일을 단기 하청업자에게 나눠주는 역할을 맡았다.

공장이나 창고에서부터 소매상에 이르기까지 코카-콜라 제품 유통에 종사하던 노동자들은 특히 위태로운 상황이었다. 배송 기사들은 수당이나 일자리 안정을 제공하지 않는 노동협동조합과 계약해야 했다. 신자유주의 분위기에 맞춰 코카-콜라사는 배송 기사나 '소매 판매 대표'들에게 1인 기업으로 활동하라고 설득하기도 했다. 새로운 독립적 계약자들은 보틀러에게 직접 고용되는 대신 자영업 관리자로 일했고, 펩시에게서 코카-콜라 트럭을 대여하거나 구입해 직접 노동자를 고용해야 했다.

콜롬비아의 코카-콜라 조합은 신자유주의 노동 체제로 큰 타격을 입었다. 2005년 코카-콜라 콜롬비아 노동자의 7퍼센트만 조합에 가입했다. 콜롬비아 코카-콜라 보틀링 공장이나 유통 공장에서 일하는 이들은 대부분 유연한 노동자로 언제든 해고될 수 있었다. 회사는 지나친 요구 조건을 제시하는 임시직 노동자의 단기계약을 거부할 수 있었고, 고용회사나 협동조합의 하청을 받은 노동자들의 고용계약서에는 조합에 가입할 수 있는 권리를 제한하는 조항이 포함돼 있었다.

조합의 지도자들은 대부분 1990년대 초 조합에 가입한 이들로 새로운 임시 노동자나 하청 노동자와 비교해 나이가 많았다. 시날트라이날 회원들은 생산 라인에서 비교적 직책이 높았고, 기술 수준이나 보수가 높은 안정적인 일을 맡고 있었다. 콜롬비아 법률에 따라 한 공장에 여러 조합이 존재할 수 있었는데, 노동자들의 주장에 따르면 파남코(훗날에는 펩시)는 전투적인 기존 조합의 세력을 꺾기 위해 대립적인 신디카토스 아마릴로스 Sindicatos amarillos, '노란' 기업조합의 성장을 장려했다고 한다. 콜롬비아의 법은 소수 조합(공장 근로자의 대다수를 대변하지 않는 조합)의 파업을 금했기 때문에 조합이 노동자의 힘을 키우는 것이 아니라 꺾어버리는 상황이었다. 시날트라이날은 여전히 콜롬비아에서 가장 큰 조합으로 콜롬비아 코카-콜라 노동조합원의 45퍼센트가 이 조합의 소속이었다. 그러나 대부분은 개인 공장에 속한 소수 조합으로, 노동자의 활동을 법적으로 보호할 수 있는 역량이 한정적이었다. 코카-콜라사의 노동 관행과 콜롬비아의 노동법은 시날트라이날 회원을 말살시키기에 이르렀고, 2005년 코카-콜라 공장 내 시날트라이날 회원 수는 1,400명에서 314명으로 급감했다. 이런 상황은 그들의 삶을 위협하고 조합을 낙인찍는 물리적 폭력으로 더 악화되었다.[#40]

이런 고난에도 시날트라이날은 조합원뿐 아니라 콜롬비아의 전반적인 사회·경제 정의를 위하는 전투적 목소리를 냈다. 그들은 신자유주의 정부 개혁을 거세게 공격하고, 이 정책에 따른 '프레카리자시온과 빈곤'을 비난했으며, 정책이 조합원의 생계와 노동자 조직에 미치는 영향을 통해 대중의 이목을 집중시켰다. 또한 식량과 음료 산업에 종사하는 노동자의 입장에서 이런 경제적 변화가 콜롬비아인들의 물리적·이념적 지속에 위협이 된다고 비판했다. 코카-콜라, 네슬레, 유니레버, 나비스코 등 가장 유명하고 내장적인(물리적으로 소비되기 때문에) 글로벌 브랜드를 생산하는 다국적 식품과 음료 기업 노동자들을 대변하는 시날트라이날의 지도자들은 이런 변화를 향한 저항에서 자신들이 중요한 역할을 맡고 있다고 생각했다. 시날트라이날은 마르크스주의 성향을 바탕으로 인권단체 캄페시노Campesino, 농민단체, 난민 집단, 정치범과 정부 탄압의 희생자 옹호 단체 등 광범위한 조합과 협력관계를 맺었다. 미국의 관점에서 이는 '사회운동조합'이었다. 그러나 라틴아메리카의 광범위한 정치 스펙트럼에서 이는 조합원을 위한 생계뿐 아니라 콜롬비아의 대규모 사회적 변화를 추구하는 혁명가 계급의 정치였다. 조합원들은 시위와 단식투쟁을 통한 급진적 정책, 코카-콜라사의 노동 관행을 향한 공개적 규탄으로 불법 무장단체의 공공연한 공격 대상이 되었다.

코카-콜라 노동자와 불법 무장단체의 폭력

콜롬비아의 불법 무장 세력과 폭력 사태는 복잡한 역사에서 비롯되었다. 1958~1974년에는 비민주적 중도주의 통일국민전선Frente Nacional이 콜롬비아를 지배했다. 라 비올렌시아로 알려진 수십 년간의 폭력 사태를 끝내기 위해 엘리트 자유당과 보수당은 상호 이익과 반사회주의를 바탕으로 동맹을 맺어 정권과 대통령직에 대한 타협을 이루어냈다. 주류 정치에서 벗어난 정치 세력은 민주적 정치에서 배제되었고, 급진적 단체들은 시골 지역의 반자치적 사회주의 소수 집단 거주지로 쫓겨났다. 1960년대 중반 지속적 빈곤과 토지소유권의 집중, 제한적 민주주의, 라 비올렌시아 당파 싸움이라는 유산을 딛고 혁명적 게릴라단체, 대표적으로 콜롬비아 무장혁명군FARC과 국민해방군ELN이 탄생했다. 이들은 쿠바혁명, 해방신학, 마르크스주의-레닌주의, (훗날에는) 모택동주의에서 영감을 받았다. 토지를 소유한 엘리트층은 이들에게 대항하기 위해 자체 군대를 만들었다. 자신들의 이익을 보호하기 위해 그들이 창설한 오토디펜사스Autodefensas, 즉 '자위' 준군사단체는 더욱 조직적이고 폭력적으로 바뀌었으며 토지소유자, 기업가, 마약 밀매자, 우익 정치인의 힘을 집행하는 역할을 했다.

미국은 미국 기업과 지정학적 이익을 보호하기 위해 콜롬비아에 자금을 대주면서 이 싸움에서 중요한 역할을 맡았다. 콜롬비아는 냉전 기간 미국이 라틴아메리카에서 전략적으로 택한 정치적·군사적 동맹국이었으며 미국에게서 군사 원조, 자금 대출, 반사회주의 정책을 위한 정치적 지원뿐 아니라 대반란 캠페인과 관련된 조언과 훈련을 제공받았다. 수십 년 후 비국가 무장단체가 온갖 무력 분쟁을 해결하는 데 코카 경작과 코카인 무역에서 나온 수익이 이용된 사실이 밝혀지면서 미국은 콜롬비아에 영향력을 키울 새로운 기회를 포착했다. 미국은 '마약 퇴치'와 (코카 산업뿐 아니라 게릴라단체를 뿌리 뽑기 위한) '콜롬비아 플랜' 아래 재정적·기술적 지원을 했으며 콜롬비아에 수십 억 달러의 자금과 군사훈련, 무기를 제공했다.[41]

콜롬비아 정부는 군사력을 통해 민주주의가 제대로 기능하도록 게릴라 군대를 폭력적으로 진압한다는 명목 아래 비합법적 살상을 자행했다. 이때 불법 무장단체 암살단의 손을 빌렸다.[42] 콜롬비아 군대와 정부는 무장 시민단체에 은신처를 제공했고, 때때로 이들을 전면 지지하기까지 했다. 2000년대 파라폴리티카Parapolitica, 초정치 추문을 통해 정치인과 불법 무장단체와의 공모가 드러났다. 불법 무장단체 세력은 광범위하게 분산된 상태로 정부나 자본가의 이익과 긴밀하게 얽혀 있었다. 덕분에 콜롬비아 정부는 폭력의 책임에서 벗어날 수 있었는데, 이는 '초정부Para-State'를 낳았다.[43] 불법 무장단체는 엘리트층과 기업의 이익을 보호했으며, 자본을 확장시키기 위해 특정 지역에서 폭력을 행사했으며, 주민을 통제하기 위해 공포스러운 분위기를 조장했다.

1980년대 중반 FARC는 '모든 형태의 투쟁조합' 정책을 채택해 여러 방면에서 콜롬비아 자본주의에 맞섰다. FARC의 정치당 유니온 파트리오티카(애국동맹)는 공식적이고 민주적 방법으로 권력을 얻고자 했지만 수천 명의 당원이 불법 무장 세력의 암살 대상자가 되었다. 조합이나 좌익 사회운동단체는 이념과 목표가 게릴라 세력과 겹칠 때도 있었지만 이를 구현하는 방법에서는 차이를 보였다. 그러나 우익 불법 무장단체와 그들의 조력자 엘리트는 그들 모두를 겨냥했다. "결과는 참담했다. 비무장 운동가, 급진주의자, 사회주의자는 체제 전복을 꿈꾸는 국가의 적으로 인식되었으며 치안부대와 동맹을 맺은 중무장한 민간 군대의 공격을 받았다."#44

1980년대부터 2000년대까지 해를 거듭할수록 더 많은 조합원이 사망했다. 1986~2003년에 거의 4,000명의 조합원이 살해당했다. 콜롬비아는 조합원이 되기에 전 세계에서 가장 위험한 국가로 인식되었고, 조합을 조직하는 것은 콜롬비아에서 '가장 위험한 일'로 여겨졌다.#45 인권 옹호자들은 불법 무장단체가 (무역 조합원들처럼) 체제 전복을 시도하는 이들을 상대로 전쟁을 펼치기 때문이라고 주장했지만, 이 단체가 기소된 적은 거의 없었다.#46 불법 무장 세력이 휘두른 폭력은 노동자 관리에 있어 효과적 수단이었다. 시날트라이날을 향한 선택적 암살, 감금, 익명의 협박으로 콜롬비아 코카-콜라 노동자들의 힘은 갈수록 약화되었다. 2005년 국제인권사절단은 콜롬비아에 "코카-콜라 직원의 인권 침해가 179건 발생했다"라고 보고했다. 대부분의 폭력은 비슷한 패턴으로 조합이 파업이나 시위, 계약 협상에서 코카-콜라사나 보틀러와 충돌할 때 일어났다.#47

인류학자 레슬리 질Leslie Gill은 "불법 무장단체는 콜롬비아 내 자본 축적이라는 새로운 시대의 탄생을 도운 '신자유주의의 조산사'였다"라고 하면서 설득력 있는 주장을 펼쳤다. "불법 무장단체가 휘두른 폭력은 신자유주의 경제개혁에 반대하는 '체제 전복적 세력'이라고 낙인찍힌 노동자를 진압하고 그들의 토지를 몰수하며 지도자를 암살함으로써 개방경제를 지지하고 도와주었다."#48

연구자와 인권단체의 지원을 받은 무역 조합원들은 계속 기업과 무장단체가 연결되어 있다고 주장했다. 불법 무장단체가 특정 지역을 점령하고

'문제가 되는' 현지인을 몰아내면 기업이 뒤이어 나타나 저렴한 땅값과 수동적인 노동자라는 좋은 조건을 갖춘 곳으로 진출했다.

시날트라이날 조합원들은 코카-콜라사를 비롯한 많은 기업이 불법 무장단체와 연루되어 있음을 밝힌 스티븐 더들리 기자의《걸어다니는 유령 Walking Ghosts》을 자주 인용했다. "불법 무장단체 지도자들은 인터뷰에서 자신들이 콜롬비아에서 활동하는 많은 기업의 이익을 보호하고 있다고 몇 번이나 강조했다. AUC콜롬비아 자위대로 1990년대와 2000년대에 활동한 우익 준군사단체의 느슨한 국가연합는 브리티시페트롤리엄BP의 유전 근처에 상주했다. …… 돌Dole과 치키타Chiquita가 대형 바나나 농장을 운영하는 곳 …… (그리고) 알리바마 기업 드러먼드Drummond가 소유한 탄광 주위 역시 마찬가지였다. 그들은 콜롬비아 전역에서 코카-콜라 보틀링 공장 근처에 기지를 설립했다."#49 최소한 치키타의 경우에는 이것이 사실로 밝혀졌다. 치키타는 2007년 미국 정부와의 유죄 협상에서 우라바 지역의 AUC에 170만 달러를 주었다고 시인했으며, 2,500만 달러의 벌금에 합의했다.#50 우라바, 카레파에 위치한 코카-콜라 베비다스 앤 알리멘토스 공장은 바나나 농장 한가운데 자리 잡고 있었다.

시날트라이날을 향한 불법 무장단체의 공격 가운데 가장 극악무도한 공격은 카레파 노조를 전멸시키고 1996년 베비다스 앤 알리멘토스에서 회장 이시드로 질을 암살한 것이었다. 불법 무장단체는 다른 조합 지도자도 암살하려고 했다. 몇 년 뒤 화재의 흔적이 그대로인 카레파 조합 사무실에 앉아 노동자들은 불법 무장단체가 공장을 점령한 뒤 마치 자신들의 것인 양 기업을 차지했다고 진술했다.#51 폭력의 위협이 지속되자 남아 있는 시날트라이날 지도자들 가운데 상당수가 보고타로 떠났고, 그곳에서 노동부에 항의했으나 별다른 소득을 거두지 못했다.

2008년 가을 현지 바나나 농장과 목장 소유주들은 바나나 노동자들의 거세지는 군사주의를 진압하기 위해 불법 무장단체의 지휘관으로 활동하며 정부 허가를 받은 지역 경호단체와 협력했음을 인정했다.[52] 단체는 암살과 대량 학살을 자행했으며, 지역 토지 소유자와 치키타, (코카-콜라사의 경쟁사) 포스토분 등 기업에게서 안전을 지켜주는 대가로 돈을 받았다고 시인했다. 처음에는 코카-콜라사 역시 불법 무장단체에 돈을 주었다고 말했지만, 나중에는 진술을 번복해 헷갈렸다고 말했다. 그러나 카레파 코카-콜라 공장에서 3명의 조합 지도자가 살해당했다고 시인했다.[53]

불법 무장단체가 점령한 지역 내에서는 이런 협박이 만연했고, 무역 조합원들 사이에서는 공포스러운 분위기가 조성되었다. 시날트라이날은 콜롬비아 공장 관리자가 지역 경찰과 협력해 조합원을 불법적으로 감금했다고 고발했다. 코카-콜라 공장에서 오래 일한 노동자들은 보틀링 기업이 합병되고 상장되는 동안 (커비 같은) 소형 보틀링 공장을 소유한 미국인들이 나이가 들고 더 이상 공장 운영에 관여할 수 없게 되자 공장 관리가 콜롬비아인들에게 넘어갔다고 말했다. 시날트라이날은 이들 가운데 일부가 불법 무장 세력과 관련이 있었을 거라고 의심했다. 1995년 근로자의료보험을 없앤 것에 반대해 5일 동안 파업이 이어지자 부카라망가의 파남코 공장 관리자들은 시날트라이날 회원들이 공장에 폭탄을 설치했다고 고소했다. 익명의 증인 진술로 조합원 3명이 6개월 동안 투옥되었는데, 결국 담당 검사는 폭탄이 없었던 것으로 결론을 내렸다. 그러나 재판이 이어지는 동안 조합원의 가족들은 생활고에 시달렸고, 마을 사람들에게서 비난을 받았다. 또한 공장 관리자가 남아 있는 시날트라이날 회원들을 협박해 시날트라이날 회원 수는 260명에서 50명으로 급감했다.[54]

불법 무장 세력은 종종 시날트라이날 회원의 가족을 겨냥하기도 했는데, 불법 무장단체의 위협이나 폭력에 자녀가 희생되지 않은 조합원이 없을 정도였다. 바랑키야에서는 조합 지도자 림베르토 카란자의 열다섯 살 된 아들이 납치되어 잔인하게 구타당하는 일이 발생했다. 불법 무장 세력은 아이에게 아버지가 살해 명단에 있다고 말했다. 2003년 9월 카란자는 기업이 일부 공장을 폐쇄하고 근로자에게 퇴직을 강요할 계획을 세우자 이에 반대하는 활동에 앞장선 적이 있었다.

시날트라이날 지도자들은 자신들이 무차별적 폭력의 부차적 피해자가 아니라 의도적 공격 대상자였다고 주장했다. 조합원들에게 자행된 폭력의 목적은 조합의 해체였다. 그들은 자신들이 코카-콜라 공장의 경영 방침에 반대할 때 이런 사건이 발생한 것은 우연이 아니라고 강조했다. 그들은 보틀링 기업이 전 육군 장교를 고용했다고 주장했다. 불법 무장 세력은 사설 경호원으로 위장했고, 관리자들은 불법 무장 세력과 결탁했다.[55] 시날트라이날은 이런 폭력이 일어나도록 내버려두고 가해자의 죄를 철저히 묻지 않으며 반체제 인사를 핍박하는 정부를 향해 공개적 비난을 퍼붓기도 했다. 조합 지도자들은 콜롬비아 인권운동에서 적극적인 역할을 맡게 되었고, 그 결과 급진적인 우익 성향의 불법 무장 세력은 그들을 향한 공격의 날을 더욱 세우게 되었다.

시날트라이날을 이끄는 하비에르 코레아는 불법 무장 세력을 콜롬비아 정부와 기업의 '숨겨진 팔'이라고 불렀다. 불법 무장 세력은 기득권층에 반대하는 모든 조직을 게릴라 세력으로 몰고, 폭력을 휘두를 대상으로 낙인 찍으며, 심지어 이런 폭력이 필요하다고 합리화함으로써 정치·경제 질서에 대해 반대의 목소리를 내는 사람들을 효과적으로 제압했다. 코레아는 이렇게 말했다. "그들은 우리가 게릴라라고 공개적으로 비난했습니다. …… 저는 그렇게 낙인찍혔죠. 그러고 나면 불법 무장단체가 개입합니다. …… 더러운 일이죠. 불법 무장단체는 공포스러운 분위기를 조성함으로써 정부나 이런 상황으로 말미암아 혜택을 보는 다른 사람들이 직접적으로 책임을 지지 않아도 되거나 그런 행위에 연루되어 있다는 것조차 드러나지 않도록 했죠."[56] 시날트라이날 조합원이 게릴라 세력과 연결되어 있다는 주장은 그들을 향한 폭력을 합리화함으로써 불법 무장 세력이 더욱 대담하게 공격하도록 만들었을 뿐 아니라 조합을 향한 대중의 지원을 약화시키기도 했다.

사날트레이날을 향한 낙인은 경제적·정치적으로 가장 큰 영향력을 발휘하는 집단에서 시작되었다. 2006년 기업의 사회적 책임에 대한 국제회의에서 부회장 프란시스코 산토스 칼데론은 코카-콜라사를 향한 반대를 연설의 주요 주제로 삼으며, 조합이 게릴라와 관련되어 있음을 넌지시 내비쳤다. "오늘날 일부 대학에서 코카-콜라사를 상대로 보이콧을 벌이고 있다. 이런 위협은 이 장치를 이념 전쟁의 요소이자 자본주의의 파괴로 보는 콜롬비아의 급진 세력이 주도하고 있다." 그는 콜롬비아의 산업 엘리트를 위로하며 극적으로 블랙리스트의 희생양을 무역 조합원에서 기업으로 바꾸었다.[57] 기업의 사회적 책임을 논하는 회의에서 기업의 부회장이 이렇게 공개적으로 비난했다는 사실은 (콜롬비아 코카-콜라 공장은 이 회의에서 자사가 무력투쟁의 사회적 비용을 낮추는 데 기여했음을 언급함) 그들의 강력한 힘이 콜롬비아 정부 고위층에까지 미쳤으며, 무역 조합원들의 사회적·물리적 삶을 위태롭게 만들기 위해 이들이 얼마나 애쓰고 있는지 보여주었다.

시날트라이날은 코카-콜라 공장에 한정되지 않는 급진적 비전을 추구했다. 신자유주의 세계화를 종식시키고 해외 부채를 없애자고 주장했으며, 제국주의적인 다국적 기업의 국영화와 국가 주권, 토착민, 캄페시노, 노동자로 이루어진 사회단체를 향한 불법 무장 세력의 압제에 맞선 정의, 콜롬비아 정부의 민주화, 부의 재분배, 급격한 사회 변화를 추구했다. 이런 노력으로 조합원들은 반동 세력의 공격 대상이 되었지만, 한편으로는 조합원들이 이런 폭력에 저항하고자 하는 동기부여가 되기도 했다.#58

시날트라이날 vs. 코카-콜라사

시날트라이날 노동자들과 이들을 지지하는 사람들은 코카-콜라사를 향한 투쟁에서 연대를 구축하기 위한 방법으로 코카-콜라 브랜드의 편재성, 재정적 관계를 비롯해 코카-콜라사의 보틀링 사업을 이용했다. 코카-콜라 공장 노동자의 인권을 보호하기 위해 이런 다국적 조직이 수립된 선례가 있었다. 1980년대 과테말라 시티의 코카-콜라 공장에서는 노동조합에 반대하는 공격적 정책이 시행되었고, 노동자들의 거세지는 급진주의를 잠재우기 위해 공장 관리자가 불법 무장단체와 결탁해 조합 지도자를 암살하는 일이 발생했다. 과테말라 노동조합이 국제식품노동조합연맹IUF에 호소하면서 코카-콜라를 상대로 전 세계적 보이콧과 주주 행동주의자 캠페인이 시작되었다. 결국 코카-콜라 본사가 개입해 이 공장을 파남코에 매각하면서 사건은 일단락되었는데, 이 해결책은 궁극적으로 코카-콜라사에 도움이 되었다.#59

과테말라 국가기관을 통해 정의를 실현하러 수년간 힘겨운 노력을 펼친 지 거의 20년 만에 시날트라이날과 미국의 동지들은 미국 법원에 소송을 제기하며 전 세계적인 보이콧에 착수했다. 그들은 다른 권위기관에 호소함으로써 콜롬비아에서와 달리 가해자에게 법적 책임을 물을 수 있기를 바랐다. 시날트라이날은 노동 활동주의를 실현한 새로운 전략을 찾기도 했다. 그들은 세계화된 자유시장 자본 때문에 코카-콜라 보틀링 공장의 합병, 금융화, 유연화가 이루어졌다고 생각했다. 조합은 국경을 초월하는 초국가적 신자유주의 체제가 노동자의 힘을 강화하는 데 사용될 수 있을 거라는 새로운 분석 결과를 바탕으로 전략을 수립했다. 시날트라이날과 미국의 동지들은 국제법원의 법적 개입이나 이로 말미암은 대중의 관심이 코카-콜라사가 콜롬비아 노동자와 무역 조합원들의 문제를 해결하고 코카-콜라 시스템을 개선시키도록 만들 수 있으리라고 생각했다.

2001년에 시날트라이날과 국제노동자권리포럼ILRF, 미철강노동자연합USW은 플로리다 연방법원에서 코카-콜라사와 파남코(펩시에 인수되기 직전이었음), 베비다스 앤 알리멘토스를 상대로 소송을 제기했다. 이들은 세 기업이 시날트라이날 조합원을 불법으로 감금하고 납치, 살해했다고 주장했다. USW의 변호인 단 코발리크는 시날트라이날을 지원할 법적 수단을 찾던 중 ILRF의 변호사들에게서 영감을 받았다. 그들은 정유회사 유노컬UNOCAL이 미얀마 군대와 결탁해 노동자와 그들의 인권을 남용했다면서 소송을 제기한 선례를 남겼다. 유노컬 소송의 경우처럼 코카-콜라 소송은 200년 된 외국인불법행위배상법ATS을 부활시켰다. 비시민이 미국 연방법원을 이용해 미국 밖에서 행해진 국제법 위반 행위를 기소할 수 있게 하는 법이었다. USW와 ILRF 변호사들은 피고 코카-콜라사가 불법 무장단체를 고용해 시날트라이날을 상대로 폭력을 행하도록 지시했고, 불법 무장단체와 코카-콜라 보틀링 공장 관리자가 한통속이 되어 조합원들을 위협했다고 고발했다.

코카-콜라사의 변론은 프랜차이즈 시스템의 법적 함의를 중심으로 돌아갔다. 코카-콜라사의 변호사들은 원고의 주장에 이의를 제기하는 대신 코카-콜라사는 공장을 직접 소유하거나 운영하지 않으며 통제하지도 않기 때문에 해당 보틀링 공장에서 벌어진 일에 대해 책임을 질 수 없다고 주장했다.[60] 원고 측은 코카-콜라사가 보틀러와 맺는 엄격한 '보틀러 계약'을 통해 프랜차이즈 보틀러에게 막대한 권력을 휘두른다고 주장했다. 코카-콜라사는 마케팅, 자금, 제조법, 용기, 직원의 자격 요건 등 핵심 생산 규정을 전부 통제하고 보틀러는 코카-콜라사가 원하는 대로, 코카-콜라사에 유리한 방향으로 존재한다는 게 그들의 주장이었다.[61] 그러나 2003년 법원은 코카-콜라사의 손을 들어주며 소송을 기각했다.

시날트라이날의 USW, ILRF 변호사는 다른 두 기업(파남코와 베비다스 앤 알리멘토스)을 상대로 한 소송이 계속되는 동안 코카-콜라사를 피고로 다시 불러들이기 위해 항소했으나 소용이 없었다. 시날트라이날 변호사는 노동자들이 콜롬비아에서 정의를 구현할 수 있는 수단이 없으며, 이런 남용이 국제법 위반에 해당함을 입증해야 했다. 2006년 법원은 보틀러가 폭력에 책임을 질 수 없다고 판결을 내렸는데, ATS를 적용하기 위해서는 이 사실을 입증할 수 있어야 했다. 2009년 항소심에서 판사는 변호사들이 제출한 증거가 충분하지 않다고 판결을 내렸는데, 피고 보틀러에 직접적인 책임을 물 수 있을 만한 증거가 불충분했던 것이다. 거래된 돈과 공통된 이념을 바탕으로 혐의를 제기할 수는 없었다.[#62]

코카-콜라사를 상대로 한 소송은 ATS를 사용해 기업이 해외에서 저지른 행위에 책임을 지게 하려는 수많은 노력 가운데 하나였다.[#63] 데이비드 하비의 주장대로 인권을 둘러싼 담론은 신자유주의에서 수용될 만한 반대 문화였다. (신체 훼손 등) 시민권과 정치권의 가장 악독한 침해는 법적 조치의 대상이 되었지만 정치적 투쟁과 경제적 정의를 추구하는 특정 계층의 요구는 법적 권한을 누리지 못했다.[#64] 시날트라이날의 소송은 개인의 인권 침해 사례에 법적으로 국한되어 있었을 뿐 신자유주의 노동개혁으로 악화된 사회적 불평등, 계급투쟁, 노동자의 불안정한 상태, 조합을 향한 폭력 등 그들의 대의와 맥락에는 관심을 기울이지 않았다. 이런 인권 소송은 노동조합원들을 개인으로 여겨 "불만의 집단적 표현이나 구조적 개혁을 향한 요구"를 배제할 위험성을 낳았으며, 그 결과 노동자들이 누려야 할 힘이 법원이라는 권위적 목소리의 중재자인 변호사에게로 넘어갔다. 시날트라이날 역시 법적 조치의 한계를 인정했다. 그러나 불법 무장단체가 노동자들과 콜롬비아 사회정의단체를 괴롭히는 가운데 법적 조치는 국제적 연대와 다국적 기업을 향한 집단적 압력을 통해 그들의 세력을 확대할 수 있는 유일한 발판이었다.[#65]

'킬러 코크' 브랜드를 둘러싼 전쟁

운동가와 코카-콜라사 모두 코카-콜라를 상대로 한 진짜 소송은 대중의 의견이라는 또 다른 법원에서 진행되리라는 것을 알았다. 이는 수익에 큰 영향을 미칠 수 있었다. 세간의 이목을 끈 미국 법원에서의 소송을 통해 미국 기업에 책임을 지우려고 했던 운동가들은 이제 코카-콜라사와 브랜드 이미지를 상대로 홍보 전쟁을 펼쳤다. 소비자들이 코카-콜라 제품을 구입하지 않도록 만류함으로써 코카-콜라사가 노동자들과 합의하도록 만드는 게 목적이었다. 미국에서 '킬러 코크' 캠페인을 주동한 운동가와 반착취대학생연합USAS, 경제정의추구학생연합SEJ 등 학생-노동자 연합은 구내 코카-콜라 자판기와 콜롬비아 코카-콜라 공장에서 자행되는 폭력이 연결되어 있다고 학생들을 설득했다. 2007년 북아메리카와 유럽 내 200개 대학의 학생들이 시위를 벌였고, 45개 학교가 코카-콜라사와 계약을 종료하거나 임시로나마 갱신을 거부했다.#66

2005년 잡지 《네이션》은 코카-콜라사를 상대로 한 학생운동의 물결을 "나이키를 상대로 펼친 캠페인 이후 가장 큰 반기업운동"#67이라고 불렀다. 나이키를 상대로 한 당시 캠페인은 의류 공장의 노동자 학대를 해결하기 위해 교내 의류 계약을 문제 삼은 1990년대 말 학생운동이었다. 코카-콜라사에 반대하는 운동가들은 당시의 반착취 노동운동을 계승한 것으로, 정치적·조직적으로도 선례에 크게 의지했다. 반착취대학생연합은 국가적 캠페인 전략을 수립하고 교내 협의회를 이용해 코카-콜라사에 대항했다. 코카-콜라사의 임원들은 학생들이 잘못 알고 있다고 주장했는데, 의류 산업과 청량음료 산업의 제품 사슬은 근본적으로 다르기 때문이라고 했다.

전자가 노동 착취로 생산된 제품을 판매하기 위해 학교로 들여오는 반면, 프랜차이즈로 운영되는 코카-콜라는 현지에서 음료를 생산하고 판매했다. 콜롬비아의 반노조 환경에서 생산되는 코카-콜라는 콜롬비아에서 판매되었고, 미국과 유럽 소비자가 구매하는 제품은 미국이나 유럽 현지에서 '독립적인' 보틀링 기업을 통해 생산된다는 것이 그들의 설명이었다.

그러나 학생운동가들은 이 말에 설득당하지 않았으며, 물리적으로도 상징적으로도 코카-콜라 시스템을 통해 연결되어 있다고 생각했다. 코카-콜라 제품을 구매할 경우 노동 착취라는 제도의 폭력적 시행으로 이득을 보는 기업을 지지하는 것이고, 코카-콜라를 행복과 동일시하려고 하는 기업의 속임수에 넘어가 노동자의 고통에 눈을 감는 것이라고 여겼다. 많은 학생은 멀리 떨어진 나라의 노동자들과 연대해 행동에 나서야 하며, 그렇지 않을 경우 코카-콜라사가 전 세계에서 자행하는 노동 관행에 공모자가 된다고 주장했다. 좀 더 직접적으로 학생들은 선진국 내 대학과의 재정적 관계에 위협을 가함으로써 코카-콜라사에 경제적 압력을 행사한다면 개발도상국에서 기업의 책임을 이끌어낼 수 있을 거라고 생각했다. 이 같은 캠페인은 코카-콜라사의 인도 물 사용에 반대하는 지역사회와 연대함으로써 당시대의 중요한 연결고리가 되기도 했다.

학생들은 멀리 떨어진 나라의 노동과 환경 관행을 우려한 데서 그치지 않고 자신들의 입장에서 코카-콜라 글로벌 시스템을 향해 비난의 목소리를 높였다. 그들은 코카-콜라사의 '퍼부을 권리*pouring rights*'를 얻기 위한 수백 억 달러에 달하는 계약, 교내에서의 독점적 청량음료 판매, 기업 이름과 로고를 사용한 마케팅을 비난했다. 학생들은 코카-콜라사와 대학 사이에 이루어지는 계약에 조직적으로 반대하고 나섰다. 콜롬비아의 노동 불안 정성과 폭력, 인도의 물 탈취와 사유화, 미국 교육권의 기업화 등 세계 곳 곳에서 일어나고 있는 신자유주의에 도전하기 위해서였다.

시날트라이날을 지원한 미국 운동가들의 활동주의는 레이 로저스가 진 두지휘한 '킬러 코크' 캠페인 덕분이었다. 그가 1970년대에 기업 캠페인 주식회사를 통해 노동조합에 홍보한 '기업 캠페인'은 지역적인 노동투쟁을 대규모 이미지 전쟁으로 바꾸는 것을 목표로 삼았다. '킬러 코크' 캠페인 운동가들은 코카-콜라사를 연구하고 이 기업과 경제적으로 연결된 단체와 압력 지점을 파악했다. 이벤트를 주최하고 웹사이트를 운영해 시위 소식을 전하고 상호 교류했으며, 방대한 양의 캠페인 자료를 만들었다. 로저스의 기업 캠페인 전략은 부흥하는 신자유주의, 감소하는 조합, 레이건 시대 노 동자를 향한 공격의 산물이었다. 당시에는 조합이 회사를 상대로 싸울 수 있는 유일한 방법은 일하지 않는 것이었으나 기업의 비타협적 태도, 정부 가 승인한 조합 깨부수기, 조합원 수의 감소라는 문제에 직면한 상황에서 파업만으로 승리를 쟁취한다는 것이 점차 어려워지고 있었다. 조합은 다른 방법으로 압력을 가해야 했다. 즉 기업의 착취와 불법적 행위로 관심을 집 중시키는 새로운 이야기를 하며 고용주를 둘러싼 홍보에 맞서야 했다. 이 런 캠페인의 주요 전략은 부정적 브랜드 이미지나 소비자 보이콧을 이끌어 내는 것이었다. 기업의 성공에 반드시 필요한 관련 산업과 투자를 활용하기 도 하며 노동자의 계약과 관련된 문제보다 광범위한 사안을 문제 삼았다.

'킬러 코크' 캠페인의 가장 성공적 활동은 인권 침해를 염려하는 소비 자로서 학생들을 동원한 것이었다. 학생들은 대학과의 독점계약을 파기하게 만들겠다고 협박함으로써 코카-콜라사에 압력을 가했다. 노동자가 아닌 직원들로 운영되며 외부 단체의 활동과 이익에 좌우되는 기업 캠페인은 하향식 노동 조합주의를 양산했다. 이런 노동 조합주의는 노동자의 중개인을 결정하는 과정에 정작 그들의 요구를 반영하지 않음으로써 일반 조합원의 이익과 충돌하거나 그들의 힘을 제한시킬 수 있었다.[#68] 그러나 기업 캠페인은 다른 노동자나 운동가와의 연대를 필요로 했으며, 캠페인을 구축하는 과정에서 다른 사람들의 문제에 귀 기울이게 만들었다. 코카-콜라사는 이런 캠페인에 맞서 '킬러 코크'의 전략을 본뜬 '풀뿌리' 캠페인을 전개했다. 운동가들의 코크팩트오알지Cokefacts.org와 경쟁하기 위한 코크팩트닷컴Cokefacts.com을 운영하며 문서나 짧은 영상을 배포했고, 운동가처럼 e-메일 경고를 통해 웹사이트를 방문하는 이들이 친구들에게 '사실'을 전하도록 했다.

킬러 코크는 브랜드 제품이나 다국적 기업과 관련된 소비자 캠페인이 늘 그래 왔듯 정치적 문제에 맞닥뜨렸다. 이 캠페인은 전 세계 사람들에게 널리 알려진 코카-콜라 브랜드를 이용해 소비자들에게 '비판적 페티시즘(물신숭배)'을 권했다. 즉 사람들이 제품의 생산과 소비 상황을 살펴보고 평가하도록 장려한 것이다.[#69] 그러나 캠페인의 대표적 전략은 새로운 집착을 낳았다. 폭력의 대리인이 된 브랜드 제품과 희생된 콜롬비아 노동자의 이미지는 관심과 동정을 자아내도록 포장되었고, 이 과정에서 시날트라이날 조합원을 향한 비판이 사라졌다. 이런 캠페인은 다국적 기업이 생산하는 눈에 띄는 브랜드 소비재에 주의를 환기시킴으로써 환경이나 노동 기준을 지키지 않는 덜 알려진 극악무도한 범죄자를 비롯해 착취와 외주 생산이라는 복잡하고 길다란 제품 사슬 속에 가려진 이들을 간과했다. 소비자와 기업에 초점을 맞추며 그들을 점진적인 사회 변화의 중개인으로 묘사하는 기업 캠페인의 성향은 정치 활동의 시장화(정부에서 시장으로 옮겨가기)를 낳을 수도 있다. '킬러 코크' 캠페인은 콜롬비아 내 미국의 역할, 불평등과 폭력을 해결해야 하는 콜롬비아 정부의 역할, 노동자의 권리를 보호할 두 정부의 잠정적 역할 등 정부의 역할을 소홀히 여겼던 것이다.#70

킬러 코크 운동가들은 기업에 압력을 가하기 위해 코카-콜라 시스템 내 다른 힘 있는 세력에게도 호소했다. 바로 코카-콜라사의 주주와 잠정적 투자자인데, 이는 노동자들이 당한 폭력에 대중의 이목을 집중시키고 심지어 투자자의 투자를 단념시키기 위한 전략이었다. 그러나 이 캠페인에 직접 연루되지 않은 개인, 예를 들면 노동자의 권리를 지키고 싶지만 개혁된 기업에게서 지속적인 수익도 거두고자 한 진보적인 투자자들은 캠페인이 아닌 연례 주주회의를 통해 공식 발표를 했고, 노동자 권리와 노동조합에 대한 해결책을 제시했으며, 기업이 투명성을 높이고 바람직한 사업 관행을 실행할 것을 요구했다. 이들은 사회적 책임이 있는 투자와 주주 활동주의라는 담론을 바탕으로 코카-콜라사의 환경과 인권정책이 재정 성과(생산 저해, 판매 감소, 잠정적 투자자 차단 등)에 영향을 미칠 것이라는 논리로 자신들의 요구를 합리화시켰다. 그러나 이런 형태의 투자자 활동주의는 정치적 제약이 컸다. 주식을 가진 이들, 궁극적 동기가 수익인 이들에게만 투표권이 있었기 때문이다.

단기적 영향이 클 것으로 예상된 이런 사회 변화 모델은 시장 해결책을 장려할 위험이 있었다. 즉 코카-콜라가 아닌 다른 제품을 선택하거나 좀 더

'책임 있는' 기업이 주주에게 더 많은 수익을 안겨준다는 투자 논리를 따르라고 권할 수도 있었다. 기업은 소비자 충성도와 이익을 두고 경쟁하는, 기업의 사회적 책임이나 박애주의라는 새로운 시장을 창출함으로써 이런 운동을 자신들에게 유리한 방향으로 활용할 수 있었다(이 부분은 마지막 장에서 논하겠다). 킬러 코크 운동가 네트워크는 이런 점에서 그 자체가 신자유주의 세계화의 상징이었다. 초국가적 운동가, NGO, 기업이 국경을 초월한 정치권에서 중요한 역할을 맡았기 때문이다. 조합의 힘과 정부 규제가 줄어들자 이 네트워크는 시장을 통해 더욱 조직화되었다.

국제적인 연대 조직은 콜롬비아의 특수성이나 시날트라이날의 마르크스주의적 비판의 복잡성을 제대로 해석하지 못한 채 인권의 비정상적 침해라는 상징과 담론에 의존했고, 노동자의 정치적 목소리는 단순화되거나 제거되었다. 캠페인은 다양한 권력과 계층 간에 연대를 구축하는 난제에 부딪혔으며, 시날트라이날 조합원이나 국제 동지의 목표와 정치적 이념 간의 분리도 겪었다. 미국에서 콜롬비아 노동자 캠페인을 이끄는 가장 큰 유권자는 학생이었고 백인, 중산층이었다. 그들은 노동운동을 경험한 적이 별로 없었다. 교정에서 개최된 행사에서 신변 보호를 위해 미국이나 유럽으로 이주한 시날트라이날 지도자를 만나거나 노동자들에게 폭력의 위험에서 한숨 돌릴 기회를 주고 킬러 코크 캠페인을 조직하기 위해 노동자와 라틴아메리카 연대단체를 후원하는 차원에서 연대 투어에 참여하기도 했다.

이 캠페인은 대학생이라는 광범위한 유권자에게 다가가기 위해 나쁜 기업의 제품을 소비하지 않는 행동에 초점을 맞췄다. 그 결과 콜롬비아 노동자가 아니라 미국 소비자라는 중개인이 더 많은 특권을 누렸고, 심지어 시장은 정치적 표현을 할 수 있는 주요 장소로 인정받았다. '진보적인 반소비지상주의'와 기업의 불법 행위를 향해 비난의 목소리를 높이기는 했지만 소비에 초점을 맞춘 것은 시날트라이날의 반자본주의 정책이 추구하는 바와 전혀 달랐다.[71]

소비(또는 소비하지 않는 것)에 초점을 맞추는 전략은 소비자에게 노동자 탄압에 연루된 기업 제품을 더욱 의식하도록 만들어 도처에 존재하는 코카-콜라 브랜드 이미지를 사용하는 전략과 짝을 이루었다. 그러나 이런 이미지는 캠페인을 이해하는 주된 방법이 되었고, 캠페인 가운데서 코카-콜라 제품은 폭력의 중개인으로서 힘을 부여받아 총이나 유독성 상품, 조합원 암살가가 되었다. 이런 '애드버스팅' 또는 안티-브랜딩은 초창기 슬로건처럼 코카-콜라를 말 그대로 '생각할 수 없는, 마실 수 없는 음료'로 만들었다. 포스터나 시위 자료에 가장 반복적으로 등장하는 이미지는 유혈이 낭자한 코카-콜라였다. 붉은색 용기와 그 안의 검은색 액체에서 영감을 받은 운동가들은 국외 소비를 위해 콜롬비아에서 자행되는 폭력을 상징적으로 보여주려고 했는데, 혐오감을 유발하는 게 목적이었다. 코카-콜라병은 보통 총으로 그려졌다. 이런 포스터에서 코카-콜라는 실제로 '킬러 코크'가 되었다. 아이러니하게도 이 포스터에서 코카-콜라 제품은 노동조합원에 비해 다양한 모습으로 그려졌다. 조합원들은 무차별적으로 암살당하는 익명의 희생자로 단순하게 표현되었으며, 소비자들이 보호하고 옹호해야 할 온정주의적인 희생화의 대상으로 그려졌다.

시날트라이날이 제작한 포스터는 이와 대조적이었다. 조합원들은 대리인을 상징했으며 이시드로 세군도 질의 이미지처럼 특정한 공격의 대상으로 그려졌다. 1인칭 시점으로 쓴 포스터를 들거나 읽는 행위는 코카-콜라를 보이콧하겠다는 맹세가 되었으며("나는 코카-콜라를 마시지 않는다, 나는 죽음에 돈을 대지 않는다") 질을 추모하는 행위는 '코모 이시드로Como Isidro'처럼 살다 죽는 것에 자부심을 느끼도록 만들었다. 시날트라이날 조합회관에는 살해당한 조합원이 로스 마르티레스로Los martires로 추앙받았고, 다른 사람들은 노동조합원이 되기 가장 위험한 나라에서 희생할 각오를 다졌다.

연대 운동가들은 광범위한 소비자를 보이콧에 동참시키고 싶어 했다. 그들은 미국 소비자에게 다가가기 위해 시날트라이날의 투쟁을 인권 침해의 차원으로 묘사했다. 기자의 진술과 시위 자료는 불법 무장 세력의 폭력에 희생당한 조합원에 그 초점이 맞춰졌는데, 이 과정에서 자본주의적 착취라는 경제적 폭력, 신자유주의 노동개혁, 시날트라이날의 예리한 구조적 분석이라는 큰 맥락이 제거되었다. 운동가, 특히 USAS와 콜롬비아 연대 네트워크에 속한 운동가들은 콜롬비아에 연대 투어를 다녀오고 현지 노동자와 접촉했으며 노동자 계층의 자체 비판을 들은 덕분에 노동조합원들의 경험을 잘 알고 있었다. 그러나 '킬러 코크'의 광범위한 캠페인 메시지는 콜롬비아 노동자의 희생에 초점을 맞췄으며, 미국 사람들의 구미에 맞춰 시날트라이날 노동자의 경험과 정치를 알아듣기 쉽고 분명하게 전했다.

미국 대중에게는 착취라는 경제 상황과 폭력 관계에 대한 시날트라이날의 체계적 분석보다 인권을 둘러싼 서사가 호소력이 있었다. 20세기가 되면서 계층적이고 혁신적인 운동은 대중의 관심에서 멀어졌고 인권이라는 신자유주의 정치가 그 자리를 대신했다. 인권은 (시장에 반하지 않는) 개인적·정치적 자유로 받아들여졌고, 국제적인 NGO는 인권 침해를 극악무도한 신체 폭력으로 규정했다.

시날트라이날 역시 인권을 주장했지만 콜롬비아에서 인권은 사회주의 단체와 천주교 진보주의 세력에서 탄생한 개념으로 인권운동가로 낙인찍힐 경우 불법 무장단체의 집중 공격을 받을 수 있었다.[72] 시날트라이날 지도자 등 콜롬비아의 마르크스주의자들에게 인권은 집단 행동을 저해하는 부르주아의 정치 개념이었다. 그러나 불법 무장 세력이 조장한 공포와 신자유주의 노동개혁으로 사회 조직이 와해되고 피해의 개인화 경향이 강해지면서 인권은 콜롬비아의 계층투쟁에 반드시 필요한 도구가 되었다. 인권은 표현하고 상상할 수 있는 정치적 언어와 미래의 폭을 좁히기는 했지만 콜롬비아 노동자들이 다른 국가의 사람들에게 다가갈 수 있는 담론적 수단을 제공했다.[73]

이런 노력의 결과 미국의 수많은 운동가는 '킬러 코크' 캠페인을 글로벌 기업의 비정상적 인권 남용을 향한 비판으로 이해했다. 즉 코카-콜라사의 '거대함'과 전 세계적인 영향력, 규제적인 감시 요구, 기업개혁을 향한 운동가의 불만이 표현된 것으로 받아들였다. 콜롬비아 노동자의 경험을 시날트라이날의 관점에서, 즉 자본주의적 착취 양산과 강탈의 징후이자 신자유주의 아래 이루어진 노동자 계층의 재편성으로 보는 사람은 별로 없었다. 레슬리 질이 지적했듯 다른 세상이 불가능해 보이는 미국에서는 '반기업' 정서와 '반세계화' 활동주의가 반자본주의 정치를 대신했다.[74] 기존의 연관성을 고려할 때 반기업 정치는 연대나 광범위한 계층적 비판의 토대가 될 수 있었다.

오늘날 '킬러 코크' 캠페인을 바라보는 미국인의 시각은 다를 수 있다.

2010년 이후 미국은 대규모 경제위기를 겪었다. 또한 (특히 기업 및 금융자본과 상위 '1퍼센트'의 수혜자라는) 엘리트층에 반대하는 다양한 운동이 일어났으며, 비록 다른 언어로라도(1퍼센트 대 99퍼센트) 계층에 대해 논의할 필요가 있음을 깨달은 노동운동도 일어났다. 창고화와 자동화라는 구조조정과 노동의 단순화에 대한 논의, '독립적 계약'의 경험과 (우버 운전사에서부터 학계에 이르기까지) 다양한 분야의 유연한 노동 형태를 고려했을 때 미국 노동자는 코카-콜라사의 단기 보틀링 노동자, 자영업 트럭 운전사, 시날트라이날에게서 배울 점이 많다. 지난 수년간 노동자들이 겪은 고통을 목격한 우리는 콜롬비아 노동자에게 가해진 극악무도한 인권 남용뿐 아니라 그런 불안정한 상황을 낳고 그들이 투쟁할 수밖에 없게 만들고, 그들을 폭력 대상이 되게 만든 노동 불평등을 해결하는 역량을 키워 나가야 할 것이다.

시날트라이날 지도자는 전 세계 연대 조직이 보내온 포스터와 편지, 예술작품, 핀을 비롯한 기타 물품을 보면서 국제 캠페인의 성공에 자부심을 가졌다. 그들은 국제 캠페인 덕분에 목숨을 부지할 수 있었다고 말했다. 전 세계인이 그들에게 자행된 불법 무장 세력의 폭력에 관심을 기울이자 그들을 향한 위협이 완전히 사라지지는 않았더라도 캠페인이 지속되는 동안 최소한 살해당한 코카-콜라 조합원은 없었다(다른 기업의 조합원은 그렇지 않았다). 조합 지도자를 비롯해 평회원조차 캠페인을 통해 정당성을 입증받았다. 그들은 자신의 일과 투쟁이 미국, 유럽, 인도 운동가 네트워크에 반영되는 것을 보았다.

안타깝게도 미국과 유럽의 노동운동은 상당수 이 캠페인을 주로 법적·기업적 활동으로 보았으며, 일반인의 운동이나 계층에 기반한 연대로 보지 않았다. 캠페인은 콜롬비아 노동운동과 미국 노동운동 간의 초국가적 연대 형성을 저해하는 역사적 걸림돌이라는 불편한 기반 위에 구축되었다. 냉전 기간에 미국의 대표적 노동연맹인 미국노동총연맹·산업별조합회의AFL-CIO은 라틴아메리카를 향한 미국의 해외정책과 기업의 팽창주의, 반사회 주의를 지지했다. 미국 내 노동조합은 다른 국가의 노동자들을 향해 '미국 예외주의' 입장을 채택했다. 즉 그들은 미국이라는 국가가 우선이고 노동 자는 그다음이라고 생각했으며, 자신들과 해외 노동자 간에 공통된 목표가 있다고 생각하지 못했다. 이는 20세기 중반 미국 내 좌익 조합의 정치 세력 을 탄압한 매카시즘1950~1954년 미국을 휩쓴 일련의 반공산주의 선풍. 미국 위스콘신 주 출신의 공화당 상원의원 J.R. 매카시의 이름에서 유래되었음-옮긴이 반공산주의 숙청 때문이었다. 미국 정부와 협력한 AFL-CIO는 미국자유노동발전협회AIFLD 와 국제자유노동조합연합ICFTU 등 단체를 통해 라틴아메리카에 반공산주 의를 비롯해 노사 간 협력이라는 합리적이고 온건적인 모델을 전파했다.

1962~1968년 코카-콜라 엑스포트는 스탠더드 앤 모빌 오일 컴퍼니와 스탠더드 앤 유나이티드 프루트사 등 기업의 대열에 합류해 AIFLD가 미 국자유노동조합을 본떠 라틴아메리카 조합을 창설하는 데 자금을 지원했 다. 미국자유노동조합에서 '자유'는 조합에 가입할 자유를 의미할 뿐 아니 라 공산주의의 영향에서 벗어날 자유도 의미했다. AIFLD는 노동조합의 조 직이나 경영과 관련된 훈련을 비롯해 미국 내 교육과 견학을 제공했고, 건 물의 건설이나 구매에 자금을 빌려주었으며, 광범위한 정치 목표보다는 사 업 연합주의를 강조했다.#75 AFL-CIO는 라틴아메리카 조합의 이런 합리 화와 온건화 노선을 지지했다. 게다가 1980년대와 1990년대 미국 노동운

동에 가담한 경제 국수주의자들은 '미국 제품 구매' 캠페인에 참여하며 대부분 다른 나라의 노동자들을 경쟁자로 보았다.#76

이런 상황에도 미국 내 노동 국제주의자와 좌익 세력은 쿠바, 칠레, 니카라과, 남아프리카 노동자들과 연대 캠페인을 펼쳤고 혁신적 투쟁을 이끌었다. 미국 내 평범한 노동조합원들은 AFL-CIO가 라틴아메리카에서 미국의 패권과 반공산주의를 얼마나 지원하는지 알지 못했지만 초국가적 연대를 꾀하는 데 익숙하지 않기는 마찬가지였다. 게다가 이런 역사를 고려할 때 콜롬비아의 좌파 조합원들은 상당수 자국에서 활동하는 미국 노동조합에 의심을 품었으며, 미국 노동자와 연대해야 한다는 주장을 탐탁지 않게 여겼다.#77

코카-콜라 노동자 조합의 상당수가 속해 있던 IUF는 시날트라이날의 해외 연대 캠페인과 보이콧에 참여하지 않았다. 1980년대 말 IUF는 과테말라의 코카-콜라 공장에 국제적 압력을 가하는 데 있어 핵심적 역할을 맡은 경험이 있었다. IUF는 프랜차이즈 소유자의 폭력과 고용 관행을 비난했으며, 심지어 코카-콜라 제품을 향한 국제 보이콧에 참여하기까지 했다. 그러나 시날트라이날이 연대를 제안하자 IUF는 코카-콜라사를 지지하며 보이콧을 거부하는 쪽으로 익명의 표를 던졌다. IUF의 대응은 노동 연대를 협상하는 과정에서 지역적·세계적으로 드러난 정치적 경제 세력의 복잡한 그물망을 보여준다. IUF는 보이콧 캠페인이 내건 폭력 혐의가 "포괄적이고 근거 없다"고 주장했지만 보이콧 전략 자체에 대한 우려 때문에 그런 결정을 내린 것으로 보였다. IUF의 지도자들은 보이콧이 IUF와 제휴한 100개가 넘는 코카-콜라 노동자 조합을 비롯해 "전 세계 코카-콜라 직원을 조직하고 대변하는 조합원의 명분을 유지하는 데 아무런 도움이 되지 않는다"[78]고 주장했다. 또한 시날트라이날이 보이콧을 결정하고 촉구하는 것은 IUF에게서 독립을 선언하고 미국과 유럽이 점령한 노동연합 당국을 존중하지 않는 행위라고 하면서 은근히 비난을 퍼붓기도 했다.[79]

국제 연대를 결속하려는 시날트라이날의 노력에 결정적 타격을 입힌 것은 IUF의 진술이었다. IUF는 코카-콜라사가 살해에 가담했다는 주장은 두 조합(시날트라인벡과 시날트라이나그로)의 진술을 바탕으로 한 것일 뿐 "근거가 없다"라고 주장했다. 시날트라인벡은 시날트라이날의 직접적 경쟁자였고 시날트라이나그로는 최근에 콜롬비아 우익 세력과 결합한 대형 바나나 노동자 조합이었다. IUF는 전 세계 코카-콜라 노동자의 생계를 보호하기 위해 이런 입장을 취했다고 주장했다. 연대보다는 일자리 보호를 우선으로 한 IUF의 주장은 코카-콜라사의 주장과 일맥상통했다. 보이콧은 콜롬비아와 멀리 떨어진 공장에 지장을 주며, 이는 결국 전 세계 코카-콜라 노동자의 일자리를 위태롭게 만들 거라는 주장이었다. IUF는 계속해서 자신들이 코카-콜라 크레파 공장의 새로운 연합 SICO에 충성할 거라고 말했다.[80] 시날트라이날이 와해되고 나서 생긴 이 새로운 연합은 시날트라이날과 상당히 다른 기조를 내세웠고, 기업 연합주의에 따라 고용주와의 충돌을 피했다. IUF는 "협력은 저항보다 나은 결과를 낳는다"라는 논리를 바탕으로 코카-콜라사와 노동협력 계약을 맺었다. 코카-콜라사 역시 같은 전략을 취해 글로벌 노사관계 책임자라는 새로운 직책을 만들었다.[81] 2005년 IUF는 코카-콜라사와의 합동성명서에 사인했으며 코카-콜라사와 협력해 국제노동기구ILO가 노동조합원에 가해진 폭력을 조사하도록 촉구했다.

운동가단체가 보기에 이런 활동은 코카-콜라사의 오명을 씻기 위해 국제노동 조직을 끌어들이는 전략적 조치였다. 운동가들은 코카-콜라사의 이런 조치가 미국 노동자들의 대규모 연대 가능성을 저해했다고 주장했다. 수많은 미국 조합이 보이콧에 가담하고 더 많은 사람이 시날트라이날을 공개적으로 지지했지만 IUF의 해외 노동자 지원 활동 부서, AFL-CIO 연대 센터(신뢰가 떨어진 AIFLD를 대체했음)는 그렇지 않았다.

2006년 연대센터의 부원장 스탄 가섹이 코카-콜라사의 컨설턴트로 채용되었다.[82] 노조 전문가와의 협력은 기업의 사회적 책임을 둘러싼 담론과 관행을 실천하기 위한 코카-콜라사의 전략 가운데 하나였다. 코카-콜라사는 노동자들이 극악무도한 폭력에 노출되어서는 안 된다는 주장에 동의하며 시날트라이날과 킬러 코크 캠페인의 비평에 동화되었지만 계속해서 노동자의 불안정한 고용 상태를 양산했다.

노동 관행을 둘러싼 자사의 대외적 이미지를 회복하기 위한 노력이 한창이던 2006년에 코카-콜라사는 '코카-콜라처럼 상쾌하게'라는 글로벌 광고 캠페인에 착수했다. 코카-콜라사는 라틴아메리카 캠페인을 선보이기 위한 장소로 훨씬 큰 시장 대신에 콜롬비아를 택했다. 코카-콜라사의 임원들은 이 캠페인이 "콜롬비아인들이 행복을 누리기 위한 자신만의 방법을 찾고 계속해서 삶의 긍정적 측면을 바라보도록 만들었다"[83]라고 주장했다. 그러나 코카-콜라사는 콜롬비아 노동자의 권리를 보호하는 데 전념하겠다는 태도에 대한 직접적 언급은 피했다. 이는 코카-콜라사가 삶이 아닌 죽음과 연결되어 있음을 인정하는 것처럼 보일 수 있었기 때문이다. 캠페인의 가장 성공적인 TV 광고 "행복 공장"은 코카-콜라를 환상적인 숭배 대상으로 그렸다. 보틀링 노동자의 실제 노동은 소비자에게 코카-콜라 한 병과 행복을 가져다주기 위해 자판기 안에 숨어 있는 작은 생명체의 마법 같은 일로 신비스럽게 포장되었다.

그러나 시날트라이날의 조직화와 '킬러 코크' 캠페인의 가시성은 코카-콜라 보틀링 노동자는 쉽게 숨길 수 없는 존재임을 의미했다. 그들이 코카-콜라사에 충분한 압력을 가했는지 코카-콜라사는 노동조합원들에게 가해진 폭력에 대한 책임은 거부했지만 임원들이 나서서 비밀리에 합의 사항에 대해 협상하자고 제안했다. 협상이 진행되는 동안 시날트라이날과 킬러 코크는 코카-콜라사를 공개적으로 비난해서는 안 되었다. 1년 반 동안 협상이 계속되었고 중요한 시점에 캠페인이 중단되면서 협상 과정에서 조합의 힘은 약해졌다. 그러나 코카-콜라사는 막대한 협상액을 제시했다. 코카-콜라 노동자에게 제시된 금액치고는 큰 액수였지만 소송을 통해 얻게 될 금액이나 코카-콜라사가 콜롬비아에서의 논란을 잠재우기 위해 홍보에 쓴 돈에 비하면 적은 액수였다. 마이클 블랜딩 기자의 주장에 따르면 이 합의에는 조합과 킬러 코크가 앞으로 코카-콜라사를 비방하지 못하도록 하는 조건이 포함되어 있었다(초기 계약서에 따르면 노동자는 조합을 탈퇴해야만 협상금을 받을 수 있고 코카-콜라사를 상대로 다시는 캠페인을 펼치지 않겠다는 데 동의해야 했다). 게다가 이 제안은 노동자의 생계와 조합 활동을 저해하는 불안정한 임시와 하청 시스템의 종료라는 조합의 주요 요구 사항을 수용하지도 않았다. 코카-콜라사의 조건을 받아들일 경우 조합을 해산해야 했다. 그렇게 되면 고용주를 비판하고 조합을 유지할 수 있는 명분이 사라지는 한편 추가적 보호망도 제공받을 수 없었다. 조합원들에게 추가적인 보호망을 제공하는 것은 애초에 소송과 캠페인을 진행한 이유였다. 코카-콜라사의 노동 관행이 그대로라면 그들은 코카-콜라사가 제안하는 합의금을 받아들일 수 없었다. 돈은 콜롬비아 코카-콜라 공장의 구조적 힘을 바꾸지 못할 게 분명했다. 사실 콜롬비아에서 폭력과 면책이 계속되는 상황을 고려할 때 시날트라이날 회원은 돈 때문에 불법 무장단체의 공격을 더 받게 될 수 있었다. 코카-콜라사는 노동개혁에 대해서는 아무런 제안을 하지 않았고, 결국 협상은 결렬되었다.[84]

시날트라이날은 계속해서 '진실, 정의, 배상'을 요구했으며 "콜롬비아에서 거부된 인권 남용 소송이 정당한 판결을 받도록 해달라"고 주장했다.[85] 그들은 (코카-콜라 공장 내 노동유연화정책의 제한 등) 근로 조건을 개선하기 위해 코카-콜라사가 국제노동 합의, (독립적인 국제단체가 코카-콜라사를 상대로 제기된 혐의를 점검하게 하는 등의) 윤리 강령, 새로운 노동정책을 제정하라고 촉구했다. 또한 콜롬비아 내 다른 다국적 기업과 콜롬비아 정부로 비난의 대상을 확장시켜 나갔다. 다른 콜롬비아 조합이 '킬러 코크' 캠페인에서 다루지 않는다고 비판한 부분이었다. 콜롬비아 사법부가 면책을 영속화하자 시날트라이날은 전 세계적인 권위자로 이루어진 영구인민재판소PPT가 열리도록 힘썼다. 영구인민재판소는 다국적 기업의 활동에 대한 콜롬비아인들의 증언을 듣는 대안 사법부 역할을 했으며, 다른 노동투쟁이나 인민투쟁으로 대중의 관심을 이끌었다.

코카-콜라 보틀링 시스템에 가해진 재정적 압력, 콜롬비아의 신자유주의 노동정책, 불법 무장단체의 폭력에도 시날트라이날은 계속해서 생계를 꾸려 나가기 위해 매일 일하면서 코카-콜라사와 콜롬비아 정부에게서 노동자의 권리를 보호했으며, 조합원들의 목숨을 지키기 위해 노력했다. 조합 지도자들은 이런 위협에 맞서 더욱 공정하고 공평한 콜롬비아 사회와 세계 경제를 주장했다. 그들이 펼친 초국가적 캠페인에는 코카-콜라사가 불법 무장단체의 힘을 빌리고 노동자에 대한 책임을 프랜차이즈 보틀러에게 외재화한 방식이 그대로 반영되어 있었다. 시날트라이날은 신자유주의 자본주의에 맞서 계속 투쟁함으로써 코카-콜라사를 향한 비판이 기업개혁으로 억눌리고 '킬러 코크'를 통해 봉쇄되는 것을 거부했다.

코카-콜라가 아니라
생존에 필요한 물

신자유주의 인도에서의 제품화, 소비, 환경 문제

1993년 타지마할이 위치한 아그라에 모인 코카-콜라 상무(훗날 CEO) E. 네빌 이스델을 비롯해 코카-콜라사의 사업 파트너 파를레 엑스포트와 브린다반 아르고 산업의 임원들은 16년 만에 코카-콜라의 인도 귀환을 선포했다. 코카-콜라사의 극적 귀환을 보여주기 위해 제작한 새로운 TV 광고 역시 이날 처음으로 공개되었다. 기업의 보도 자료에 따르면 인도가 세상의 일부가 되기를 거부한 15년을 기억에서 지우기 위해 1,200명의 엑스트라가 "전 세계에 코카-콜라를 사주고 싶다"를 의식적으로 '상기시키는' '재결합 테마송'을 불렀다. 이스델이 연설을 마치자 코카-콜라사의 귀환에 맞춰 "'새로운 이미지로 무장한' 한 무리의 6톤 배송 트럭이 공장에서 쏟아져 나왔다".[#1]

1977~1993년 코카-콜라사는 자진해서 인도를 떠났다. 규제를 받아들이는 것이 아니라 인도 사업을 접기로 결정한 것이다. 그러나 업계 임원들

의 말에 따르면 인도는 웨트 벨트Sweat belt 지역이었다. 이슬람교와 힌두교 인구가 많은 중동, 아프리카, 아시아의 개발도상국으로 알코올 소비를 금하기 때문에 '새로운' 대형 청량음료 시장으로 성장할 수 있는 곳이었다.#2 당시만 해도 인도의 청량음료 소비는 미국에 비해 상당히 적었으나 주주들이 요구한 성장 잠재력을 실현할 수 있는 가능성은 충분했다.#3 게다가 인도는 해외 기업에 이제 막 문을 열고 있었다. 경제자유화와 규제 완화가 지속될 경우 자본주의 확장을 방해하는 장애물이 제거될 게 분명했다.

인도에서는 많은 것이 바뀔 거라는 예상이 지배적이었다. 인도 경제를 자유화하기 위해 조지 페르난데스와 인도인민당BJP, 바라티야 자나타당이 연합한 것도 그런 변화 중 하나였다. 그러나 시골 주민들이 깨끗한 물을 제공받지 못하는 것처럼 바뀌지 않는 부분도 많았다. 정부 개발로 20년간 환경 악화를 겪은 마을들은 무리한 농업 시스템과 정부 보조의 시장 주도적 시골 산업화 프로그램에 직면해 있었다. 모두 공동 자원과 소규모로 농사를 짓는 사람의 생계를 위협할 수 있는 프로그램이었다. 여기에 코카-콜라의 굴곡진 병 모양과 비슷한 인도 내 코카-콜라사의 역사(1970년대 국가 자본주의라는 국가개발주의 아래 떠났다가 1990년대 자유시장에 돌아와 2000년대에 자리를 확실히 잡았음)에는 25년간 행해진 온갖 변화와 충돌이 담겨 있다. 그 역사 가운데서 살았던 이들에게 코카-콜라사의 인도 재진입은 인도 신자유주의를 보여주는 유형적 상징물로 느껴졌으며, 이로 말미암아 신자유주의의 부산물을 향한 분노를 표출할 대상이 되기도 했다.

인도로 돌아온 코카-콜라사는 자사의 브랜드와 보틀링 시스템을 재정립해야 했는데, 이를 위해 기업의 세계화라는 복잡한 책략을 이용했다. 코카-콜라사는 수십 억 달러를 들여 미국 소유의 보틀링 공장을 합병하는 한편 인도 문화에 맞춰 자사의 브랜드를 현지화했다. 1990년대 여러 지역에 자리한 코카-콜라는 인도 도시 중산층의 글로벌 소비주의를 향한 열망이자 소비를 부추기기 위해 자행된 시골 환경 자원의 착취를 상징했다. 인도 환경 NGO가 코카-콜라 음료에 들어 있는 살충제 때문에 실제로 오염이 발생한 사례를 밝히자 주류 미디어와 중산층 사이에서 대소동이 일어났고, 글로벌 기업이 생산한 제품의 품질에 대한 소비자의 불신은 커졌다. 오염된 청량음료와 물은 인도 신자유주의와 환경 착취의 수많은 문제(무분별한 개발, 산업과 농업 오염이나 식품과 물 안전에 관련된 규제 부족, 공공용수 기반시설에 대한 투자 부족)를 압축해 보여주었다. 인도 중산층과 상류층은 시장에 기반을 둔 개인적 해결책을 통해 이런 부정적 영향에서 벗어나려고 했다.

그러나 코카-콜라 공장이 위치한 시골 지역의 농부들은 또 다른 문제를 제기했다. 물 부족 위기를 해결하는 데 점차 많은 예산이 지출되는 가운데 그들은 코카-콜라사의 현지 지하수 착취와 오염 행태를 문제 삼았다. 이런 움직임(남쪽으로는 케랄라 주의 플라치마다, 북쪽으로는 라자르탄 주의 칼라 데라와 우타르프라데시 주의 메디간지가 유명한데 여기서는 마지막 주를 주로 살펴보려고 함#4)은 기업의 세계화와 민영화를 향한 큰 도전으로, 사회운동을 촉진시키는 계기가 됐다. 이 과정에서 날로 격차가 벌어지는 경제 스펙트럼의 한쪽 끝에 위치한 가난한 시골민의 환경 자원이 어떻게 몰수당하는지도 여실히 드러났다. 현지인들의 투쟁을 전 세계 사람들에게 전하기 위해 자본과 제품, 문화로 이루어진 코카-콜라 글로벌 시스템을 이용했다. 2000년 코카-콜라사가 인도 사회에 자사와 자사의 제품을 현지화하는 동안 코카-콜라 공장을 중심으로 조직된 인도 운동가들 역시 자신들의 저항을 세계화한 것이다.

코카-콜라 병을 통해 본 신자유주의 인도

인도 시장에 다시 진출할 기회를 엿보던 코카-콜라사는 민간 부문 투자를 촉진하는 진보주의 정부 덕분에 기회를 얻게 되었다.[#5] 1993년 코카-콜라사는 7,000만 달러를 들여 한때 경쟁사였던 인도에서 가장 큰 청량음료 기업 파를레의 브랜드와 보틀링 공장을 매입했다. 이 거래를 통해 코카-콜라사는 파를레의 청량음료 브랜드(섬스 업, 림카, 시트라, 골드 스폿, 마자) 상표권과 사업권을 비롯해 파를레가 소유하거나 허가권을 받은 55개 보틀링 공장을 인수했다. 또한 새로운 인도 보틀링 공장을 위해 마하라슈트라 주 푸네에 원액 혼합 공장을 지었고, 마케팅과 판매를 감독하기 위해 인도 자회사를 설립했다.[#6]

인도의 경제자유화가 하룻밤 사이에 이루어진 것은 아니었지만 주요 변화는 1990년대에 빠르게 이루어졌다. 의회당과 재무부장관 만모한 싱은 인도 시장을 해외투자자와 기업의 매력적인 투자처로 만들기 위해서 수익성 향상 프로그램에 착수했다. 새로운 경제 프로그램에 합의한 국제통화기금IMF은 인도에 대출을 해주며 조건을 내걸었다. 인도 경제를 극적으로 개방하는 경제개혁 실시, 정부 지출을 줄이는 긴축재정, 정부 소유 기업의 민영화, 인도 시장의 규제 완화와 자유화였다. 인도는 세계무역기구WTO에 가입하며 '라이센스 라지(규제왕국)'라고 알려진 규제 제도를 폐지했고, 수입품에 부과하는 관세와 인도에서 사업하는 다국적 기업을 향한 규제를 낮쳤다(1970년대 코카-콜라사의 '인도화'를 요구하기 위해 사용된 외환규제법FERA도 그중 하나였음).#7 또한 인도는 외국인 직접투자를 장려하며 코카-콜라사 등 다국적 기업을 다시 끌어들이기 위해 노력했다.

이런 상황에서 글로벌 브랜드(대표적으로 코카-콜라)는 인도의 신자유주의 개혁을 가장 잘 보여주는 대표적인 상징물이 되었다. 주요 언론사들은 '혁신이 인도를 바꾼다: 사회주의가 가고 자유시장이 오다' 등의 기사에서 코카-콜라사의 재진출을 신자유주의에 비유했다.#8 코카-콜라사의 언론 보도 역시 자사의 귀환을 인도 경제자유화의 상징으로 묘사했다.

코카-콜라사는 인도의 자유화에서 이득을 봤을 뿐 아니라 이 정책에 큰 영향을 미치기도 했다. 1970년대에는 '지역적, 독립적' 인도 보틀러를 사회와 경제 발전의 주요 동력으로 강조했지만, 인도에 다시 돌아온 후에는 보틀링 공장을 직접 소유하고 생산을 통제하기로 결정했다. 그리하여 1993년 인도에 돌아오자마자 원액을 생산하고 자사의 음료를 선보이기 위해 자회사 코카-콜라 인도를 설립했다.#9 새로운 자회사 힌두스탄 코카-콜라 베버리지를 통해 소유하고 관리할 보틀링 공장을 매입하거나 직접 건설한 것이다. 인도 정부는 외국인이 소유한 새로운 보틀링 공장에 허가권을 내주었다. 다만 2002년까지 코카-콜라사가 힌두스탄 코카-콜라 베버리지 주식(의결권 포함)의 49퍼센트를 인도인에게 매각한다는 조건이었다. 코카-콜라사는 이 조건을 받아들였지만 인도 언론은 믿지 않았다. 언론은 보틀링 공장을 직접 통제하고자 하는 코카-콜라사의 장기 전략을 내다봤으며 파를레를 인수한 뒤 "이제 '가난한' 인도 보틀러까지 집어삼키려고 한다"는 대중의 비난이 일자 정부를 달래기 위한 전략의 일환으로 이 조건을 승

낙한 것으로 보았다.#10

2003년 놀랄 것도 없이 코카-콜라사는 약속의 마감 기한이 닥치자 인도 주주들에게 투표권을 주는 것이 지나치게 '부담스러운 행위'라며 주식의 소유권 매각을 꺼렸다.#11 분석가들은 코카-콜라사가 몇 년간 인도 보틀링 공장에 큰 투자를 하고 1997~2000년 큰 손실을 입은 뒤 코카-콜라 주식 가격이 떨어졌기 때문에 '출혈 투매'처럼 보이고, 이것이 코카-콜라사의 글로벌 브랜드 이미지와 명성에 부정적 영향을 끼칠 것이라고 예측했다.#12 그러나 인도 언론에 따르면 정부 관계자는 요구 조건을 확실히 명시했다. 코카-콜라사가 정부 규제를 교묘하게 조종한 전과를 갖고 있었기 때문이다. 이번에 코카-콜라사는 주식 매각 조건 자체를 면제받기 위해 미국 상무부뿐 아니라 인도 미국 대사관을 통해 영향력을 발휘함으로써 "정부의 의사 결정 과정에 영향을 미치기 위한 압력 전술을 펼쳤다".#13 코카-콜라사(주식 매각 조건으로 인도에 사업을 승낙 받은 20개가 넘는 외국 기업들과 더불어)는 인도 정부를 상대로 활발한 로비 활동을 펼쳤지만 인도 정부는 흔들리지 않았고, 2003년 3월 코카-콜라사는 다국적 기업 최초로 마지못해 인도 주주들에게 주식을 매각했다.

그러나 코카-콜라사는 머지않아 이런 상태에서 벗어날 수 있었다. 2005년 인도 자유화정책을 설계한 만모한 싱이 총리가 되면서 인도 정부는 자유화정책을 더욱 강화해 기업의 100퍼센트 외국인 소유를 허락했던 것이다. 힌두스탄 코카-콜라 베버리지는 그 즉시 인도 주주들에게 주식을 매수했다.#14 이로써 코카-콜라 인도와 이 기업이 판매하는 원액을 구입하는 가장 큰 인도 보틀러 힌두스탄 코카-콜라 베버리지는 온전히 코카-콜라사의 소유가 되었다. 인도 사업을 점령하게 된 코카-콜라사는 공장 확장과 현대화를 통해 생산량을 2배로 끌어올리기 위한 작업에 착수했다. 그리하여 2009년 기업이 100퍼센트 소유한 보틀링 공장 25개, 프랜차이즈 공장 25개, 계약 포장업체(코카-콜라 제품을 제작하고 포장하는 곳) 20개로 생산 시설을 확충했다.#15 이로써 코카-콜라사는 보틀링 공장에서 이루어지는 생산의 65퍼센트를 통제하게 되었다. 코카-콜라사의 인도 보틀링 산업 통제는 1990년대와 2000년대 초반의 보틀링 합병 전략과 일맥상통했지만 코카-콜라사가 과거에 자랑하던 분권화정책, 즉 지역적이고 독립적인 보틀링 사업을 추구하는 정책과는 충돌했다.

코카-콜라사가 직접 보틀링 사업을 통제하면서 유형재 생산의 인도화에서 멀어지는 가운데 광고에서는 역으로 이 브랜드의 지역성 또는 '글로컬Glocal'을 강조했다. 이런 전략을 실행한 것은 코카-콜라사가 인도에서 고전하고 있었기 때문이다. 코카-콜라사는 자사의 사업 모델과 마케팅이 보편적으로 적용 가능하다고 생각했지만, 인도 소비자를 비롯해 사회의 요구나 욕망과 대립했다.

코카-콜라사는 보틀링 업체를 인수하고 나서 늘 그랬듯, 인도에서 가장 인기 있는 인도의 콜라, 새롭게 인수한 섬스 업 브랜드를 단계적으로 철수하며 그 자리에 코카-콜라를 심기 시작했다.#16 그러나 두 음료 모두 판매가 하락했고 펩시마저 인도 시장에 진출하면서 상황은 더 악화되었다. 1990년대에 접어들어 코카-콜라사는 보틀러를 합병한 것처럼 이미지 생산을 중앙집권화해 '한 장면, 한 소리' 글로벌 캠페인에 착수했다. 그러나 전 세계 어디서든 '언제나 코카-콜라'라는 주장을 담은 글로벌 광고 캠페인은 인도 등 새로운 해외시장에서는 그다지 성공을 거두지 못했다. 시청자들은 이런 광고가 자신의 일상과 별로 상관없다고 느꼈기 때문이다.[17]

이런 광고는 코카-콜라사의 이질성을 드러내고, 정치적·종교적 우익 세력의 비난을 샀다. 이들은 코카-콜라가 인도라는 국가와 인도인의 신체를 오염시킨다고 보았다. 1990년대 라쉬트리야 스와얌세바크 상RSS, Rashtriya Swayamsevak Sangh, 세계힌두협회VHP 등 힌두 민족주의 단체는 이슬람 지역의 기독교 인구 증가, 공산주의자를 비롯한 온갖 좌파, 국가 정체성에서 벗어난 힌두교 등의 주제와 함께 코카-콜라사를 공격의 대상으로 삼았으며 코카-콜라와 펩시 제품의 보이콧을 촉구했다. 힌두 국수주의자들의 주장은 직접적 행동으로 분출되기도 했다. BJP를 비롯한 다른 힌두 민족주의당이 인도 자본주의를 옹호하고 다국적 기업을 적극 받아들이자 코카-콜라사를 향한 우익 세력의 비판은 다소 잠잠해졌지만, 코카-콜라의 외래성에 대한 비난은 사라지지 않았다. 이런 이유로 코카-콜라사는 인도 문화에 맞춰 자사의 브랜드를 더욱 현지화해야 했다.

여러 실패와 문제, 저항에 부딪히자 코카-콜라사는 '현지화'라는 광범위한 전략으로 다시 돌아갈 수밖에 없었다. 2000년 CEO 더글러스 다프트는 전 세계 각지에서 일어나는 다국적 기업을 향한 비판을 언급하며 코카-콜라사가 제2차 세계화 물결에 대한 반발에 직면했다고 말했다. 그는 이 문제를 해결하기 위해 코카-콜라사의 사업 결정과 마케팅을 더욱 현지화하는 '리포지셔닝 전략'을 채택했으며, 당대 저항의 언어를 도용해 코카-콜라사는 전 세계 어디서나 '좋은 이웃' 되기 위해 '지역적으로 생각하고 지역적으로 행동할' 것이라고 하면서 초기 세계화 모델에 대한 (현실과 다른)

묘사를 언급했다.[18] 그리하여 코카-콜라사는 섬스 업, 림카(레몬/라임 소다), 마자(망고 음료) 등 새롭게 인수한 인도 브랜드뿐 아니라 현지에서 제작된 광고의 도움을 받아 기존 글로벌 제품을 홍보했다. 물론 코카-콜라사의 구조와 주주들의 이윤 추구욕은 그대로였으며, 수익은 여전히 대다수의 인도인이 아니라 소수에 집중되었다. 그러나 인도의 성공적인 청량음료 브랜드를 전략적으로 배치하고 자사의 글로벌 브랜드의 '인도성'을 홍보함으로써 코카-콜라사는 인도의 비위를 맞출 수 있기를 바랐다.

탄다(차가운 음료)가 코카-콜라를 의미하도록 사유화하다

코카-콜라사와 맥켄에릭슨의 인도 지사는 현지화 전략을 추구하는 한편 시장을 통해 구현되는 자유와 개인의 자기발전이라는 보편적 신자유주의 가치를 약속했다. 2002년 '그래야만 하는 삶'이라는 뜻을 담고 있는 '라이프 호 투 아시Life ho to aisi'라는 세련된 광고 캠페인은 코카-콜라를 국제적 도시의 활기 넘치는 세계 시민인 인도 소비자의 삶과 접목시켰다. 인도의 시장가능성을 상징하는 발리우드 스타이자 미스월드 출신 아이쉬와라 라이가 광고 모델로 등장했다.[19] 라이가 자신의 펜트하우스에서 도시 경관을 내려다보며 노래를 부르는 이 광고는 코카-콜라를 즐기고 국제적 브랜드를 통해 세련된 삶을 향유하는 인도의 도시 중산층을 표현하고자 했다.[20]

또 다른 광고 캠페인에서 코카-콜라사는 자사의 '인도성'을 주장함으로써 자사의 세계성이 '외래적'이고 균질적이며 수익을 추구한다는 비판적 인식을 없애기 위해 애썼다. '시골 대중과 사회경제적 하층민(국가의 대다수를 이루지만 가처분소득이 적었기에 코카-콜라 제품을 자주 소비하지 못했음)의 언어로 말함으로써' 인도의 진짜 대중문화와 정체성을 수용하려고 했다. 코카-콜라사는 중상층 소비자를 겨냥한 이 광고에서 시골과 노동자 계층의 대중문화를 이용해 코카-콜라의 '지역성'을 구축했다. '탄다 매틀랩 코카-콜라(시원한 음료는 코카-콜라를 의미함)'라는 슬로건이 담긴 캠페인은 건물 정면에서부터 급격하게 상업화되는 TV 채널에 이르기까지 온갖 미디어 공간을 점령했다. 발리우드 스타 아미르 칸의 엄청난 인기도 활용했다. 다양한 지역, 인종, 계층 '유형'의 평범한 인도 남자를 익살맞게 흉내 낸 칸은 '현지 언어'와 '대중의 감성'을 이용해 코카-콜라에 인도 문화의 일상적인 평범함을 도입했다.[21]

  힌디어로 탄다Thanda는 '차가운'을 뜻하는데 일상적 대화에서는 '차가운 음료'를 가리켰다. 그러나 "탄다 매틀랩 코카-콜라" 광고의 목적은 탄다를 '코카-콜라를 부르는 말이 되도록 만드는 것'이었다.[22] 광고 슬로건의 주장처럼 누군가 탄다를 달라고 하면 "코카-콜라를 달라는 뜻이 되도록 만들어야 했다".[23] 이 목적을 달성하기 위해 TV 광고는 계속 탄다를 코카-콜라로 보여주었다.[24] 첫 광고에서 뭄바이 거리 폭력배로 변신한 아미르 칸은 탄다를 주문할 때 코카-콜라를 뜻하는 거라고 설명한다. 두 번째 광고에서 하이데라바디 가게 주인으로 분장한 칸은 고객에게 코카-콜라를 먹고 싶을 때 탄다를 달라고 하면 된다고 말한다. 세 번째 광고에서는 매력적인 도시 여성 3명이 목이 말라 시골 마을로 들어간 뒤 펀자브 농부로 변신한 칸에게 '탄다 파니Thanda Pani'를 달라고 한다. 물을 기대한 그들에게 칸은 마법처럼 자신의 우물에서 반짝이는 코카-콜라를 꺼내온다. 이 마지막 광고는 시골에서 얻어낸 자원으로 도시의 소비를 채운다는 위계질서를 무의식적으로 보여주었다. "탄다는 코카-콜라를 뜻한다"라고 주장함으로써 코카-콜라사는 상징적인 공통 언어와 대중의 음료문화를 흡수했고(일반적 '물'을 뜻하던 단어가 이제 상업화된 코카-콜라를 뜻함), 코카-콜라 브랜드만을 위해 이 용어를 사유화했다. 인도 광고 커뮤니티는 이 광고가 "보편적으로 사용되는 단어 '탄다'를 …… 유명 문구로 만들었다"고 말했다.#25

인쇄 광고에서는 지역성이 더욱 두드러졌다. 코카-콜라가 지역문화에 얼마나 깊숙이 뿌리내렸는지를 보여주는 확실한 증거로 제시된 이런 광고는 글로벌 자본주의의 브랜드 기호를 인도 사람들의 일상적 열기와 혼합적인 현대성에 녹여냈다. 총천연색의 '스냅숏'은 형태와 내용을 연결시켜 모래투성이지만 활기 넘치는 인도인의 일상을 인위적이지 않은 모습으로 보여주었다. 코카-콜라병은 중심에서 벗어나 배경 속에 녹아들어갔다. 제품에 상업적 덧칠을 하는 대신 있는 그대로 인도인의 일상 가운데서 코카-콜라를 녹여냈다. 광고의 형식과 슬로건의 풍자놀음(코카-콜라사가 제공하는 탄다는 음료만이 아니었음)에 염증을 느끼던 사람들을 향한 참신한 시도는 이 광고가 섬세한 도시인들을 위해 만들어졌음을 보여준다. 도시인들에게 코카-콜라 제품뿐 아니라 인도 노동자 계층과 시골 지역의 소박성을 소비의 대상으로 제공했다.#26 철저히 인도화되고 전 세계 문화의 동질화를 향한 반대를 상징하는 코카-콜라병은 평범한 인도인이라는 중개인과 협력해 미묘하지만 건설적인 역할, 즉 냉각이나 갈증 해소 등의 역할을 맡았다.

그러나 이 광고가 TV에 방영되고 인쇄되자 인도의 시골 사람들은 자신들의 지역에서 뽑아내어 도시에서 소비하는 코카-콜라 제품 시스템의 상징적이고 물질적인 이미지에 적극 반대하고 나섰다. 그들은 코카-콜라 공장에서 지역의 물을 사유화하는 행위에 반기를 들었다. 대부분이 한 병당 10루피에 판매되는 코카-콜라사의 탄다를 사먹지 못하는 이들로, 10루피는 이들의 하루 평균 급여에서 10분의 1에 해당하는 돈이었다.[#27] 그들은 코카-콜라를 사먹지 못했지만 그들이 사는 지역에서 뽑아낸 물은 도시로 보내졌고, 안 그래도 농업위기로 고군분투 중인 시골 지역의 천연자원이 도시에서 중산층의 소비주의와 코카-콜라 등 브랜드를 향한 갈증을 해소하는 데 사용되었다. 게다가 코카-콜라사는 의도치 않게 환경위기를 소비자에게 전가하기도 했다.

기업 제품 속 킬러: 병 음료 내 살충제를 둘러싼 논쟁

2003년 델리에 위치한 유명한 NGO 과학환경센터[CSE]는 코카-콜라사와 펩시코가 제조하고 델리에서 판매되는 12개 음료 브랜드에 치사량의 살충제 잔여물이 들어 있다고 발표했다. CSE의 책임자는 인도 내 모든 TV 방송사에서 보도한 기자회견을 통해 "이 살충제에는 암을 유발하고 신경계와 생식계를 손상시키며 골밀도를 낮추는 강력한 화학물질이 포함되어 있다"고 말했다.[#28] 샘플 테스트에서 발견된 살충제 잔여물의 농도는 유럽경제위원회[EEC]가 설정한, 식품으로 사용되는 물에 함유 가능한 살충제의 최대치를 훨씬 초과했다. 코카-콜라에는 이 기준의 45배, 펩시에는 37배 높은 살충제가 함유되어 있었다.[#29]

오염된 청량음료 소식은 미디어와 대중의 관심을 사로잡았다. 이는 중산층 인도인들에게 소비자 자본주의와 미국이 이끄는 경제적 세계화의 어두운 이면을 상징하게 되었으며, 현지 환경 악화 문제와 성급한 신자유주의 현대화 과정에서 적절한 규제를 실시하지 못한 인도 정부의 불찰이 드러나는 계기가 됐다. 코카-콜라사는 환경운동가, 반자본주의자, 반제국주의자부터 문화적 국수주의자에 이르기까지 광범위한 정치 스펙트럼 내 다양한 사람에게서 비난을 받았다.

사실 힌두 국수주의자들은 코카-콜라사가 인도 땅에 발을 내디디자마자 이를 기존의 인도 문화와 정치를 오염시키는 '외국의 불순한' 영향으로 규탄했다.[30] 그런데 병에 담긴 음료가 진짜로 오염되었다는 증거가 나온 것이었다. 그들은 음료 거부, 음료 병 깨부수기, 브랜드 모형 태우기 등 상징적 행위로 코카-콜라사를 공격했으며, 인도 시장에서 철수할 것을 촉구했다.[31] 당시는 미국이 막 이라크를 침공한 상황이었다. 그렇다 보니 수많은 인도인에게 코카-콜라사는 미국이 해외에서 휘두르는 소프트 파워로 인식되었고, 따라서 미국 제국주의를 향한 분노를 표출할 수 있는 손쉬운 대리 표적이 되었다.[32]

환경운동가들은 살충제 사건을 교훈 삼아 앞으로 농약 사용을 더 철저히 규제하고 식품과 음료의 안전 기준을 마련해 안전하고 지속가능한 공공용수 시스템에 투자할 필요가 있다고 주장했다. CSE의 보고서는 '사실상 아무런 규제도 받지 않는' 병 음료 산업의 상태를 보여주었다. CSE의 대표는 기자회견에서 "우리는 펩시나 코카-콜라사를 상대로 싸우는 게 아닙니다. 이건 인도 정부와의 싸움이죠. 정부가 정한 기준은 의미 없는 정의로 가득한 애매모호한 미로에 불과합니다"[33]라고 말했다. 그러나 CSE의 보고서와 그에 따른 대중의 반응은 글로벌 청량음료 업체의 제품에 초점이 맞춰졌다.

공익단체는 법원에 코카-콜라와 펩시 제품의 국내 판매 금지를 촉구하는 탄원서를 제출했다. 국회의원들은 국회에서 이 안을 논의하는 동안 국회 카페에서 이 음료들의 판매를 중단시켰고 주 정부에게 지역별로 독자적인 조사를 실시하도록 명령했다. 그 결과 일부 주는 학교와 관공서에서 코카-콜라와 펩시 제품의 판매를 금지했고, 일부 공무원은 공장에서 코카-콜라의 재고를 압수하기까지 했다.[34] 이에 맞서 청량음료 대기업들은 CSE 비방 캠페인으로 대중의 분노를 잠재우려고 했지만 델리에서 실시된 한 설문조사의 결과에 따르면 소비자 대부분이 NGO의 보고서를 믿고 있으며 국회의 청량음료 판매 금지 조치에 동의하는 것으로 나타났다.[35] 지난 5년간 75퍼센트 가까이 늘어난 코카-콜라의 판매량은 CSE 보고서가 나온 지 몇 주 만에 30~40퍼센트 하락했다.[36]

글로벌 기업이 소비자에게 위험한 살충제를 섭취하게 했다는 사실이 드러나면서 인도 시장을 사로잡았던 다국적 기업을 향한 중산층의 신뢰가 무너졌다. 1990년대 인도에 다시 등장하게 된 새로운 글로벌 브랜드들은 전 세계적 인기와 시장에서 입증된 품질이라는 매력을 갖고 있었다. 이는 인도 중산층이 지난 수십 년간 정부 독점과 폐쇄 시장으로 누리지 못했다고 생각한 요소였다.[37] 중산층 소비자의 이런 결핍 의식은 신자유주의 개혁을 향한 지지로 표현되었고, 그 결과 소비를 부추기는 다국적 기업이 제공하는 제품의 뛰어난 품질에 대한 신뢰가 형성되었던 것이다.

코카-콜라 등 글로벌 브랜드는 인도 중산층이 포스트식민주의 국가 발전으로 지속된 문제를 해결할 수 있는 기회를 주었다. 코카-콜라사의 청량음료나 주스, 생수를 구입한 이들은 갈증을 해소할 수 있을 뿐 아니라 공공용수 시스템의 불충분한 투자, 규제가 부실한 농업과 산업 개발에 따른 식수의 양과 질, 지속가능성 문제에서 벗어날 수 있었다. 따라서 글로벌 기업의 제품조차 살충제로 오염되어 있다는 사실은 질 낮은 인도 제품이나 공공용수보다 글로벌 기업을 믿었던 인도 소비자의 신뢰를 무너뜨린 배신으로 여겨졌다. CSE의 보고서가 공개되기 전 청량음료 판매는 급증하고 있었다. 글로벌 브랜드는 인도 제품(코카-콜라사가 소유한 섬스 업과 림카)과 경쟁하는 수준에까지 도달했다. 그러나 CSE의 검사 결과 미국에서 판매되는 코카-콜라와 펩시 제품에서는 살충제가 검출되지 않자 인도 소비자들은 이를 인도 시장에서 판매되는 제품에 대해 낮은 기준이 적용된다는 증거로 받아들였다. 이로써 코카-콜라사의 세계성은 한순간에 자산에서 책무로 바뀌고 말았다.[38]

코카-콜라사는 인도에 돌아오자마자 생수 브랜드 킨리와 본 아쿠아를 출시했다. 생수는 공동 자원의 상업화를 가장 확실하게 보여주는 제품이었다. 생수 기업들은 정부가 안전한 식수를 제공하지 않는 다른 제3세계 국가와 마찬가지로 인도에서도 가격이 매겨지지 않은 물이라는 공동 자원을 착취했다. 그들은 정부가 공공용수 기반시설에 투자하도록 요구하는 대신 개인적으로 돈을 주고 안전한 식수를 구매하려는 중상층의 의지에 편승해 돈을 벌었다. CSE의 보고서는 비꼬는 듯하지만 우려 섞인 목소리로 생수 시장의 구조를 설명했다. "인도는 공공용수를 전적으로 투자회수하고 있으며 …… 더욱 자유화하고 있다."[39] 자유화가 시행되기 전 인도의 식수 판매는 미미한 수준에 그쳤다. 그러나 2005년 인도 생수 업체의 연간 식수 판매량은 8,200만 병에 달했다. 코카-콜라사의 킨리는 파를레의 비슬레리

와 1, 2위를 다투었으며, 펩시의 아쿠아피나가 그 뒤를 따랐다.[#40]

CSE는 2003년 청량음료 연구 결과를 공개하기 전 생수에서 발견된 살충제 잔여물에 대한 보고서를 발표했다. 농업이나 산업의 오염을 염려한 CSE는 이미 지하수나 도시용수 시스템을 점검했지만 경제적 여력이 되는 인도인들이 안전한 대안으로 생수를 택한다는 점이 사실 더 우려되었다. CSE는 생수 산업이 아무런 규제를 받지 않으며 오염된 지하수로 제품을 만든다고 생각해 다국적 기업과 인도 기업의 17개 생수 브랜드를 대상으로 검사를 실시했다. 관련 보고서는 린데인, DDT, 말라티온, 클로르피리포스 등 살충제 잔여물을 증거로 제시하며 인도에서 생산된 대부분의 생수가 오염되어 있으며 "수돗물의 지속 가능한 대안이 될 수 없다"고 주장했다.[#41] 코카-콜라 킨리의 살충제 잔여물 수준은 유럽의 법적 최대치와 비교해 14.6배 높았고 파를레의 비슬레리는 79배, 인도 브랜드 아쿠아 플러스의 경우 104배나 높았다.[#42]

CSE는 식민지에서 벗어난 인도 정부가 지하수를 보호하고 깨끗한 공공 식수를 제공하지 못했다는 측면에서 상품화된 물의 안전성에 의문을 제기했다. 도시용수 시스템은 인도에서 가장 '발전된' 도시에서조차 시민의 요구를 충족시키지 못했고 물 부족과 오염, 부실한 사회기반시설은 가난한 사람들에게 더 큰 고통을 안겨주었다. 그들은 물을 이용하기가 쉽지 않았고 보조금은 (개인이든 기업이든) 부유한 물 사용자에게만 제공되었으며, 제대로 된 안전 기준은 지켜지지 않았다. 중상층은 정부가 깨끗한 물을 제공하지 못하자 식수를 구매함으로써 이 문제를 피하려고 했다.

인도 환경단체가 물 불안정이라는 광범위한 환경보건 문제를 강조하기 위해 소수의 인구만 구매할 수 있는 제품에 초점을 맞춘 것이 다소 이상해 보일 수도 있다. 그러나 CSE의 쿠샬 야다브는 가장 신뢰받고 있는 브랜드 제품에서조차 살충제 잔여물이 존재한다는 사실을 입증함으로써 이 문제를 시각적이고 유형적으로 제시할 수 있었다고 설명했다.[43] CSE는 자유화된 인도에서 막강한 두 세력(다국적 기업과 그들의 제품을 소비하는 중산층)을 동요시키기 위해 브랜드 제품을 겨냥했고, 이를 통해 만연한 환경 문제로 주의를 환기시켰다.[44] CSE는 소비자인 그들의 인체에 미치는 직접적 영향을 입증해 보임으로써 환경 악화에 대한 중산층 인도인들의 분노를 이끌어낼 수 있기를 바랐다. 그래서 품질이 뛰어나다는 인식을 가진 코카-콜라와 펩시 제품을 분석해 오염물질의 존재를 입증하고자 했다. 이로써 만연되어 있는 오염에 대한 메시지를 효과적으로 이끌어냈으며, 정부가 조치를 취하도록 압력을 가할 수 있었다. 도시의 식수를 가지고 똑같은 일을 했다면 이 문제에 아무도 관심을 갖지 않았을 것이다.[45]

유명한 환경운동가 아닐 쿠마르 아가왈이 1980년에 설립한 CSE는 개발에 초점을 맞춘 제3세계 국가 내에서 최초로 지속 가능한 발전("환경보호가 국가 경제 개발과 함께 이루어져야 한다"는 주장)을 추구한 시민사회단체였다.[46] 다양한 사안을 다루는 CSE는 환경 파괴적 개발이 인도 소외 계층의 삶과 생계에 미치는 영향을 강조했다. 이들의 생존은 환경에 큰 영향을 받았지만 이들의 우려는 중산층 보호주의적 개발주의에서 배제되었다. CSE은 "국내 총생산보다 자연 총생산이 훨씬 더 중요하다. 환경을 파괴하는 경제개발은 가난한 사람들을 더욱 가난하게 만들고 생계 자원의 기반을 파괴할 것이다. 개발도상국의 환경 문제는 '아름다운 나무와 호랑이'를 지키는 차원에 그쳐서는 안 된다. 우리는 이를 사람들의 삶과 저항에 연결지어야 한다"#47라고 주장했다. CSE는 천연자원 관리에 사람을 포함시키는 정책을 지지했으며, 빗물 이용 등 전통적인 환경 실천을 채택했다.

플라치마다의 지하수 추출, 오염과 관련해 코카-콜라사를 상대로 이미 수년간 시위를 해왔지만 대중의 관심을 받지 못해 좌절했던 운동가들은 청량음료 오염 문제가 드디어 언론의 집중 조명을 받고 중산층의 반응을 불러일으키는 모습을 보게 되었다. CSE 캠페인은 다국적 기업에 요구 사항을 제시할 수 있는 중산층 소비자들의 구매력을 이용한 것이다. NGO는 물 불안정, 제품 안전과 관련해 정부를 직접 공격하는 대신에 기업을 겨냥했다. 그들은 기업을 스스로 문제를 해결하거나 시장을 합리화하고 안정화시키도록 정부 규제를 요구할 수 있는 독립체로 보았기 때문이다.

코카-콜라사는 이런 논란에 대응하기 위해 마케팅으로 반격을 가했다. 건강을 주제로 한 광고 2편에 유명한 회사 대변인 자격으로 아미르 칸을 등장시킨 것이다. 칸은 유명세와 함께 사회정의 옹호가로도 명성이 높았다. 그는 나르마다강의 댐 건설에 반대하는 마을 주민과 운동가를 지지하는 입장을 표명한 적도 있었다. 한 광고에서 코카-콜라사는 CSE의 살충제 연구를 염려하는 소비자들을 세상 물정 모르는 늙은 인도인의 독단적 정치라고 조롱했다. 칸이 연기하는 벵골인 바부('탄다 매틀랩 코카-콜라' 캠페인의 주인공)는 현대적인 것을 싫어하는 이념적 지식인으로 그려진다. 안경을 쓰고 전통적인 흰색 쿠르타주로 파키스탄에서 인도 북서부 일대에 걸쳐 펀자브 지방에서 착용하는 튜닉형의 상의-옮긴이를 걸친 그는 가족들이 코카-콜라를 주문하는 것을 원치 않는다. 이 음료가 안전하지 않다고 '그들'이 말했기 때문이다. 그러자 아내는 불만스러운 목소리로 "실험한다는 얘기를 들은 것이지 결과를 들은 게 아니잖아요. …… 당신은 절반만 듣고 이해하고 있다고요"라고 말한다. "100년이나 된 기업이라고요. 전 세계 200개 나라 사람들이 코카-콜라를 마시고요. 어떻게 해로울 수 있겠어요? …… 인도, 영국, 네덜란드 등 전 세계 실험실에서 실험이 이루어졌고 다 괜찮다고 말했잖아요." 아내의 말이 끝나자 주인공 바부는 곧장 자신이 실험한 결과를 발표하고 나서 가족들 모두 코카-콜라를 들이키며 행복한 표정으로 트림을 한다.

칸은 살충제 오염에 따른 공포가 지속되자 이를 불식시키기 위해 코믹한 캐릭터에서 벗어난 모습으로 2006년 코카-콜라 광고에 등장하기까지 했다. 광고에서 그는 보틀링 공장을 시찰하며 자신은 안전한 음료를 지지한다고 말한다. 칸은 시청자들을 향해 진지한 목소리로 '400가지 재료 품질 체크' '6단계에 걸친 물 정수 처리' '특별하게 열 탄소 처리되는 설탕'에 대해 설명한다. 흰색 가운을 걸친 코카-콜라 대표자들이 그에게 첨단 기술로 무장한 반짝이는 공장을 보여주는 모습이 지나가고, 칸은 코카-콜라가 "100퍼센트 안전하다"라고 말하며 시청자를 안심시킨다. 광고는 그가 생산 라인에서 신선한 코카-콜라를 꺼내 한 모금 마시는 장면으로 끝난다.

다국적 기업의 권력과 그들이 생산하는 제품의 안전에 대한 대중의 우려는 대중문화에도 반영되었다. 인도 청량음료 산업의 신자유주의 변화를 배경으로 한 마두르 반다르카르 감독의 2006년 영화 〈기업〉은 젊은 여성 임원이 (코카-콜라사를 암시하는) 미국 다국적 청량음료 업체에서 승승장구하다가 나쁜 자본가와 욕심 많은 정치인 때문에 인도 소비자를 배신한 뒤 몰락한다는 이야기다. 영화는 인도 중산층에게 기업 시스템과 유독성 제품으로 말미암아 개인적으로 몰락할 수 있다고 다소 과장되게 경고한다.

이 영화가 개봉되기 직전 CSE는 지속적인 살충제 오염과 살충제가 함유된 청량음료에 대한 정부의 미지근한 대응을 밝힌 2006년 보고서를 공개했다. 과거 CSE의 2003년 보고서를 둘러싸고 항의가 이어지자 인도 정부는 유럽연합EU이 정한 살충제 잔여물의 최대 허용치에 맞춰 생수를 규제하겠다는 데 합의했지만 새로운 기준을 도입하는 데 일 년 반의 시간이 걸렸다. 청량음료의 오염을 규제하는 일은 훨씬 더 복잡했다. 코카-콜라사와 펩시코 등 업계 대표들이 과학, 정부, 소비자, 환경단체와 함께 2년간 고민한 끝에 인도 기준국BIS을 통해 청량음료 살충제 잔여물의 새로운 기준이 수립되었다. 그러나 이 기준은 의무가 아니라 자발적 시행, BIS 증서를 원하는 기업에게만 요구되었다.#48 2006년 CSE는 코카-콜라사와 펩시코 브랜드 11개를 대상으로 실험을 진행했는데, 전부 BIS가 정한 살충제 허용 기준을 5~63배 초과한 것으로 밝혀졌다.#49

살충제 오염이 계속되고 있음을 입증한 새로운 CSE의 보고서(2006년 보고서)는 또다시 큰 저항을 불러왔다. 수많은 코카-콜라병이 부서지거나 태워졌고 코카-콜라를 판매하는 상점이 공격을 받았으며 청량음료 기업의 광고판은 페인트 세례를 받거나 찢겨졌다. 흥미진진한 언론 보도를 겨냥한 시위대는 당나귀의 목구멍에 코카-콜라를 들이붓기도 했다. 신문들은 '해로운 칵테일'이라는 제목 아래 코카-콜라 캔 이미지를 실었다.#50

평소 적대적 관계였던 코카-콜라사와 펩시코였지만 살충제 논쟁이 시작될 때부터 힘을 합쳐 이 사태에 대처했다. 펩시코는 뉴델리 고등법원에 탄원서를 제출해 2003년 CSE의 보고서가 공개되는 것을 막으려고 했다.

이 노력이 실패로 돌아가자 코카-콜라사와 펩시코는 CSE 실험실의 과학적 적합성에 의문을 제기하는 등 직접 이 단체를 공격하기 시작했다. 그들은 실험 결과가 반자본주의와 반미주의의 영향을 받았다며 명예훼손으로 이 단체를 고소하겠다고 협박했다.[51] 코카-콜라사와 펩시코는 별도의 연구를 의뢰했고 좀 더 긍정적인 연구 결과로 CSE의 연구 결과에 대해 반박했다(하지만 기자들이 지적했듯, 이 연구에 사용된 청량음료는 충분한 양의 지하수로 말미암아 화학 오염물질이 희석되는 우기에 생산되었음).[52] 코카-콜라사와 펩시코는 글로벌 경제 내 자국의 위치에 대한 인도인들의 자부심과 염려를 이용해 EU의 식품과 음료 안전 기준이 인도산 농산물 수입품을 제한하기 위한 유럽의 음모라는 주장도 펼쳤다.[53]

CSE가 2006년 보고서를 공개했을 때 코카-콜라사는 또다시 '공격을 감행하기로 결심했다'. 이 사건을 보도한《뉴욕타임스》기자에 따르면 코카-콜라사는 CSE의 과학적 신뢰도에 의문을 제기하는 기자회견을 가져 기자들을 기업 친화적 인터넷 블로그로 유도했으며 '위생 및 공적 생활 조화를 위한 센터'장의 핸드폰 번호를 나눠주었다. 위원장은 "코카-콜라 한 캔을 2년 동안 매일 마실 때 체내에 축적되는 살충제의 양은 차를 2잔 마실 때 체내에 축적되는 살충제 양과 동일하다"[54]고 주장했다.

코카-콜라사는 미국 정부와 인도 산업단체의 지원을 적극 이용하기도 했다. 2006년 여름, 부시 행정부가 인도에 대규모 사업사절단을 보낼 준비를 하는 동안 프랭클린 라빈 미국 국제무역 차관은 청량음료 판매 금지 조치가 '인도 경제의 후퇴'를 의미한다면서 "인도가 해외투자를 끌어들이려고 열심히 노력하는 이때 외국 기업을 공정하게 대우하고 싶어 하지 않는 이들이 관련 논의를 점령하고 있는 것은 실로 안타까운 일이다"라고 말했다. 인도 산업 연합, 인도-아메리카 상공회의소 등 인도의 주요 산업단체는 이런 금지 조치가 해외투자를 바라는 인도의 이미지에 해가 될 수 있다고 우려를 표했다.[#55]

인도 산업단체들은 EU 기준 채택에 반대하는 운동을 펼치기도 했다. 그들은 EU 기준이 "임의적이며 선진국이 무역을 가로막는 기술 장벽을 세우기 위한 사례다"라고 주장했다. 그들은 인도 농부에게 미치는 잠정적 영향 측면에서 자신들의 주장을 포장했으며, 청량음료 등 완제품에는 식수의 살충제 잔여물 기준을 적용하지 않는 코덱스/WHO/WTO 기준을 채택하도록 밀어붙였다.[#56]

코카-콜라 인도 담당 임원들은 이 논쟁을 인도에서 코카-콜라의 이미지를 현지화해야 할 필요가 있음을 보여주는 교훈으로 삼았다. 다국적성 때문에 공격의 대상이 된다고 생각해 광고와 경영 방식에 있어 자사를 인도식으로 포장하기 위해 더 많은 노력을 쏟았다.[#57] 동시에 다른 방향으로는 코카-콜라사의 다국적성을 이용해 제품의 우월성과 전 세계적으로 입증된 품질을 강조했다. 청량음료 업체들은 인도 공장이 전 세계 다른 공장과 동일한 여과 과정을 고수한다고 주장하며 기자들을 향해 "인도에서 생산되는 청량음료는 엄격한 국제 기준과 적용 가능한 인도 내 규제 사항을 전부 준수하고 있다"[#58]고 말했다. 코카-콜라 광고는 "전 세계에서 가장 가치 있는 브랜드는 인도 소비자에게 제공하는 음료의 품질에 있어 타협하지 않는다"라고 홍보했다.[#59]

다국적 기업들은 세계성을 통한 보편적 가치를 주장하는 한편, 인도 음식과 음료가 전반적으로 오염되어 있다는 점을 언급해 청량음료의 오염을 인도의 특수성 탓으로 돌렸다. 인도 코카-콜라사의 광고 담당 고문은 "인도 소비자에게 해가 되는 싸구려 포퓰리즘의 전형적 사례"이며 "인도의 식수는 사람이 마시기에 적합하지 않지만 정치인들은 글로벌 브랜드를 공격하는 게 더 편리하다고 생각한다"라고 하며 불만을 토로했다.[60] 기업들은 언론을 향해 차 같은 전통적 음료에는 훨씬 더 많은 살충제 잔여물이 함유되어 있으며, 심지어 모유조차 살충제로 오염되었다고 주장했다. 다국적 청량음료 업체는 이 사건을 인도 제품과 비교해 더 뛰어난 자사 브랜드의 상대적 품질과 안전성을 주장하는 기회로 활용하기도 했다.

기업은 정부가 정한 음료 내 살충제 잔여물 허용 기준을 거부했다. 코카-콜라와 펩시는 오염물이 제거되었다는 사실을 확실히 보여주기 위해 음료에 사용되는 물의 품질을 검사했지만 최종 제품에 대해서는 검사를 실시하지 않아도 되었다.[61] 인도의 지하수는 너무 오염된 상태라 대부분의 식품에는 어느 정도 살충제 잔여물이 함유되어 있었고, 청량음료의 주재료 중 하나인 설탕은 살충제 잔여물을 씻어내기가 쉽지 않았다. 인도 의회위원회는 청량음료 제조업체의 최종 제품을 검사하는 규정안에 동의했지만 코카-콜라와 펩시는 살충제 함유량을 제대로 검사하기에 청량음료 제조업체의 완제품은 너무 복잡하다고 주장했다.[62]

코카-콜라의 인도 공장은 초기 논쟁 기간에 구체화된 수년간의 캠페인을 통해 인도 규제 당국을 상대로 적극적인 로비 활동을 펼쳤다. 기업의 임원들은 이 로비 활동을 두고 자신들이 사내 글로벌 과학과 규제 업무 부서와 협력해 인도 정부기관에 '도움'을 제공한 거라고 했다. 임원들은 엄격한 규제에 대처하는 한편 자신들의 이익에 부합하는 규제안을 도입하기 위해 노력했다. 시장을 합리적으로 개선하고, 심지어 글로벌 청량음료 대기업에 경쟁우위를 제공할 수도 있는 안이었다. 기존의 품질 실험 덕분에 인도 경쟁사에 비해 상위 기준을 충족시킬 확률이 높았기 때문이다.

결국 CSE에게 자극을 받은 소비자운동가나 중산층의 환경정치는 유지가 쉽지 않았다. 코카-콜라사와 펩시코는 계속 협의를 강하게 부인했다. 코카-콜라의 인도 공장은 "원천수에 살충제 잔여물이 들어갔을지도 모른다"라고 인정했지만, 청량음료에 사용된 물은 "엄격한 EU 기준과 유사한 기준을 충족시킨다"라고 주장했다.[63] 기업들은 자사의 최종 제품에 살충제가 함유되어 있다는 실험 결과를 해명하지 못했지만 인도 정부가 청량음료에 사용되는 물의 살충제 오염과 관련해 기본적 기준을 세우면서 업계는 규제를 받는 듯 보였고, 이로써 대중의 항의는 잠잠해졌다.

그러나 CSE의 캠페인에서 영화 〈기업〉에 이르기까지 살충제가 함유된 독성 제품이라는 청량음료의 민낯이 드러나면서 중산층은 세계적 제품과 인도의 신자유주의 개발을 향한 지키지 못한 약속에 실망했다. 살충제 오염에 대한 인도 소비자의 우려는 코카-콜라사가 환경에 미치는 조직적 위협과 환경을 착취하는 것에 대한 인지로 이어졌다. 이런 논쟁은 코카-콜라 소비의 위험을 둘러싸고 과거에 이루어진 정치화를 다시 생각나게 했다. 프랑스인들은 코카-콜라사의 다국적 영향력에 위협받던 프랑스 와인을 보호하기 위해 코카-콜라의 산성과 카페인 함유에 대해 비판했으며, 콜롬비아인들은 코카-콜라 노동 체제의 폭력성을 상기시키기 위해 이 음료에 신체의 일부가 들어 있다는 소문을 퍼뜨리기도 했다.

살충제의 지속적 존재는 도시 중산층의 환경의식 결핍, 오염, 공공용수 기반시설의 정부 규제와 투자 부족 문제가 얼마나 심각한지 확실히 보여주었다. 코카-콜라에 함유된 살충제는 이 제품이 인도 시골 지역의 고르지 못한 발전과 연결되어 있음을 상기시키는 존재이자 비물질적이면서도 물질적인 잔여물이었다. 깨끗한 물을 쓸 수 없던 시골 지역의 농부들은 도시 소비자를 먹여 살리는 또 다른 계절이 잘 지나가기를 바라면서 토지에 화학물질을 들이붓고 있었다.

비밀 재료를 가시화하다: 기업의 공공 물 착취

코카-콜라사는 '탄다 매틀랩 코카-콜라'라고 주장하며 인도의 인기 있는 언어와 문화를 발판으로 삼아 자사의 제품을 현지화하고 오염된 인도 물과 재료로 만든 음료를 둘러싼 중산층의 우려를 달래기 위해 노력했다. 그러나 인도 주민들은 자신들의 마을 용수를 빼가는 코카-콜라 공장에 반대했고, 도시의 소비를 위해 시골의 자원을 추출하는 관행의 상징성과 물질성에 대항해 조직적인 저항을 펼쳤다. 이런 저항이 거세지는 가운데 화려한 수상 경력을 자랑하는 사진작가 샤라드 학사Sharad Haksar가 도처에 자리한 코카-콜라 광고를 배경으로 바싹 마른 양수기와 텅 빈 양동이가 있는 모습의 강렬한 이미지를 선보였다. 이는 "탄다 매틀랩" 인쇄 광고의 스타일을 본뜬 화려한 색감의 사진이었다. 그는 이 작품에 '갈증'이라는 간단한 제목을 붙였다.

학사는 운동가로 활동한 적은 없었지만(그는 주로 에이전시를 위해 음식이나 패션, 자동차 광고를 찍었는데, 코카-콜라사 역시 이 에이전시와 거래한 적이 있었음) 이 이미지를 통해 공개적으로 '우상 파괴'를 시도했다. 이론가 브뤼노 라투르는 의미가 풍부한 아이콘을 통해 의사를 표명할 수 있는 파괴적이면서도 생산적인 잠재력을 일컬어 '우상 파괴'라고 불렀다.#64 학사는 자신의 사진을 첸나이 시내 한복판에 위치한 대형 광고판에 실었다. 관광객이나 국제 사업가, 인도 도시 전문가가 쉽게 볼 수 있도록 호화로운 타지호텔 맞은편에 설치된 광고판이었다. 그는 "인도 전역의 심각한 물 부족 문제에 대한 사진작가로서의 제 관점입니다. 코카-콜라를 어디서든 구할 수 있는데, 식수가 부족한 것은 사실이자 모순입니다"#65라고 설명했다.

코카-콜라사는 학사가 이처럼 모순적인 현실에 대한 의견을 드러내는 데 자사의 브랜드를 사용한 것을 인정하지 않았으며, 상표권 침해로 그를 고소하겠다고 협박했다. 그러나 운동가들은 그의 광고판 사진을 온라인에 올리고 영상에 등장시켰으며 집회 자료에도 사용했다. 법원의 결과가 어떻게 나오든(이길 경우 약자를 괴롭히는 것처럼 보일 수 있고, 질 경우 훗날 상표를 향한 공격의 선례를 남길 수 있었음) 코카-콜라사가 이길 수 없는 싸움이었다. 결국 코카-콜라사는 소송을 철회했다. 학사는 광고를 통해 기업화된 공공장소 내 광고 게시판에 물 탈취를 향한 비판을 실음으로써 사람들이 브랜드의 편재성을 새롭게 바라보도록 했다. 즉 제품이 공통의 문화적 의미와 장소에 대한 소유권을 주장하는 과정이자 상징의 사유화, 공동 물질의 취득임을 인지하도록 만들었다.

이 이미지는 예술가의 개인적 창작물만이 아니라 사회적 힘의 산물이었다. 이 사진은 지역사회의 일상적 마모를 포착해 내고 새로운 의미를 부여하기 위해 브랜드 아이콘을 재구성했다. 코카-콜라사에 저항하는 여성들은 '물 부족을 향한 무언의 시위'로 자신들의 플라스틱 양동이를 플라치마다 코카-콜라 공장 앞에 정기적으로 가져다놓곤 했다. 양동이는 때때로 플라스틱이나 도자기로 대체되긴 했지만 "늘 바싹 마른 상태로 텅 비어 있었다". 인도 국민들은 학사의 사진에서 코카-콜라 아이콘에 대항하는 양동이의 상징성을 쉽게 이해했다. "일상적 활동이 전하고자 하는 메시지"를 읽어냈던 것이다.[#66] 따라서 이 사진은 거세지는 저항으로 주의를 새롭게 환기시켰을 뿐 아니라 브랜드 이미지를 재생산하는 반복적이고 표현적인 대중문화를 포착해 냈다. 또한 기업 패권의 균열을 상징했다. 코카-콜라사는 지역사회에 대중적 의미를 양산하는 임시적이고 일상적이며 비공식적 활동과 의견 표명을 상대로 소송을 제기할 수 없었다. 이는 이미 시작된 아이콘의 인식론적 위기 과정을 부각시켰으며, 아이콘이 소비를 위해 정치화될 잠재력을 갖춘 급변하는 기표로 다시 부상했음을 보여주었다.[#67]

양동이를 나르는 여성들은 주로 가난한 농부나 토지를 소유하지 않은 소작농, 낮은 계급의 달리트(불가촉천민)나 원주민이었다. 그들은 코카-콜라 공장이 산업 폐수로 주위 농지를 오염시키고 코카-콜라사가 지하수를 빼내 가는 것에 반대했다. 코카-콜라사는 음료 1리터를 생산하는 데 2리터의 물을 사용했다. 공장마다 100미터 깊이의 우물로에서 하루에 수십만 리터의 물을 가져갔다. 생수나 청량음료를 가공하고 포장하고 판매하는 데 사용되는 물이었다. 생산량이 늘어나는 여름에는 훨씬 더 많은 물을 빼갔기에 농부의 토지와 우물이 바싹 말랐다.[#68] 마을 주민과 운동가들은 이런 관행을 '물 채굴'이라고 했다.

물과 저렴한 인건비를 이용하기 위해 코카-콜라사는 대도시에서 멀리 떨어진 바라나시 외곽의 메디간지 등 시골 지역에서 공장을 가동했다. 이런 관행은 시골의 경제 발전을 촉진하기 위해 주 주도에서 시장 주도로 돌아선 인도 정부의 전략과 맞아떨어졌다. 정부는 기존의 시골 경제·사회복지 정책에 반대하며 환경 규제가 부재한 사실을 외면하고 있었다. 주 정부와 지역 정부는 코카-콜라사 등 기업을 끌어들이기 위해 경쟁했다. 이들은 산업 지역, 특별 경제지구, 세금 면제 등 재정 혜택을 내세워 기업들이 '저개발'되거나 '낙후된' 지역에 투자하도록 장려했다.[69] 주민의 대다수가 가난한 농부이거나 토지가 없는 소작농 지역은 이 과정에서 발생한 농업위기로 말미암아 경제적·환경적으로 곤경에 처했다.[70]

1960년대 시작된 '녹색혁명'이라는 농업 개발 결과 수많은 인도 국민이 혜택을 보고 기근이 줄어들었지만 집약적인 관개와 농약 사용으로 물과 토지가 과잉 이용되기도 했다. 경제자유화는 시골 지역의 이런 환경 악화를 가중시켰다. 정부 개발의 초점이 시골 지역의 빈곤 완화에서 도시 중상층의 성장을 위한 시장 중심적 소비자운동 패러다임으로 바뀌면서 경제적·문화적 힘의 불균형이 악화되었다.[71] 아무런 규제를 받지 않고 균형이 무너진 산업 성장은 환경적·사회적 보호막이 약한 포스트식민지 국가에서 '환경 악화와 사회적 고립'을 가져왔다. 환경적으로 오염된 토지를 경작하는 데 필요한 (양수기를 돌리는 데 드는) 전기, 종자, 비료, 살충제 등의 높은 비용, 금융기관의 규제 완화와 이런 비용을 마련하기 위해 대출을 원하는 농부들의 신용 경색, 경작물의 낮은 가격은 부채를 키웠다.[72] 우기가 불규칙해지면서 기후 변화는 심각한 가뭄과 홍수를 야기하기 시작했으며 환경, 특히 물에 영향을 미치는 환경의 변화(수분이 재충전되는 장마가 없는 계절, 기업에 의한 지하수 추출, 저하되는 수질, 농장에 넘쳐나는 산업 폐수)는 농부들에게 큰 위기였다. 소규모로 농사를 짓던 많은 농부가 고통에 시달렸다. 일부 추정에 따르면 21세기 첫 10년간 2만 2,000~2만 5,000명에 달하는 농부가 자살한 것을 보면 그들이 받은 스트레스가 얼마나 컸는지 짐작할 수 있다.[73]

이런 고충은 우타르프라데시 주 메디간지처럼 코카-콜라 공장이 위치한 지역에서 두드러졌으며, 시골 지역의 일상적 삶과 물 자원에 악영향을 미쳤다. 우타르프라데시 주에서는 토지를 소유한 농부들 가운데 90퍼센트가 '영세업자'로 평균 1에이커가 겨우 넘는 좁은 땅을 소유했고, 그들 가운데 40퍼센트가 넘는 가정이 부채에 시달렸다.[74] 메디간지 농부들은 경제 가치가 높은 농작물을 기르기 위해 물 집약적 논을 경작했고, 지역에 전기가 잘 들어오지 않아서 양수기를 사용하거나 이웃집 펌프를 시간제로 대여해 사용해야 했다. 전력이 공급될 때 토지에 최대한 많은 물을 공급하기 위해서였다. 메디간지 등 지역에서 토지의 일차적 용도인 농업은 물이 가장 많이 사용되는 분야였고, 이런 이유를 들어 코카-콜라사의 임원들은 농부들이 우물을 마르게 한다고 주장했다. 이런 상황에서 거의 3분의 1이나 증가한 지역 인구는 더 많은 지하수를 필요로 했고[75] 코카-콜라사 등 중공업 용수 사용자가 늘면서 이미 불안정한 용수 시스템은 더욱 악화되었다. 지역사회는 2000년 이후로 코카-콜라 공장이 세워지기 전 10년과 비교했을 때 고갈된 우물 수가 5배나 증가했다고 보고했다.[76]

코카-콜라 공장은 사실상 무료로 마음껏 지하수를 사용했다. 옛 인도법에 따라 토지소유자는 토지뿐 아니라 그 아래 흐르는 지하수에 대해서도 개인적 재산권을 가졌다.[#77] 당시 물 자원 관련법을 시행하고 있는 주는 거의 없었다. 물론 정부와 주는 날로 증가하는 물 부족 문제와 물 자원 이용의 격차를 인정하며 물 자원 관리 계획에서 식수와 관개를 수력발전이나 상업적 용도보다 우선시해야 한다는 내용을 물정책 강령에 명시했다.[#78] 그러나 코카-콜라사는 자신들의 공장이 환경에 미치는 영향에 대한 평가를 요구받지 않았고, 자체 대지 계획 연구는 '사업 운영을 위해 지속적인 물 공급을 확보하는 데'만 초점을 맞췄으며, 대중에게 공개하지도 않았다.[#79] 코카-콜라사는 판차야트Panchayat, 선출된 마을의회의 허락만 받으면 되었다. 판차야트는 코카-콜라의 개발정책, 관련 일자리, 현지 공장에서 발생하는 부수적 세수를 반겼고 따라서 코카-콜라사의 지하수 사용에 거의 아무런 제재도 가하지 않았다.[#80] 기업들이 사용한 물에 세금이 매겨졌지만 아주 적은 금액이라 코카-콜라사처럼 물을 많이 사용하는 기업은 사실상 공짜로 지하수를 이용했다. 2005년 메디간지 공장은 1년 물 사용 세금으로 700달러 정도밖에 내지 않았던 것이다.[#81]

"코카-콜라사, 인도를 떠나라"

인도로 돌아온 지 10년이 채 되지 않아 대여섯 마을이 코카-콜라사가 지나치게 많은 물을 사용해 지하수를 고갈시키고 산업 폐기물과 오수를 처리하는 과정에서 인근 토지를 오염시킨다고 고발했다. 대중의 관심을 얻기 위한 최초의 운동은 2002년 봄에 시작되었다. 케랄라 주 플라치마다 마을 주민들이 동네에 인접한 코카-콜라 공장 앞에서 연좌농성을 벌였다. 이 공장은 2000년부터 하루에 수십만 리터의 지하수를 끌어다 생수와 청량음료의 생산과 가공에 사용하고 있었다. 자신의 마을에서 생산된 청량음료가 트럭에 실려 전국 각지로 떠나는 모습을 지켜보던 공장 주변 지역민들의 불만은 점차 커졌다. 토지는 경작이 제대로 이루어지지 않았고 우물은 지하 수위가 낮아졌으며 농부들은 벼나 코코넛처럼 물 집약적 농작물을 포기할 수밖에 없었다. 플라치마다 주민들은 가두시위를 벌였고 공장 문을 닫으라고 요구하며 무기한 다르나Dharna, 점거농성에 들어갔다. 이런 저항은 토지 없는 가난한 농부들에서 시작되었다. 대부분 에라발라와 마라사 지역의 원주민이었다. 코카-콜라사에 반대하는 그들의 저항은 토지와 자치권을 얻기 위해 케랄라 주 원주민들이 수십 년간 이어온 투쟁을 기반으로 했다.

주 정부, 때때로 인도 마르크스주의 지도자로 이루어진 공산당은 2001년까지 그들의 반발을 무시하거나 억압했다. 그러나 원주민 단체가 집단으로 들고 일어서자 정부는 원주민에게 토지를 일부 돌려주는 합의서에 서명하며 그들의 권리를 인정하기에 이르렀다.[82] 정치적 변화와 함께 토지를 생계에 꼭 필요한 것으로 보는 의식적 자각이 이루어진 이 시기에 플라치마다의 원주민들은 코카-콜라 공장이 자신들의 마을에 들어서면서 또 다른 필수 자원인 지하수의 양과 질이 변하는 것을 목격했다. 2003년 봄, 언론의 큰 관심을 받게 된 마을 주민들은 현지 정치지도자를 자신들의 편으로 끌어들이는 데 성공했다. 판차야트는 코카-콜라의 허가권을 연장시켜 주지 않았고, 일 년 뒤 공장은 결국 문을 닫았다. 그러나 코카-콜라사는 이에 굴복하지 않고 사기업이 현지 지하수를 사용할 권리를 제한하는 판차야트의 권한에 도전했다. 코카-콜라사가 항소심에서 승소하면서 이 사건은 결국 인도 대법원으로 넘어갔다.[83]

최초의 저항운동인 이 사건은 우타르프라데시 등 멀리 떨어진 지역민들을 고무시켰다. 그들은 코카-콜라사를 다방면으로 공격하고 지역 발전 과정에서 발언권을 얻기 위해 코카-콜라 공장을 상대로 조직적 반대에 나섰다. 메디간지 주민들은 보틀링 산업과 함께 일자리가 늘어나고 지역 발전이 이루어질 거라는 희망을 품었지만 공장과 지역주민 간의 관계는 빠르게 틀어졌다. 1996년에 파를레 보틀러로 설립된 직후부터 이 공장은 인근 지역민들의 저항에 부딪혔다.#84 주민들은 코카-콜라 공장이 마을 소유의 공용 토지를 불법으로 점유했음을 주장했다. 공장 바로 뒤에 살던 쿰하르용 기장이들의 이용 도로와 판차야트가 고소한 마을이 여기에 포함되었다. 파를레 보틀러는 판차야트에 정치적·경제적 압력을 가함으로써 분쟁을 해결하고자 했고,#85 판차야트는 코카-콜라사에게서 다른 토지를 받는다는 조건으로 합의했다.

　불만은 공장 내부에서도 발생했다. 노동자들이 더 많은 월급과 수당, 고용 안정을 주장하며 임시직을 비롯해 카스트 내 분쟁을 야기한 노동계약 체제에 반대하고 나선 것이다. 노동조합을 조직하려고 한 그들은 더 고분고분한 직원으로 교체되었다. 공장이 가동되고 얼마 지나지 않아 노동자들이 최저급여와 수당을 요구했다. 인근 비스킷 공장 조합원에게서 자극을 받은 그들은 바라나시 노동국과의 회의에서 얻어낸 노동법에 힘입어 그들과 계약하고(해고한) 노동 계약자가 임금의 상당 부분을 뜯어 간다고 주장했다. 그들은 결국 소규모 임금 인상을 얻어냈지만 임시직과 계절노동은 여전히 불만 사항이었다. 코카-콜라사는 하청업자에게 공장 인력 채용을 외주로 주었는데, 이들은 단기로만 노동자를 고용했고 낮은 월급에 수당은 거의 주지 않았다. 공장은 40명의 정규직과 200명의 단기직을 고용했다. 단기직은 청량음료 판매량이 늘어난 여름에는 전업으로 일했지만 일하는 날이 일 년에 120일밖에 되지 않았고, 겨울에는 일자리가 없어서 정규직 근로자가 받는 혜택과 권리를 누릴 수 없었다.[86]

노동자들이 정규직과 수당을 요구하기 위해 공식적으로 조합을 조직하려고 하자 정부는 조합의 등록을 거부했고, 코카-콜라사는 혜택이나 권리를 요구하는 사람들을 해고했다. 결국 2002년 다양한 카스트 계급으로 이루어진 노동자들이 파업을 일으켰다. 그들은 일주일간 일하지 않았고 경영진이 자신들의 요구를 수용하자 공장으로 돌아갔다. 그러나 몇 달 뒤 자신들의 요구가 지켜지지 않고 지도자가 해고되자 다시 파업에 돌입했다. 인터뷰에 따르면 공장은 100명에 달하는 노동자를 해고했고, 이들을 대체할 노동자를 고용했다. 이는 지역사회 내에서 마찰을 일으켰고 해고된 노동자와 새로운 노동자 간의 물리적 충돌을 낳았다. 그러자 코카-콜라사는 새로운 보안요원을 고용했고, 이로써 충돌은 더욱 폭력적 양상을 띠게 되었다. 조합 지도자들은 공격과 평화 위반 혐의로 기소되었다. 조합이 없는데다가 단기직이라는 불안정한 상황에 노출된 노동자들의 월급은 2004년 하루에 66루피(약 1.65달러)밖에 되지 않았다.[87] 노동 계약자가 기존의 현지 노동자를 외지인으로 교체했다고 불만을 터뜨린 주민들의 주장에 따르면 이 돈의 상당수가 메디간지 밖으로 빠져나갔다.[88]

메디간지 공장이 환경에 미치는 영향을 문제 삼은 풀뿌리운동 역시 이 시기에 시작되었다. 농부와 인근 주민들은 공장의 산업 폐수가 정기적으로 인근 운하를 통해 배출된다는 점에 문제를 제기했다. 공장의 배수 배관은 그랜드 트럭 로드 주간 고속도로Superhighway의 건설에 영향을 받고 있었다. 세계은행에서 대출을 받아 진행되는 대형 신자유주의 현대화 프로젝트는 황금 사각형Golden Quadrilateral이라는 인도의 4대 도시를 연결할 예정으로, 코카-콜라 배송 트럭은 공장을 따라 뚫리는 이 고속도로 덕분에 큰 특혜를 받을 게 분명했다. 고속도로 건설이 진행되면서 공장 배관을 통해 인근의 수많은 농장으로 산업 폐수가 흘러들어갔다. 농작물이 죽었고 주민들은 오염된 물로 말미암아 피부병이 생겼다고 불만을 제기했다. 그들은 '마을을 구하자' 투쟁위원회를 조직했다.

이 조직은 점거농성에 들어갔고 50명 넘는 주민들이 8일간 단식투쟁을 펼쳤다. 그들은 피해 입은 농작물의 정부 보상과 공장 폐쇄를 요구했다.#89 공장과 가까운 지역의 농부들이 이 조직을 이끌었다. 소규모 토지(기껏 해야 몇 에이커밖에 되지 않는데, 지도자가 소유한 토지도 3, 4에이커에 불과했음)를 소유한 이들은 코카-콜라 공장의 환경 관행 때문에 자신들의 재산이 위협받았다고 생각했다. 토지가 없는 쿰하르도 이 투쟁에 가담하며 폐수 때문에 피부병에 걸렸다고 주장했다. 공장이 계속 운영되자 더 많은 주민이 우물에서 나오는 물이 노르스름하고 이상한 맛이 날 뿐 아니라 물의 수위가 눈에 띄게 낮아졌다고 불만을 터뜨렸다.

취약 계층인 주민들은 록 사미티인민위원회라는 지역사회 조직을 통해 코카-콜라사에 대규모로 저항했다. 바라나시 외곽 마을에 사는 수천 명의 적극적 참여자로 이루어진 위원회는 1999년에 어린 시절 직공으로 일했던 난드랄 마스터가 설립했다. 2009년 그는 6명의 동료와 이 단체의 사회 업무뿐 아니라 메디간지 아시람힌두교도들이 수행하며 거주하는 곳-옮긴이에서 시작된 풀뿌리 조직을 조율했으며, 니티 브하이를 도와 지역사회 조직을 위한 전략을 개발했다. 바라나시에서 활동하는 천주교 성직자인 니티 브하이는 자신이 운영하는 지역단체, 록 체트나 사미티를 통해 '민주적인 사회'와 '가난한 자와 소외 계층을 위한 사회적이고 구조적인 변화'를 추구했다. 록 사미티는 방직 산업 내 아동 노동자를 위한 교육센터, 달리트와 여성의 권리, 지참금 없는 결혼식, 성적·계급적·종교적 차별 같은 문제를 해결하기 위한 계급 간 프로그램 등 광범위한 사회 프로젝트에 착수했다.

난드랄 프라사드를 비롯한 다른 지도자들은 마하트마 간디, 사회주의자 자야 나라얀을 비롯해 제3세계 환경운동가들의 사상에서 영향을 받았다.#90 간디의 그램 스와라지Gram swaraj, 마을 자립는 록 사미티가 지역사회의 자기경영, 직접 민주정치, 상향식 개발을 추구하도록 영감을 제공했다. 나라얀은 1970년대에 이 개념을 바탕으로 비폭력적 계급투쟁, 참여민주주의, 건설적인 직업을 통해 정치·경제·사회질서의 '완전한 혁명'을 촉구했다. '마을을 위한, 마을에 의한'이라는 이념에 영감을 받은 프라사드는 록 사미티를 NGO로 등록하지 않기로 결심했다. 정부에게서 권력을 부여받는 대신 정부가 책임지게 만들도록 인민의 힘을 키우기 위해서였다.

프라사드를 비롯한 록 사미티 소속의 운동가들은 지역사회의 복지를 중시했다. 이는 인도 제품에 특혜를 줌으로써 경제적 자립을 꿈꾸기 위해서가 아니라 "소비자들로 하여금 노동자와 인류를 비롯한 다른 생명체에 해가 되는 산업을 지지해 발생하는 폭력을 인지하도록 촉구하며"#91 전 세계적으로 덜 착취적인 생산을 장려하기 위해 스와데시(해외 제품이 아닌 국내 제품을 사용하자)의 이상을 추구한 것이다. 그들은 다국적 기업을 겨냥한

'반세계화' 기조에 고무되었다는 코카-콜라사의 비난에 맞서 이렇게 말했다. "물을 남용하는 기업이라면 인도 기업이든 외국 기업이든 가리지 않고 저항할 것이다."[#92]

록 사미티 운동가들은 사회정의에 초점을 맞춘 물질주의적 환경주의를 전달하기 위해 "토양은 모든 사람의 요구를 충족시킬 뿐 그들의 욕심을 충족시키지 않는다"라는 간디의 말을 종종 인용했다. 단체를 이끄는 이들의 말을 빌리면 메디간지 운동은 '인도 정부, 국제단체 …… 다국적 기업이 물을 자산이자 제품으로 인식하는' 방식을 거부했다. 주민들은 '물은 이익을 위해 팔 수 없는 양도 불가능한 권리'이며 물의 '참여적 개발'에 지역사회가 발언권을 가질 수 있어야 한다고 주장했다.[#93]

사회·경제 정의를 추구하기 위한 록 사미티의 업적은 환경운동주의를 낳았다. 그들은 물 권리를 지지하기 위해 고갈된 우물의 개수에 대한 자료를 취합하고 물 사유화 관련 콘퍼런스를 주최했으며 공공용수 사용을 위해 마을 연못을 팠다. 또한 '차수판'을 만들어 물을 무료로 제공하고 사람들이 코카-콜라를 사먹는 바라나시 철도역 등에서 벌인 투쟁 관련 소식을 전했으며, 정부가 대중에게 안전한 식수를 제공하도록 촉구했다.

빼앗긴 자들의 환경주의

마을 주민들은 코카-콜라사의 물 사용에 반대함으로써 시장과 정부가 그들 마음대로 시골 지역을 개발하는 관행에 의문을 제기했다. 그들은 자신들의 이익을 위해 다른 사람들에게 피해를 주는 방식으로 환경 자원을 활용하는 산업화에 반대했다. 코카-콜라사를 향한 그들의 저항은 사회정의를 기본으로 한 남아시아 환경정책 또는 라마찬드라 구하와 조앤 마르티네스-알리어의 용어를 빌리면 '빼앗긴 자들의 환경주의'를 바탕으로 했다.[94] 이는 토지, 삼림, 물, 대기 자원의 오염과 고갈을 막기 위한 지역사회의 싸움이었다.[95] CSE를 창립한 아닐 아가왈의 주장에 따르면 이런 운동은 "'환경의 사용과 그로부터 누가 이득을 취해야 하는지'를 둘러싼 …… 인간사회 내 생산과 유통에 대한 질문을 특히 중시한다".[96]

이 환경주의는 "'환경의 희생자', 즉 그들의 자산을 빼앗고 …… 사회 불평등을 악화시키며 자연환경을 파괴하는 …… 댐, 공장, 고속도로에 마지못해 자리를 내주어야 했던 가난한 농부와 부족에서 시작되었다".[97] 이 운동은 정부와 민간 개발계획(종종 둘의 결합) 모두에 반대했다. 특히 지난 25년 동안 지배적이었던 자유시장 논리는 초국가적 자본과 인도의 '도시 산업 콤플렉스'를 향한 저항을 낳았다.[98] 그들은 지역사회의 자원을 잠식하고 도시 중상층의 증가하는 소비력을 충족시키기 위해 자원을 사유화하고 제품화했기 때문이다. 따라서 환경 착취와 그에 따른 문제로 악화된 불평등에 맞서기 위해 인도 마르크스주의자와 환경운동가 간에 어색하고, 심지어 적대적인 연합[99]으로 이루어진 이 운동을 자극한 것은 신자유주의의 결과라고 할 수 있겠다.

신자유주의 환경 담론을 지배한 것은 '녹색' 자본주의와 생활방식의 선택으로 특징짓는 중산층의 자연보호주의와 시장 환경주의였다. 그러나 메디간지 마을주민의 활동주의는 사회(인종, 민족, 계급, 성)와 경제 정의를 위한 전 세계적 환경운동(환경과 직업적 건강 보호와 야생지 권리를 위해 싸우고 개발도상국에 환경 피해를 수출하는 관행에 반대하는 운동)의 일환이었다. '부자들의 환경주의'가 중상층의 삶의 질을 개선하는 데 초점을 맞추고 소비를 통해 힘을 부여받았다면 살충제로 오염된 코카-콜라를 둘러싼 논쟁에서 가난한 사람과 빼앗긴 사람의 환경주의는 "생태계 위기의 뿌리에 놓여 있는 정치적·경제적 권력 구조에 대항하는 데" 초점을 맞췄다.[100] 이 운동은 착취를 확대하고 그에 따른 생태계 피해를 취약 계층에게 전가하는(외재화하는) 자본주의의 관행을 강조했다.[101] 환경 악화와 이것이 인간에 미치는 영향이 축적되는 과정은 점진적이라서 눈에 잘 띄지도 않는다. 흥미를 유발하지도 않고 소외 계층에 피해가 가기 때문에 주요 정치에서 간과하는 '느린 폭력'인 것이다.[102] 큰 맥락과는 별개로 구체적인 환경 문제에 초점을 맞추는 조직과 달리 가난한 사람의 환경주의는 이를 정치-경제 시스템이 양산한 문제라고 생각했다. 여기에는 "내 뒷마당에서는 안 된다"는 중산층 환경주의의 차별적 의식을 "누구의 뒷마당에도 안 된다"로 대체할 수 있는 잠재력이 포함되었다.[103]

메디간지의 고갈되는 환경자원이라는 맥락을 고려했을 때 계층과 계급을 뛰어넘는 조직을 만든다는 것은 쉽지 않은 일이었다. 수많은 지역 엘리트가 기업의 편에 섰다. 대다수의 공장 근로자, 특히 외지에서 온 사람들은 이런 운동이 자신들의 일자리에 위협적이라고 생각해 지지하지 않았다. 현지 노동자들 가운데도 갈등하는 사람이 있었다. 그들은 공장 일자리가 필요했지만 가족과 친구들이 입는 피해를 간과할 수는 없었다. 지역 노동자들은 마을에 해가 되는 공장에서 일하고 싶지 않다고 말했다. 사실 코카-콜라 공장이 문을 닫든 말든 신경 쓰지 않는다고 말하는 사람이 많았다. 공장은 일 년 중 일정 기간에만 노동자를 고용하기 때문에 그들은 어차피 방직이나 농업 등 다른 일에 의존해야 했다. 따라서 마을 주민의 요구를 고려하는, 물을 덜 사용하는 현지 산업의 개발을 선호했다.

몇 번 시위를 해 본 이들은 코카-콜라사의 비타협적 태도와 공장 문을 닫게 만들지 못하는 운동가들의 무능력에 불만을 드러냈고, 이로써 현지 지도자와 선출된 공무원의 비리 의혹이 증폭되었다. 농업 분야의 극심한 관개와 화학물질 사용으로 지하수가 마르거나 오염되면서 많은 사람이 그들의 물 문제가 인도 전역으로 번져 나가고 있음을 인정했다. 그러나 농부들은 지속가능한 시골 지역의 삶을 위해 농업 분야의 물 사용 관행을 바꾸기 위한 교육과 규제가 필요하다면 물을 대량 사용해 만든 청량음료를 먼 곳으로 배송함으로써 물 부족 현상을 악화시키는 코카-콜라사처럼 물 집약적 산업에 대한 규제도 재고되어야 한다고 주장했다.

조직 네트워크

록 사미티는 메디간지를 중심으로 인도 내에서 비슷한 투쟁을 하는 사람들과의 연결을 통해 정치를 발전시켜 나갔다. 지도자들은 전국시민운동연합NAPM에 합류했는데, 여기에 가입한 각기 다른 풀뿌리 투쟁 세력은 대안적이고 민주적인 '사람 중심적 개발'에 전념했다. 이들은 전국적인 연합을 추구하면서도 자주적인 조직과 마르크스주의, 간디주의, 암베드카리안Ambedkarian, 신불교도-옮긴이 등 다양한 정치 노선을 표명했다.[104] 부족, 여성, 달리트, 소수민족, 노동자, 농부가 주축을 이룬 이 운동은 인도의 경제 자유가 시행된 직후 발발했다. 이로써 사유화와 자유화라는 국가적이면서도 전 세계적 시스템을 경험한, 언뜻 보기에 관련 없어 보이는 지역 투쟁

세력 간의 연결성이 확실하게 드러났다.[105]

　NAPM의 주요 조직 원칙인 '사람이 자원을 통제하는 사람 민주주의 개발'은 정치의 성격 자체를 바꾸기 위해 참여민주주의와 정치경제력의 분권화를 촉구했다.[106] NAPM를 창립한 메다 파트카는 가난한 사람들에게 피해를 주는 개발을 위해 인도 정부와 초국가적 자본이 결탁한 사례(다국적 기업과 세계은행의 결탁)를 향해 비난의 날을 세웠다.

　NAPM은 설립 당시부터 다국적 청량음료 기업의 인도 시장 진입과 물 사유화에 우려를 표했다. 이 단체는 "'우리는 펩시나 코카-콜라가 아니라 물을 원한다' 등의 구호를 내걸며 다국적 기업에 반대하는 일관되고 강렬한 캠페인"을 촉구했다.[107] 몇 년 뒤 플라치마다 거주민들이 코카-콜라사에 항의하기 시작하자 NAPM은 이들을 지지하며 시위를 조직했다. 또한 언론의 관심을 받게 된 메다 파트카는 현지의 투쟁을 인도 내 다른 지역의 싸움과 연결지었다.

　록 사미티 조직원들은 NAPM과의 연계를 통해 물 부족과 품질 문제에 대한 자신들의 문제를 플라치마다의 비슷한 상황과 연결지었고, 물 사유화에 반대하는 광범위한 정치적 분석을 실시했다. 2003년 내내 메디간지 거주민, 록 사미티와 '마을을 구하자' 투쟁위원회 회원, NAPM 지지자와 사회주의자 사마와디 잔 파리샤드(사회주의 인민위원회)는 연좌농성, 단식투쟁, 비폭력 시위를 조직했다. 경찰봉을 휘두르는 경찰들의 개입으로 결국 76명의 시위대가 체포되었고, 그중 일부는 부상을 입었다. 시위대는 공장의 허가권을 철회하고 피해 입은 사람들에 대해 보상해줄 것을 요구하며 코카-콜라의 폐수로 가득 찬 자루를 오염 관리 규제자의 책상에 내던졌다.

같은 해에 NAPM은 '세계화와 공동체주의에 반대해' 국가적 시위에 착수했다. 시작은 플라치마다 코카-콜라 공장이었다. 록 사미티는 플라치마다에 대표단을 보냈고 공장 바깥에서 시위를 시작했다. 코카-콜라사를 반대한다는 공통분모로 거리상 멀리 떨어진 두 지역이 연결된 것이다. 2004년 플라치마다 공장이 문을 닫자 메디간지를 비롯해 코카-콜라 공장이 위치한 다른 지역의 수많은 사람은 들뜬 마음이 되었다. 메디간지 운동가들은 우타르프라데시 주 발리아와 라자스탄 주의 칼라 데라 코카-콜라 공장의 물 사용에 분노한 지역민들과 협력하기 시작했으며(라자스탄의 경우 대량의 물이 필요해 외부에서 물을 가져오지 못할 경우 공장을 아예 폐쇄하라는 조언을 들었음),#108 코카-콜라사와 얽힌 장소, 관심사, 지역사회의 네트워크를 구축하기 시작했다.

코카-콜라사의 자본과 제품을 바탕으로 한 이런 네트워크는 다른 기업이 그런 것처럼 지역적이고 전국적이었으며 다국가적이었다. 거주민의 지속적 저항에도 지역 정부와 주 정부가 아무런 조치를 취하지 않고 코카-콜라사가 현지 공장을 비롯해 인도 구르가온(델리 외곽의 기업 주변 도시), 홍콩(아시아-태평양사업 담당 코카-콜라 임원들의 중심지#109), 조지아 주 애틀랜타 내 여러 본부에 대해 다발적 영향력을 휘두르자 운동은 현지 엘리트의 전통적 통제에서 벗어나 비슷한 상황에 처한 동지나 NGO라는 초국가적 네트워크로 확장되어 갔다. NAPM은 언어 차이와 지형학적 차이를 뛰어넘어 플라치마다와 메디간지의 비슷한 목표를 가진 투쟁을 연결했으며, 지역운동가의 활동으로 전 세계의 관심을 모았다.

플라치마다와 메디간지 운동가들은 NAPM과 세계사회포럼, 인민세계

물포럼 등 새로운 국제 조직에 가입해 관련 문제에 가담한 활동가와 NGO의 도움을 받았다. 여기에는 콜롬비아 코카-콜라 노동자의 권리를 위해 싸우는 노사와 인권단체(콜롬비아 노동조합 시날트라이날과 킬러 코크를 막기 위한 미국 캠페인), 물 사유화에 초점을 맞춘 북아메리카 환경 NGO(국제기업책무기구와 폴라리스협회), 남아시아 디아스포라 내 국제 사회정의단체(교육을 위한 ASHA), 기업 자본주의가 인도 환경에 미치는 영향을 우려하는 미국 세계화 대안 운동단체(인도자원센터) 등이 있었다. 200명의 메디간지 주민은 록 사미티와 뭄바이에서 열리는 2004년 세계사회포럼에 참석했다. 그곳에서 그들은 다른 나라에서 온 뜻을 같이하는 사람들과 다른 환경사회운동가를 비롯해 여러 NGO와 만났다. 록 사미티 대표자들은 인도자원센터의 아미트 스리바스타바를 비롯해 콜롬비아 코카-콜라 공장에 맞서는 조합원들과 그들을 지지하는 미국인들을 만났다. 세계사회포럼이 있은 직후 플라치마다는 세계 물 콘퍼런스를 주최해 인도 단체들과 물 사유화에 반대하는 해외 운동가들(볼리비아의 오스카 올리베라, 캐나다의 모드 발로와 토니 클라크)을 연결시켜 주었다. 국제기업책무기구나 폴라리스협회 등 북아메리카 NGO는 물 사유화에 반대해 캠페인을 펼쳤다. 그들은 대규모 생수업체의 물, 플라스틱, 화석연료 사용에 이의를 제기하며 생수를 보이콧하고 공공용수 시스템에 관심을 기울일 것을 촉구했다. 브랜드의 의미를 통해 함께 투쟁하고 협력할 수 있는 가능성을 본 이들 NGO는 인도 운동가들의 소식을 선진국의 언론 매체, 소비자, 잠정적 동지에게 전하기 시작했다.

코카-콜라사의 다국적 시스템을 이용한 인도자원센터는 '대항력'이라는 초국가적 네트워크를 구성하는 과정에서 중개인 역할을 수행했다.[110]

환경 정의라는 대의를 바탕으로 웹에 기반을 둔 1인 비영리단체 인도자원센터를 창립한 아미트 스리바스타바는 미국에서 환경운동을 조직하고 NGO를 위해 국제적 차원에서 기업의 환경 관행을 연구하고 공론화하고 있던 가운데 2002년 플라치마다의 투쟁을 접하게 되었다.[111] 인도자원센터는 인도 운동 관련 소식과 요구를 국제 미디어와 지지자들에게 전달하는 '플랫폼' 역할을 자청했다. 이 단체의 목표는 대중의 압력에 취약할 수밖에 없는 기업의 본사가 위치한 미국에 압력을 가함으로써 "미국을 비롯해 전 세계에서 인도 운동을 지지할 주요 세력을 확보하는 것"이었다.[112]

코카-콜라사의 인권 남용에 반대해 학교 당국이 코카-콜라사와의 독점판매 계약을 종료하도록 만들었던 대학생들은 이제 인도 지역의 물 문제를 염려하는 사람들과 제휴를 맺었다. 스리바스타바와 학생 운동가들은 더 많은 운동가를 끌어들이기 위해 다양한 사안을 중심으로 수렴되는 조직들의 '광범위한 제휴'를 강조했다.

학생 운동주의가 거세지자 코카-콜라사는 결국 일부 인도 공장의 환경 관행에 대한 독립적 평가를 실시하겠다는 데 동의했다. 코카-콜라사는 뉴델리에 위치한 연구소인 에너지자원협회TERI에 연구를 의뢰했다. 이 연구소가 과거 함께 일한 적이 있어 자신들의 혐의를 풀어주고 책임을 입증해주며 복잡한 기술과 관련된 논의를 혼란스럽게 만들 거라고 생각했다. 실제로 그들의 연구는 많은 부분에서 그런 성과를 달성했다. 그러나 TERI의 보고서로 말미암아 처음으로 인도의 물 추출 관행과 물 수위 자료가 공개되었고, TERI는 물 수위가 지나치게 낮기 때문에 칼라 데라 코카-콜라 공장은 문을 닫아야 한다고 조언하기까지 했다.[113]

코카-콜라사의 상징 자본

코카-콜라 브랜드 제품의 상징 자본(2006년 코카-콜라는 전 세계에서 가장 유명한 브랜드로 브랜드 가치가 670억 달러에 달했음#114)은 청량음료에 의미를 부여하는 코카-콜라사의 능력을 대변했다. 운동가들은 다른 지역의 투쟁 세력과 연대하는 과정에서 공통적 공격 대상을 구상하고 표현하는 수단으로 브랜드 가치를 활용했다. 학생 운동가들은 상징 자본, 즉 코카-콜라 제품의 편재성과 우상성, 친근한 물질성(물리적으로 소비되었기 때문임)을 다양한 형태의 문화로 재사용했다. 그들은 새로운 정치적 의미로 브랜드의 의미를 뒤집었으며, 잠재적 소비자가 전 세계에서 일어나는 투쟁에 대해 생각하도록 만들었다.

운동가들은 '주의'라고 써진 테이프로 자판기를 둘러 범죄 현장으로 바꾸었고 '대학-통제'라고 쓴 거대한 코카-콜라병 모양의 풍선으로 교정을 가득 메웠으며 '킬러 코크' 복장을 하거나 (공공 식수대 물로 만든 생수를 파는) 코카-콜라 광고에 등장하는 소녀처럼 입고 가두 연극을 했다. 뚝뚝 떨어지는 피나 '독성' 라벨을 붙여 갈증을 해소하는 코카-콜라의 광고 이미지를 혐오스럽게 만들었고, 급진적 카투니스트 카를로스 라터프가 그린 코카-콜라사의 임원이 인도 우물에서 빨대로 물을 빨아들이는 모습 등의 이미지를 만들어냈다. 인도 시위대가 사용한 '수익이 아니라 삶을 위한 물' 구호를 재생산해 자신들의 투쟁을 세계 환경정의운동과 연결지었다.

이들 운동가는 전 세계 사람들에게 널리 알려진 브랜드를 사용해 '비판적 물신숭배'를 장려했다. 이는 제품이 생산되는 상황을 고려해 좀 더 윤리적 소비를 부추기는 것으로, 인류학자 로버트 포스터가 만들어낸 용어다.[#115] 물리적 제품은 이런 비판적 물신숭배에 취약한데, 그 의미가 사회적으로 생산되기 때문이다. 물리적 제품으로서 코카-콜라는 사실 카페인이 함유된 설탕물에 불과하지만 소비자는 이를 구매할 때 브랜드의 무형적 가치에도 돈을 지불하고 있다. 물론 코카-콜라 브랜드의 상징 자본은 코카-콜라사만의 산물이 아니다. 소비자가 제품의 품질과 연상(행복, 쿨함, 가족 등)을 통해 이 제품에 부여하는 의미도 브랜드의 가치를 결정짓는다. 코카-콜라사가 물 자원을 착취하고 오염시킨다는 혐의는 브랜드의 의미, 기호학에 내재된 소비자와 제작자 간 협력관계에 반하는 행위였다.[#116]

더욱 중요한 점은 운동가가 브랜드에 새로운 의미와 연상을 부여할 경우 의미 생산이라는 시스템의 본래 모습이 드러나고, 기업 브랜드의 자체 상징물과 언어를 통해 연결되는 이들 간의 연대라는 새로운 관계가 생겨날 수 있다는 사실이다. 기업 임원들은 이런 행위를 '브랜드 강탈'이라고 불렀다. 이들은 인도자원센터, NAPM, 록 사미티 등 현지 인도 조직이 자신들의 '브랜드를 강탈'했다고 고발했다. 코카-콜라사가 대표 회원으로 있는 국제적 사업 조직이 발간한 보고서에서 정의한 바에 따르면 브랜드 강탈은 "제3자가 브랜드의 명성, 포지셔닝, 슬로건에 편승해 자신들의 사안이나 안건으로 관심을 모으며 그 과정에서 브랜드의 명성을 저해하는 것"[#117]이다.

코카-콜라사의 이 같은 주장에 맞서 인도 주민들과 운동가들은 코카-콜라사의 사업에서 주재료인 물 자원의 지속가능성과 안전만큼 중요한 것은 없다고 주장했다. 그러나 '브랜드 강탈'이라는 기업의 주장은 사실 이번 장의 내용과 크게 어긋나지 않는다. 운동가들은 기업의 물질적·상징적 자본을 이용해 다양한 사람과 장소, 투쟁을 연결함으로써 마치 다국적 기업이 그런 것처럼 지역적이면서도 세계적 정치를 만들어냈던 것이다.

　북아메리카와 유럽을 비롯해 인도 내 다양한 지역에서 시위가 발생하자 언론은 코카-콜라사의 환경 관행에 반대하는 운동가들의 다국적 네트워크를 예의주시했다.《월스트리트저널》에 실린 전면기사는 캘리포니아에서 활동하는 아미트 스리바스타바를 글로벌 기업을 향한 새로운 도전을 상징하는 운동 조직의 핵심으로 묘사했다. 그는 1인 조직이라는 구조적 약점에도 세계적 네트워크를 통해 초국가적 운동을 조직했고, 주류 언론에게서 정치적 도움을 받지 않고도 브랜드의 문화적 의미에 위협을 가했다. 언론은 인도 현지 운동가들보다 그에게 초점을 맞췄지만 스리바스타바는 자신의 역할은 지지자에 불과하고, 자신은 초국가적 운동에 동참하는 선진국 회원으로서 인도 풀뿌리 운동을 위한 수단을 제공할 뿐이며, 그들에게 일일이 명령하거나 선두에 나서지 않는다고 말했다.[118] 언론의 이런 관심은 기동성 있고 다언어적이며 언론에 밝은 초국가적 운동가와 시골 농부 간의 권력 차이를 뛰어넘는 운동을 조직할 수 있는 개발도상국 내 사회운동 중 개인이 부족하다는 선진국 운동가들의 편견을 드러내 보여주었다.

　스리바스타바에 비해 메디간지 주민들은 미디어를 잘 활용할 줄 알았다. 그들은 코카-콜라 브랜드를 문화 전복이라는 강력한 의사소통 수단으로 사용해 그들의 운동을 지역적으로 구축했으며, 그들을 무시하던 대중에게 다가가기 위한 접점을 확보했다. 록 사미티 여성 회원은 코카-콜라를 공격하거나 물 권리를 주장하는 슬로건이 적힌 도기 물 항아리를 시위 현장에 들고 갔다. '물은 당신이자 우리다' '응유 우유가 산이나 효소에 의하여 응고된 것-옮긴이와 우유의 나라에서는 코카-콜라가 필요 없다' '우리는 코카-콜

라가 아니라 물이 필요하다' '코카-콜라, 인도를 떠나라' 등의 슬로건이었
다. 이제 무언의 물 항아리는 없다. 물 항아리가 코카-콜라의 우상 파괴나
환경적 구호를 전하는 수단으로 활용되었기 때문만은 아니다. 물 항아리는
코카-콜라 제품의 대안이자 상징적·환경적 공동 자원의 권력 회복을 의미
했기 때문이다. 물 항아리는 불만을 표하는 데 동참한 목마른 사람 모두에
게 물을 제공하며 공동 자원이 개인과 지역사회의 생존에 가장 중요하다는
사실을 강조하는 지속적 대안 시스템이었다.

　록 사미티 문화팀은 가두 연극과 노래를 만들어 사회문제에 대한 대중
의 의식을 높였으며, 칼라 데라의 음악가들과 〈자하르 바(독이 있다)〉 앨범
을 만들었다. 이 앨범 타이틀곡은 코카-콜라사가 적극적으로 몰아내고 있
는 인도 전통 음료에 비해 살충제 가득한 청량음료는 건강에 해롭다는 내
용의 보고서를 언급하며 코카-콜라의 위해성을 언급했다. 그러나 이 노래
에는 코카-콜라의 소비가 인도 자원을 고갈시키고 오염시키며 지역사회에
해를 끼친다는 암시도 담겨 있었다.

　"탄다 매틀랩 코카-콜라" 광고가 코카-콜라를 '인도화'하려고 했다
면 이 노래는 기업이 현지에 가하는 위협을 생생하게 전달하고, 메디간지
를 코카-콜라 글로벌 시스템에 연결하는 세계적 권력 네트워크에 다시 삽
입함으로써 제품의 '비판적 숭배'를 추구했다. 이 노래는 메디간지 공장에
서 발생하는 수익이 미국으로 돌아간다고 주장했다. 한 여성은 "코카-콜라
는 미국에서 왔고 이제 그들은 베나레스 지역민들의 돈을 가져가죠. 베나
레스 지역민들은 물 문제와 돈 문제로 모두 몸살을 앓고 있어요"라고 말했
다. '코카-콜라, 인도를 떠나라'고 (인도어와 영어로) 적힌 시위 푯말은 영국

의 지배에서 독립을 촉구한 '인도를 떠나라' 운동을 비롯해 식민지 국가 경제 시스템의 일환으로써 소금과 맨체스터 의류에 반대한 캠페인을 다시 생각나게 했으며, 다국적 기업에 의한 신식민지화를 시사했다.

코카-콜라 캠페인에 담긴 스와데시 담론은 때때로 초국가적 문화를 향한 공산주의적 대응처럼 들릴 수 있는 해외 제품의 오염이라는 비유를 활용했다. 하지만 코카-콜라에 독이 들어 있다는 주장은 '누려 마땅한 삶'을 제공하는 코카-콜라, 즉 글로벌 기업의 탄다가 상품화를 위해 사유화되고 품질이 저하된 공동 자원인 물과 비교해 품질이 더 뛰어나다는 기업의 주장을 정면으로 반박하는 것이었다. 코카-콜라사는 이런 운동을 '반세계화' 행위라고 비판함으로써 현지 환경을 도용하고 이를 초월한다고 주장할 수 있게 해준 세계성에 대한 자신들의 주장을 무너뜨리고 말았다.[119]

코카-콜라사는 자신들의 제품을 위해 탄다 물의 청량함을 이용하려고 했지만 그들의 물 착취에 반대하는 운동은 바로 이 브랜드 제품을 통해 자신들의 저항을 세계화하려고 했다. 포지션이라는 기호학 전쟁에서 세계화와 지역화를 추구하고자 하는 코카-콜라사의 노력은 코카-콜라사를 통해 사유화된 상징적이고 물질적인 공동 자원의 재전유를 가능하게도, 이를 필요로 하게도 했다. 탄다가 코카-콜라를 의미하게 된 것은 이런 노력의 결과였다. 그러나 코카-콜라 공장 인근에 위치한 메디간지 농장 한쪽에 그려진 그래피티가 행인들을 향해 주장하는 것처럼 생계와 공동 자원을 지키기 위해 고군분투하는 시골 지역민들에게 "탄다는 변기 세정제를 의미했다."[120] 초국적으로 연결된 시위대가 들고 일어나 환경적 비판을 표현할 수 있었던 것은 다국적 기업(코카-콜라사의 음료, 브랜드, 보틀링 공장, 재정 네트워크)의 편재성 덕분이었다. 따라서 록 사미티의 시위에 사용된 노래는 듣는 사람들을 향해 "이제 코카-콜라의 언어를 말하는 이들의 무리에서 나와 행동을 취하라"고 명령한 셈이었다.[121]

플라치마다, 메디간지, 칼라 데라에서 운동의 물결이 이어지고 물 부족 사태가 지속되자 코카-콜라사는 인도에서 새로운 사업 전략을 구상했다. 2013년 코카-콜라는 2,400만 달러를 투자해 메디간지 공장을 확장하기로 했다. 여기에는 1분에 600개의 폴리에틸렌 테레프탈레이트PET 병을 생산하는 새로운 생산 라인이 포함될 예정이었다. 코카-콜라사는 늘어나는 생산량을 감당하기 위해 더 많은 물을 추출할 수 있도록 허가권을 요청했다. 그러나 저항과 정치적 압력으로 규제자들은 허가를 미뤘고, 2014년 우타르프라데시 오염규제이사회는 메디간지 공장 확장이 운영권 위반이라며 공장 폐쇄를 명령했다. 이사회는 코카-콜라사에 정부단체에게서 물 사용 관련 허가를 받고 폐수를 처리하고 추출한 물의 2배만큼 지하수를 채워 넣는 조치를 취하라고 명령했다.[122] 인도 법원은 폐쇄 명령을 유지했지만 메디간지에 위치한 재생 가능한 유리병 생산 공장은 계속 운영하도록 허가권을 내주었다.[123] 그러자 코카-콜라사는 물이 부족한 우타르프라데시 주 내에서 높은 생산량을 책임질 새로운 부지를 찾기로 결정했다.[124]

한편 칼라 데라 공장의 생산은 지난 몇 년간 감소했고, 결국 2016년 힌두스탄 코카-콜라 베버리지는 이곳의 보틀링 공장을 닫았다.[125] 또한 2017년 힌두스탄 코카-콜라 베버리지는 플라치마다 보틀링 공장을 "운영할 생각이 없다"고 대법원에 말했고, 법원은 물 권리와 관련된 주요 사안을 논의하지 않은 채 이 사건을 신속하게 기각 처리했다.[126] 그러나 코카-콜라사는 이런 난제가 자신들의 장기적 성장에 해가 되도록 내버려둘 생각이 없었다. 같은 해 코카-콜라사의 새로운 CEO 제임스 퀸시는 인도를 세상에서 세 번째로 큰 시장으로 만들겠다는 목표 아래 더욱 강력한 현지화와 소비자의 우려를 불식하는 해결안을 내놓았다.[#127]

인도에서 코카-콜라사의 물 사용에 반대한 초국가적 운동이 거세지면서 언론이 향후 전 세계 물 위기의 가능성에 관심을 갖기 시작하자 수익 증가라는 코카-콜라사의 자체 '지속가능성'이 물 부족이나 환경적 비판에 취약하다는 사실이 확실하게 드러났다. 경제지조차 코카-콜라사의 물 문제를 꼬집었다. 《이코노미스트》에 실린 〈뜨거운 물〉이라는 제목의 기사는 코카-콜라사의 사업 모델에서 물은 반드시 필요한 요소이기 때문에 환경 지속가능성을 둘러싼 코카-콜라사의 장기적 싸움은 거대 석유업체보다 거세질 거라고 했다.[#128] 결국 인도에서의 경험을 염두에 두고 코카-콜라사는 향후 착취 가능한 주요 자원을 확보하고, 우려하는 소비자에게 환경을 인식하는 기업으로 비춰져야 한다는 시장 논리를 바탕으로 글로벌 기업의 사회적 책임 캠페인에 착수했다.

CSR: 기업의 사회적 책임과 지속적인 사회 저항

끝나지 않은 싸움

2000년대 코카-콜라사는 인도에서 자신들이 쌓아올린 '명성에 큰 타격'을 입었다.[#1] 마을 주민들은 코카-콜라사의 물 착취에 반대했고, 소비자들은 코카-콜라 음료에 함유된 살충제에 분노했다. 코카-콜라사는 이에 대응하기 위해 2007년 하이데라바드에서 '기업의 사회적 책임CSR' 캠페인에 착수했다. 인도 내 물 사용과 사업의 지속가능성을 추구하는 공적 약속이었다. 코카-콜라사는 이 캠페인을 통해 인도에서의 '물 중립'을 약속했지만 모순적이게도 2억 5,000만 달러를 들여 인도 공장을 키우겠다는 계획도 내비쳤다.

이런 CSR 전략의 일환으로 코카-콜라사는 인도에서 처음으로 제품이 아닌 기업 중심적 광고 캠페인 '기쁨 한 방울'을 선보였다. 인도 시장을 위해 특별히 제작된 이 캠페인은 "광범위한 연구를 통해 얻은 통찰력을 바탕으로 했으며 …… 다양한 주주를 연결하도록 제작되었다".[#2] 지속가능성과 안전을 둘러싼 비난을 모면하기 위해 제작한 광고 캠페인은 코카-콜라사의 음료를 홍보하며 '우리가 가는 곳이라면 어디든 기쁨을 전파하기 위해' '코카-콜라 인도 공장'이 취하는 '작지만 중요한 조치'를 치켜세웠다.[#3]

"기쁨 한 방울" TV 광고는 (빛 축제인 다왈리 축제에 참석한 가족의 중심에 코카-콜라사 브랜드 제품을 위치시키는 등) 코카-콜라 브랜드를 여러 사람이 모인 집단의 행복과 연결지었으며, 보틀링 공장의 점검자로 청각 장애인을 고용하고, 하이데라바드에 빗물 이용 기반시설을 건설하고, 라자스탄의 400년 된 우물을 복구하는(우물은 물 지속가능성에 기여하는 한편 '인도의 문화유산을 상기시키기도 함') 등 코카-콜라사의 여러 가지 선행을 언급했다. 이 광고는 코카-콜라사를 인도 기업으로 보여주었으며, 인쇄 광고에는 특정한 인도 직원의 사진과 진술이 실리기도 했다. 코카-콜라사는 "우리는 거대한 바다는 아니지만 거대한 바다를 만드는 작은 방울입니다. 우리는 당신의 목마름을 해결해주는 데 그치지 않기 때문이죠. 우리는 당신의 영혼을 충전해줍니다. 한순간을 위해, 한 번에 한 방울씩"이라고 말했다. CSR의 담론이 대부분 그렇듯 광고 캠페인은 (거대한 바다가 아니라며) 코카-콜라사의 힘을 낮추는 한편 윤리와 선에 기여하는 자사의 역할(코카-콜라사의 '작은 방울'은 신체뿐 아니라 영혼도 충전해줌)을 강조했다.

자본주의의 정신으로 선보이는 이런 CSR의 이미지는 우리 주위에 넘쳐난다. 기업이 수익만큼이나 복지에도 관심이 있다는 인상을 심어주기 위한 것이다. 재난 물품을 제공하는 월마트, 시골 지역 개발을 촉진하는 타다, 10대 알코올 소비를 낮추는 데 기여하는 바카디, 디트로이트가 회복하는 데 기여하는 크라이슬러, 공정무역을 활성화하는 스타벅스, 재생 가능한 에너지를 개척하는 BP 등의 경우가 그렇다. 코카-콜라사는 자발적 행동 강령, 사회복지 계획, 의사 개진 캠페인을 통해 CSR(또는 변형인 '기업 시민'이나 '기업의 지속가능성') 측면에서 자신들을 합리화하기 위한 노력에 앞장서고 있다. 코카-콜라사는 화학자와 브랜드 관리자 외에도 청량음료 생산이라는 일상적 업무뿐 아니라 위기 관리와 홍보, 인류학, 노사관계, 환경·건강·지역 연구 등 광범위한 전문 분야에서 훈련받은 임원과 컨설턴트를 고용하고 있다. 공공정책과 기업명성위원회의 고위 간부나 보틀링 공장 임원과 협력해 노동자의 권리와 건강, 환경 등의 문제를 둘러싼 기회와 위험을 살펴보고 자신들이 이런 문제를 해결해야 할지, 해결해야 한다면 어떻게 해결해야 할지 전략을 짠다. 코카-콜라사는 이 같은 CSR 활동을 통해 1984년 이래로 8억 2,000만 달러, 2015년 한 해에만 8,450만 달러를 사회에 '환원'했다고 말한다.[4]

CSR을 지지하는 사람들은 기업의 사회적 책임 활동이 경제·사회관계의 새로운 장을 열고 '양심 있는 자본주의'를 보여준다고 주장한다.[5] 그러나 CSR은 기업이 가진 선한 마음에서 우러나온 것이 아니다. 이는 기업의 가장 극악무도한 형태의 남용뿐 아니라 이를 향한 반대와 운동, 규제를 누그러뜨림으로써 신자유주의 세계화의 점령과 저항이라는 이중 생산을 관리하기 위한 도구다.[6]

CSR은 결국 '위기에 처한 명성'에 대응하기 위한 홍보 조치인 것이다. 이런 행위의 피상성에 주의를 환기시킨 비평가들은 CSR을 '그린워싱(환경 단체를 비롯해 그들의 명분과 연결짓는 위장 환경주의)'이나 '블루워싱(깨끗하고 안전함을 의미하는 UN과 연결짓는 위장 환경주의)'을 통해 기업 이미지를 높이려는 전략적 지각 조정 허위 정보를 진짜로 믿게 하는 정보 조작-옮긴이으로 치부한다. 그러나 CSR의 역할을 이렇게 한정할 경우 현재 기업, 경영학교, NGO, 초자연적 단체, 언론에 제도화된 CSR 담론과 관행을 결정짓는 경제와 사회관계의 복잡하고 미묘한 논리를 흐지부지 덮어버리게 된다.

CSR은 좀 더 친절하고 대응적인 기업 자본주의를 향한 대중의 동의를 구축함으로써 사회운동의 공격에 맞서 기업의 패권을 유지하려는 강력한 이념 활동이다. 그리고 사회적·경제적 이익을 고려하도록 장려함으로써 기업의 자유와 성장을 저해하는 것처럼 보이지만 여기에는 사실 신자유주의가 세상의 문제를 해결하고 사회복지를 증진시켜 줄 거라고 믿는 신념이 담겨 있다. CSR은 이타적 선의를 요구하지 않는다. 잇속이 필요할 뿐이다. 임원들은 자사가 사회뿐 아니라 자사의 사업에 자본주의적 책임이 있다고 주장한다. 자사의 문제가 해결되지 않을 경우 사회적 동요와 정부 규제로 자사의 수익뿐 아니라 전 세계 질서가 위태로워질 수 있기 때문이다.[7]

현재 CSR은 시장 효율을 위해 낮은 사회복지와 규제 수준을 추구하는 신자유주의의 구성요소로 자리 잡았다. 국제시장이 개방되고, 그 결과 국제적 규제 제도의 통제를 받지 않는 자본의 세계화가 이루어지면서 기업은 큰 성장을 이루었다. 그러나 정부가 기업의 착취 문제를 해결하지도 사회복지를 제공하지도 못하자 기업의 세계적 상품 사슬을 따라 대중의 소요가 발생했다. 시민들이 보기에 기업에게 국제적 사업에 걸맞는 책임을 지울 만한 합법적 권위기관이 없었다.[8] 기업은 자기규제와 사회복지 프로그램을 통해 정부가 해결하지 못한 문제를 해결하려고 하는 한편 계속 정부 규제와 법적 책임에 반대함으로써 사실상 '초국가적이고 사적인 제도'를 탄생시켰다.[#9] 따라서 기업은 세계 경제에서 핵심 역할을 맡은 결과 얻게 된 자유와 대중의 기대, 착취적 관행 덕분에 힘을 얻는 한편으로 부담을 떠안게 되었다.[#10]

이 책에서 알 수 있듯, 코카-콜라사를 만든 것은 이 기업이 완벽하게 통제할 수 없는 논쟁과 저항, 비평과 운동이었다. 기업의 사회적 책임은 이를 통제하기 위한 코카-콜라사의 현 전략이다. 나는 기업의 이런 전략을 훨씬 더 정확히 보여주는 다른 약어를 제안한다. 바로 기업의 규제 억압, 기업의 자기규제, 기업의 사회적 역할 끌어들이기, 기업의 사회적 명성, 기업의 사회실재론이다.

기업의 규제 억압: 법적·규제적 책임에 저항하기

21세기 초반 10년 동안 소비자와 지역사회, 노동자, 운동단체는 노동자의 권리, 환경 지속가능성, 제품이 환경에 미치는 영향을 둘러싼 코카-콜라사의 관행에 반대했고 결국 코카-콜라사는 CSR과 관련된 담론을 시작하기에 이르렀다. 특히 콜롬비아 노동조합은 코카-콜라사가 불법 무장단체와 결탁해 조합원들의 삶과 생계를 위협했다고 고발했다. 콜롬비아에서 자행된 노동 착취와 폭력은 법정 싸움으로, 초국가적 사회운동으로 대중의 관심을 끌었다. 인도에서는 시골 주민들이 코카-콜라사의 물 자원 추출과 탈취에 조직적으로 반대하고 나섰으며, 북아메리카와 유럽의 여러 단체는 생수의 사유화와 제품화를 비난했다.

그러나 이보다 좀 더 잠정적이고 재정적으로 코카-콜라사를 위협한 것은 영양학자와 공중보건 옹호자, 소비자들이 코카-콜라사의 제품과 마케팅이 소비자의 건강에 해로운 영향을 미치며 의료 서비스 시스템에 압력을 가한다고 지적한 것이다. 연구자들은 하루에 360밀리리터의 청량음료를 한 병만 마셔도 비만과 제2형 당뇨뿐 아니라 관동맥성심장병과 뇌출혈 발병 위험이 증가한다고 주장했다. 그들은 설탕이 함유된 음료가 체내에서 신진대사되는 방법 때문에 더욱 위험하다고 결론을 내렸다.[11] 공중보건 옹호자는 청량음료를 '액체 설탕'이자 '독성 콜라'라고 부르며 교육과 소셜미디어를 통한 캠페인에 착수했다. 청량음료의 소비를 억제하고 관련 산업에 규제를 가하기 위해서였다.[12]

2016년 세계보건기구WHO는 전 세계 정부가 설탕 가득한 음료에 세금을 부과함으로써 비만을 낮추는 데 기여하도록 권고했다.[13] 인도를 비롯한 30개 국가에서 이런 세금정책이 시행되었으며, 콜롬비아를 비롯해 많은 국가에서는 청량음료 산업에 대한 열띤 논쟁이 벌어졌다.[14]

운동가들과 지지단체는 (노동, 환경, 건강을 둘러싼) 투쟁의 일환으로 법적 책임과 정부 규제를 통해 기업의 남용으로부터 사회를 보호하고자 했다. 운동가들은 이를 위해 기업에 책임을 지울 다른 방안을 찾아야 했다. 빠르게 성장하는 글로벌 기업을 정부 감시가 따라가지 못했기 때문이다.[15] 반대로 기업들은 이런 위협을 미연에 방지하고자 자발적 자기감시 CSR 프로그램을 시행하면서 법적·규제적 감시를 향한 노력에 직접적으로 대항했다.

2001년 노동권 운동가들은 콜롬비아에서 저지른 살해 행위와 관련해 코카-콜라사를 상대로 소송을 제기했다. ATS가 기업의 해외 활동에 적용된 초기 사례였다. ATS는 미국 조약이나 국내법 위반과 관련해 미국 법원에 치외법권의 민사재판권을 부여하는 오래된 법이다. 인권변호사들이 이

법을 부활시켜 다국적 기업이 다른 국가에서 저지른 인권 남용을 처벌하고자 하면서 다국적 기업의 법적 책임을 끌어내는 가장 효과적인 도구가 되었다.

코카-콜라사를 상대로 한 소송은 다국적 기업에 대한 새로운 위협적 선례가 될 수 있었다. 법원은 최초로 ATS에 따라 미국 기업이 해외에서 저지른 인권 침해와 관련해 재판을 받도록 명령했다.[16] 코카-콜라사를 비롯한 다른 미국 기업들은 ATS에 적극 반대하고 나섰다. 미국 또는 국제 사업 단체들은 로비 활동과 법적 논증을 펼쳤고, 그들의 노력을 집단적 행동으로 위장함으로써 개별 기업이 주목받지 않도록 했다.[17] 이들은 소송 의견서를 통해 ATS의 법적 기준이 적용되면 미국과 미국 기업이 세계 경제에서 불리한 입장에 놓이고, 미국과 콜롬비아의 특별한 전략적·경제적·정치적(군사적) 관계가 위태로워지며, (미국 기업의 국제적 영향력 유지에 대한 우려를 고려할 때 다소 모순적이게도) 미국의 '앞선' 법적 제도가 '개발도상'국가로 제국주의적 팽창을 하게 된다고 주장했다. 이들 로비단체는 기업에 해외 활동과 관련된 책임을 지우는 ATS 소송 등 선례에 맞서 싸웠다. 한편 이 사안과 관련해 코카-콜라사 같은 회원사가 기업의 사회적 책임정책 선언문을 공개하도록 했다. 법정 소송에서 코카-콜라사의 변호사는 코카-콜라사가 콜롬비아 코카-콜라 보틀러의 대주주이며 '보틀러 계약'을 통해 그들에게 큰 영향력을 행사하지만 콜롬비아 보틀러는 독립적으로 소유되고 운영되는 기업체로 그들의 노사관계는 코카-콜라사의 '명시적 지배' 아래 있지 않다고 주장했다. 이런 주장을 통해 코카-콜라사는 소송으로부터 벗어날 수 있었다.[18]

법적 책임과 규제의 위협이 이어지자 코카-콜라사는 인도에서도 CSR 프로그램을 실행하기 시작했다. 코카-콜라사는 자신들의 사업이 인도 현지법을 준수하기 때문에 물의 '과잉 이용'이 아니라고 강조했다.[19] 사실 물과 관련해 아무런 규제가 없었고(코카-콜라사는 토지 소유자만큼이나 지하수를 마음껏 사용할 수 있는 권리가 있었음), 세금 액수는 아주 적었으며, 감시는 느슨했다.[20] 플라치마다 판차야트(마을의회)가 공장의 허가권을 철회하자 코카-콜라사는 법원에 문제를 제기했다. 법정 소송은 기업의 물 사용과 관련된 두 가지 주요 사안을 중심으로 펼쳐졌다. 첫째, 정부의 허락이나 제한 없이 토지 소유자에게 물을 추출할 자산권이 있는지, 지하수의 과잉 이용과 오염이 다른 사람들의 삶과 생계권을 침해하는지, 정부가 공공재를 보호할 권한과 필요가 있는지 여부였다. 둘째, 판차야트가 자체 관할권 내에서 물 자원을 보존하고 사유지의 물 사용을 규제할 권한이 있는지를 따져보았다.[21] 2017년 10년 넘게 대법원의 공판을 기다린 코카-콜라사는 더 이상 플라치마다에서 사업을 재개할 생각이 없다고 선언했으며, 이 소송은 기각되었다. 그리하여 인도 대법원이 환경권과 환경 관리라는 소송의 핵심적인 법적 사안을 논의하지도 않은 채 이 사안은 종결되었다.

그런 가운데 2010년 코카-콜라 공장의 부정적인 사회경제적 영향을 평가하기 위해 구성된 케랄라 주 정부 패널이 코카-콜라사에게 4,800만 달러의 손해보상금을 지급할 것을 권고했다.[22] 케랄라 의회는 코카-콜라사에게서 입은 피해를 복구하고 지역민의 보상 요구를 심사하기 위해 재판소를 설립하는 법을 통과시켰다. 코카-콜라사는 환경 감시는 다른 기관의 책임이기 때문에 의회는 '입법 권한'이 없다고 주장했으며, 의회가 사실이나 과학적 자료, 자신들을 고려한 정보가 결여된 법률을 제정했다고 비난했다.[#23] 통제력을 둘러싼 케랄라 주 정부와 중앙정부 간의 싸움을 이용해 좀 더 고분고분한 후자에 압력을 가했고, 결국 인도 대통령은 케랄라 주 정부가 제정한 법안을 받아들이지 않았다.[#24] 그리하여 코카-콜라사는 인도 주 정부와 지역 정부의 규제권을 효과적으로 제거했으며, 물 사유화와 피해자들의 보상을 둘러싼 소송을 피할 수 있었다.

코카-콜라사는 다른 설탕 음료 판매자와 합심해 공중보건을 위한 규제 노력에 대해 맹렬히 맞섰다. 고칼로리 음료에 부과되는 세금과 양 제한, 영양성분 표기 요구, 입증되지 않은 건강 정보 제한, 아이들을 상대로 한 광고 제한 등의 노력에 음료 산업은 강하게 반발했다.[#25] 코카-콜라사는 이런 싸움에 상업적 연계와 '꾸며낸 시민운동'을 이용했다. 2009~2015년 미국음료협회는 건강 관련 규제와 세금에 반대하기 위해 1억 1,700만 달러를 투자했다. 이 금액에는 청량음료 업체가 로비스트와 캠페인에 직접 지불한 돈이나 정치활동위원회가 기업의 재정 이익에 도움이 되는 후보나 사안을 지지하는 데 쓴 '뒷돈'이 포함되지 않았다. 이 돈 역시 연간 수백만 달러에 달했다.[#26]

2016년 콜롬비아 보건부장관은 자금 부족에 시달리고 의료 서비스 시스템 문제가 심각한 자국에서 일 년에 3억 4,000만 달러라는 자금을 확보하는 한편 음료 가격 상승을 통해 구매 억제 효과를 노리기 위해 설탕 음료에 세금을 부과했다. 음료 산업은 시장 크기뿐 아니라 비만율이 계속 상승 곡선을 그리고 있는 (콜롬비아의 경우 성인 비만율이 1980년대 이래로 3배나 증가해 19퍼센트에 달했음) 콜롬비아 등 개발도상국가에서 제기한 이 같은 세금에 반대하고 나섰다. 콜롬비아에서는 ANDI와 국제음료협회위원회가 포스토분과 코카-콜라사와 손을 잡았다. 포스토분이 대기업 아르딜라 룰의 자회사라는 사실은 청량음료 산업에 큰 도움이 되었다. 사탕수수 재배 농장과 설탕 공장, 콜롬비아 내 가장 큰 미디어 기업인 RCN 텔레비전을 소유한 이 기업은 TV를 통해 세금에 반대하는 메시지를 홍보했다. 음료 산업은 세제안을 향한 공감에 맞서기 위해 다른 언론 수단도 동원했다.

콜롬비아 공중보건 NGO인 소비자교육Educar Consumidores과 식품건강동맹Alianza por la Salud Alimentaria은 청량음료세 부과 노력에 앞장섰다. 이들은 비만 커플, 발 괴저를 앓는 당뇨병 환자, 심장병에 걸린 남자, 암 치료로 입원 중인 이들이 등장하는 극적 TV 광고를 통해 4개의 설탕 음료를 마셔 매일 설탕을 섭취할 경우(47티스푼에 해당하는 양) '심각한 병'에 걸릴 수 있다고 폭로했다.[27] 포스토분의 변호사는 한때 자신이 이끌던 소비자보호단체와 함께 이에 항의했다. 그는 이 조치가 부정확하며 모든 설탕 음료가 건강에 좋지 않다고 단정 짓는 것은 공정하지 않은 처사라고 주장했다. 소비자보호단체는 NGO가 설탕과 비만 간의 관계를 공개적으로 밝히지 못하도록 함으로써 소비자가 보호받지 못하게 만들었다.[28] NGO 직원들은 협박을 받았으며, 자신들의 대화 내용이 감시받고 있다고 생각했다. 과잉반응처럼 보이지만 예전에 같은 일이 일어난 적이 있었다. 공중보건 지지자가 2016년 소비량 측면에서 코카-콜라의 가장 큰 소비자시장인 멕시코에서 탄산음료세를 높이는 방안을 추진했을 때 그들의 해킹당한 핸드폰에서 군사용 스파이웨어가 발견되었던 것이다.[29]

이런 행위를 저지른 코카-콜라사를 비난하고자 하는 얘기가 아니다. 그러나 코카-콜라사와 동업자들이 음료 산업에 경제적 이득이 있거나 같은 이념을 공유한 이들의 우려를 부채질하기 위해 총력을 기울였다는 사실에 주목할 필요가 있다. 코카-콜라사는 세금이나 성분 표기 요구, 병 크기 제한 등 규제에서 자신들을 보호하기 위해 수십 년간 홍보해 온 담론을 이용했다. 코카-콜라사는 이런 행위가 자신들의 성장을 저해하며, 결국 보틀링 생산에 고용된 사람들은 일자리를 잃게 되고, 현지 소매상은 수입이 줄어들고, 소비자의 자유로운 선택이 침해받으며, 개인의 책임이 '복지국가(신자유주의 시대의 첨가물)'에 전가될 거라고 주장했다.[30] 콜롬비아에서 최소한 90명의 로비스트가 설탕음료세에 반대하기 위해 입법자들을 상대로 이런 주장을 펼쳤다. 설문조사 결과 70퍼센트의 콜롬비아인이 이 세금에 찬성했지만, 국회의원은 268명 중 42명만 이 안을 지지했다. 결국 복잡한 절차상의 책략으로 이 안은 세금정책에서 제외되었다.[31]

기업의 자기규제: 자발적 행동 강령과 시민사회의 협력

코카-콜라사는 앞서 언급한 소송과 관련해 법적 책임에서 벗어나기 위해 직접적인 노력을 펼쳤지만 사회 비평으로 브랜드의 이미지가 손상되는 것까지 막을 수는 없었다. 그리하여 자기규제라는 전략을 병행하기로 결정했다. 기업들은 CSR의 자발적 자기규제 메커니즘을 통해 사회문제라는 사안을 해결했으며, 법적 구속력이 있는 강령과 정부 규제를 통해 기업의 행동을 통제하자는 목소리를 잠재웠다.[32] 사회 책임 투자 분야의 지도자 러셀 스파크스가 전형적인 CSR 논증에서 설명했듯, 사회문제는 보통 사기업의 관행이 낳은 산물이지만 이제는 대중이 부담해야 할 사안이 됐다. "수익 극대화를 추구하던 기업은 1980년대와 1990년대의 규제 완화로 과거에 내재화해야 했던 사회비용을 외부에 전가할 수 있게 되었다". 그는 이런 변화로 말미암아 자본주의의 사회적 '비용' 또는 사회가 부담하는 부정적 외부효과는 둘 중 한 가지 방식으로 기업을 향한다고 경고했다. 시장을 통해 시정되거나 "정부의 경제 규제로 이어질 수 있는 것이다."#33 따라서 기업의 사회적 책임은 대중의 비난과 정부 규제를 모면하기 위한 기업의 자기규제적 전략이라고 할 수 있다.

CSR을 옹호하는 사람들은 기업이 자기규제를 통해 운동가들의 비난을 '피하거나' 정부의 요구에서 벗어날 수 있다고 조언한다.#34 그러나 기업의 사회적 책임은 착취 관행에 대해 사회적 방패막을 제공하는 시장의 능력에 호소함으로써 규제와 사회복지 구조를 사유화할 합리적 이유를 제공해주기도 한다.#35

콜롬비아의 노동 관행을 둘러싼 우려에 대응하기 위한 노력의 일환으로 코카-콜라사는 NGO와 협력해 자발적 자기규제 규정과 근로조건평가서를 작성했으며 국제단체와 함께 CSR 담론을 홍보했다. 2005년 코카-콜라사는 오랫동안 노동변호사이자 국제노동기구ILO의 근로자 대표로 활동한 에드 포터를 자사의 글로벌 노사관계와 근로책임자로 고용했다. 이 자리는 1997년 이래로 공석이었다(포터는 1970년대 초 소비자나 노사 문제가 발생한 이후 이 자리를 맡게 된 최초의 인물이었음). 그의 지휘 아래 코카-콜라사는 자신들이 직접 고용하는 9만 3,000명의 직원을 위한 글로벌 업무현장 권리정책과 '직접적인 공급자(프랜차이즈 보틀러를 포함했지만 설탕, 커피, 알루미늄 생산자처럼 하위 상품 사슬까지 포함하지는 않았음)' 밑에서 일하는 수십 명의 직원을 위해 공급자 가이드 원칙을 세웠다.

노동과 인권에 대한 국제적 선언으로 포장된 이 진술서는 ('현지 노동시장에 …… 적합한 수준의') 노동 시간과 임금, 조합 설립 자유, 안전과 건강 보장, 강요된 노동이나 아동 노동, 차별 철폐 등의 사안을 다뤘다(전부 '적용 가능한 법'에 부합했음). 코카-콜라사는 공급자 가이드 원칙이 노동 기준의 준수 여부를 입증할 수 없는 프랜차이즈 보틀러의 계약을 종료시킬 근거를 제공했다고 주장했지만, 현실적으로 보틀러는 '현지와 국내' 환경법과 노동법을 기본적으로 준수하기만 하면 되었다.#36

공급자 가이드 원칙과 글로벌 업무 현장 권리정책은 내부적 자기규제 규칙으로 기업이 스스로 시행하는 것이기에 효과는 제한적이었다. 영국의 윤리 거래 프로그램이 진행한 연구에 따르면 이 규칙은 "노동 기준과 시행이 애초부터 높았던 국가에서만 효과적"이었다고 한다.#37 이런 규칙은 가장 극악무도한 형태의 남용(폭력, 강요된 노동이나 아동노동 등)을 금지함으로써 만연한 노동 착취의 관행을 눈감아줄 수 있는 방패막이 되어주기도 했다. 보틀러의 대규모 해고, 유연화, 외주, 조합 설립을 불가능하게 하는 장애물, 그에 따른 경제적 불안정은 인권 침해로 표현하기가 쉽지 않았고 코카-콜라사를 극단적 형태의 남용을 저지르지 않는 훌륭한 글로벌 기업으로 홍보하는 CSR의 담론 가운데서 얼버무려졌다.

CSR 자기규제는 법적 구속력 없는 제한적 검토서를 제공하는 단체나 NGO, 다른 기업을 통해 정당성을 입증받았다. 코카-콜라사는 ILO를 비롯해 영리 추구 평가사, 칼 세이프티 컴플라이언스 코퍼레이션에 콜롬비아 보틀링 공장의 근무 환경을 회계 감사해 달라고 의뢰했다. 두 단체 모두 사소한 문제만 지적했는데, (과거 폭력 혐의는 배제한 채) 현재 노동 관행과 현지 노동법 준수 여부만을 조사 대상으로 삼았다.#38 운동가들은 기업의 영향을 받는 단체가 작성한 보고서의 신뢰성에 의문을 제기했다. 특히 코카-콜라사의 노사관계 대표가 ILO에서 일한 적이 있으며, 코카-콜라사가 칼 세이프티 컴플라이언스 코퍼레이션의 고용에 돈을 지불한다는 점을 고려할 때 더욱 그랬다. 그들은 (보틀러에게 점검이 있을 거라고 사전에 통보하는 등) 칼 세이프티 컴플라이언스 코퍼레이션의 회계 방법과 노동권 침해를 간과한 과거 이력에도 의문을 제기했다.#39

코카-콜라사는 CSR의 자기규제 전략을 홍보하는 차원에서 '전 세계에서 가장 큰 기업 책임 프로그램' UN 글로벌 콤팩트의 주요 지지자가 되었다.#40 자신들의 참여가 '기업의 사회적 책임이라는 신조'의 승리라고 선언했다. 코카-콜라사의 참여로 UN은 다른 다국적 기업의 참여를 쉽게 유도할 수 있다.#41

코카-콜라사의 '만신창이가 된' 명성을 회복하기 위해 새로 고용된 CEO 네빌 이스델#42은 CSR과 글로벌 콤팩트의 가장 유명한 대변인이 되었다. 글로벌 콤팩트에 서명한 기업들은 인권, 노동 기준, 환경, 반부패와 관련된 기본 원칙을 따르는 데 동의했다. 그러나 자발적이고 자기보고적이며 법적 구속력이 없으며 비감시적인 계약인데다 시행 메커니즘이 없는 콤팩트를 가리켜 사회학자 제니퍼 베어는 "기업이 비용을 들이지 않고도 UN과 제휴를 맺게 해준 아무런 권한 없는 홍보 활동"이라고 부른다.#43 UN은 기업의 참여를 유도하기 위해 콤팩트는 법적 구속력이 없으며 "'명령과 통제' 식의 규제를 통해 전 세계 기업을 단속하는 기존의 시도"와 다르다고 주장했다.#44 대표적인 글로벌 CSR 프로그램인 글로벌 콤팩트는 개발과 사회복지 제공을 위해 시장에 의존한다는 지배적인 신자유주의 패러다임 내 CSR의 역할을 보여준다.#45 글로벌 콤팩트는 UN이 최초로 정부간 단체나 회원국의 의견과 관계없이 사무총장의 사무실을 통해 비정부 행위자(기업)와 UN 행정 간의 계약을 추진한 사례였다.#46 이는 과거와 비교했을 때 꽤 큰 변화다. 1970년대만 해도 국가들은 UN이라는 국제기관을 통해 신국제 경제질서를 추구했다. 그러나 이제 UN은 재분배적 성장이나 평등이 아니라 기업에 힘을 실어주고 "기업과 시장의 사회적 합법성을 보여주고 구축하는 데" 초점을 맞추고 있다.#47

지난 수십 년간 국제금융단체가 적극적으로 밀어붙인 시장 친화적인 정책의 결과로 전 세계 국가들은 국영기업을 민영화하고 투자와 무역을 자유화했다. 이런 환경 덕분에 새로운 시장으로 뻗어나간 초국가적 기업은 규제적·사회적 기준의 비교우위를 누리며 수익과 자원을 빼갔다. 초국가적 기업의 투자는 자유화의 산물이었을 뿐 아니라 빈곤한 지역의 경제 발전이라는 주요 논리의 산물이기도 했다. 초국가적 자금이 개발도상국의 발전을 위한다는 전략으로 공적 원조를 대신했기 때문이다.#48 글로벌 콤팩트는 자발적 규칙과 (전 세계 사회복지 증진에 크게 기여하는) 시장 지지를 통해 운동가와 규제단체를 궁지에 몰아넣고 기업의 세계화 문제를 해결하기 위해 기업과의 관계를 제도화함으로써 신자유주의 체제를 지지했다. 이것이 코피 아난 사무총장이 1999년 세계경제포럼에서 경제 세계화에 반대하는 인권, 노동, 환경운동단체의 '반발'에 맞서기 위한 수단으로 기업에게 이 프로그램을 제안하며 명시한 목표였다.

기업은 규제적이고 보호주의적 제한으로 해외시장의 개방성을 위협하는 운동단체에 맞서 UN 같은 국제단체에 자원과 권한을 주거나 자발적으로 이런 기준을 지지함으로써 '다른 수단을 통해 정해진 기준'을 준수해야 했다. 코피 아난 사무총장은 UN이 "사회단체와의 대화를 촉구하고" "무역과 개방적 시장에 우호적인 환경을 유지하는 데 협조할 것이다"라고 선언했다.[49]

글로벌 콤팩트 같은 기업의 사회적 책임 프로그램이나 제도는 정부기관이나 NGO, 조합, 지역사회, 사회운동 등 다른 사회와의 제휴나 협력을 강조하며 이들을 '이해당사자'라고 부른다. 운동가들은 기업이 주주의 이익만을 목표로 삼지 않도록 만드는 데 성공했지만 그 결과 자신들의 활동과 조직이 동화되고 제도화될 위험에 직면하고 말았는데,[50] CSR의 하위 분야인 '이해당사자이론'[51]에 따르면 기업들은 책임감을 느끼는 대상을 주주에서 '이해당사자'로 넓혀야 한다. 여기서 이해당사자는 자신들의 활동에 영향을 미치거나 이것으로 영향을 받을 수 있는 모든 사람을 말한다. CSR 전략은 운동단체를 기업과 기업의 CSR 프로그램에 비자발적으로 투자한 이해당사자로 만들었다. 코카-콜라사는 CSR 프로그램을 이용해 지역 사회, 단체, 정부 조직이 자신들에게 저항하는 것이 아니라 협조하도록 장려하고 있다. 코카-콜라사의 후원으로 콜롬비아에서 이루어진 CSR 대화의 결론은 다음과 같다.

지난 수십 년간 기업을 향한 불신의 수위가 높아지기는 했지만 시민사회단체는 기업과 협력해 다양한 기술과 역량을 공유해야 한다. 노동조합처럼 직원들로 이루어진 단체는 회원의 이익을 가장 잘 대변할 수 있는 방법이 대항인지 협조인지 새로운 관점에서 살펴봐야 한다. 정부는 정부기관과 규제 조치가 사회적·상업적 기업을 옥죄고 있는지, 보상을 해주고 있는지 살펴봐야 한다.[#52]

CSR은 기업의 자발적 활동에 의존하고 규제를 꺼리기 때문에 운동단체들은 기업의 수익에 위협이 되는 일을 지속해야 한다. 그래야 자신들이 계속해서 '사회'를 재정의하고 신자유주의적 기업 경영의 형태라는 새로운 맥락에서 '책임감 있는' 단체라고 주장할 수 있다. 이를 위해서는 영속적 저항이라는 정치가 필요한데, 이해당사자로 등록된다는 것은 운동을 지속하기 어려운 조건이다. 대부분의 이해당사자이론은 기업과 그들이 적대적인 단체 대신 선택한 조직 간의 권력 차이를 간과하고 있다.[#53] 이런 경향은 이 방법을 '이해당사자 관리'라고 부르는 문헌에서 더욱 두드러진다. 관리자의 핵심 권력, 이해당사자의 이익 관리, 덜 위협적인 사회 규제자이자 대중에게 정당성을 보여줄 중재자로서 기업의 경영과 수익에 미치는 그들의 도구적 유용성을 다루는 이해당사자이론은 "타인에게 선행을 베풀면 내게도 도움이 된다"는 사고방식을 전파한다. "이해당사자의 이익에 함께 할 경우 기업의 실적이 향상될 것이다. 따라서 선행으로 향하는 길은 돈으로 닦을 수 있다"라는 생각이다.[#54]

CSR은 사회의 신자유주의적 사유화라는 큰 프로젝트의 일환으로 이해할 수 있다. 이는 한때 기업이나 자본주의의 영역 바깥에 있거나 이에 도전하던 분야나 활동을 기업화하기 때문이다.[#55] CSR은 자기규제와 자기경영이라는 동일한 신자유주의 기조 아래 기업과 운동가를 하나로 묶을 수 있는 실질적 위험을 내포하고 있다. 그레이엄 톰프슨의 말처럼 CSR에서 자기경영을 조직하는 '책임의 자율적 중개인(기업)'은 그들이 감시할 대상이나 기준을 직접 설정한다. 실제로 기업, NGO, 정부와 준정부단체, 개인, 종교단체, 학계 등 광범위한 조직이 기업의 사회적 책임을 '지지하며' 자신이나 다른 사람들을 위해 신자유주의 프로그램을 수립하고 시행한다.[#56]

NGO는 사회문제와 관련해 이해당사자로서의 입장을 취한다. 이들은 방치된 사회문제를 해결하고 사회운동의 합리화를 위해 민간-공공 분야의 제휴를 촉진함으로써 CSR의 자기규제운동을 합리화하고, 그 결과 복지국가의 신자유주의적 책임 전가에 협조하고 있다. CSR이 광범위하게 수용되면서 시민사회단체는 기업의 자금과 협력으로 말미암아 더욱 기업화되며 과격주의에서 멀어지고 있다. CSR 분야의 성장이 기업이 후원하는 시장 지지적 NGO나 'MaNGO[Mafia+NGO, 마피아들이 만드는 NGO-옮긴이]'의 성장과 긴밀하게 연결되어 있는 것도 당연하다. MaNGO는 CSR 관행으로 사회문제를 다루는 기업식 해결책을 추구하며 정부가 사회 보호에서 멀어지면서 생긴 간극을 메우기 위해 NGO와 기업의 자유시장정책이나 신자유주의적 운영을 보완하고 지원한다.[#57]

예를 들면 코카-콜라 CEO 이스델이 이사회장으로 있는 국제사업지도 자포럼[IBLF]은 1990년대 다국적 기업이 제3세계와 포스트공산주의 국가로 팽창해 나가면서 자유시장과 더불어 CSR을 전파하기 위해 설립되었다. 이 단체는 기업 책임의 자발적 형태 "지속가능한 개발 문제에 대한 기업적 해결책"[#58]을 옹호하고 "시민사회와 기업을 포괄"[#59]함으로써 "기업이 사회에 긍정적 영향을 미칠 수 있는 환경을 구축한다".[#60] MaNGO는 (상공회의 소나 제조자협회 등) 기업이 운영하는 '시민사회' 같은 기존 단체와 비교했을 때 확실하게 정의내릴 수 없는 법인체로, 확실한 시장 참가자로서 자기규제의 담론과 관행을 적극적으로 형성하고 이에 합리성을 부여하고 있음에도 보통 NGO로 취급받고 있다.[61]

코카-콜라사는 고용주로서의 이미지 변신을 꾀할 자기규제 방법으로 고분고분한 노동단체가 구속력 없는 노동권 서약에 서명하도록 강요하기도 했다. CSR 담론에 따라 코카-콜라사는 이런 노동단체를 사업의 경제적·사회적 결과에 투자하는 '이해당사자'로 부르며 노사관계가 과격주의로 흘러가지 않도록 저항이 아닌 협력을 강조했다. 이런 방식으로 코카-콜라사는 대부분의 코카-콜라 노동조합이 가입한 IUF와 함께 노동권 진술서에 공동 서명했고 노동자의 조합설립권을 인정하며 노동과 인권 관련 양자간 대화에 전념했다.[62] IUF에는 좀 더 저항적인 콜롬비아 보틀링 조합과 경쟁하는 수많은 조합이 포함되었으며, 코카-콜라사는 콜롬비아의 노사관계에 아무런 문제가 없다는 것을 보여주기 위해 그들과의 관계를 홍보하고 다녔다.

코카-콜라사는 국제 조직과 제휴를 맺고 글로벌 가이드 원칙을 채택하는 동안 미국과 지역적 차원에서 자기규제적 CSR을 홍보하기도 했다. 콜롬비아에서는 IBLF, 콜롬비아 NGO, 평화재단Fundacion Ideas para la Paz, 글로벌 콤팩트와의 제휴 아래 CSR 콘퍼런스를 후원했다. 코카-콜라사의 노사관계 책임자 에드 포터는 이 콘퍼런스에서 NGO와 조합을 비롯해 다른 기업 지도자들과 '대화'를 나눴다.[63] 또한 평화재단과 함께 기업 실무진이 자발적 행동 강령을 채택하고 콜롬비아 현지 NGO, 시민사회와의 협력을 장려하도록 이끌었다.

콘퍼런스에서 코카-콜라사와 CSR의 지지자들은 시장 논리를 이용해 자기규제를 유도했으며, 기업이 수익을 지키기 위해선 바르게 행동하고 사회복지 문제 해결에 적극 나서야 한다고 했다. 코카-콜라사는 80쪽에 달하는 보고서 〈콜롬비아의 개발, 평화, 인권: 사업 안건〉(2006년) 작성에 자금을 지원했다. 이 보고서는 콜롬비아에서 일어난 반발과 사회문제가 낳은 비용을 비롯해 이 문제를 해결할 경우 기업이 취할 수 있는 상업적 이득을 강조함으로써 기업의 자기 이익에 호소했다. 대표적인 CSR 보고서는 콜롬비아의 사회적·경제적 문제를 기업들이 자발적으로 처리함으로써 상업적 이득을 취할 수 있는 대상으로 바꾸었다.

보고서에 따르면 CSR은 "기업의 명성과 브랜드 이미지를 보호해준다. 경쟁우위를 제공하고 고용, 직원 유지와 충성도를 높여준다. 생산성을 높여주고 영업권(운영을 위한 사회적 허가권 포함)을 확보하고 유지해준다. 비용(보안과 보험비용 포함) 부담을 낮춰주고 (영향력 있는 NGO의 신뢰를 통해) 이해당사자의 적극적 참여를 유도하며 투자자(사회적 책임이 있는 투자자 포함)의 기대를 충족시켜 준다."[64] 그러나 시장이 자기규제를 위한 유일한 동기부여 장치라고 한다면 언제(기업의 명성이 위기를 겪을 때만?), 얼마나 오래(사안이 잠잠해질 때까지?) 스스로 행동에 나서야 하는지가 문제로 제기될 수밖에 없다.

코카-콜라사와 보틀러는 콜롬비아에서 가난한 사람들과 모든 전투원을 사회와 시장에 통합하기 위한 방법으로 교육이나 훈련 프로그램을 선호했다. 코카-콜라사는 콜롬비아 재단Fundacion Colombianitos이라는 NGO의 주요 후원자로서 취약 아동을 대상으로 하는 교육, 레크리에이션, 신체 재활 프로그램을 제공했다. 2005년에는 1,000만 달러를 투자해 콜롬비아 교육과 기회재단Fundacion Colombia para la Educacion y la Oportunidad을 설립했다. 이 재단은 폭력으로 고통받은 지역사회에 교육과 채용의 기회를 제공했고, 제대한 전투원과 폭력으로 갈 곳을 잃은 이들을 기술학교에 등록시켰다.[65]

교육은 완벽한 CSR 프로그램이다. 위협적이지 않으며 사회적 선행으로 여겨지기 때문이다. 또한 교육은 라틴아메리카 시민사회의 정치가 크게 변했음을 보여준다. 라틴아메리카의 사회운동은 좀 더 합리적이고 기업화된 NGO로 변하고 있었다. 정치와 경제의 대규모 구조조정과 재분배라는 목표는 이제 자본주의의 냉엄한 현실에 부딪힌 사람들에게 생존에 도움이 되는 교육과 수단을 제공함으로써 개인적이고 초당파적 권한을 부여하는 활동으로 바뀌게 되었다.[66] 콜롬비아의 이런 사회복지 프로그램은 CSR의 세 번째 요소를 잘 보여준다. 바로 기업의 사회적 역할 끌어들이기다.

기업의 사회적 역할 끌어들이기: 사회복지 제공자로서의 기업

기업은 CSR을 통해 자신들을 사회복지 제공자로 포장했다. 시장의 힘에 의한 착취에서 보호를 제공하는, 한계와 문제가 있을 수밖에 없는 역할이다. 예를 들면 인도에서 코카-콜라 PR 부서는 '(생산에 사용된) 물을 지역사회에 돌려주기 위해' 많은 노력을 기울였다.[67] 코카-콜라사는 회의적 시선을 가진 주주와 '이해당사자' 모두에게 시장의 동기부여를 주장하며 물부족 문제가 사업의 위험 요소가 되었다고 설명했다. "우리는 수화水和 기업입니다. 우리가 판매하는 모든 제품에는 물이 들어가 있습니다. 물이 없을 경우 자사의 사업도 없습니다. 따라서 가장 중요한 재료를 잘 관리하는 것이 장기적으로 우리 회사에 도움이 됩니다."[68]

코카-콜라사는 자기규제에 돌입해 2007년 글로벌 콤팩트 아래 기업의 물 보존과 오수 처리 관련 목표를 정립하는 자발적 서약에 최초로 서명했다.[69] 코카-콜라사는 TERI에 일부 인도 공장의 평가를 의뢰했는데, 비평가들은 코카-콜라사와 이 단체와의 친밀한 관계를 언급하면서 평가서의 독립성에 의문을 제기했다. 테리대학교가 코카-콜라사의 이름을 따서 코카-콜라 지역 물 연구학과를 새롭게 창설하면서 이 같은 의구심은 더욱 커졌다.[70]

내부적으로 코카-콜라사는 모든 보틀링 공장에게 위험 평가를 실시할 것을 명령했다. 현지 물 우려와 관련된 '사회적·환경적·규제적 위험(잠정적 저항)'뿐 아니라 현지 물의 질과 양이 얼마나 취약한지 알아보기 위해서였다. 또한 코카-콜라사는 수자원 보호 계획과 관련해 시민사회단체나 정부와 회의를 갖기도 했다.[71] 코카-콜라 공장은 물 사용을 줄이고 물을 재활용함으로써 2016년 물 사용을 제품 1리터당 1.96리터로 낮추었다. 물론 음료 생산 과정에서 여전히 다량의 물을 사용하고 있기는 했지만 2004년과 비교해 27퍼센트 낮아진 수치였다.[72]

물 사용을 줄이겠다는 코카-콜라사의 선언은 사업 확장이라는 자본주의 목표와 상충했다. 그리하여 전 세계적 공장 운영에 사용된 물은 2004년 2,830억 리터[73]에서 2016년 3,036.5억 리터[74]로 증가했다. 그러나 물 효율성이 향상되었다는 코카-콜라사의 발표에는 이런 사실이 언급되지 않았다. 지속가능성을 향한 전념이 한계가 있음을 보여주듯, 코카-콜라사는 매년 청량음료의 생산량을 늘렸고 생산라인에 물 집약적 음료를 추가하는 한편 인도 등 물 부족 시장에서 생산 공장을 확대해 나갔다.

물 사용을 줄였다는 주장과 기업의 팽창이라는 현실의 모순을 만회하기 위해 코카-콜라사는 물의 개인적 보호자이자 공급자로서의 역할을 자처하며 물 사용량을 상쇄하기 위한 시도에 나섰다. 2016년 코카-콜라사는 청량음료 생산에 사용한 물만큼 지역사회에 돌려줌으로써 '물 중립'을 유지했다는 극적 발표를 했다. 이를 위해 코카-콜라사는 지난 10년간 현지 정부와 세계야생동물기금WWF, 미국국제개발처USAID, 케어CARE, 유엔개발계획UNDP, 플레이펌프 인터내셔널을 비롯한 다른 NGO와 협력해 70개가 넘는 국가에서 250개의 프로젝트에 착수했다. 물 보호와 보존, 깨끗한 물과 위생시설 이용을 목표로 하는 프로젝트였다.#75 세계에서 가장 중요한 담수 유역 중 7곳을 보존하기 위해 WWF와의 제휴 아래 2,000만 달러를 투자했다.#76 또한 6년간 3,000만 달러를 투자해 200만 명이 넘는 아프리카 사람들에게 깨끗한 물을 공급하는 것을 목표로 하는 아프리카보충프로그램RAIN에 착수했다.#77 코카-콜라사는 협력을 지원하고 현지 물 프로그램과 사회적 기업에 대한 투자를 지지하기 위해 UN 기구, NGO, 기업(카길, 다우케미컬 포드)이 함께하는 글로벌 물 챌린지GWC, Global Water Challenge에 창업자금을 대기도 했다.

물 사용과 관련해 직접적 저항에 부딪힌 인도에서는 2016년 물 중립을 선언했다. 수백 개의 우물, 연못, 댐, 빗물 추수와 충전 시스템, 배관을 건설했으며 현지 농사 관행을 바꾸기 위해 물 효율적 농업(깊은 관개, 땅 고름 등)

방식에 보조금을 지원했다. '보충'의 규모는 엄청났으며 놀랄 정도로 빠르게 시행되었다. 2011년 코카-콜라사는 연간 판매량의 23퍼센트를 '상쇄'했고 5년 뒤 133퍼센트만큼 돌려주었다고 주장했다.[78]

그러나 환경운동가들은 '물 중립성' '물 균형' '물 상쇄'라는 개념의 모호함을 비롯해 이런 효과를 측정하는 실질적 방법이 결여되어 있다면서 비난의 목소리를 높였다.[79] 코카-콜라사 역시 "현재 새로운 분야로 개발 중이기 때문에 의문의 소지가 있다"[80]고 인정했다. 물 상쇄의 과학적 증거는 입증되지 않았으며 코카-콜라사 등 기업의 연구와 홍보를 통해서만 존재한다.[81] 수많은 기업이 이산화탄소 배출량을 상쇄하기 위해 채택하는 시장 해결 환경주의인 탄소 상쇄와 달리 물은 비교적 새로운 자원으로 같은 방법으로 취급하기가 쉽지 않다. 이산화탄소는 전 세계의 대기에 영향을 미치지만 물 부족은 지역적 문제다.[82] 코카-콜라사는 "물을 보충한다고 해서 우리가 모든 공장에서 사용되는 물의 균형을 맞출 필요는 없다"라고 말했다.[83] 코카-콜라사의 물 상쇄 노력은 물 추출이 이루어진 곳에 집중되어 있지 않고 여러 지역에 퍼져 있다. 게다가 한 지역에 물을 제공한다고 해서 다른 지역의 물 부족 문제가 해결되는 것이 아니기에 보틀링 공장이 위치한 지역은 물이 부족할 수밖에 없다.[84] 물 보충 점수를 쌓기 위해 자금을 댈 물 프로젝트를 찾아야 한다는 압력이 거세지고 있는 가운데 이런 CSR 프로그램에 참여한 기업들은 "돌려 막을 물이 충분하지 않다"라고 우려를 표한다. 즉 다른 지역에서 기업의 물 소비를 사면받기 위한 실질적 물 보존 노력이 충분히 이루어지고 있지 않았던 것이다. 그 결과 환경운동가들은 코카-콜라사가 과학적으로 입증된 사실인지를 제대로 점검하지 않

은 채 성급하게 프로젝트에 착수했다고 말한다.[#85]

일부 환경과학자는 물을 보충했다는 주장을 이용해 코카-콜라사가 자신들의 지속가능성을 홍보하는 한편 실질적인 환경 문제에서 대중의 관심을 다른 곳으로 돌리고 있다고 말한다. 코카-콜라사의 물 중립성은 '운용수'만 가리키는 것으로, 공장 내 청량음료 생산에 사용된 물만 고려한 것이다. 판매되는 음료에 들어가는 물에 청량음료 생산에 사용된 모든 물('오수로 돌아오는 물' 등)을 비롯해 농업 재료 생산이나 제품 포장 등 공급 네트워크에 사용되는 막대한 양의 물은 포함시키지 않았다.

인도 농부가 자신들의 공장과 비교해 물을 더 많이 사용한다는 코카-콜라사의 주장은 틀리지 않았다. 농업 분야의 물 발자국(물 사용량)은 어마어마하다. 그러나 이는 코카-콜라사에게도 해당된다. 코카-콜라를 생산하는 데 사용되는 대부분의 물(전체 물 사용량의 80퍼센트)이 (사탕수수 경작 등) 설탕 생산에 사용되기 때문이다. 나머지 20퍼센트는 청량음료를 포장(PET 병 등)할 때 사용된다. 코카-콜라사는 청량음료 0.5리터당 0.5리터 물을 상쇄하기 때문에 물 중립이라고 주장한다. 그러나 코카-콜라 네덜란드 공장의 물 발자국 평가에 따르면 음료 0.5리터를 생산하는 데 35리터의 물이 필요하다. 따라서 코카-콜라의 물 중립성 주장은 전체 물 사용량에서 아주 적은 양에 해당하며, 더 큰 문제가 되는 것은 이로써 기업의 긍정적 영향을 부풀리는 제한적인 환경책임제도가 합리화되고 전파된다는 사실이다.[#86]

진보적 논평가들은 CSR의 공공-민영 분야의 제휴를 기업이 사회 변화에 기여하는 '사회 협약'으로 높이 평가한다. 물론 코카-콜라사의 대규모 환경 책임 프로젝트는 아예 무책임한 행동보다는 환경에 긍정적 영향을 미친다. 그러나 전형적인 신자유주의 논조로 보면 이는 공공용수의 안정성을 보장하기 위한 책임이 사기업과 물 자원을 판매하는 기업에 넘어간 것으로 공공재의 책임을 사유화한 것이다. 인도 지역사회는 코카-콜라가 CSR 물 프로그램을 더 이상 자발적으로 시행할 필요가 없다고 여기거나 재정적으로 합리적이지 못하다는 생각이 들면 무슨 일이 발생할지 걱정 어린 시선으로 바라본다. 인도 메디간지 마을 운동가들은 코카-콜라사의 물 프로젝트를 절망적인 마음을 갖고 바라본다. 그 프로젝트가 진행되더라도 지역사회는 딜레마에 처하게 된다. 코카-콜라사의 양보를 얻어내더라도 기업이 공공 문제에 개인적 해결책을 제공하도록 의존할 수밖에 없기 때문이다. 코카-콜라사는 어떤 해결책을 내놓을까?

2013년 코카-콜라사는 2015년까지 1,500대에서 2,000대의 모듈식 키오스크Kiosk, 터치스크린 방식의 정보 전달 시스템인 무인단말기-옮긴이를 20개 국가의 시골 지역에 배급하겠다고 약속했다.[87] 태양 에너지로 소규모 물 처리 시스템을 운영하는 변형된 선적 컨테이너 형태의 키오스크였다. 에코센터 EKOCENTER라 불리는 이 키오스크는 물을 무료로 제공할 뿐 아니라 TV, 핸드폰 충전을 위한 전기, 와이파이도 제공했으며 심지어 판매용 코카-콜라가 담긴 냉장고에 백신을 보관할 수 있는 장소도 갖추었다. 기업은 이를 가리켜 '상자 속 다운타운'이라고 불렀다. 코카-콜라사가 관리하고 프랜차이즈 형태로 운영될 '마이크로 사업 모델'의 목표는 스낵과 음료 판매를 통해 깨끗한 물과 소통 기술 유통의 '지속가능성'을 꾀하는 것이었다.[88] 비평가들은 현지 요구와 목표를 고려하지 않은 채 상부에서 모든 것을 결정하는 이 프로젝트의 동기에 의문을 제기했으며, 에코센터가 사실상 '미화된 매점'이 아닐까 하는 의문을 표했다.[#89] '상자 속 다운타운'이 될 수 있다는 가정에는 신자유주의적 정부 주도주의가 반영되어 있다. 정부 투자가 없는 상태에서 기업이 나서서 공공의 책임과 투자를 배제한 채 자사의 필요에 맞게 서비스를 제공하는 상황이다. 이 프로젝트 역시 그 한계가 드러났다. 2017년 말까지 전 세계에 설치된 에코센터는 150대에 불과했다.[#90]

코카-콜라사의 역사도 사회적 책임의 지속가능성과 수익에 좌우되는 기업이 사회문제를 해결하는 데 얼마나 전념할지 의심을 갖는 데 일조했다. 코카-콜라사가 1960년대와 1970년대에 비평가의 공격을 받자 CEO인 J. 폴 오스틴은 "다소 이상적 신념을 품고 있지만 정치적 영향력이 있는 청년층에 진심으로 호소할" 다른 사업으로 자신들의 핵심 산업을 보호하기 위한 계획에 착수했다. 물 담수화/여과 기업인 아쿠아켐을 인수한 것도 그런 노력의 일환이었다. 오스틴은 코카-콜라 소비자뿐 아니라 환경운동가를 비롯해 깨끗한 물 프로젝트를 개발하고자 하는 국가들 가운데서도 이 계획이 코카-콜라사의 선의를 알리는 '강력한 홍보 도구'가 되기를 원했다. 오스틴은 아쿠아켐이 좋은 투자처라고 설명했다. 앞으로 물의 양과 질이 문제가 될 것으로 예상되었는데, 아쿠아켐은 코카-콜라사 제품의 물 여과 처리에 도움이 되고 물 상업화를 통해 수익에 기여할 수도 있었다.

다음은 코카-콜라사의 내부 기록에 담긴 오스틴의 말이다. "사회의 득과 실은 최종적으로 시스템 자체에 기인한다. 자유 기업의 자본주의적 특성이 산업단지를 성장시키며, 산업단지는 천연자원을 오염시킨다. 그러나 자유 민간기업만 이 문제를 해결할 수 있으며, 자유 민간기업은 수익을 거두었을 때만 이 문제를 해결할 것이다."[#91] 오스틴은 시대를 앞서갔다. 물은 당시만 해도 큰 수익을 안겨주는 사업이 아니었다(어느 정도 수익성 있는 사업으로 아쿠아쳄의 세후 수익은 1980년 900억 달러였음).#92 깨끗한 물이 아니라 수익을 추구한 코카-콜라사는 1981년 아쿠아쳄을 매각했다.

CSR이 잘 시행된다고 해도 신자유주의 아래서는 민간과 공공 분야의 관계와 책임을 불명확하게 만들고, 공공재에 대한 정부의 책임을 민간 기업으로 떠넘기는 결과를 낳는다. CSR을 통해 사회복지를 해결하려는 기업 대부분이 사회문제 자체로 비난을 받기도 한다. 이는 문제를 야기하는 기업의 관행 때문이거나 정부가 제공해야 하는 사회 서비스를 세금과 규제 삭감 요청 등으로 기업이 빼앗아가기 때문이다. 기업이 사회복지 제공자가 될 경우 사회적 요구와 적합한 해결책을 결정하는 일이 최소한의 책임이 있는 비민주적 단체의 손으로 옮겨 간다.#93 노동, 환경, 건강 문제를 일으킨 기업은 CSR이라는 용어를 통해 스스로에게 이 문제를 해결해야 한다는 책임을 지운다. 공동의 물을 추출하고 사유화함으로써 수익을 얻는 기업이 물을 보존하고 대중에게 공급할 책임을 지겠다고 나서는 꼴이다.

코카-콜라사는 실제로 상당 금액(물론 연간 수익에 비하면 적은 액수지만)을 공익을 위한 CSR 프로그램에 투자했다. 그러나 코카-콜라사가 대중에게 진 빚도 고려해야 한다. 역사가 바토 엘모어가 말했듯 미국과 유럽을 비롯한 선진 도시에서 코카-콜라사는 납세자의 돈으로 충당되는 공공용수, 주로 시 시스템에서 나오는 공공용수를 사용해 음료를 만든다. 코카-콜라사가 전 세계적으로 확보한 물 가운데 50퍼센트에 해당하는 양이다. 따라서 코카-콜라사는 물 생산 공장 건설과 유지, 확보 비용을 대중에게 외주를 주는 셈이다. 물 기반시설이 부족하거나 불안정한 해외시장에서는 개인의 우물물과 지표수가 사용되는데, 나머지 50퍼센트를 차지하는 이 물을 코카-콜라사는 사실상 무료로 사용한다. 코카-콜라사가 특정 지역에 공장을 세움으로써 받는 세제 혜택까지 고려하면 책임 여부는 더욱 불투명해진다. 엘모어는 "공장이 들어서는 지역이 코카-콜라사에 제공하는 것(소중한 물 자원 이용권)을 고려한다면 이런 기부는 이타주의적 지원금이 아니라 제공받은 서비스를 일부 돌려주는 것이라고 보는 게 적절하다"라고 결론을 내렸다.[#94]

사회복지를 개선한다는 CSR의 잠재력도 홍보 패러다임이라는 한계에 갇힐 수밖에 없다. 운동가들이 압력을 가하기 가장 쉬운 대상은 코카-콜라사 같은 유명 기업이다. 소비자의 선의에 의존해 브랜드 제품을 판매하는 상장 기업은 소비자와 투자자의 윤리 기준에 어느 정도 얽매일 수밖에 없기 때문이다. 상대적으로 눈에 덜 띄고 개인적 소유이고 일시적이거나 불투명한 기업, 노동, 환경, 건강 기준을 극악무도할 정도로 위반하는 기업은 CSR 담론에서 논의되는 경우가 없다. 그들은 자신의 '책임'을 홍보한다고 해서 얻을 것이 거의 없기 때문이다.

홍보 목적을 달성해야 한다는 CSR 프로그램에 지워진 책임도 다뤄야 하는 사안과 관련해 한계를 드러낸다. 코카-콜라사의 역사를 고려하면 CSR은 기업의 사회적 명성을 증진시킬 때만 전념할 가치가 있는 듯 보인다. 듣는 사람 하나 없는 숲속에서 나무가 쓰러지며 내는 소리가 무의미한 것처럼 CSR 프로그램에서는 인식이 가장 중요하다. CSR은 홍보 없이 존재하지 않는다. 기업은 CSR의 선의가 단순한 이벤트나 지역사회의 즉각적인 이익에 국한되지 않고 기업의 사회적 명성에 '후광 효과'를 일으키기를 바란다.[#95] CSR 프로그램이 얼룩진 기업의 명성을 개선시켜 주고 긍정적 사회 기여를 통해 비판에서 자신들을 지켜주기를 희망하는 것이다.[#96]

기업의 사회적 명성: 브랜드와 시장 홍보

고칼로리 청량음료가 공중보건 지지자의 공격을 받자 코카-콜라사는 자신들의 사회적 명성과 대중과의 관계를 관리하기 위해 다양한 '기업적 사회 기술'[#97] 또는 전략에 의존했다. 코카-콜라사는 용납된 건강과학 정보를 혼란스럽게 만드는 영양학 연구에 자금을 댔으며, 건강 산업 종사자와 유색인종 지역을 대변하는 단체를 자기편으로 만들었다. 코카-콜라 제품과 비만과의 연결성에 대한 인식을 바꿀 광고를 제작했으며, 건강에 대한 대중의 인식 변화로 수익을 꾀하기 위해 제품 마케팅을 확대했다.[#98] 2016년 코카-콜라 북미 정부 관계 VP와 워싱턴D.C.의 소통 고문 간에 주고받은 메일이 유출되면서 이런 전략뿐 아니라 "국가, 주, 지역의 공공정책 사안을 효과적으로 관리하고 사회적 운영허가권을 강화함으로써 사업 성장을 도모하겠다는 코카-콜라사의 목표가 일부 드러났다".[#99] 이 목표를 달성하기 위해 코카-콜라사는 자사를 건강하고 활동적인 삶을 촉진하는 '수화(水和) 기업'으로 포장했다. 공중보건 문제의 원인이 아니라 해결책으로 포장한 것이다.

코카-콜라사는 고칼로리 음료의 명성을 개선하기 위해 비만은 섭취하는 칼로리와 소비하는 칼로리 간의 '에너지 균형'이 이루어지지 않아서 생기는 문제라고 주장했으며, "모든 음식과 음료는 규칙적 운동이 겸비되면 균형 잡힌 영양가 있는 식단에 포함될 수 있다는 영양학 원리"[#100]를 홍보했다. 코카-콜라사를 비롯한 다른 식품과 음료 기업은 '의심의 상인 *Merchant of doubt*, 과학적 진실을 흐릿하게 만드는 소수의 과학자-옮긴이'이라는 특정 연구진에게 자금을 제공하고 그들을 치켜세움으로써 비만을 설탕 음료 같은 영양가 낮은 고칼로리 음식의 섭취와 연결짓는 과학 연구의 결과를 '혼란스럽게' 만들었다. 산업 자금을 지원받지 않는 영양 과학자들은 체중 증가는 운동량이 아니라 칼로리 섭취와 이 칼로리를 제공하는 음식이나 음료의 영양학적 가치에 좌우된다는 데 동의했다.[#101] 그러나 코카-콜라사를 비롯해 이런 기업의 자금을 받은 과학자들은 소비자가 영양학적 가치가 적은 설탕 함유 식품과 음료를 지나치게 많이 먹기 때문이 아니라 이런 칼로리를 소비하거나 '균형을 맞출 만큼' 충분한 운동을 하지 않기 때문에 문제가 발생한다고 주장했다. 연구를 홍보한 것은 코카-콜라사의 건강음료협회였다. 건강 관련 NGO처럼 보이는 이 단체는 과학 정보의 합리적 출처라고 주장했지만 기업의 입장만 고려한 연구를 추진했다.[#102] 코카-콜라사는 건강과 영양에 관련된 공공정책에 영향을 미치기 위해 국제음식정보위원회와 국제생활과학협회 같은 산업단체도 지원했다.

더욱 교활한 활동은 글로벌에너지균형네트워크라는 단체에 자금을 지원한 것이었다. 이 단체는 '과학의 목소리'라는 주장과 달리 비만의 원인이 운동 부족이라는 소수의 과학적 관점을 홍보했으며, 칼로리 섭취가 체중 증가의 원인임을 뒷받침하는 "확실한 증거는 사실 없다"고 진술하기까지 했다. 그러나《뉴욕타임스》는 이런 주장이 "코카-콜라사가 자금을 지원하는" 연구 논문만 인용한 것이라고 지적했다.[#103] 자신들의 브랜드를 건강과 동일시하기 위해서든, 청량음료 소비가 건강에 미치는 파급 효과에 대해 솔직하게 말할지도 모르는 단체를 '매수하기' 위해서든, 코카-콜라사는 미국가족아카데미, 미국소아과아카데미, 미국암협회, 청소년당뇨연구재단 등의[#104] 건강이나 의학 전문가와 전략적 관계를 맺었다. 코카-콜라사는 '운동이 약'이라는 프로그램을 통해 '에너지균형이론'을 홍보했으며, 의사들이 환자에게 신체 활동을 처방해주도록 장려했다.[#105]

공개된 자료에 따르면 코카-콜라사는 2010~2015년 미국과 캐나다에서만 과학 연구와 건강단체와의 제휴에 1억 3,280만 달러를 썼다.[#106] 식품정책학자이자 운동가인 매리언 네슬은 대형 청량음료 업체가 "과학자와 정부 관료와의 인맥을 활용해 과학을 왜곡하고 전문가와 대중을 혼란스럽게 만들며 가짜 논쟁을 유발하고 명성을 조작하고 있다"라고 결론지었다.[#107]

코카-콜라사는 비만의 원인을 칼로리 소비가 아닌 활동 부족으로 돌리기 위해 소비자의 운동을 장려하는 데 노력을 기울였다. 2014년 전 세계 112개 시장에서 330개가 넘는 '활동적이고 건강한 생활' 프로그램에 자금을 지원했으며, 자사가 사업을 하는 모든 국가에 최소한 한 개의 프로그램을 시행하겠다는 계획을 발표했다.[#108] 코카-콜라사와 보틀러는 콜롬비아에서 미심쩍은 에너지균형이론을 바탕으로 한 영양 신체 활동 프로그램에 착수해 교육자와 학생들에게 '다 같이 놀자'와 '움직일 시간' 프로그램을 소개했다. 전 세계적으로 규제 위협이 거세지자 코카-콜라사는 학교 프로그램 착수라는 모델을 다시 시행해 (보통 자금이 부족한 공립학교) 학생들의 신체 활동을 장려하며 야외 활동과 학생 레크리에이션 프로그램, 피트니스 센터 설립에 큰 금액을 기부했다.[#109]

청량음료 산업은 지난 몇 년간 자사의 제품을 구내 건물에서 팔 수 있는 독점권을 받는 대가로 예산 삭감에 시달리는 학교에 대규모 판공비를 제공하는 등 교내에 입점하기 위해 애쓴 전력이 있다. 2005년 미국 고등학교의 80퍼센트와 초등학교의 50퍼센트가 이런 계약을 맺었다.[#110] 대중의 비난이 일자 코카-콜라사는 초등학교에서 자신들의 제품을 철수했으며 미국, 캐나다, 유럽, 뉴질랜드, 호주 고등학교에서는 고칼로리 청량음료 판매에 제한을 두었다. 그러나 코카-콜라사의 '글로벌 약속'에 따르면 나머지 국가의 고등학교에는 건강한 음료와 고칼로리 음료를 포함한 '모든 음료'를 공급할 예정이다.[#111]

라틴아메리카 공중보건 연구자는 신체 활동을 '이타주의 활동'처럼 보이게 포장하는 코카-콜라사의 프로그램을 비판하며, 프로그램의 실질적 목표는 청량음료 산업의 이익에 반하는 규제를 막기 위해 산업 이미지를 개선하고 정치적 영향력을 높이는 거라고 했다. 그들은 "청량음료 산업이 인류 건강에 기여하고자 한다면 그들이 판매하는 제품의 판매와 홍보를 규제하기 위한 법적 조치를 막지 말아야 한다"[#112]라는 결론을 내렸다.

건강을 둘러싼 비난에 맞선 코카-콜라사의 조치는 기업이 규제를 억누르고 사회복지를 제공하는 것뿐 아니라 CSR을 통해 새로운 시장을 이용하는 것이었다. 즉 사회적 선행을 위한 자유시장 메커니즘으로써 소비자의 선택과 기업의 역량을 홍보하는 방법을 통해 이런 비판에 대응해 왔음을 보여준다.

코카-콜라사는 주요 음료 제품의 건강을 둘러싼 대중의 우려가 사라지지 않고 판매가 계속 감소하자 청량음료의 대안으로 성장하고 있는 생수와 스포츠 음료, 에너지 음료, 과일 주스, 우유, 차, 커피 시장을 잡기 위해 적극적 공세를 펼쳤다. 코카-콜라사는 칼로리 과다 섭취를 염려하며 좀 더 건강한 소비를 원하는 사람들의 마음을 사로잡기 위해 새로운 건강 시장의 경쟁자를 매입했다.[#113] 새로운 제품으로 '자사의 음료군'을 늘렸으며 CSR 관련 광고를 통해 이들 제품을 홍보했다. 광고는 다양한 코카-콜라 음료 가운데 '활동적인 생활양식'에 맞는 제품을 소비자가 직접 선택해 건강을 지킬 수 있다고 강조했다. 2012년 코카-콜라사는 전 세계에 800개 음료 브랜드를 제공했으며 "글로벌 포트폴리오의 거의 25퍼센트가 저칼로리나 제로 칼로리 제품"[#114]이라고 떠벌렸다. 또한 정부 개입은 필요 없으며 자유시장이 소비자를 위한 건강한 선택을 제공할 거라고 주장했다.

코카-콜라사는 온갖 종류의 음료를 제공하는 '수화 기업'이었다. 소비자는 이들 음료 가운데서 자신이 원하는 것을 마음대로 선택할 수 있었다. 코카-콜라사는 CSR 웹사이트를 통해 "선택은 당신의 것입니다……"라고 온갖 종류의 제품을 소개하며 이렇게 말했다. 2006년 코카-콜라사는 '모든 방울을 소중하게'라는 CSR 프로그램에 착수했는데, 홍보 담당자의 주장에 따르면 "이 광고 캠페인은 코카-콜라사를 다양한 음료를 제공하는 기업으로 선보이기 위해 기업 역사상 최초로 상위 캠페인 내에 모든 브랜드를 한데 모았다"[#115]고 한다. '모든 방울을 소중하게' 캠페인의 목적은 "자신들이 판매하는 제품을 통해(수화, 에너지, 휴식, 영양이나 순수한 즐거움을 전달하는 음료를 통해) 전 세계 사람에게 모든 방울을 돌려주기 위해 노력하고 있음을 상기시키는 것"[#116]이었다. 건강에 최선을 다한다는 주장을 강화하기 위해 코카-콜라사는 올림픽 기간에 이 광고를 처음으로 선보였다.

이런 마케팅은 소비자에게 자유시장 선택권을 줄 뿐 아니라 개인에게 '에너지 균형'을 맞출 책임을 전가시킨다. 광고는 '코카-콜라 음료의 건강 요소'를 홍보하며 사람들이 수분을 보충하기 위해 음료를 마시는 것만이 아니라 '활력을 찾고 영양분을 공급받으며 쉬거나 즐기기 위해' 음료를 마시기도 한다는 주장을 미묘하게 반복했다. "물을 마시고 싶지 않다면 차나 청량음료처럼 다른 음료를 마셔도 좋습니다. 물론 물이 언제나 가장 좋은 선택이죠. 하지만 유일한 선택은 아닙니다."#117 코카-콜라 제품 가운데서 건강한 음료를 고르는 게 소비자의 선택이듯 현명한 선택을 내리고 운동을 통해 칼로리를 태우거나 '균형을 유지하는 것(보건학조차 불가능한 일이라고 했음)' 역시 소비자의 책임이었다. 코카-콜라사의 건강 관련 CSR의 목적은 소비자에게 건강한 소비와 운동 패턴을 교육시키기 위한 것이 아니라 소비자 선택을 인정하고 증가하는 비만율이 개인의 책임이 결여된 결과임을 합리화시키기 위한 것이었다.

2013년 코카-콜라와 코크-제로의 영국 광고는 분할된 화면을 이용해 코카-콜라 소비가 아니라 (활동적인) 할아버지와 (정적인) 손자 간 생활양식의 차이가 건강의 차이를 가져온다고 주장했다. 광고는 손자가 운동을 하지 않을 경우 최소한 코크-제로를 선택해 마실 수 있음을 은연중에 나타냈다. 선택과 개인의 책임이라는 (신자유주의 문화의 핵심인) 이런 담론은 제품을 홍보하는 수단이자 설탕음료 산업을 향한 정부 규제에 반대하기 위한 논거로 사용될 수 있었다. 코카-콜라사는 광고 법칙, 청량음료 제품 판매 장소에 대한 제한(공공 건물, 학교 등), 영양 성분 표기 요구, 제품 크기 제한, 추가세에 반대하는 캠페인에 이런 논리를 적용하려고 했다.

앞서 살펴본 코카-콜라사의 역사를 고려할 때 이들이 소비자 선택과 자유시장 경쟁을 사회문제의 해결책으로 제안한 것은 다소 모순적이다. 코카-콜라사는 소비자의 선택에 대한 틀을 만들어놓고 제품 수요를 창출하기 때문이다. 소비자 선택이 광고가 만든 수요와 별도로 존재하며 자유시장이 다양한 경쟁 제품으로 소비자의 욕구를 충족시켜 준다고 주장할 경우 코카-콜라사가 선택을 만들어낸다는 사실뿐 아니라 경쟁자를 매수하고 제거한 코카-콜라사의 독점적 역사도 간과되고 만다.

시민들을 위해 건강한 제품을 제공하는 시장의 역량은 사익에 따라 제한을 받아 왔다. 음료 기업이 건강을 상품화하는 것이 대표적인 예다. 코카-콜라사는 새로운 시장을 창출하는 과정에서 브랜드별로 차별성을 두기 위해 건강 정보를 부풀려 표기했다. 글라소 비타민워터 브랜드에 '보호' '에너지' '소생' '건강'이라는 단어를 사용하고 제품 포장에 '비타민+물+당신이 필요한 모든 것'이라고 표기했다. 결국 이와 관련된 소송에서 코카-콜라사는 패소하고 말았는데, 판사는 이런 문구가 오해의 소지가 있다고 판결을 내렸다. 제품의 주재료가 설탕이며 이 음료는 비타민워터에 요구되는 "최소한의 영양 기준을 충족시키지 못했기 때문이다."#118

'선택'의 개념 자체는 시장이 소비자에게 제공하는 것, 즉 시장이 생산하는 제품과 각 제품을 포지션하는 방식을 통해 구축되었다. 코카-콜라사는 지난 수년간 마케팅과 광고뿐 아니라 2000년에 시행한 'H2NO'와 (식당에서 서빙하는 사람이 소비자를 다른 음료로 유도하도록 훈련시킨) '수도꼭지를 잠그자' 프로그램을 통해서도 소비자가 자유롭고 건강한 선택인 물에서 멀어지도록 총력을 기울였다.#119

코카-콜라사는 새로운 '건강' 음료를 홍보하는 한편 원액 판매의 이윤이 높은 청량음료를 계속 홍보하고 보호했다. 새로운 '건강' 브랜드는 간접비가 높았다. 게다가 생수 판매가 지난 20년 동안 급증하긴 했어도 소비자는 (코카-콜라, 섬스 업을 비롯한 기타 콜롬비아 음료처럼) 특정 브랜드를 향한 충성도가 아닌 가격을 기준으로 생수를 구매했다.[120] 코카-콜라사가 국제 청량음료 시장과 미국 내 유색인종에 막대한 투자를 한 이유다. 세금은 이런 시장에서 청량음료 산업에 가장 큰 피해를 주게 되어 있었으며, 이 시장의 소비자에게도 부정적 영향을 미칠 게 뻔했다. 임금 수준이 낮은 사람들은 일률적으로 부과되는 소비세의 피해를 가장 많이 보고 있을 뿐 아니라 그들을 겨냥한 청량음료 산업으로 말미암아 발생되는 신체적 부담도 질 수밖에 없다.[121]

자본주의적 사회실재론:
자본주의의 이념적 정당화로써의 CSR

우리는 왜 좋은 일을 하려는 기업을 부정적으로 바라봐야 하는가? 코카-콜라사의 CSR이 좋은 일만 하고 있지 않기 때문이다. 코카-콜라사의 CSR은 이념적인 일도 한다. 어떤 사람들은 자본주의를 강요당하기도 하지만 대부분 이 경제 체제에 동의하며 이 제도가 공익에 기여하는 타당한 이유를 요구하기도 수용하기도 한다.[122] 지난 15년간 CSR 담론과 관행은 '반세계화', 노동, 환경, 공중보건 운동이라는 자본주의에 반대하는 비난을 흡수하기 위한 기업의 노력이라고 말할 수 있다. 기업은 소비자, 직원, 지역사회, 투자자에게 자신들을 합리화하기 위해 '양심 있는 자본주의'로 대응했다.#123 CSR은 신자유주의가 덜 매력적인 부산물(기업의 무자비한 성장, 불평등, 환경 악화, 공중보건 악화)을 만들어낸 시장을 찬양하고 자유화한 결과로, 기업은 CSR을 통해 이런 부정적 결과뿐 아니라 그 가운데 발생한 보편적 저항까지 제어할 수 있다.

그러나 CSR은 이런 저항을 발판 삼아 자본주의를 정당화시킬 새로운 구실을 만들며 애초에 문제를 만들어낸 것이 시장임에도 시장이 사회 문제의 해결책을 제공할 것이라고 주장하기도 한다. 코카-콜라사의 CSR은 자본주의를 재확인하기 위한 이념적 접근 방법이자 이런 문제를 해결하기 위한 전략이다. 이것이 바로 CSR의 '자본주의적 사회실재론'이다. 사회문제를 파악하고 이를 완화하기 위한 필수 수단으로 기업을 묘사하며, 상상 가능한 대안이 없는 전체적 시스템인 자본주의를 통해 사회정의를 구현할 수 있다고 주장한다.#124

CSR은 소비자를 위해 이념적인 일을 한다. 즉 그들이 소비를 통해 사회에 이득을 되는 일을 한다고 믿게 만든다. 노동자에게는 그들의 노동이 기업에 도움이 되며 기업이 그들의 노동을 착취하는 것이 더 큰 선을 위하는 일이라고 믿게 만든다. 주주들에게는 수익성 있는 지속가능한 자본주의를 약속하며 '이해당사자'에게는 기업의 사회복지와 자본주의의 미래에 투자하게 만든다. 물론 사실은 자신들의 이익을 위해 비평가들을 흡수하고 그들의 한계를 정하기 위한 속셈이다.

빠르게 부상하는 CSR 담론과 관행은 신자유주의의 지배 논리에 대해 대중의 동의를 얻기 위한 시도다. CSR 활동은 보통 법적 책임을 거부하는 기업의 어둔 이면을 숨긴 채 대중에게 선보이는 밝은 모습이다. CSR은 국가나 대중이 아닌 개인의 힘으로 이루어진 시스템(기업, NGO, 소비자, 투자자)을 지지한다. 공적 규제나 투자가 아닌 개인적·기업적 책임을 강조하며 자본주의 시스템이 생산한 모순을 해결하기 위해 시장이 내놓는 해결책을 절대적으로 신뢰한다. 현대사회에서 기업의 힘을 비난하는 사람들조차 기업이 "이제 선을 제공할 거라고, 선뿐 아니라 가치를 추구할 거라고, 단순한 가치가 아니라 더 나은 세상을 만드는 데 기여할 거라고"[125] 말한다. 코카-콜라사 같은 다국적 기업은 "과거 정부에게 기대하던 책임을 지도록 요청받고 있다".[126] 그러나 수익과 사회복지는 보통 상충하는 목표이며, CSR 프로그램은 한정적이고 비효율적이거나 아예 시작조차 하지 않을 수도 있는 것이다.

코카-콜라사는 분수령 보존과 레크리에이션 시설에 대한 건설 투자를 지원하는 것 외에도 소비자를 상대로 코카-콜라 제품을 구매할 경우 북극곰(코카-콜라사의 마케팅 아이콘)을 살리고 ('북극 홈' 캠페인의 일환으로 은색 캔으로 출시된 음료를 마심으로써) 기후 변화를 막으며, 지진으로 만신창이가 된 아이티의 망고 농부들(코카-콜라사는 자회사 오드왈라의 '아이티 희망 망고 라임 에이드' 판매 수익 100퍼센트가 이들에게 돌아갈 것이라고 약속했음)에게 기술 훈련을 제공하는 데 도움을 줄 수 있다는 마케팅을 펼친다.[127] 코카-콜라사의 '긍정적 삶'이라는 CSR을 주제로 한 웹사이트는 "당신은 시간을 내어 다른 나라로 갈 수 없을지도 모릅니다. 하지만 코카-콜라를 지원함으로써 이미 그들을 돕고 있습니다"라고 말한다.[128] 사회적 사안과 책임감은 이렇게 상업화되었다. 이 같은 사회적 책임시장에서 어니스트 티Honest Tea, 오드왈라, 이노센트 드링크는 건강하고 환경을 의식하며 공정하게 거래되는 자선주의적 브랜드로써 청량음료 브랜드의 대안으로 제시되었다. 그러나 라벨을 보면 이 역시 코카-콜라사가 소유한 브랜드다. 전 세계의 새로운 시장에 진입할 때 소규모 경쟁자를 매입한 것처럼 코카-콜라사는 '중립적' 또는 '윤리적' 음료를 판매하는 기업을 사들여 자사의 브랜드 포트폴리오를 다각화했으며 전략적인 포지셔닝을 취했다. 따라서 CSR은 기업이 문제(기업이 양산한 문제, 자본주의의 구조적인 부정적 성향)를 완화시키기 위한 방법만은 아니다. 이는 수익을 얻기 위한 방법이기도 하다.[129]

소비자 선택과 사회 변화를 추구하는 시장 기업가주의를 바탕으로 하는 이런 모델은 이념적·정치적으로 광범위한 파급 효과가 있다. 이 모델에서는 사회적 행동이 소비와 축적이라는 틀 안에서 규정된다. 즉 사회적으로 책임 있는 기업 이미지가 가져오는 잠정적 수익에 동기부여된 기업이 사회문제를 해결하며, 소비자는 사회 변화와의 관계 때문에 특정 제품을 구매하는 선택을 내린다('바이코팅'). 그러나 코카-콜라사를 상대로 싸운 인도 운동가들의 주장처럼 이런 전략에서 정치적 힘은 구매력과 투자력에 달려 있다.[130] '이해당사자 민주주의' 또는 '시장 민주주의'는 전혀 민주적이지 않다. 가난한 사람들의 사회문제를 해결할 방법을 결정한다는 명분으로 그들에게서 권리마저 빼앗아가기 때문이다.

슬라보예 지젝Slavoj Žižek의 주장에 따르면 CSR 광고 캠페인은 '문화적 자본주의'로, 사회적으로 책임 있는 제품을 구매하는 행동을 통해 소비자를 소비주의에서 구원해준다. "단순히 당신이 구매하는 제품이 아니라 당신이 무엇을 믿는지가 중요하다."[131] 세라 바넷-와이저와 루팔리 무크헤르지는 이를 '제품 활동주의'라고 부른다. 이런 '신자유주의적 순간으로 시장화된 저항'#132을 통해 시민-소비자는 기업의 제품을 구매하고 그들의 요구를 수용함으로써 사회 활동에 참여한다. '제품 활동주의'를 통한 저항의 가능성이나 비판적 주관성과 연대 형성의 가능성을 부인하는 것이 아니다. 그러나 이런 문화적 자본주의는 사람들의 잠정적 힘, 중개인, 시민권을 자본주의의 관점에서 규정한다.

이 책에서 내놓은 주요 주장 가운데 하나는 코카-콜라사의 사업 모델이 상호 연결된 유형재(음료)와 무형재(광고, 브랜드, 사업 모델, 투자)의 생산이라는 점이다. 1970년대 후반 이후 금융자본은 코카-콜라사의 주요 관심 대상이자 조직적 논리가 되었다. 코카-콜라사는 다른 대형 상장 기업처럼 주식 투자 대비 수익을 극대화하는 것을 최우선 과제로 삼고 있다. 자사의 주주이자 자본을 조달할 능력이 있으며 이사회 선출권을 쥔 투자자, 특히 사모펀드와 코카-콜라사의 지분을 대거 소유한 대형 기관투자자에게 의존하고 있기 때문이다. 투자자들은 기업을 제품 생산자뿐 아니라 관리하고 경영하며 매입하고 매각하는 자산의 집합으로도 본다. 이 같은 '금융 패권의 구조적 힘'#133 역시 사회적 명성과 선의를 또 다른 자산으로 제공하는 CSR의 동기와 작동에 영향을 미친다.

기업의 임원들은 투자자를 설득할 때 CSR 프로그램에 대해 자본주의 팽창을 위해 필요한 활동, 즉 사익을 추구하는 새로운 활동으로 포장하며 공익에 기여하는 것은 기업과 주주의 장기적 이익을 위한 제도적 투자라고 주장한다. 코카-콜라사의 2005년 '성장을 위한 선언문'은 '단기적 노력'을 충족시키기 위한 책임을 재개할 경우 열릴 '장기적 기회'를 인정했다. 이를 보여주려는 듯 코카-콜라사의 웹사이트와 애틀랜타 본사의 대형 현수막에는 사람People, 행성Planet, 포트폴리오Portfolio, 파트너Partner, 수익Profit이라고 적혀 있었다. 여기서 수익은 가운데 위치할 뿐 아니라 다른 색상을 사용해 상당히 눈에 띄었다.[#134]

CSR 관련 학문과 대중지는 '주주 민주주의'를 주주가 기업 활동에 대해 기업에게 책임을 지울 수 있는, 심지어 사회적으로 더욱 책임 있는 활동을 강요할 수도 있는 경영 형태로 치켜세운다. 실제로 운동가들은 코카-콜라사의 연례회의를 기업 관행에 대해 경영진에게 압력을 행사하는 공개 포럼(물론 사적이며 주주들에게만 개방되어 있음)으로 사용하고 있다. '킬러 코크' 캠페인을 이끈 레이 로저스는 연례 주주회의에 참석하기 위해 코카-콜라사의 주식을 보유하고 있으며, 운동가들이 임원을 비롯한 기업 이사회와 직접 마주할 수 있는 얼마 안 되는 기회를 누릴 수 있도록 다른 사람들에게 주식을 구매하거나 기부하라고 권한다. 1979년 코카-콜라 공장 관리자가 불법 무장단체와 결탁해 과테말라 공장의 노동자 급진주의를 진압한 뒤 코카-콜라의 주식을 보유한 미국 수녀들이 연례회의에 참석해 코카-콜라 노동자의 정의를 요구하기도 했다.[#135]

그러나 기업의 관행을 관리할 책임을 주주들에게 맡기는 방법은 신뢰도가 낮다. 투자자 대부분은 자신이 연금이나 뮤추얼펀드 형태로 코카-콜라 주식을 보유하고 있는지조차 모르며 주가나 배당금을 높임으로써 수익을 극대화하는 데만 관심이 있기 때문이다. 이런 입장은 코카-콜라사의 수익을 위협하는 운동가나 주주들에게 배당금을 지급하는 대신 CSR 프로그램에 돈을 쓰는 기업 임원들의 입장과 상충한다. 코카-콜라사의 연례회의에 참석한 '운동가 투자자'들이 이끄는 열띤 논쟁이 있었지만 대부분의 주주는 사회정의를 요구하는 소수의 주주가 아니라 더 많은 배당금을 나눠주고 주가를 높이기 위한 공격적 조치를 취하며 주식의 일부나 전부를 주주의 단기 수익에 집중하는 다른 기업에 매각하라고 기업에 압력을 가한 헤지펀드 관리자였다.

열렬한 신자유주의자들은 기업의 주요 목표가 공익을 최우선시하는 것이 아니라 주주를 위해 최대한 많은 돈을 버는 것이라고 생각한다. 1970년 〈기업의 사회적 책임은 수익을 높이는 것이다〉라는 솔직한 제목의 기사에서 밀턴 프리드먼은 CSR이 "순수한 사회주의를 전파하는 …… 근본적으로 체제전복적인 교리다"라고 주장했다. 그는 CSR처럼 수익을 극대화하는 데 중점을 두지 않는 기업 활동을 대다수의 주주가 소수자를 위한 사회 명분에 비용을 지급하게 만드는 정치적이고 '비민주적' 과세제도의 실행으로 본다.[136] CSR의 선의는 "그 자체만으로 목적이 될 수 없으며 주주의 부를 극대화하는 수단으로 합리화되어야 한다"[137]는 것이 그의 주장이다.

CSR의 가장 강력한 이념적 기능은 직원과 임원들이 그들의 착취와 착취적 행동이 더 큰 선을 위한다는 생각을 갖고 일하도록 만드는 것이다. 자본주의의 파괴적 성향을 목격하고 사회운동의 비판을 접한 뒤 자신들의 일상이 (의미 없어 보이는 제품 생산에 아무런 통제력을 발휘할 수 없는) 월급 받는 일로 축소되는 데 진저리가 난 직원들에게 CSR의 이념적 작업은 생산의 자본주의적 모드에서 느낀 소외감을 '경감시켜 주는 효과'가 있다.[138] 우리가 자신의 노동이 어떤 의미를 가지는지, 사회에 어떤 도움이 되는지 의문을 갖는 동안 CSR은 이 의미를 부여하며 공익에 기여한다. 이는 우리를 더욱 고분고분한 근로자, 기업이 채용하고 지속적으로 관계를 유지하며 최

고의 작업 능률을 뽑아내기 쉬운 근로자로 만들지도 모른다.[#139]

코카-콜라사의 전 CEO 네빌 이스델을 비롯해 CSR를 옹호하는 사람들은 1960년대와 1970년대 성년이 된 이들로 사회정의 촉구에 깊이 공감한다.[#140] 긴 1960년대에 유년기를 보낸 이들 가운데 일부는 사업가가 되었고, 진보적인 사회 가치를 기업의 수익 동기와 연결짓고 그 과정에서 탄생한 자본주의를 합리화하는 CSR의 담론과 관행을 통해 '전 세계에 노래를 가르칠 수 있다'고 믿게 되었다.[#141] 이들은 "글로벌 자본주의라는 케이크를 갖는 동시에(기업가로서 번성 누리기) 이를 먹을 수 있다(사회적 책임, 환경 우려 등 반자본주의 명분 지지)고 생각하는 기업 지도자에 대한 슬라보예 지젝의 에세이 제목처럼 "아무도 악마가 될 필요가 없다"고 생각한다. 코카-콜라사의 투자자이자 인류애자 워렌 버핏과 코카-콜라사의 최근 CEO들은 수익을 꾀하는 동시에 더 나은 세상을 위한 변화를 추구하는 친절하고 자상한 자본주의를 홍보한다. 그들은 대중에게 "자본주의의 부차적 오작동을 해결하는 데 시장을 이용할 수 있다"고 말하는 한편 자본주의를 강화한다. 그들은 "사실 한 손에 쥐고 있던 것을 다른 손에 넘겨주고 있는 것이다".[#142]

코카-콜라사가 추구하는 CSR의 자본주의적 사회실재론은 사기업이 해결할 수 있는 구체적 문제를 제시한다. 이 실재론은 자본주의에 만연한 구조적 폭력을 인정하는 대신 정부와 대중을 돕는 과정에서 그들을 약화시킨다. 식수 부족과 기업의 물 자원 착취에 초점을 맞출 뿐 자본주의가 새로운 시장을 창출하고 공동의 환경 자원을 사유화하는 데는 초점을 맞추지 않는다.[#143] 또한 노동자를 상대로 한 극단적 폭력에 초점을 맞출 뿐 신자유주의 노동 체제를 이루는 '불안정한 상태'라는 일상적 폭력에는 초점을 맞추지 않는다. 기업의 임원들은 이런 논리를 바탕으로 CSR이 다국적 자본주의가 번성할 수 있는 '윈윈' 전략이라고 생각하며 구체적인 위기를 '외부효과'로 치부한다.[144] 이 같은 이념주의는 위기가 자본주의의 산물이라는 증거를 외면한 채 시장을 문제 해결 수단이자 미래를 향하는 유일한 방향으로 홍보한다.

코카-콜라사는 새로운 문제를 만들 것이고, 사람들은 이에 맞서 싸울 것이다. CSR의 논리는 이 사실을 인정한다. CSR은 자본주의의 대가(인간 착취, 환경 악화, 소비자 건강 악화)를 조금씩 해결하기 위한 시도이지만 자본주의가 낳은 파괴의 속도를 따라잡을 수 없다. CSR 프로그램은 사회문제를 파악하고 공동의 선을 위한 작업이 필요하다는 점을 인정하지만 대중에 대한 기업의 책임이 투자자에 대한 책임보다 높을 수 없다는 한계를 지닌다. 그러나 사회의 요구를 충족시키지 못한 CSR은 기업의 행동을 향한 비난을 잠재울 수 없다. 의도치 않게 자본주의가 낳은 사회문제와 실제적인 정치적 개입이 시급한 상황을 적나라하게 드러낼지도 모른다. 이는 현시대의 마지막 C-S-R로 이어진다. 지속적인 사회 저항이다.[145]

이 책에서 살펴본 코카-콜라사를 향한 전 세계적 저항처럼 CSR의 담론과 관행은 착취, 경쟁, 비평가 흡수를 통해 이루어졌다. 노동자, 소비자, 정부 권위자, 운동가, 문화 생산자는 계속해서 코카-콜라사의 사업 관행과 기업의 유일한 동기가 수익이 되어야 한다는 가정에 반기를 들고 있다. 우리는 소비자의 선의와 이를 낳은 시스템에서 더 많은 것을 원한다. 시스템의 지속성을 정당화하려면 분명한 이유가 필요하지만 자본주의 내에서 그 이유를 찾을 수 없다. 수익이 아닌 다른 이익을 따르도록 강요한다면 이런 가치를 찾을 곳은 시스템 외부가 될 수밖에 없다.

앞장에서 살펴봤듯, 대중의 비난을 받자 코카-콜라사는 계속 경제적 현대화, 국가 발전, 자유와 해방, 노동권, 환경 지속가능성, 공중보건 등 집단적인 프로젝트 차원에서 자신들을 합리화하려고 애쓴다. 사회에 긍정적 기여를 하고자 하는 우리의 욕망은 이런 정당화를 쉽게 거부할 수 없겠지만 계속 자본주의에 도전하며, 자본주의가 우리의 동의를 얻기 위해 변신을 꾀하도록 만들 것이다. 이 과정에서 우리는 자신이 원하는 공익과 이를 달성하는 방법을 확실히 규정하게 될지도 모른다.

Thanks to
감사의 글

살아오는 동안 학교와 사회에서 배운 것이 있다면 인류 최고의 작품은 수많은 사람의 기여로 구축되고 형성된 집단의 산물이라는 사실이다. 이 책역시 많은 사람의 도움으로 탄생했는데, 지면을 빌려 그들에게 감사를 전할 수 있어 다행이다.

이 책은 예일대학교에서 쓴 논문에서 시작되었다. 논문을 지도한 마이클 데닝은 내 조언자였다. 또한 내가 늘 되고 싶어 하는 헌신적인 학자이자교사의 본보기가 되어주었다. 자신의 시간과 정신, 지성을 기꺼이 내어준마이클에게 큰 고마움을 갖고 있다. 앞으로도 이에 보답하기 위해 꾸준히노력하겠다고 약속한다. 매슈 프라이 제이콥슨의 열정과 통찰력은 연구를진행하고 이 책을 쓰는 내내 동기부여가 되었다. 라우라 웩슬러는 책의 집필 과정에 있어 내게 이론적으로 새로운 관점을 제공해주었다. 세스 페인은 내 이론을 적극적으로 경청한 후 생각을 철저히 분석하도록 격려해주었다. 필요한 순간 중요한 의견을 내준 이들에게도 감사를 표한다.

이 책은 어배너-섐페인에 위치한 일리노이대학교에서 결실을 맺었다. 언론과 영화 연구부를 비롯해 캠퍼스 동료들, 지적 보물창고를 만드는 데 힘쓰고 있는 일리노이 인류학 연구 프로그램, 비평 및 해석적 이론부, 라틴아메리카와 카리브해 지역연구센터 교수진과 직원들에게 감사를 전한다.

나는 나이오미 파이크와 같은 길을 걷는 것을 큰 행운이라고 생각한다. 그녀의 지성과 결단력, 정의를 향한 헌신은 내게 영감을 제공하고 도전의식을 불러일으킨다. 일리노이대학교와 매캘러스터칼리지 글로벌 제품과 문화, 자본주의의 역사, 초국가적 라틴아메리카 언론과 문화 연구 과정의 학생들과 협력자 역시 내가 아이디어를 정교하면서도 분명하게 다듬도록 도움을 주고 한편으로는 자신들의 아이디어를 꺼내놓기도 했다. 매캘러스터칼리지의 국제 연구, 언론과 문화 연구, 라틴아메리카 연구에서 만난 동료와 친구에게도 감사를 전한다.

예일대학교의 세계화와 문화 연구진은 개별적으로, 때로는 집단적으로 이 책의 아이디어에 크게 기여했다. 책의 집필 과정에 도움을 주고 (사회적으로는 말할 것도 없고) 강의실과 현장에서 내 지적·정치적 안목을 키우는 데 큰 역할을 한 예일대학원 직원들과 학생단체, 예일대학교 내 마르크스주의와 문화이론 연구진, 사진과 기억 연구진, UIUC 교내 교수협회 등 모든 단체에도 감사를 전하고 싶다.

에모리대학교의 원고, 문서와 희귀서 도서관, 국내 문서와 기록 행정 II, 국내 보안 문서, 애틀랜타 역사센터, 의회도서관의 원고 부서와 영화, 방송, 음향 부문 원고 부서의 운동가들에게도 감사를 전한다. 내가 워싱턴D.C.에 머무는 동안 숙식을 제공하고 든든한 동료가 되어준 루스 카플란, 프리말 다리아, 바바라 스티븐스에게도 감사를 표하고 싶다.

그리고 콜롬비아를 알아가는 데 많은 사람이 도움을 주었다. 그들은 자신의 삶과 집으로 나를 기꺼이 초대해주었다. 바랑카베르메하, 바랑키야, 부카라망가, 보고타, 칼리, 카르타헤나, 쿠쿠타, 메데인 등에서 대화를 나눈 시날트라이날Sinaltrainal 조합원과 코카-콜라 펨사의 비조합 직원들, SICO 회원과 베비다스 앤 알리멘토스 직원들, 중요한 통찰력을 제공한 코카-콜라사의 임원과 보틀링 공장 관리자에게도 많은 도움을 받았다. 보고타의 비블리오테카 루이스 엔젤 아랑고의 연구진에게도 큰 빚을 졌다. 문서기록 보관자를 비롯한 다른 연구원들은 내가 역사와 관련된 광범위한 신문기사를 살펴보는 데 도움을 주었으며, 충분한 사회적 휴식을 제공해주었다. 보고타 국가일반문서보관소, 메데인 역사문서보관소, 메데인 라틴아메리카공립도서관의 문서기록 보관자에게도 큰 도움을 받았다. 국내산업협회 ANDI는 기업의 사회적 책임에 대한 국제회의에 참석하도록 보조금을 지급했다. 이 회의는 내게 콜롬비아 내 기업의 사회적 책임 현황을 살펴볼 수 있는 소중한 기회를 제공해주었다. 이 책 1장의 초안을 실어준《역사와 사회 34》(2018년), 콜롬비아국립대학교(메데인)의 편집자와 익명의 검토자에게도 감사를 전한다.

코카-콜라 인도의 역사를 더 깊이 알아가는 과정에서도 많은 사람의 도움을 받았다. 코카-콜라 임원과 공장 관리자의 도움에도 깊은 감사를 표한다. 의견을 내고 번역까지 도와준 라흐벤드라 우파드흐예이, 자신의 집으로 기꺼이 초대해준 그들의 가족에게도 감사를 전한다. 네루기념도서관,

인도 국립문서보관서, 인도 사회당(마르크스주의자) 문서보관소의 운동가들은 내가 필요한 자료를 살펴볼 수 있도록 도와주었다. 바라나시에 위치한 바나라스 힌두대학교 게스트하우스는 연구에 지친 내게 매일 아름다운 캠퍼스와 훌륭한 식사를 제공해주었다. 이 책의 6장은 《국제 노동과 노동 계층 역사 81》(2012년 봄)에 실린 기사와 도서 《태양은 절대로 지지 않는다: 미국 권력 시대의 남아시아 이민자 The Sun Never Sets: South Asian Migrants in an Age of U.S. Power》(뉴욕대학교 출판부, 2013년)가 밑바탕이 되었다. 아이디어를 정리하고 글을 다듬는 데 도움을 준 이들과 익명의 검토자에게 감사를 전한다.

많은 제도적·재정적 도움이 없었다면 이 책은 출간되지 못했을 것이다. 의회도서관의 존 W. 클루그 센터는 내가 세상에서 가장 인상적인 도서관에 몇 개월 동안 머물도록 도움을 주었다. 맬 루 레커, 제이슨 스테이하우어, 트레비스 헨슬리를 비롯한 여러 동료에게도 감사를 표한다. 일리노이 연구 이사회는 이 책을 끝내도록 개인 시간을 허락해주었을 뿐 아니라 책에 실릴 내용과 관련해 자금을 지원해주었다. 존 F. 엔더스 연구 어워드 및 로버트 M. 레이란 논문 펠로십 대학원생으로서 연구와 집필 과정에 받은 재정적 도움에도 감사를 표한다. 예일대학교 국제 및 지역학 맥밀런 센터, 법대, 경영대 교수진과 직원들은 내게 코카-콜라 세계기금(코카-콜라사가 1992년에 설립한 자금을 바탕으로 예일대학교 국제 및 지역학 맥밀런 센터가 국제법, 경영, 공공정책에 대한 연구를 지원하기 위해 수여하는 장학금. 교육을 바탕으로 한 장기적 박애주의 활동의 일환으로 신자유주의 시대 국제 정세에 초점을 맞춰 개정되었음)을 수여했다. 장학금으로 받은 3,000달러는 콜롬비아에서 예비 연구를 수행하기 위한 경비로 사용되었는데, 덕분에 연구와 인터뷰를 좀 더 생산적으로 진행할 수 있었다.

열거하기에도 벅찰 만큼 많은 사람이 던진 질문과 그들이 제공한 의견은 이 책이 결실을 맺는 데 큰 역할을 했다. 미국역사협회의 노동과 노동자층역사협회, 미국연구협회, 테포스틀란 아메리카초국적역사기관, 뉴욕대학교 남아시아 디아스포라와 저작권 침해 연구진, 국제언론과 소통연구협회, 전국 커뮤니케이션 협회, 민주적인 소통조합, 국제연구협회, 퍼듀대학교 미국 연구부, 밥슨대학교 역사와 사회부, 코넬대학교 자본주의 역사 여름캠프, 어배너-샘페인 일리노이대학교 역사부에 감사를 표한다. 노터데임대학교의 미국 연구가 그룹은 예리한 비평으로 집필 과정에서 큰 도움을 주었다. 큰 빚을 졌지만 이곳에서 언급하지 못한 친구와 동료들에게도 감사를 전한다.

많은 사람이 이 책이 탄생하는 데 기여했다. 캘리포니아대학교 출판부의 검토자는 꼼꼼한 의견을 달아주고 유익한 질문을 던졌으며, 동기부여가 되도록 격려를 아끼지 않았다. UC 출판부의 편집팀과 이 책이 출간되는 데 큰 노력을 보태준 피터 드레이어, 개시 하나바흐, 데이브 이비, 라이언 셰르우드에게 감사를 표한다.

베티 베토그와 에드윈 베토그, 엘베라와 프랭크 사이폰은 내가 사람들의 역사를 통해 많은 것을 배우고 이를 바탕으로 나만의 역사를 써내려 가는 데 도움을 주었다. 내 삶과 일은 이 책이 완성되기까지 오랜 시간 지원을 아끼지 않은 새로운 가족들 덕분에 풍성해졌다. 페기, 톰, 캐리, 앤드류, 칼 길버트, 벤 더글라스, 매슈 린지에게 감사를 전하고 싶다. 내 부모님 주디와 러스, 동생 조안나와 C.C.는 이 책을 쓰면서 힘들 때마다 아낌없는 사랑을 주었다. 이들을 가족으로 둔 것을 정말 감사하게 생각한다. 밀로 시아폰 길버트는 내 세상을 열어주었으며, 모두를 위한 나은 미래를 상기시켜 주었다. '감사의 글'로 댄 길버트에게 감사 인사를 전하기에는 뭔가 부족하다는 생각이 든다. 그는 이 책이 제 방향을 찾아가도록 모든 면에서 도움을 주었다. 앞으로 그에게 제대로 된 감사를 표할 시간이 남아 있어 다행이라고 생각한다.

축약

BPP	Biblioteca Pubico Piloto, Medellin 필로토 공립 도서관(메데인)
CE, MPBRSD, LC	Coca-Cola Collection, Creative Exchange, Motion Picture, Broadcasting and Recorded Sound Division, Library of Congress 의회도서관, 영화, 방송과 음향 부서, 코카-콜라 컬렉션, 크리에이티브 익스체인지, 코카-콜라 컬렉션
INDEGA	Industrial de Gaseosas 인더스트리얼 데 가세오사스
INDEGA-Panamco	Industria Nacional de Gaseosas 인더스트리아 내시오날 데 가세오사스(파남코 콜롬비아의 자회사)
INDEGA-FEMSA	Industria Nacional de Gaseosas 인터스트리아 내시오날 데 가세오사스(코카-콜라 FEMSA의 자회사)
FEMSA	Fomento Economico Mexicano 포멘토 이코노미코 멕시카나
Coca-Cola FEMSA	Coca-Coal bottling susbsidiary of Fomento Economico Mexicano FEMSA의 코카-콜라 보틀링 자회사
MAD, LC	Manuscripts and Archives Division, Library of Congress, Washington, DC 워싱턴 D.C. 국회도서관, 원고와 고문서 부서
MARBL	Stuart A. Rose Manuscripts, Archives, and Rare Book Library, Emory University 에모리대학교, 스튜어트 A. 로즈 원고, 고문서와 희귀본 도서관
MPBRSD, LC	Motion Picture, Broadcasting and Recorded Sound Division, Library of Congress 의회도서관, 영화, 방송과 음향 부서
NARA II	National Archives and Records Administration II, College Park, MD 메릴랜드, 칼리지파크, 국가 문서와 기록 행정 II
Panamco	Panamerican Beverages 범아메리카 음료
Panamco Colombia	INDEGA를 비롯한 기타 보틀링 지사의 지배적 지분을 소유한 파남코의 콜롬비아 자회사
SINALTRAINAL	Sindicato Nacional de Trabajadores del Sistema Agroalimentario, Colombian National Union 신디카토 나시오날 데 트라바자도레스 델 시스테마 아그로알리멘타리오(콜롬비아 전국식품노동자조합) (과거 이름은 신디카토 나시오날 델 트라바자도레스 데 라 인더스트리아 데 알리멘토스Sindicato Nacional de Trabajadores de la Industria de Alimentos)
TCCC	The Coca-Cola Company 코카-콜라사
TCCEC	The Coca-Coal Export Corporation 코카-콜라 엑스포트 코퍼레이션

주석

PROLOGUE 머리말

1   팬더그라스트, 《신, 국가, 코카-콜라를 위하여(For God, Country, and Coca-Cola)》, 10쪽.
2   발로와 클라크, 《파란 금(Blue Gold)》, 147쪽.
3   '상위 100개 브랜드', 《비즈니스위크》, 2005년 8월 1일, 90-94쪽.
4   시드니 민츠의 《설탕과 권력(Sweetness and Power)》, 오키히로의 《파인애플 문화(Pineapple Culture)》, 베커트의 《면화의 제국(Empire of Cotton)》, 머록스의 《설탕과 문명(Sugar and Civilization)》에서 도움을 받은 민츠의 모델과 역사적 통찰력을 참고.
5   TCCC, "코카-콜라 시스템"
6   월러스타인, 《현대적인 세계 시스템(Modern World-System)》, 229쪽.
7   카사노바의 《세계 문학 공화국(World Republic of Letters)》에서 '세계 문학 공간' 내부의 권력 관계 분석 참고.
8   코카-콜라 재료의 생산과 확보 역시 코카-콜라 세계 시스템의 일부다. 코카-콜라를 판매하는 가게, 상인, 장비를 비롯해 쓰레기나 재사용 등 제품의 '사후'도 마찬가지다. 그러나 이 책은 코카-콜라라는 청량음료의 유형과 무형 생산에 초점을 맞춘다. 코카-콜라의 환경적 역사는 엘모어의 《시민 콜라(Citizen Coke)》를 참고하기 바란다.
9   맥아서, "피터 드러커".
10   쿰, 《지적 재산의 문화적 삶(Cultural Life of Intellectual Properties)》 56쪽.
11   이런 이유로 코카-콜라를 분석하려면 언론과 문화적 분석이라는 수단을 통합한 자본주의의 역사를 살펴봐야 한다. 이 책은 그런 측면에서 마천드의 《아메리칸 드림을 홍보하다(Advertising the American Dream)》와 《기업 정신 창조하기(Creating the Corporate Soul)》, 도모쉬의 《미국 제품(American Commodities)》, 프랭크의 《쿨함의 정복(Conquest of Cool)》, 클라인의 《로고 없음(No Logo)》, 라드의 《광고의 발전(Advertising Progress)》, 리어스의 《풍요라는 꾸며낸 이야기(Fables of Abundance)》, 맥거번의 《팔린 미국인(Sold American)》, 유엔(Ewen)의 《의식의 대장(Captains of Consciousness)》, 스트레서의 《만족 보장(Satisfaction Guaranteed)》으로부터 큰 도움을 받았다.13   웨인의 "델라웨어는 어떻게 번창하고 있나." 참고
12   웨인의 "델라웨어는 어떻게 번창하고 있나" 참고.
13   에스털과 듀라니의 "코카-콜라사, 해외 이전 허가에 33억 달러의 세금을 빚지다" 참고.
14   만델의 "로이터: 세금 전문가, 면밀히 지켜보다" 참고.
15   세금정의추구 시민단체, "포춘 500대 기업".
16   엘모어, 《시민 코크》, 9쪽.
17   피난, "10년" 참고.
18   이 책은 데 그라지아의 《저항할 수 없는 제국(Irresistible Empire)》, 마자렐라의 《삽으로 연기를 옮기다(Shovelling Smoke)》, 밀라네지오의 《노동자, 아르헨티나에서 쇼핑 가다(Workers Go Shopping in Argentina)》 등 중요한 소비자문화 연구서로부터 큰 도움을 받았다.
19   페더스톤의 《저항, 공간, 정치적 정체성(Resistance, Space and Political Identities)》 참고.
20   "코카-콜라에서는 해가 지지 않는다", 《타임》, 1950년 5월 15일.
21   J. 폴 오스틴이 찰스 말리크에게, 1970년 10월 15일, 찰스 말리크 서신, MAD, I.C.
22   발로와 클라크, 《파란 금》, 147쪽.
23   "코카-콜라에서는 해가 지지 않는다".
21   "코카-콜라에서는 태양이 지지 않는다." <타임지>, 1950년 5월 15일
22   J. 폴 오스틴이 찰스 말리크에게, 1970년 10월 15일, 찰스 말리크 서신, MAD, I.C.
23   발로와 클라크, 《파란 금(Blue Gold)》
24   키르쉬, 《자본주의를 채굴하다(Mining Capitalism)》, 3쪽.
25   볼탄스키와 치아펠로, 《자본주의의 새로운 정신(New Spirit of Capitalism)》, 42쪽.

26 키르쉬, 《자본주의를 채굴하다》; 칭, 《마찰(Friction)》; 웰커, 《기업을 세우다(Enacting the Corporation)》; 질, 《폭력의 세기(Century of Violence)》; 포스터, 《코카-글로벌리제이션(Coca-Globalization)》 참고.

27 라페버, 《마이클 조던과 새로운 세계 자본주의(Michael Jordan and the New Global Capitalism)》; 캔들러와 마즐리히, 《거대기업(Leviathans)》; 바칸, 《기업(Corporation)》; 미켈스웨이트와 울리지, 《기업(Company)》; 리히텐슈타인, 《소매혁명(Retail Revolution)》; 스티플러, 《국가와 자본의 그늘에서(In the Shadows of State and Capital)》; 모레톤, 《신과 월마트를 위하여(To Serve God and Wal-Mart)》 참고.

28 펠리페 마르퀴에즈 로블레도, 코카-콜라 펩사, 콜롬비아 법적 관리자, 저자와의 e-메일, 2006년 11월 8일.

29 TCCC, "코카-콜라 시스템-보틀링의 역사".

30 조앤 마르티네스-알리어가 인용한 구하의 《사람이 얼마나 소비해야 하는가(How Much Should a Person Consume?)》, 59쪽 내용을 참고.

31 하비, 《신제국주의(New Imperialism)》, 159쪽.

1장. 코카-콜라 보틀링 시스템과 프랜차이즈의 논리

1 엘모어의 《시민 코크》 참고.

2 코카-콜라 시럽과 추출물 라벨, 1887년 6월 28일; 팬더그라스트, 《신, 국가, 코카-콜라를 위하여》, 30-31쪽.

3 리어스, 《풍요라는 꾸며낸 이야기》, 103-104쪽, 146-147쪽.

4 앨런, 《비밀제조법(Secret Formula)》, 17쪽; 팬더그라스트, 《신, 국가, 코카-콜라를 위하여》, 110n491.

5 코카-콜라사 기록문서 보관부, "해외 보틀링 운영"(2000), CE, MPBRSD, LC.

6 해리슨, 《시간이라는 모래 위에 찍힌 발자국(Footprints on the Sands of Time)》, 47쪽; 헤이스, 《Real Thing》, 18-22쪽.

7 로젠버그, 《아메리칸 드림 전파하기(Spreading the American Dream)》, 25쪽.

8 팬더그라스트, 《신, 국가, 코카-콜라를 위하여》, 127-128쪽; 윌킨스, 《성숙(Maturing)》, 51쪽.

9 디키, 《미국의 프랜차이징(Franchising in America)》, 113-114쪽.

10 "코카-콜라사와 솔로몬 주식회사(버마) 간의 고용계약서", 1927년 5월 14일, CE, MPBRSD, LC.

11 "코카-콜라에서는 해가 지지 않는다".

12 헤이스, 《Real Thing》, 80쪽; "코카-콜라 해외 사업의 간략한 역사", 《코카-콜라 보틀러》, 1959년 4월, 182쪽.

13 《다이제스트》 최신호에서 나는 새로운 교육 과정을 언급했다……", 《T.O. 다이제스트》, 1948년 1월, 5-6쪽.

14 "코카-콜라에서는 해가 지지 않는다".

15 팬더그라스트, 《신, 국가, 코카-콜라를 위하여》, 143-144쪽.

16 1906년 식품위생과 약품에 대한 법률로 성문화되었다. 스트레서, 52쪽.

17 스트레서, 43쪽.

18 스트레서, 43-44쪽.

19 스트레서, 44-45쪽.

20 팬더그라스트, 《신, 국가, 코카-콜라를 위하여》, 102-103쪽; 쿰, 80쪽.

21 팬더그라스트, 《신, 국가, 코카-콜라를 위하여》, 103쪽.

22 스트레서, 43-44쪽.

23 팬더그라스트, 《신, 국가, 코카-콜라를 위하여》, 129-130쪽.

24 《코카-콜라사 v. 코크사(Coca-Cola Co. v. Koke Co.)》, 245 US 143, 146, 41 S.Ct. 113, 114, 65 L.Ed. 189(1920년).

25 매크래컨, "해외 이야기", 27쪽.

26 로젠버그, 《아메리칸 드림 전파하기》, 21쪽; 프룬드트, 《상쾌한 휴식(Refreshing Pauses)》

27 미국은 해외 보틀링 사업에서 가장 공통적인 요소였지만 해외 보틀러들은 때때로 이웃 지역이나 비슷한 시장으로 영역을 확대시켜 나가기도 했다. 예를 들어 나이지리아 시장에 진출한 이들 가운데 상당수는 부유한 그리스 코카-콜라 보틀링 업체였다.

28   포스토분, "히스토리아".

29   "포스토분: 음료 사업", 100쪽.

30   두 인물 모두 콜롬비아 산업과 사업에서 중요한 역할을 수행했다. 재무부장관이었던 가브리엘 포사다는 페로카릴 데 안티오키아와 방코 알레만에 거액을 투자했으며, 벨라리오 토분은 콤파니아 수라메리카나 데 세구로스(남아메리카 보험회사)와 콤파니아 콜롬비아나 데 타바코(콜롬비아 담배회사)와 관계를 맺었다.

31   판스워스-알베아르, 《둘시네아(Dulcinea)》, 42-47쪽.

32   판스워스-알베아르, 《둘시네아》.

33   판스워스-알베아르, 《둘시네아》, 45-46쪽.

34   맥그리비, 《콜롬비아의 경제 역사(Economic History of Colombia)》, 2쪽.

35   로젠버그, 《아메리칸 드림 전파하기》, 7쪽.

36   헨더슨, 《콜롬비아의 현대화(Modernization in Colombia)》, xvi.

37   카마초 아랑고, 《레스피체 폴룸(Respice plum)》; 티크너(Tickner), "콜롬비아", 169-170쪽.

38   헨더슨, 《콜롬비아의 현대화》, 4쪽.

39   헨더슨, 《콜롬비아의 현대화》, 108쪽.

40   헨더슨, 《콜롬비아의 현대화》, 115쪽.

41   드레이크, 《머니 닥터(Money Doctor)》.

42   드레이크, 《머니 닥터》, 32-33쪽; 헨더슨, 《콜롬비아의 현대화》, 115쪽.

43   드레이크, "남아메리카 내 미국의 경제적 우월성의 기원", 3쪽.

44   로젠버그, 《재정 선교사(Financial Missionaries)》, 50쪽.

45   드레이크, 《머니 닥터》, 30쪽.

46   드레이크, 《머니 닥터》, 30, 74쪽.

47   헨더슨, 《콜롬비아의 현대화》, 40, 214쪽.

48   드레이크, 《머니 닥터》, 33쪽.

49   드레이크, 《머니 닥터》, 34쪽; 헨더슨, 《콜롬비아의 현대화》, 117쪽.

50   헨더슨, 《콜롬비아의 현대화》, 120쪽.

51   《광고주가 전하는 라틴아메리카 시장 안내서(Advertisers' Guide to Latin American Markets)》.

52   헨더슨, 《콜롬비아의 현대화》, 168쪽.

53   《엘 헤랄도 데 안티오키아(El Heraldo de Antioquia)》, 1928년 1월 3일.

54   《엘 헤랄도 데 안티오키아》, 1930년 10월 27일.

55   《엘 헤랄도 데 안티오키아》.

56   《엘 헤랄도 데 안티오키아》, 1930년 7월 14일.

57   《엘 헤랄도 데 안티오키아》, 1928년 3월 20일.

58   "전 세계에서 팔리는 코카-콜라".

59   "당신의 유대", 《코카-콜라 보틀러》, 1927년 9월, 49쪽; "콜롬비아, 메데인에 위치한 코카-콜라의 고향", 《코카-콜라 보틀러》, 1930년 12월, 16쪽; "20년 전", 《코카-콜라 보틀러》, 1948년 8월, 48쪽.

60   CE, MPBRSD, LC, 칼리 거리의 코카-콜라 노점상인의 사진, W8223; 칼리의 카페 모습을 담은 엽서, W8225; 코카-콜라 사인이 걸린 메데인 풍경 사진, W8226; 메데인의 카페 내시오날 앞에 있는 말이 끄는 카트 사진, W8215; 메데인 거리의 카트 사진, W8227; 메데인 기차역 맞은편 건물에 코카-콜라 사인이 보이는 엽서, W8219.

61   사진 삽화. "어제 오후의 웅대한 모습", 《엘 티엠포》, 1929년 6월 9일, 1쪽.

62   INDEGA, "귀납적인", 《라 치스파 데 라 비다》, no.9(1976년 10월), 헤메로테카, 필로토공립도서관(콜롬비아, 메데인). 포스토분은 코카-콜라사가 "콜롬비아와 파나마에 코카-콜라 공장을 공식적으로 설립하겠다고 결정하기" 전까지(1927년부터 1936년까지) 자사가 코카-콜라를 제작하고 유통했다고 주장했다(포스토분, "히스토리아").

63   《엘 콜롬비아노》, 1943년 9월 30일; "포스토분: 음료 산업", 《디네로》, 2004년 9월 17일.

64   라벤토스, 《콜롬비아 광고의 100년(Cien anos de publicidad colmobiana)》(코카-콜라사가 후원했으며 기업의 상표가 책자의 모든 페이지에 인쇄되어 있음), 83쪽.

65 "콜라 열매와 코카로부터 추출한 강장제"는 1898년 이미 보고타에서 팔리고 있었다(카다비드, 《화보(Revista Ilustrada)》).

66 스티븐 P. 라다스, 선서 진술서, 뉴욕, 1953년 3월 31일, 팬더그라스트 컬렉션, 에모리대학교, box 15, item 6.

67 로이 D. 스터브스, "라틴아메리카에서 온 편지", 팬더그라스트 컬렉션, MARBL, box3, folder 11.

68 "콜롬비아, 메데인 ……'코카-콜라'의 새로운 공장", 《더 레드 바렐》, 1941년 9월, 29쪽.

69 구티에레스 고메스는 채굴, 농업, 제약 산업을 운영했다(사엔즈 로브너, 《불쾌한 사업(Offensiva empresarial)》, 41쪽).

70 사엔즈 로브너, 《불쾌한 사업》, 33쪽; 판스워스-알베아르, 《둘시네아》, 210-211쪽; 팔라시오스, 《합법성과 폭력 사이(Entre la legitimidad y la violencia)》, 174-180쪽.

71 INDEGA, 《라 치스파 데 라 비다》, no.9(1976년 10월), BPP; "코카-콜라는 그렇다", 《베비다스 앤 만헤레스》, 13쪽.

72 아르만도 그럼버그, "콜롬비아의 코카-콜라", 《코카-콜라 오버지스》, 1959년 2월; 알 스태튼, "콜롬비아와 코카-콜라", 《코카-콜라 오버지스》, 1949년 6월; 카발레로 트루욜과 폴로 에스칼란테, "바랑키야의 산업", 94-95쪽.

73 웨이드, "음악, 암흑, 국가 정체성", 10쪽.

74 은퇴자와의 인터뷰, 바랑키야, 2007년 11월 2일.

75 INDEGA, 《라 치스파 데 라 비다》, no.10(1976년 10월), BPP.

76 INDEGA, 《라 치스파 데 라 비다》; 앨버트 스태튼이 R.W. 우드러프에게, 1951년 10월 1일, 우드러프 문서, MARBL, 에모리대학교, 컬렉션 no.19, box301, folder 4; 스태튼이 W.O. 솜즈에게, 코카-콜라 미주 코퍼레이션, 1972년, 인지 스태튼과 러즈 데 빌라의 《알려지지 않은 유산(Unknown Legacy)》, 420쪽.

77 우루티아, 《콜롬비아 노동운동의 발전(Development of the Colombian Labor Movement)》, 81-126쪽.

78 스톨러, "알펜소 로페즈 푸마레조", 373쪽.

79 사엔즈 로브너, 《불쾌한 사업》, 17-18쪽.

80 판스워스-알베아르, 《둘시네아》, 210-211쪽; 팔라시오스, 《합법성과 폭력 사이》, 174-180쪽.

81 《엘 헤랄도 데 안티오키아》, 1930년 10월 10일.

82 《엘 콜롬비아노》, 1943년 8월 3일과 21일.

83 《엘 콜롬비아노》, 1943년 7월 28일과 8월 20일.

84 《엘 콜롬비아노》, 1943년 7월 22일과 8월 12일.

85 《엘 콜롬비아노》, 1943년 8월 7, 27일.

86 《엘 콜롬비아노》, 1944년 1월 1, 4, 6일.

87 《ANDI 65 광고 이미지》, 86쪽.

88 《여성의 의복》, 1944년 2월 15일, "콜롬비아 박람회"; 《더 레드 바렐》, 1944년 3월, 40쪽에서 인용.

89 모레노, 《양키, 집에 가지 않다(Yankee Don's Go Home)》, 69쪽; 헤인즈, "독수리의 날개 아래서", 385쪽; "미 국무장관에게 보내는 성명서: 미국 내 증가하는 신문과 라디오 광고", 캠페인, 미주사무국(OIAA)-일반 기록-상업 및 재정적 경제 개발 광고, RG 229, NARA II; "광고 프로젝트의 초기 단계" 미주사무국의 광고-일반 기록-상업 및 재정적 경제 개발 광고, RG 229, NARA I; 상무부에 보내는 성명서, 1942년 6월 4일, OIAA, 일반 기록, 상업 및 재정적 개발 광고, RG 229, NARA II

90 코카-콜라 엑스포트 코퍼레이션, "1943년 해외 광고비 전망", 미주사무국의 미국 광고-일반 기록-상업 및 재정적 경제 개발 광고, RG 229, NARA II; J.F. 커티스, 코카-콜라 엑스포트 판매 기업, 윌리엄 필립슨에게, 미주사무중재국(CIAA), 1943년, 1월 7일, OAR의 미국 광고-일반 기록-상업 및 재정적 경제 개발 광고, RG 229, NARA II.

91 "1943년 해외 광고비 전망".

92 하이메 가르즌이 넬슨 록펠러에게, 1944년 4월 10일, 인포메이션 라디오 컨트리 파일-콜롬비아, RG 229, NARA II.

93 모레노, 《양키, 집에 가지 않다》, 146-147쪽; "전 세계로의 초대……코카-콜라를 마시자!" 《셀레시오네스 델 리더스 다이제스트》, 1944년 12월, 속표지.

94 코카-콜라사가 설탕 확보와 정부의 시장 개입을 통해 이득을 본 역사에 대한 많은 정보는 엘모어의 《시민 코크》 참고.

95 앨런, 《비밀제조법》, 88-89쪽.

96 엘모어, 《시민 코크》, 107쪽.

97 앨런, 《비밀제조법》, 104쪽.

98 앨런, 《비밀제조법》, 105쪽.

99 엘모어, 《시민 코크》, 111쪽.

100 엘모어, 《시민 코크》.

101 로이 존스, "코카-콜라 해외 사업의 간략한 역사", 《코카-콜라 보틀러》, 1959년 4월, 182쪽.

102 엘모어, 《시민 코크》, 110-111쪽.

103 팬더그라스트, 《신, 국가, 코카-콜라를 위하여》, 196-197쪽; 앨런, 《비밀제조법》, 252쪽; 호스테터, "설탕 동지", 23-24쪽.

104 E.J. 포리오, "방 밖으로", 《코카-콜라 보틀러》, 1945년 12월, 15-16쪽.

105 랄프 헤이스, "전쟁 중인 청량음료", 각서, 1941년 9월, R.W. 우드러프 컬렉션, MARBL; 힘슨 "전 세계에 노래를 가르친 기업", 76쪽.

106 팬더그라스트, 《신, 국가, 코카-콜라를 위하여》, 196쪽.

107 TCCC, 《코카-콜라사: 사진이 담긴 개요(The Coca-Cola Company: An Illustrated Profile)》, 77쪽.

108 "해외 이야기", 《코카-콜라 오버시즈》, 1948년 6월, 4-5쪽.

109 헌터 벨, "코카-콜라사의 해외 성장이 지속된 원대한 50년(1926-1976년)", 《리프레셔 USA 8》, no.3(1976년), 5쪽.

110 팬더그라스트, 《신, 국가, 코카-콜라를 위하여》, 198, 512쪽.

111 "인도의 코카-콜라", 《더 레드 바렐》, 1944년 8월, 51쪽.

112 "샘 홀든-뉴기니-1945년 3월 10일,《T.O. 다이제스트 1》, no.4, MARBL, 팬더그라스트 문서, 컬렉션 no.741, box 16, folder 2, 5쪽.

113 "폴 매든-뉴기니-1945년 4월 4일,《T.O. 다이제스트 1》, no.5, MARBL, 팬더그라스트 문서, 컬렉션 no.741, box 16, folder 2, 4쪽.

114 "Lt. 로버트 G. 피셔, 인도의 미 군대와 함께", 《더 레드 바렐》, 1944년 2월, 34쪽.

115 포스터, 《코카-글로벌리제이션》, 43쪽; 힘슨, "전 세계에 노래를 가르친 기업", 109쪽.

116 웩슬러, 《부드러운 폭력(Tender Violence)》; 힘슨, "전 세계에 노래를 가르친 기업", 121쪽.

117 스포르자, 《잘 해내다(Swing It!)》, 91쪽; 커티스, "럼 앤 코카-콜라".

118 팬더그라스트, 《신, 국가, 코카-콜라를 위하여》, 209쪽.

119 라틴아메리카의 개발 프로그램, 콜롬비아 연구(1941년), 경제 분석, 상업 및 재정적인 국가 파일: 콜롬비아, RG 229, NARA II.

120 라틴아메리카의 개발 프로그램, 콜롬비아 연구(1941년), 경제 분석, 상업 및 재정적인 국가 파일: 콜롬비아, RG 229, NARA II.

121 INDEGA, 《라 치스파 데 라 비다》, no.9(1976년 10월), BPP.

122 "45년과 4개의 경력", 《코카-콜라 오버시즈》, 1969년 4월, 33쪽; 코카-콜라 콜롬비아, "히스토리아", www.cocacola.com/co/asps/e_coca-cola_colombia.asp(2006년 6월 12일); 밴 요더, "성공을 향한 갈증".

123 "몬테비데오에서 스태튼과의 만찬", 《더 레드 바렐》, 1947년 8월, 35쪽; "엑스포트의 새로운 지사", 《더 레드 바렐》, 1947년 7월, 42쪽; "듀크의 책상에서", 《코카-콜라 오버시즈》, 1948년 6월, 30쪽; "전 세계에서 일어나는 일", 《코카-콜라 오버시즈》, 1954년 12월, 28쪽; "스태튼 형제들", 《더 리프레셔》, 1966년 9-10월, 34쪽.

124 INDEGA, 《라 치스파 데 라 비다》.

125 마리오 B. 애덤스, "요요, 콜롬비아에서 인기를 끌다", 《코카-콜라 오버시즈》, 1965년 8월.

126 INDEGA, 《라 치스파 데 라 비다》, no.11(1976년 11월), BPP.

2장. 코카-콜로니제이션을 중재하다

1 "팔리는 회의에서 비공식적이지만 바쁜 역을 맡는다", 《볼티모어 선》, 1945년 7월 1일, 11쪽, 제임스 팔리 문서, MD, LC, reel 36.

2 팬더그라스트, 《신, 국가, 코카-콜라를 위하여》, 231쪽.

3 "팔리는 회의에서 비공식적이지만 바쁜 역을 맡는다".

4 E.J. 칸 주니어, R.W. 우드러프와의 인터뷰, 마크 팬더그라스트 컬렉션, MARBL, 에모리대학교; 힘슨, "전 세계에 노래를 가르친 기업", 73쪽.

5 린든 존슨 대통령이 제임스 팔리에게, 1964년 3월 2일, 마크 팬더그라스트 컬렉션, MARBL, 에모리대학교, MSSN741, box1, folder 18-"팔리".

6 팔리, "브랜드 이름", 《핵심 연설(Vital Speeches)》, 475쪽.

7 "팔리는 루스벨트의 미션 때문에 온 게 아니라고 말한다", 《엘 문도》, 푸에르토리코 산후안, 1941년 1월 14일. 제임스 팔리

문서, MD, LC, reel 38. "팔리, 긴 여행을 떠나다", 《타임즈-유니언》, 뉴욕 올버니, 1947년 3월 9일, 제임스 팔리 문서, MD, LC, reel 36.

8 제목 없는 만화, 에콰도르, 1941년, 제임스 팔리 문서, MD, LC, reel 34.

9 데 그라지아, 《저항할 수 없는 제국》, 3쪽.

10 J.F. 커티스, "해외 이야기", 《코카-콜라 오버시즈》, 1948년 6월, 5쪽.

11 "코카-콜라에서는 해가 지지 않는다".

12 "코카-콜라에서는 해가 지지 않는다".

13 "코카-콜라에서는 해가 지지 않는다".

14 "코카-콜라에서는 해가 지지 않는다".

15 "코카-콜라에서는 해가 지지 않는다".

16 리스트, 《개발의 역사(History of Development)》, 76쪽.

17 팬더그라스트, 《신, 국가, 코카-콜라를 위하여》, 234쪽.

18 퀴셀, 《프랑스를 유혹하다(Seducing the French)》, 60쪽.

19 퀴셀, 《프랑스를 유혹하다》, 52쪽.

20 퀴셀, 《프랑스를 유혹하다》, 55쪽, 《휴머니티》 인용, 1949년 11월 8일; "프랑스: 코카-콜라에 의한 식민지화", 《뉴스위크》, 1949년 12월 12일, 제임스 팔리 문서의 다른 기사, MD, LC, reel 37.

21 퀴셀, 《프랑스를 유혹하다》, 60쪽.

22 퀴셀, 《프랑스를 유혹하다》, 프랑스 재무부장관의 말 인용, 55, 57쪽.

23 알터, 《잘 알려진 진실(Truth Well Told)》, 102, 108쪽.

24 앨런, 《비밀제조법》, 4쪽.

25 퀴셀, 《프랑스를 유혹하다》, 60, 62, 63쪽.

26 팬더그라스트, 《신, 국가, 코카-콜라를 위하여》, 236쪽.

27 팬더그라스트, 《신, 국가, 코카-콜라를 위하여》, 237쪽.

28 퀴셀, 《프랑스를 유혹하다》, 68쪽, "미국, 미국인, 그리고 프랑스, 1945-1953년", 《손다게스》, no.2(1953년), 46쪽.

29 퀴셀, 《프랑스를 유혹하다》, 68쪽. 코카-콜라사의 전후 세계 팽창은 미국 자본주의의 국제화를 보여주는 전형적인 사례로 할리우드 영화의 주요 소재가 되었다. 빌리 와일더의 1961년 코미디 〈원, 투, 쓰리〉에서 제임스 카그니는 서베를린에 보틀링 프랜차이즈를 운영하고, 심지어 철의 장막 너머로 코카-콜라를 가져가도록 파견된 코카-콜라 임원 역할을 맡았다. 미국 기업 임원의 미친 듯이 빠른 말투는 미국 자본주의 팽창의 속도와 공격, 심지어 간교한 속임수를 비꼬기 위한 장치였다. 미국 자본주의자와 소련 관료주의를 풍자한 이 영화는 양극단의 냉전 이념에 사실은 우스울 정도로 비슷한 순응성과 제국주의적 야심이 담겨 있음을 보여주었다.

30 "컨벤션", 《코카-콜라 보틀러》, 1948년 4월, 20쪽; 팬더그라스트, 《신, 국가, 코카-콜라를 위하여》, 232쪽.

31 팬더그라스트, 《신, 국가, 코카-콜라를 위하여》, 240쪽.

32 칸의 기록에서 인용, 52쪽; 팬더그라스트, 《신, 국가, 코카-콜라를 위하여》, 240쪽.

33 팔리, "브랜드 이름", 475쪽; 팔리, "상표", "세계권으로서의 광고"도 참고.

34 팔리, "브랜드 이름".

35 팔리, "해외 시장이 당신의 사업에 미치는 영향".

36 부첼리, 《바나나와 사업(Bananas and Business)》, 9쪽; 윌킨스, 《다국적 기업의 등장(Emergence of Multinational Enterprise)》, 157-160쪽.

37 니컬슨, 《미국 중산층의 갈증 달래기(Host to Thirsty Main Street)》, 9쪽.

38 로이. J. 존스, "콜라 해외 사업의 간략한 역사", 《코카-콜라 보틀러》, 1959년 4월, 183쪽.

39 디키, 《미국의 프랜차이징》, 54, 124-126쪽.

40 더필드, "내 기억으로는", 41쪽.

41 CE, MPBRSD, LC, 이집트 광고(1951년), items ES005454, ES005455.

42 CE, MPBRSD, LC, 이집트 광고(1950년), items ES000332, ES005430, ES005442.

43 CE, MPBRSD, LC, 멕시코 광고(1953년), items ES000857, ES000865.

44　CE, MPBRSD, LC, "산업 통합성의 반영: 설탕"(1953년), item ES000855.

45　CE, MPBRSD, LC, 멕시코의 코카-콜라, "툭스판 출신의 이 남자를 아나요?"(1953년), item ES000851.

46　인지 스태튼과 러즈 데 빌라, 《알려지지 않은 유산》, 128, 132, 135쪽.

47　"팔리, 전 세계 투어에서 돌아오다", 《더 레드 바렐》, 1947년 2월, 36쪽.

48　더필드, "내 기억으로는", 45쪽.

49　마이클 제임스, "UN에는 한 개의 터번만 남아 있다", 《뉴욕타임스》, 1957년 1월 27일; 코플랜드, "주인과 군주", 677-678쪽; 칸, 《위대한 분할(Great Partition)》, 137쪽.

50　아지트 싱, 저자와의 인터뷰, 2008년 5월 1일, 인도, 뉴델리.

51　곽무손, "인도, 뉴델리에 문을 연 최초의 코카-콜라 보틀링 공장", 《코카-콜라 오버시즈》, 1951년 2월, 5쪽.

52　《코카-콜라 오버시즈》; 칸, 《빅 드링크(Big Drink)》, 4쪽.

53　곽, "인도, 뉴델리에 문을 연 최초의 코카-콜라 보틀링 공장", 4, 5, 8쪽.

54　팬더그라스트, 《신, 국가, 코카-콜라를 위하여》, 244쪽.

55　곽, "인도, 뉴델리에 문을 연 최초의 코카-콜라 보틀링 공장", 4-5쪽.

56　수치타 마줌다르, "팝, 쉬익, 거품", 《인도 타임스》, 1977년 10월 9일, 11쪽.

57　《인도 타임스》.

58　마누엘, "소스요: 잊힌 음료".

59　로이, "치히밥하이 & 글루코-콜라"

60　"파를레의 인도 최초의 콜라 음료", 《인도 타임스》, 1949년 3월 21일, 1쪽.

61　"취향의 문제", 《인도 타임스》, 1951년 4월 4일, 3쪽.

62　"영국 변호인 브리페드", 《인도 타임스》, 1952년 12월 18일, 3쪽; "'글루코-콜라'의 상표권 등록 거부되다", 《인도 타임스》, 1954년 2월 4일, 3쪽.

63　"우리는 파를레를 팔고 싶지 않다: 차우한", 《민트》, 인도, 뉴델리, 2012년 11월 28일.

64　마줌다르, "팝, 쉬익, 거품", 11쪽.

65　오스피나, 《보고타로고(Bogotalogo)》, 68쪽.

66　특히 알폰소 로페스 푸마레조 회장의 행정 아래서 그랬다.

67　헨더슨, 《콜롬비아의 현대화》, 336쪽.

68　사엔즈 로브너, 《불쾌한 사업》, 29쪽.

69　사엔즈 로브너, 《불쾌한 사업》; 사엔즈 로브너, 《콜롬비아의 해(Colombia anos)》, 50쪽; 판스워스-알베아르, 《둘시네아》, 210-211쪽; 팔라시오스, 《합법성과 폭력 사이》, 174-180쪽.

70　부첼리, 《바나나와 사업》.

71　로젠버그, 《아메리칸 드림 전파하기》.

72　사엔즈 로브너, 《콜롬비아의 해》, 28-30쪽.

73　헨더슨, 《콜롬비아의 현대화》, xiv.

74　사엔즈 로브너, 《콜롬비아의 해》, 29쪽; 헨더슨, 《콜롬비아의 현대화》, xiv.

75　헨더슨, 《콜롬비아의 현대화》, 327쪽.

76　《엘 콜롬비아노(메데인)》, 1950년, 롤단의 《피와 불(Blood and Fire)》, 21쪽에 인용.

77　헨더슨, 《콜롬비아의 현대화》, 341쪽.

78　헨더슨, 《콜롬비아의 현대화》, 389쪽.

79　헨더슨, 《콜롬비아의 현대화》, 344쪽.

80　바르홀라, 《불과 얼음(Fire and Ice)》, 132-133쪽.

81　아빌레스, 《세계 자본주의(Global Capitalism)》, 38쪽.

82　데 라 페드라자, 《라틴아메리카의 전쟁(Wars of Latin America)》, 47쪽.

83　데 라 페드라자, 《라틴아메리카의 전쟁(Wars of Latin America)》.

84　드렉슬러, 《콜롬비아와 미국(Colombia and the United STates)》, 74쪽.

85　헨더슨, 《콜롬비아의 현대화》, 331쪽.

86 헨더슨, 《콜롬비아의 현대화》, 330쪽.

87 헨더슨, 《콜롬비아의 현대화》, 391쪽.

88 앨버트 스태튼이 R.W. 우드러프에게, 1947년 9월 13일, MARBL R.W. 우드러프 문서, 컬렉션 no.19, box 301, folder 4.

89 앨버트 스태튼이 R.W. 우드러프에게, 1947년 9월 13일, 1949년 6월 4일, 1951년 10월 1일, MARBL, 에모리대학교, R.W. 우드러프 문서, 컬렉션 no.19, box 301, folder 4.

90 앨버트 스태튼이 R.W. 우드러프에게, 1947년 9월 13일, MARBL, 에모리대학교, R.W. 우드러프 문서, 컬렉션 no.19, box 301, folder 4.

91 스태튼, "콜롬비아와 코카-콜라: 산업화된 미래를 향한 빠른 진보", 《코카-콜라 오버시즈》, 1949년 6월, 28쪽.

92 "바랑키야 영사 관할구의 경제 검토서", 1955년 4월 27일, NARA II RG 84, box 242.

93 "최근 발전: 콜롬비아 해외무역박람회, 1955년", 1955년 4월 21일, NARA II RG 84, box 243; "최근 발전: 콜롬비아 해외무역박람회, 1955년", 칼리의 미국 영사, 해럴드 피스가 윌리엄 투니 대사에게, 1955년 10월 5일.

94 유엔, 《의식의 대장》; 리어스, 《풍요라는 꾸며낸 이야기》 참고.

95 필립스-페인, 《보이지 않는 손(Invisible Hands)》, 32쪽.

96 길먼의 《성장 단계화하기(Staging Growth)》에서 "현대화이론", 엥거맨 외 편집, 49쪽; 리스트, 《개발의 역사》, 94-99쪽 참고.

97 애그뉴, 《상업 문화(Cultures of Commerce)》에서 "우리를 위한 광고", 브라운 외 편집, 345쪽 참고.

98 "품질을 말하기", 《코카-콜라 오버시즈》, 1948년 6월, 1쪽.

99 에드워드 로저스, "민주주의와 상표", 《코카-콜라 오버시즈》, 1948년 6월, 7, 22-24쪽.

100 미국 다국적 기업이 멕시코에서 진행한 2차 세계대전 광고에는 미국의 "소비자 자본주의"가 반영되어 있다(모레노, 《양키, 집에 가지 않다》, 146-147쪽).

101 리어스, 《풍요라는 꾸며낸 이야기》, 10-11쪽.

102 사엔즈 로브너, 《불쾌한 사업》, 78-79쪽.

103 사엔즈 로브너, 《불쾌한 사업》; 베르퀴스트, 《라틴아메리카의 노동》, 4-5, 358쪽; 베르퀴스트, 《미국 민주주의의 노동과 과정(Labor and the Course of American Democracy)》, 163-170쪽.

104 UAW의 월터 루서, 애그뉴의 "자신을 위한 광고" 348쪽에 인용된 내용 참조.

105 팔리, "브랜드 이름"과 "상표".

106 19세기 말과 20세기 초 미국 광고의 제품 지향적 광고와 미학에 대해서는 라드의 《광고의 발전》, 마천드의 《기업 정신 창조하기》, 255쪽 참고.

107 CE, MPBRSD, LC, 해외 패턴 광고 원형(1954년), items 116982, 116983, 116984.

108 CE, MPBRSD, LC, 브라질 광고(1955년), item ES000292.

109 CE, MPBRSD, LC, 남아프리카 광고(1952년), item ES0002578.

110 CE, MPBRSD, LC, 키프로스 광고(1952년), item ES003054.

111 CE, MPBRSD, LC, 아르헨티나 광고(1948년), item ES000708.

112 CE, MPBRSD, LC, "태양 빛처럼 순수한"(책자, 1950년경), item ES056963.

113 "1958년 패턴북: 그 어느 때보다도 화려하고 유용하게", 《코카-콜라 오버시즈》, 1957년 10월. 《코카-콜라 오버시즈》는 이 광고 시리즈가 《라이프》의 국제 버전 《라이프 인터내셔널》에도 실렸다고 말한다.

114 이 간행물의 영향력을 보여주는 신호: 쿠바혁명 직후 하바나 간행물 《레바스타 멜라》("1960년대 초 청년 반란 연합 세력")는 냉소적인 보충 간행물 《살라시오네스 델 리도스 인다이제스트》를 추가로 발행하기 시작했다. 《매드 매거진》의 마르크스주의 버전인 이 잡지는 미국 자본주의 문화를 가차 없이 조롱했다. 미국 소비자문화의 어리석음을 조롱한 "포카-콜라"(쿠바 속어로 "리틀 헤드") 광고도 그중 하나인데, 수영복을 입은 미국 10대 아이들이 코카-콜라 광고 무대 주위에서 술에 취한 듯 비틀거리는 모습을 그린 만화였다(1960년 5월).

115 《셀렉시오네스 델 리어스 다이제스트》, 1954년 11월, 198-199쪽.

116 라벤토스, 《콜롬비아 광고의 100년》, 85쪽. 이 책에서는 1931년으로 인용하지만 이 광고는 1955년경에 제작되었다.

117 《셀렉시오네스 델 리어스 다이제스트》, 1954년 5월, 142-143쪽.

118 라벤토스, 《콜롬비아 광고의 100년》, 86쪽; 《셀렉시오네스 델 리어스 다이제스트》, 1954년 9월, 178-179쪽.

119 라벤토스, 《콜롬비아 광고의 100년》, 87쪽.

120 《셀렉시오네스 델 리어스 다이제스트》, 1954년 1월, 116-117쪽.

121 《셀렉시오네스 델 리어스 다이제스트》, 1954년 7월, 138-139쪽.

122 《셀렉시오네스 델 리어스 다이제스트》, 1954년 3월, 152-153쪽.

123 《셀렉시오네스 델 리어스 다이제스트》, 1956년 7월, 뒷날개.

124 《셀렉시오네스 델 리어스 다이제스트》, 1956년; 《라이프 엔 에스파뇰》, 1957년, 뒤표지.

125 팔리, "주권과 온전성".

126 《코카-콜라 보틀러》, 1941년 1월, 40쪽; 곽, "최초의 코카-콜라 보틀링 공장", 6쪽.

127 《코카-콜라 보틀러》, 1947년 10월, 53쪽; 1947년 11월, 53-54쪽; 1945년 12월, 54쪽; 1948년 1월, 50쪽; 1948년 2월, 55-56쪽; 1948년 3월, 60쪽.

128 INDEGA, 《라 치스파 데 라 비다》, no.10(1976년 10월), BPP; 앨버트 스태튼이 R.W. 우드러프에게, 1951년 10월 1일, R.W. 우드러프 문서, MARBL, 에모리대학교, 컬렉션 no.19, box 301, folder 4; 스태튼이 W.O. 솜즈에게, 코카-콜라 내 미주 기업, 1972년경 스태튼과 데 빌라의 《알려지지 않은 유산》, 420쪽.

129 미 상무부, 국제무역사무국, 《콜롬비아에서의 투자(Investment in Colombia)》, 89, 95쪽.

130 인지 스태튼과 러즈 데 빌라, 《알려지지 않은 유산》, xviii, 456-457쪽; 앨버트 스태튼이 R.W. 우드러프에게, 1951년 10월 1일, MARBL, R.W. 우드러프 문서, 컬렉션 no.19, box 301, folder 4.

131 모레노와 코카-콜라사, 《라틴아메리카 코카-콜라의 100년(Centennial of Coca-Cola in Latin America)》, 18쪽.

132 카마초 구이자도, 《해외자본(Capital extranjero)》, 92쪽. 로페즈 아리아스, 《다국적 기업(Empresas multinacionales)》, 82쪽.

133 인지 스태튼과 러즈 데 빌라, 《알려지지 않은 유산》, xviii; "45년과 4개의 경력", 《코카-콜라 오버시즈》, 1969년 4월, 33쪽; "범아메리카 음료", 《기업 역사의 국제 디렉토리》, vol.47, 제이 P. 펜더슨(디트로이트: 세인트 제임스 프레스, 2002년) 편집, 289쪽; 범아메리카 음료, 1934년 증권거래소법의 14(a) 조항에 의거한 위임장, 증권거래위원회, 2003년 1월 30일.

134 호세 발레스, "우즈 스태튼, 국가의 중심지로 들어가다", 《엘티엠포닷컴》, 2012년 3월 11일; 매튜 키르다히, "맥도날드, 라틴아메리카의 우즈에게 돌아오다", 《포브스》, 2007년 4월 23일.

135 "사람", 《베버리지 다이제스트》, 2002년 9월 13일, 6쪽.

136 1948년 경제협력법에 의거한 보증신청서, 코카-콜라 엑스포트 코퍼레이션, 1948년 8월 16일, 코카-콜라 엑스포트 코퍼레이션, 1948년, 경제협력국, 비서실장, 일반 서신, 1948-1954년, 기록 그룹 469, NARA II. 코카-콜라사는 유럽 정부가 이 같은 미국 투자 보증을 점검하지 못하도록 면제를 요청했다.

137 1948년 경제협력법에 의거한 보증신청서, 코카-콜라 엑스포트 코퍼레이션, 1948년 8월 16일, 코카-콜라 엑스포트 코퍼레이션, 1948년, 경제협력국, 비서실장, 일반 서신, 1948-1954년, 기록 그룹 469, NARA II, 3쪽.

138 1948년 경제협력법에 의거한 보증신청서, 코카-콜라 엑스포트 코퍼레이션, 1948년 8월 16일, 코카-콜라 엑스포트 코퍼레이션, 1948년, 경제협력국, 비서실장, 일반 서신, 1948-1954년, 기록 그룹 469, NARA II.

139 1948년 경제협력법에 의거한 보증신청서, 코카-콜라 엑스포트 코퍼레이션, 1948년 8월 16일, 코카-콜라 엑스포트 코퍼레이션, 1948년, 경제협력국, 비서실장, 일반 서신, 1948-1954년, 기록 그룹 469, NARA II, 수기 메모, 8쪽.

140 존 C. 드 윌데가 E.T. 디킨슨에게, 1948년 8월 26일, 코카-콜라 엑스포트 코퍼레이션, 1948년, 경제협력국, 비서실장, 일반 서신, 1948-1954년, 기록 그룹 469, NARA II, 보증 신청서에 대한 ECA의 수기 메모, 7-8쪽.

141 C.L. 테럴이 하퍼 바울에게, 코카-콜라사의 요청에 대해, 1948년 12월 10일, 산업─코카-콜라, 미국 대외원조국의 기록, 1948-1961년, 그리스 사절단, 시설과 사안 파일, 1947-1953년, 기록 그룹 469, NARA II.

142 드 윌데가 E.T. 디킨슨에게, 1948년 8월 26일.

143 미국 기술협력 인도 사절단의 투자 고문, G. 안톤 버거스가 국제협력국의 투자보증 책임자, 찰스 B. 워든에게, 1957년 10월 11일, 코카-콜라사, 인도 파견단, 산업부 투자 지사, 사안 파일, 1953-1960년, 기록 그룹 469, NARA II.

144 이들은 급진적인 단체가 아니었다. ICA 기술 서비스 부회장, 조셉 M. 스토크스는 "우리의 시장을 증가시키고 우리의 상업과 투자를 확대하며" 자본주의 동맹 세력을 강화하고 공산주의를 저해하기 위해 "다른 국가의 생활수준을" 높이는 단체의 목적을 분명히 언급했다(스토크스, "국제협력", 국제정세 119, no2[1956년 여름]:35). 엑스포트 코퍼레이션은 대외원조를 미국 자본주의를 팽창시키기 위한 프로젝트로 정의한 ICA조차 설득하지 못했다.

145 국제협력국의 투자보증 책임자 찰스 B. 워든이 미국 기술협력 인도 파견단의 투자고문 G. 안톤 버거스에게, 1957년 10월

28일, 코카-콜라사, 인도 파견단, 산업부 투자 지사, 사안 파일, 1953-1960년, 기록 그룹 469, NARA II.
146 도모쉬의 광고, 《제국시대의 미국 제품(American Commodities in an Age of Empire)》에서 광고 내 국제적 이미지의 역할.
147 더필드, "내 기억으로는", 58쪽.
148 더필드, "내 기억으로는", 58쪽.
149 더필드, "내 기억으로는", 58쪽.
150 더필드, "내 기억으로는", 61쪽, MARBL
151 존스, "간략한 역사", 181쪽.
152 존스, "간략한 역사", 183쪽.

3장. "전 세계에 코카-콜라를 사주고 싶다"

1 알터, 《잘 알려진 진실》, 188쪽.
2 "코카-콜라사와 솔로몬 주식회사(버마) 간의 고용 계약서", 1927년 5월 14일, CE, MPBRSD, LC.
3 쿰, 《지적 재산의 문화적 삶》, 179쪽.
4 코카-콜라 엑스포트 코퍼레이션과 잼 핸디, 《세계의 커뮤니티(Community of the World)》, 1961년, MPBRSD, LC.
5 조 린텔렌, "새로운 개념: 1957년 패턴 광고 캠페인의 주제", 《코카-콜라 오버시즈》, 1956년 10월, 18-20쪽.
6 CE, MPBRSD, LC, 호주 광고(1951년), item ES005308; 레바논 광고(1952년), item ES002338; 콩고 광고(1952년), item ES003048.
7 CE, MPBRSD, LC, 이집트 광고(1953년), item ES0001128.
8 CE, MPBRSD, LC, 모로코 광고(1952년), item ES005075; 콜롬비아 광고(1952년), item ES005404.
9 CE, MPBRSD, LC, 이집트 광고(1953년), item ES001123.
10 CE, MPBRSD, LC, 이집트 광고(1951년), item ES002205.
11 베이어, 《코카-콜라 걸스(Coca-Coal Girls)》.
12 엘스페스 브라운, 《기업의 눈(Corporate Eye)》.
13 CE, MPBRSD, LC, 이라크광고(1958년경), item ES005735; 필리핀광고(1958년), item ES006020; 이탈리아광고(1958년), item ES004853.
14 크로스, 《모든 것을 소비하는 세기(All-Consuming Century)》; 스피겔, 《TV를 위한 자리 마련(Make Room for TV)》.
15 CE, MPBRSD, LC, "주요 기념일, 1987-2000년".
16 알터, 《잘 알려진 진실》, 98쪽; 러셀 매크래컨, "해외 이야기: 3부", 《코카-콜라 오버시즈》, 1948년 12월, 11쪽.
17 팬더그라스트, 《신, 국가, 코카-콜라를 위하여》, 62쪽.
18 백커, 《아이디어 돌보기(Care and Feeding of Ideas)》, 112쪽.
19 아탈리, 《소음(Noise)》, 293-298쪽.
20 코베트, "나는 기업에서 몸을 노래한다"(반 트룽의 도움에 감사를 표한다) 참고.
21 코카-콜라 엑스포트 코퍼레이션과 잼 핸디, 《세계의 커뮤니티》.
22 팬더그라스트, 《신, 국가, 코카-콜라를 위하여》, 177쪽.
23 모예, "은색 화면을 채운 붉은색의 코카-콜라".
24 헨더슨, 《콜롬비아의 현대화》, 342쪽.
25 "전 세계 카메라 숏", 《코카-콜라 오버시즈》, 1967년 4월, 33쪽.
26 오스피나, 《보고타로고》, 68-69쪽; "코카콜로스", 《타임》, 1955년 1월 17일, 42쪽; 호즈맨, "고작 40년"; 보르다 카란자, 《코카콜로스(Cocacolos)》.
27 안토니오 크루즈 카르데나스, "코카콜로스, 오늘날의 소년", 《세마나(Semana)》, 1954년, 크루스 카르데나스가 재출판한 《끝없는(Todavia sin final)…》, 95-96쪽.
28 사엔즈 로브너, 《콜롬비아의 해》, 164-165쪽.

29　크루즈 카르데나스, 《끝없는…》, 96-97쪽.

30　크루즈 카르데나스, 《끝없는…》, 94쪽.

31　아랑고, "기본 나다이스타 성명서", 《나다이스타 성명서(Manifietos Nadaistas)》, 54쪽.

32　헨더슨, 《콜롬비아의 현대화》, 405쪽.

33　헨더슨, 《콜롬비아의 현대화》, 405, 413쪽.

34　헤레라 두크, "나다이스타, 코카콜로스와 히피"; 페레즈, 《보고타, 콜롬비아 록의 중심지(Botoga, epicentro del rock Colombiano)》, 51쪽.

35　팔리, "문제에 빠진 공해".

36　프레비시, 《라틴아메리카의 경제 발전(Economic Development of Latin America)》; 군더 프랭크, 《라틴아메리카(Latin America)》; 팔스 보르다, 《과학적·지적 식민주의(Ciencia propria y colonialism intellectual)》; 카르도소와 팔레토, 《라틴아메리카의 의존성과 개발(Dependency and Development in Latin America)》; 아민, 《불공평한 개발(Unequal Development)》.

37　바넷과 밀러, 《글로벌 영향력(Global Reach)》, 26, 183-184쪽.

38　뉴턴, 《납치에 대한 백과사전(Encyclopedia of Kidnappings)》, 55, 115, 154, 167쪽; 퍼넬과 와인스테인, 《테러 위협에 놓인 해외에서 사업하는 미국 기업의 문제(Problems of U.S. Businesses Operation Abroad in Terrorist Environments)》, 64-80쪽.

39　"코카-콜라는 해외 제국을 어떻게 운영하나", 《비즈니스위크》, 1973년 8월 25일, 41쪽; "미국 총영사 굿윈 셔피로와 코카-콜라 회장 S. A. 토머스 온스테인 간의 대화 각서: 두 명의 프랑스 수녀의 실종에 관한 정보", 1978년 1월 16일, NSA, 아르헨티나 프로젝트, S200000044.

40　팬더그라스트, 《신, 국가, 코카-콜라를 위하여》, 302쪽.

41　"이민자 원조 약속", 《크리스천 사이언스 모니터》, 1970년 7월 25일, 2쪽.

42　팬더그라스트, 《신, 국가, 코카-콜라를 위하여》, 293쪽.

43　"장관, 코카-콜라 보틀링 기업과 합의하다", 《애틀랜타 데일리 월드》, 1963년 10월 10일, 1쪽; "코카-콜라의 선택적 구매", 《애틀랜타 데일리 월드》, 1963년 9월 10일, 2쪽; "코카-콜라를 사지 말자", 오퍼레이션 브랜드바스켓 광고, 《애틀랜타 데일리 월드》, 1963년 9월 15일, 5쪽.

44　앨런, 《비밀제조법》, 371쪽.

45　앨런, 《비밀제조법》, J. 폴 오스틴이 R.W. 우드러프에게, 1969년 11월 28일, R.W. 우드러프 문서, box 16, folder 5, J. 폴 오스틴, 1976-1977년, MARBL, 에모리대학교.

46　프랭크, 《쿨함의 정복》, 10-11쪽.

47　프랭크, 《쿨함의 정복》.

48　타운센드, 《더 나은 기업 만들기(Up the Organization)》, 22-23쪽.

49　밀러, 패커드의 《숨어 있는 설득자들(The Hidden Persuaders)》의 '서문(2007년)', 10-11쪽.

50　패커드, 《숨어 있는 설득자들》(1959년), 31-32쪽.

51　슬레지, "우리의 1955년 소비자 광고", 21쪽.

52　패커드, 《숨어 있는 설득자들》(1959년), 114쪽.

53　슬레지, "우리의 1955년 소비자 광고", 23쪽.

54　패커드, 《숨어 있는 설득자들》(1959년), 214-215쪽.

55　프랭크, 《쿨함의 정복》, 23-25쪽.

56　CE, MPBRSD, LC, 맥과이어 시스터즈 라디오 광고, "정말로 상쾌한", TX58SPOT3SL(1959년).

57　"모터바이크: 펩시 세대"(1963-1966년경).

58　프랭크, 《쿨함의 정복》, 174-176쪽.

59　1963년 '펩시 세대' 슬로건이 처음 선보였을 때 밥 딜런은 〈블로잉 인 더 윈드(Blowin' in the Wind)〉를 작곡했으며 시민권, 경제권 활동가들은 워싱턴 행진을 기획했다. 펩시의 자극 없이 일어난 1960년대의 부흥에서 상징적인 순간이었다.

60　슬론 윌슨, 《회색 플란넬 양복을 입은 남자》(뉴욕: 시몬 앤 슈스터, 1955년); 테일러, 《자본주의의 소리(Sounds of Capitalism)》, 148쪽.

61 폭스, 《거울 생산자(Mirror Makers)》, 197쪽; 팬더그라스트, 《신, 국가, 코카-콜라를 위하여》, 259쪽; 알터, 《잘 알려진 진실》, 145쪽.

62 매거진 《스폰서》, 알터의 《잘 알려진 진실》 144쪽에서 인용.

63 알터, 《잘 알려진 진실》, 56-65, 88-93, 153, 184-185쪽.

64 알터, 《잘 알려진 진실》, 183, 186, 219쪽.

65 퍼거슨, 《새로운 질서(Reorder of Things)》, 62쪽.

66 CE, MPBRSD, LC, "해외 보틀링 산업"(2000년).

67 알터, 《잘 알려진 진실》, 147-150, 162, 196쪽.

68 알터, 《잘 알려진 진실》, 106, 188-190쪽.

69 오바와 모레이라, "문화의 에어브러싱", 3쪽.

70 퍼거슨, 《새로운 질서》, 64쪽.

71 퍼거슨, 《새로운 질서》.

72 백커, 《아이디어 돌보기》, 56쪽.

73 테일러, 《자본주의의 소리》, 150쪽.

74 MPBRSD, LC, "코카-콜라 TV 광고 역사의 요점". "코카-콜라와 잘 어울리는 것/코카-콜라와 잘 어울리는 것" CM송은 전 세계 시장에 "코카-콜라"와 더불어 "코크" 상표를 정립하기 위한 것이기도 했다. item VRAXX1955KOCCPM06-A, CE, MPBRSD, LC.

75 백커, 《아이디어 돌보기》, 56쪽.

76 백커, 《아이디어 돌보기》.

77 《더 리프레셔》, 1982년 3월, 19쪽.

78 프랭크, 《쿨함의 정복》, 60쪽.

79 코카-콜라사는 펩시에 비해 오랫동안 아프리카계 미국인 시장을 무시했다. 카파렐의 《펩시의 진짜 문제(Real Pepsi Challege)》참고.

80 팬더그라스트, 《신, 국가, 코카-콜라를 위하여》, 279-281쪽.

81 팬더그라스트, 《신, 국가, 코카-콜라를 위하여》, 282쪽.

82 팬더그라스트, 《신, 국가, 코카-콜라를 위하여》, 281쪽.

83 코카-콜라사, '해안가의 소년들' 광고, 1969년.

84 팬더그라스트, 《신, 국가, 코카-콜라를 위하여》, 288쪽.

85 TCCC, "제임스 브라운……브링 잇 온 홈"(1970년).

86 CE, MPBRSD, LC, 인도 광고(1971년), item 048690.

87 《마케팅 서비스 뉴스 게시판》, 코카-콜라 엑스포트 코퍼레이션, 1971년 1월; 라벤토스, 《콜롬비아 광고의 100년》, 92쪽.

88 코카-콜라 엑스포트 코퍼레이션, "아르헨티나에서 '라 치스파 데 라 비다'의 상업적 '기록'", 《마케팅 서비스 뉴스 게시판》, 1971년 1월, 9쪽.

89 쿰, 《지적 재산의 문화적 삶》, 56쪽. 장 보드리야르의 《시뮬레이션(Simulations)》, 하비의 《포스트모더니티의 조건(Condition of Postmodernity)》, 제임슨의 《포스트모더니즘(Postmodernism)》참고.

90 쿰, 《지적 재산의 문화적 삶》, 56쪽.

91 쿰, 《지적 재산의 문화적 삶》, 52쪽, 맥로비, 《포스트모더니즘과 대중문화(Postmodernism and Popular Culture)》(1994년) 인용.

92 포스터, 《코카-글로벌리제이션》, 80쪽; 쿰, 《지적 재산의 문화적 삶》, 61쪽.

93 데보드와 울만, "방향 전환을 위한 사용자 가이드"; 클라인의 《로고 없음》, 281쪽.

94 쿰, 《지적 재산의 문화적 삶》, 73쪽.

95 쿰, 《지적 재산의 문화적 삶》, 72쪽에 묘사된 《코카-콜라 vs. 제미니 라이징》(E.D.N.Y, 1972년).

96 델 카르멘 수에스쿤 포자스의 《긴밀한 만남(Close Encounters)》에서 "읽기에서 보기로", 조셉 외 편집, 543쪽 참고.

97 《리프레셔 USA》, 1970년 4월, 4쪽.

98 새뮤얼 가드너가 찰스 말리크에게, 1970년 8월 25일, 찰스 말리크 문서, MAD, LC.

99 새뮤얼 가드너가 찰스 말리크에게, 1970년 8월 25일, 찰스 말리크 문서, MAD, LC.

100 새뮤얼 가드너가 찰스 말리크에게, 1970년 8월 25일, 찰스 말리크 문서, MAD, LC.

101 오스틴, "평화를 위한 새로운 힘"과 "평화를 위한 새로운 힘으로써의 세계적인 마케팅".

102 백커, 《아이디어 돌보기》, 46-48쪽.

103 백커, 《아이디어 돌보기》, 24-25쪽.

104 라이언, "'전 세계에 코카-콜라를 사주고 싶다' 제작".

105 백커, 《아이디어 돌보기》, 48, 51, 56-57쪽.

106 백커, 《아이디어 돌보기》, 52쪽.

107 백커, 《아이디어 돌보기》, 52쪽.

108 애트렙, "정체성의 청각적 새김", 156쪽.

109 앤드루와 바르바쉬, "전 세계에 코카-콜라를 사주고 싶다", "2007-2015년 방영된 〈매드맨(Mad Men)〉의 마지막 장면에 이 광고가 언급된 것은 광고 역사에서 이 광고의 중요성과 지속적인 의미, 1960년대 반체제를 흡수하는 상징성을 보여준다.

110 백커, 197쪽.

111 코카-콜라 엑스포트 코퍼레이션, "특별판: 1972년 시사평-1971년 논평", 《마케팅 서비스 뉴스 게시판》, 1972년 2월.

112 코카-콜라 엑스포트 코퍼레이션, "'전 세계에 코카-콜라를 사주고 싶다'-전 세계적 성공", 《마케팅 서비스 뉴스 게시판》, 1972년 3월.

113 코카-콜라 엑스포트 코퍼레이션, 《마케팅 뉴스 게시판》, 1966년 9월 7일.

114 오바와 모레이라, "문화의 에어브러싱", 4쪽; 오바, 라자루스, 모레이아, "전 세계 광고"

115 TCCC, "광고 역사 기념하기", www.thecoca-colacompany.com/presscenter/presskit_hilltop_behind_the_scenes.html(2008년 1월 19일에 사용).

4장. 인도화하거나 인도를 떠나라

1 "여파: 추방되었던 코카-콜라, 인도로 돌아오다".

2 싱, "코카-콜라사의 관점", 27쪽.

3 가간, "혁명이 인도를 바꾸다", 1쪽.

4 "긴급한 공공 사안으로 주의를 환기시키다", 14-15쪽.

5 하비, 《신자유주의의 간략한 역사(Brief History of Neoliberalism)》, 12쪽.

6 싱, "코카-콜라사의 관점", 27쪽.

7 UN 총회, "UN, 새로운 세계 경제질서의 정립을 선언하다".

8 UN 총회, "UN, 새로운 세계 경제질서의 정립을 선언하다".

9 리스트, 《개발의 역사》, 150쪽.

10 리스트, 《개발의 역사》, 121쪽.

11 베어, "개발 정치학에서부터 세계화의 난제까지", 487-488쪽.

12 존스, 《다국적 기업과 세계 자본주의(Multinationals and Global Capitalism)》, 212쪽.

13 톰린슨, 《현대 인도의 경제(Economy of Modern India)》, 167쪽.

14 톰린슨, 《현대 인도의 경제》, 167쪽.

15 톰린슨, 《현대 인도의 경제》, 167쪽.

16 톰린슨, 《현대 인도의 경제》, 170쪽.

17 톰린슨, 《현대 인도의 경제》, 171쪽.

18 UN 다국적 기업 센터, 《인도의 외국인 직접투자와 기술 이전(Foreign Direct Investment and Technology Transfer in India)》, 79쪽.

19 찬드라 외, 《독립 이후의 인도(India after Independence)》, 352쪽.

20 찬드라 외, 《독립 이후의 인도》, 352쪽.

21 찬드라 외, 《독립 이후의 인도》, 222-223쪽.

22 찬드라 외, 《독립 이후의 인도》, 352쪽.

23 파나가리야, 《인도(India)》, 62쪽.

24 시드니 쉔버그, "반미 정서가 팽배한 가운데 인도에서의 코카-콜라와 '골드 스폿' 버블 간의 청량음료 전쟁", 《뉴욕타임스》, 1971년 8월 8일, 13쪽.

25 글래드윈과 월터, 《비난받는 다국적 기업(Multinationals under Fire)》, 281쪽.

26 "긴급한 공공 사안으로 주의를 환기시키는" 록 사마의 진술에서 언급된 숫자, 16쪽; 요한 마티뉴슨(Johan Martinussen) 역시 비슷한 숫자를 언급했다(파나가리야, 《인도》, 62쪽 인용).

27 "긴급한 공공 사안으로 주의를 환기시키다", 14-15쪽; "코카-콜라 보틀링 공장의 생산에 대해", 12쪽.

28 쉔버그, "청량음료 전쟁", 13쪽.

29 "'반미국이 아니라' 코카-콜라를 상대로 한 조치", 《더 스테이츠맨》, 1977년 8월 27일.

30 "긴급한 공공 사안으로 주의를 환기시키다", 17쪽.

31 "긴급한 공공 사안으로 주의를 환기시키다", 16쪽.

32 "긴급한 공공 사안으로 주의를 환기시키다", 16쪽.

33 "청량음료 제조법 공개: 조지", 《인도 타임스》, 1977년 8월 9일.

34 "인도, 코카-콜라 대체제의 이름으로 '77'을 선택하다", 《뉴욕타임스》, 1977년 8월 25일, 76쪽.

35 "코카-콜라, 인도를 떠나다", 《더 스테이츠맨》, 1977년 8월 12일; 카스튀리 랑간, "인도, '노하우'와 '코카-콜라 지분의 60 퍼센트'를 요구하다", 《뉴욕타임스》, 1977년 8월 9일.

36 V. 샨커, "편지 3에 다정한 작별인사를 보내다", 《더 스테이츠맨》, 1977년 8월 21일.

37 "코카-콜라를 상대로 한 조치 '반미주의 아니다'".

38 "청량음료 제조법 공개".

39 "인도, 코카-콜라사에 맞서다", 《뉴욕타임스》 1977년 9월 5일.

40 J. 폴 오스틴이 R.W. 우드러프에게, 1977년 12월 22일, MARBL, 에모리대학교, R.W. 우드러프 문서, 컬렉션 no 19, box 16, folder 5.

41 J. 폴 오스틴이 코카-콜라 이사회 임원들에게, 1976년 1월 30일, MARBL, 에모리대학교, R.W. 우드러프 문서, 컬렉션 no.19, box 16, folder 5.

42 바치 J. 카르카리아, "코카-콜라를 제거하다", 《인도 타임스》, 1977년 8월 14일.

43 다른 사람들은 중앙집권적인 경제 개발과 산업화 노력을 통해 판차야티 라지(panchayati raj), 즉 마을 분권화 경영과 경제 발전을 주장했다. 이는 코카-콜라사의 산업화에 맞서 물 권리를 쟁취하고자 하는 인도 마을 주민의 투쟁에서 중요한 사안 이었다.

44 간디, "스와데시 운동", 127쪽.

45 "간디, 라마찬드란과의 대화".

46 스테거, 《간디의 딜레마(Gandhi's Dilemma)》, 91-92쪽.

47 차터지, 《민족주의 사상과 식민주의 세상(Nationalist Thought and the Colonial World)》, 85쪽.

48 간디와 파렐, 《힌두 스와라지(Hind Swaraj)》, 71-72쪽.

49 "코카-콜라를 상대로 한 조치 '반미주의 아니다'".

50 하리 바이쉬나바, "소변 테라피", 《인도 타임스》, 1977년 10월 24일.

51 "코카-콜라 보틀링 공장의 생산에 대해", 12쪽.

52 "다국적 기업 길들이기", 《트리뷴》, 1977년 9월 16일, 4쪽.

53 T.V. 파라수람, "코카-콜라사, 20개 국가를 매수한 사실 인정", 《인디언 익스프레스》, 1977년 8월 12일.

54 "코카-콜라 보틀링 공장의 생산에 대해", 12쪽.

55 파라수람, "코카-콜라사, 매수 인정"; 팬더그라스트, 《신, 국가, 코카-콜라를 위하여》, 310쪽.

56 "코카-콜라 없이 하기", 《더 힌두》, 1977년 8월 9일.

57 J. 폴 오스틴이 R.W. 우드러프에게, 1976년 7월 12일, folder 5; 찰스 W. 애덤스와 알렉산더 마킨스키가 오스틴에게, 1974년

1월 10일, folder 4, MARBL, 에모리대학교, R.W. 우드러프 문서, 컬렉션 no.19, box 16.

58 "찰스 퍼시 상원의원이 뉴델리 대사와 봄베이 영사에게 보낸 전보", 1979년 7월 31일, NARA II RG 59, 1979STATE199107, D790347-0397-전자 전보, 1979년: 핵심 해외 정책 파일, 1973년 7월 1일-1979년 12월 31일; 달지트 싱이 R.W. 우드러프에게, 1979년 8월 1일과 18일, MARBL, 에모리대학교, R.W. 우드러프 문서, 컬렉션 no.19, box 290, folder 6.

59 20세기 전반에 마케팅 및 광고에서 민족주의와 정치적 언어의 역할, 마천드의 《아메리칸 드림을 홍보하다》(1986년)와 《기업 정신 창조하기》(1998년), 맥거번의 《팔린 미국인》(2006년) 참고.

60 "코카-콜라사, 인도식으로", 《인도 타임스》, 1972년 5월 25일, 2쪽.

61 "코카-콜라사, 인도식으로", 《인도 타임스》, 1972년 5월 25일, 2쪽.

62 "코카-콜라사, 인도식으로", 《인도 타임스》, 1972년 4월 17일, 4쪽.

63 "130개 국가 이상"(1972년), CE, MPBRSD, LC, item ES003618, "일부만 언급하면"(1972년), item ES003619-ES003620.

64 듀크의 킹 콜라 광고, 《인도 타임스》, 1977년 11월 20일, 7쪽.

65 아그로 광고, 《인도 타임스》, 1977년 8월 23일, 7쪽.

66 파를레(엑스포트) 주식회사 광고, 《인도 타임스》, 1977년 10월 13일, 18쪽.

67 파를레(엑스포트) 주식회사 광고, 《인도 타임스》, 1977년 10월 13일, 18쪽.; 파를레(엑스포트) 주식회사 광고, 《인도 타임스》, 1977년 11월 1일

68 파를레(엑스포트) 주식회사 광고, 《인도 타임스》, 1977년 10월 13일, 18쪽.; 파를레(엑스포트) 주식회사 광고, 《더 스테이츠맨》, 1977년 9월 11일, 4쪽.

69 파를레(엑스포트) 주식회사 광고, 《더 스테이츠맨》, 1977년 9월 11일, 4쪽.

70 파를레(엑스포트) 주식회사 광고, 《인도 타임스》, 1977년 9월 18일, 21일, 6쪽.《더 스테이츠맨》, 1977년 9월 18일, 9쪽.

71 퓨어 드링크 광고, 《인도 타임스》, 1977년 11월 28일, 6쪽.

72 퓨어 드링크 광고, 《인도 타임스》, 1977년 10월 18일, 6쪽.

73 퓨어 드링크 광고, 《인도 타임스》, 1977년 10월 16일, 5쪽.

74 "처벌받다", 《더 스테이츠맨》, 1977년 8월 29일.

75 "인도, 코카-콜라사에 맞서다".

76 아지트 싱; "코카-콜라사, 자존심을 억누르다", 《더 인디펜던트》, 1994년 2월 15일.

77 "코카-콜라사, 자존심을 억누르다", 《더 인디펜던트》, 1994년 2월 15일.

78 "인도와 코카-콜라사의 마찰, 《애틀랜타 컨스티튜션》, 1980년 5월 30일.

79 "페르난데스 칼로스, 코카-콜라사 직원이 말하다", 《인도 타임스》, 1977년 9월 12일.

80 "코카-콜라, 대체제 시험에 통과하다", 《더 스테이츠맨》, 1977년 8월 21일.

81 "인도, 코카-콜라 대체제의 이름으로 '77'을 선택하다".

82 N.N. 사치타난드, "청량음료 이야기", 《더 힌두》, 1977년 11월 3일.

83 마줌다르, "팝, 쉬익, 거품", 11쪽.

84 마줌다르, "팝, 쉬익, 거품", 11쪽.

85 마줌다르, "팝, 쉬익, 거품", 11쪽.

86 싱, "코카-콜라사의 관점", 27쪽.

87 퓨어 드링크는 자신들이 인도 청량음료 시장의 45퍼센트를 차지한다고 주장했지만 정치인들은 그 비율이 더 높다고 주장했다. 싱, "코카-콜라사의 관점", 27쪽.

88 파를레의 시장 점유율은 1980년대 말 70퍼센트로 절정에 달했다. 인도의 신자유주의 경제정책으로 펩시콜라와 코카-콜라가 인도로 돌아오기 직전이었다. 코카-콜라사는 인도로 돌아오자마자 파를레와 경쟁하는 대신 파를레의 사업과 보틀러, 브랜드를 매입하고자 했다(5장 참고), 다스 굽타, "인도는 어떻게 펩시의 올바른 선택이 되었나"; 비스워즈와 센, "코카-콜라 vs. 펩시".

89 "미국, 인도에서 오래된 생각을 떨쳐버리다", 《더 힌두》, 1977년 9월 11일.

90 "미국, 인도에서 오래된 생각을 떨쳐버리다", 《더 힌두》, 1977년 9월 11일.

91 "코카-콜라사, 투자자의 의욕을 꺾다: 사절", 《인도 타임스》, 1977년 9월 11일.

92 "미국, 인도에서 오래된 생각을 떨쳐버리다".

93 사가, "다리아, 미국 공무원과 대화하다", 《더 힌두》, 1977년 9월 1일; "코카-콜라사를 상대로 한 조치 '반미주의 아니다'".

94 사가, "다리아, 미국 공무원과 대화하다", 《더 힌두》, 1977년 9월 1일.

95 사가, "다리아, 미국 공무원과 대화하다", 《더 힌두》, 1977년 9월 1일.

96 R.K. 락스만, "당신이 말했다", 연재만화, 《인도 타임스》, 1977년 10월 10일, 1쪽. 락스만이 파를레 광고를 그렸다. 코카-콜라사의 강제 철수에 대한 그의 시사만화 연재물은 코카-콜라사뿐 아니라 인도 정치 지도자를 겨냥했다. www.business -standard.com/article/specials/chhibabhai-gluco-cola-197120601032_i.htlm(2018년 9월 15일 접속).

97 "사다르 달지트 싱: 국내 청량음료 산업, 무관왕".

98 코카-콜라사, 1978년 연례보고서(1979년), 21쪽. 1977년 연례보고서는 인도 시장의 손실에 대해 언급하지 않았다.

99 코카-콜라사, 1978년 연례보고서(1979년), 20-21쪽.

100 팬더그라스트, 《신, 국가, 코카-콜라를 위하여》, 543쪽.

5장. 모든 병마다 있는 사람

1 5장은 코카-콜라사, 조합, NGO, 운동가, 대중 매체, 학계, 애틀랜타, 보고타, 메데인의 연구 자료, 바랑카베르메하, 바랑키야, 보고타, 부카라망가, 칼리, 카레파, 카르타헤나, 쿠쿠타, 메데인의 코카-콜라 콜롬비아 임원, 공장 관리자, 직원과의 인터뷰를 통해 기업, 활동가, 법, 언론, 학계의 문서를 분석했다. 시날트라이날을 비롯해 기타 조합에 가입한 사람들은 지속적인 위협을 받고 있기 때문에 다른 출처에 이름이 명시되지 않거나 허락을 받지 않는 한 그들을 '코카-콜라 노동자'라고만 명하기로 했다.

2 타우시그, 《신경계(Nervous System)》, 17쪽.

3 레슬리 질의 연구와 통찰력, 제안은 이번 장에 큰 영향을 미쳤다.

4 "범미국 음료", 《기업 역사에 대한 국제 안내서(International Directory of Company Histories)》 참고; 푸에트라스, "아버지가 떠난 날".

5 코카-콜라 펩사, "히스토리아", www.cocacola.com.co/est/lo/conecta_historia.asp(2006년 5월); 범미국 음료, Form 10-K.

6 가레이 외, 《콜롬비아: 산업 구조……1967-1996년》.

7 앨버트 스태튼이 R.W. 우드러프에게, 1964년 12월 25일, MARBL, R.W. 우드러프 문서, 컬렉션 no.19, box 301, folder 4.

8 은퇴자와의 인터뷰, 바랑키야, 2006년 11월 2일.

9 "코카-콜라는 그렇다", 《세마나》, 1990년 10월 22일.

10 은퇴자와의 인터뷰, 메데인, 2006년 11월 11일.

11 M.H. 판스워드가 J.W. 존스에게, 1972년 3월 15일, MARBL, R.W. 우드러프 문서, 컬렉션 no.19, box 301, folder 4.

12 코카-콜라 직원과의 인터뷰, 바랑키야, 2006년 11월 1일.

13 코카-콜라 직원과의 인터뷰, 바랑키야, 2006년 11월 3일.

14 코카-콜라 직원과의 인터뷰, 바랑카베르메하, 2006년 11월 17일.

15 코카-콜라 직원과의 인터뷰, 바랑카베르메하, 2006년 11월 14일.

16 윌리엄 멘도사와의 인터뷰, 바랑카베르메하, 2006년 11월 17일; 코카-콜라 직원과의 인터뷰, 보고타, 2006년 10월 18일, 부카라망가, 2006년 11월 17일.

17 올라야, "시날트라이날".

18 질, 《폭력의 세기》, 101쪽.

19 "노동혁명, 노동부장관 프란시스코 포사다와 법무부장관 하이메 기랄도 앙헬, 의회 앞에서 선언문 공표"(보고타: 국가개발부, 1991년), 《평화로운 혁명: 현대화와 경제 개방(La revolucion pacifica: Modernizacion y apertura de la economia)》, 1쪽, 343쪽; 아후마다의 《신자유주의 모델(Modelo neoliberal)》(1998년), 219-220쪽 인용; 미주개발 은행, "좋은 일자리가 필요하다".

20 보닐라 곤살레스, 《신자유주의의 오류(La falacia neoliberal)》의 "고용과 정치 분야", 레스트레포 보테로, 218쪽.

21 르그랑, "콜롬비아 위기"; 타우시그, 《무법 국가에서의 법(Law in a Lawless Land)》; 베르퀴스트 《콜롬비아의 폭력(Vio-

lence in Colombia)》; 베르퀴스트 외 편집, 《콜롬비아의 폭력(Violence in Colombia): 1990-2000》; 팔라시오스와 새포드, 《콜롬비아(Colombia)》; 팔라시오스, 《합법성과 폭력 사이》; 질, "노동과 인권".

22 질, 《폭력의 세기》, 101쪽.

23 코위의 《자본의 이동(Capital Moves)》 참고.

24 보닐라 곤살레스, "고용과 정치 분야".

25 드래프트, "세계화".

26 TCCC, "코카-콜라사 계속해서 전 세계 보틀링 시스템을 강화하다", 뉴스 보도, 1997년 8월 8일, CE, MPBRSD, LC.

27 TCCC, "코카-콜라사 계속해서 전 세계 보틀링 시스템을 강화하다", 뉴스 보도, 1997년 8월 8일, CE, MPBRSD, LC.

28 주주 가치의 역사에 대해서는 호의 《매각(Liquidated)》 참고.

29 TCCC, "코카-콜라사 계속해서 전 세계 보틀링 시스템을 강화하다", 뉴스 보도, 1997년 8월 8일, CE, MPBRSD, LC.

30 1980년대에서 2000년대 사이 코카-콜라사와 보틀러와의 관계에 대한 더 많은 정보는 헤이스의 《Real Thing》 참고.

31 후니어스, "메가엠보텔라도라스".

32 베네수엘라 보틀러는 코카-콜라사와 막강한 시스네로스 가문 간의 합작회사였다. 오랫동안 펩시의 보틀러였던 이 가문은 당시 펩시의 가장 큰 해외 시장을 효과적으로 인수했다. 헤이스(2004년), 160쪽.

33 맥케이와 루나우, "코카-콜라사의 라틴 보틀러, 합병되다".

34 《기업 역사에 대한 국제 안내서》에서 "범미국 음료"의 서문은 1999년 사라진 3,500개의 일자리에 대해 기술하지만 근로자들은 이것이 합병과 구조조정이라는 긴 시간 동안 딱 한 번 이루어진 비용 절감 정책이었다고 말한다.

35 "범미국 음료", 《기업 역사에 대한 국제 안내서》 참고.

36 멕시코 경제 발전, "기업 역사"; 맥케이와 루나우, "코카-콜라사의 라틴 보틀러, 합병되다".

37 멕시코 경제 발전, "멕시코".

38 코카-콜라 펨사, "[2003] 미국 증권거래위원회에 제출한 연례보고서, Form 20-F", 8쪽.

39 코카-콜라 직원과의 인터뷰, 바랑키야, 2006년 11월 3일.

40 코카-콜라 직원과의 인터뷰, 보고타, 2006년 10월 22일, 바랑키야, 2006년 11월 2일, 쿠쿠타, 2006년 11월 23일; 질 "당신과 함께 바로 거기", 243쪽; 2006년 5월 22일 《네이션》에 보낸 글로벌 노사관계 책임자, 에드 포터와 마이클 블랜딩의 편지에서 알 수 있듯 코카-콜라사는 당시 조합원 숫자에 반박했다.

41 르그랑, "콜롬비아의 위기"; 팔라시오스, 《합법성과 폭력 사이》; 팔라시오스와 새포드, 《콜롬비아》.

42 질, 《폭력의 세기》, 105쪽.

43 시비코, 《초국가(Para-State)》.

44 질, 《폭력의 세기》, 127쪽.

45 뮤릴로, 《콜롬비아와 미국》, 133쪽.

46 질, "노동과 인권".

47 블랜딩, "코카-콜라사에 반하다"; 뉴욕시티 진상조사위임단, "콜롬비아 코카-콜라 공장의 살인과 폭력 혐의 조사".

48 질, 《폭력의 세기》, 102쪽.

49 더들리, 《걸어다니는 유령(Walking Ghosts)》, 201쪽.

50 치키타는 또한 납치의 위협을 걱정하지 않고 기업을 운영하기 위한 일종의 백신으로 좌파 게릴라에게 22만 달러를 주기도 했다. AUC가 정치적 암살이라는 국내 캠페인을 시작하면서 치키타가 1996-1997년 불법 무장단체에 제공한 170만 달러는 그들의 지원이 단지 신변 보호를 위해 돈을 제공하는 데서 그치지 않고 암살단으로 활동하는 민간 무장단체의 운영에 자발적으로 자금을 제공하는 형태로 발전했음을 보여준다. 피어슨, "치키타 합의"; 에반스, "새로운 치키타 문서".

51 SICO와 전 시날트라이날 조합원과의 집단 인터뷰, 콜롬비아, 카레파, 2006년 11월 12일.

52 우라바의 FARC와 EPL 간의 싸움과 다른 불법 무장단체와의 싸움, 바나나 노동자 사이에서 그들의 역할에 대해서는 촘스키의 《연결된 노동의 역사(Linked Labor Histories)》 참고.

53 "하스분의 고백", 《세마나》, 2008년 10월 4일.

54 코카-콜라 노동자와의 인터뷰, 보고타, 2006년 10월 8일, 부카라망가, 2006년 11월 17, 18일.

55 코카-콜라 노동자와의 인터뷰, 바랑키야, 2006년 11월 1일, 부카라망가, 2006년 11월 17, 18일.

56 하비에르 코레아와의 인터뷰, 보고타, 2006년 10월 18일.

57　산토스 칼데론, "단어".

58　시날트라이날, "콜롬비아에서의 폭력을 막자"; "우리에 관하여?", "민주 발전 모델"; 시날트라이날의 정치 방향과 목표에
　　대해 더 많은 정보는 올라야의 "시날트라이날" 참고.

59　프룬드트, 《상쾌한 휴식》; 레븐슨-에스트라다, 《테러에 반대하는 무역 조합원(Trade Unionists against Terror)》.

60　마틴-오르테가, "위험한 산업(Deadly Ventures)?", 10쪽.

61　국제노동권기금, "콜롬비아와 터키에서 코카-콜라사의 인권 침해 요약".

62　마틴-오르테가, "위험한 산업", 10쪽; 피터슨, "법원은 이크발 판결을 인용하는가", " 11차 순회법원, 외국인불법행위배상
　　법 신청을 기각하다".

63　(ILRF가 일부 대변하는) 버마 원고인들은 ATCA를 이용해 송유관 건설 과정에서 이루어진 노동 남용과 관련해 유노컬을
　　성공적으로 고소했다.

64　하비, 《신자유주의의 간략한 역사》, 176-182쪽.

65　질, "연대의 한계", 672쪽.

66　킬러 코크, "대학과 고등학교들이 캠페인에 적극 참여하다".

67　블랜딩, "코크: 새로운 나이키".

68　아론 브레너와 로버트 브레너, 윈슬로, 《일반인 반역자(Rebel Rank and File)》.

69　포스터, "쇼 앤 텔(Show and Tell)", 38쪽.

70　질, "연대의 한계", 669쪽.

71　질, "연대의 한계", 673쪽.

72　질, "연대의 한계", 674쪽.

73　질, 《폭력의 세기》, 188-189쪽.

74　질, "연대의 한계", 669쪽.

75　촘스키, 《연결된 노동의 역사》, 233-238쪽; "미국노동총연맹·산업별조합회의(AFL-CIO) 회장, 조지 미니가 상원 외교위
　　원회 앞에서 한 진술", 1969년 8월 1일, NARA II, CIA의 기록 조회 툴(CREST), CIA-RDP71B00364R000200020086-0.

76　프랭크, 《미국 제품을 사다(Buy American)》.

77　촘스키, 《연결된 노동의 역사》, 233-238쪽.

78　"IUF 코카-콜라 제휴사, 전 세계적 코카-콜라 보이콧 요청을 거절하다", www.iuf.org/cgi-bin/dbman/db.cgi?db=default
　　&uid=default&ID=1119&view_records=1&ww=1&en=1. 코카-콜라사 웹사이트 (www.thecoca-coalcompany.com/
　　presscenter/viewpointscolombian.html)에서 재생됨.

79　촘스키, 《연결된 노동의 역사》, 254쪽.

80　촘스키, 《연결된 노동의 역사》, 207, 254-255쪽; 에드 포터가 《네이션》에 보낸 편지, 2006년 5월 22일; 킬러 코크, "코
　　카-콜라사다운" 또 다른 행보"와 "IUF는 왜 시날트라이날을 공격하는가"; 시날트라이날 회장, 하비에르 코레아가 맥마스
　　터대학교 학생들에게, 2006년 5월 15일.

81　글로벌 노사관계 책임자, 에드 포터와의 인터뷰, 조지아 주 애틀랜타, 코카-콜라사, 2006년 7월 18일.

82　촘스키, 《연결된 노동의 역사》, 255쪽.

83　카라발로 카르데나스, "콜롬비아, 최초의 나라".

84　블랜딩, 《코카-콜라 기계(Coke Machine)》, 270-275쪽.

85　코카-콜라 직원과의 인터뷰, 바랑카베르메하, 2006년 11월 16일.

6장. 코카-콜라가 아니라 생존에 필요한 물

1　"코카-콜라사, 인도에 돌아오다", 코카-콜라사 신문 보도, 1993년 10월 24일.

2　마크 팬더그라스트, 샤의 "당신의 수도꼭지에 코카-콜라가?" 인용.

3　미국 내 판매 증가율은 점차 줄어들어 1980년대에는 5~7퍼센트, 1990년대에는 고작 0.2퍼센트로 낮아졌다(케이와 아르

젠티, "인도 코카-콜라", 2-3쪽).

4   이번 장은 환경주의자, 코카-콜라 임원과 보틀러뿐 아니라 메디간지, 칼라 데라, 플라치마다 지역의 현장 조사 그리고 거주민, 활동가와 인터뷰한 내용을 인용했다. 플라치마다 운동의 역사는 잘 기록되어 있다. 농업 위기의 배경에 대해서는 아나타크리쉬난 아이어, 투쟁에서 원주민의 역할에 대해서는 C.R. 비조이, 코카-콜라사를 상대로 한 고소의 법적 함의에 대해서는 K. 라비 라만과 수지스 쿠난, 대중적이고 기술적 연구에 대해서는 K.R. 란지트와 P.R. 스리마하데반 필라이를 참고하기 바란다. (나와 함께 케랄라에서 인터뷰를 진행한) 테리 할버트와 스리데비 시바라잔의 사업 사례 연구, 코카-콜라사에 반대하는 사람들의 모임 등 활동가들의 문헌, 《코카-콜라사, 플라치마다를 떠나다, 인도를 떠나다(Coca-Cola Quit Plachimada, Quit India)》도 참고하기 바란다.

5   그레이싱, 《전 세계가 코카-콜라를 사면 좋겠다(I'd Like the World to Buy a Coke)》, 282-283쪽.

6   세나드히라와 도슨, "부상하는 인도".

7   다국적 기업이 전 세계적으로 유명한 상표로 제품을 판매하는 것을 금지하는 법 포함.

8   가간, "혁명이 인도를 바꾸다"..

9   세나드히라와 도슨, "부상하는 인도".

10 배너지, 《Real Thing》, 28쪽.

11 무크헤르지, "인도 주주의 투표권을 거부하다".

12 배너지, 《Real Thing》, 29쪽.

13 무크헤르지, "인도 주주의 권한을 거부하다".

14 발라크리시나와 시드하르스, "MNCs"; "인도 정부, 코카-콜라사가 주주를 매수하도록 허락하다"; 무크헤르지, "인도 주주의 권한을 거부하다"; 블랜딩, 《코카-콜라 기계》, 236쪽.

15 케이와 아르젠티, "인도 코카-콜라", 4쪽; 인도 코카-콜라, "우리에 관하여".

16 배너지, 《Real Thing》, 43-44쪽.

17 오바와 라자누스, 모레이라의 "전 세계 광고"; 마자렐라의 《삽으로 연기를 옮기다》 참고.

18 드래프트, "세계화".

19 파나메스와란, 《가시성 회로(Circuits of Visibility)》에서 "E-레이싱한 색상", 헤드지 편집.

20 큐리안, "코카-콜라사, '그래야만 하는 삶' 캠페인 철수할지도"; 케이와 아르젠티, "인도 코카-콜라", 6쪽.

21 "Thanda Matlab Solitary EFFIE Gold".

22 카드리, "글로컬-콜라", 10쪽.

23 베이드 디시트, "탄다 III".

24 "인도 코카-콜라의 시골 시장을 향한 갈증".

25 도브할, "Real Thing"; 슈클라, "프라순 조쉬(Prasoon Joshi)".

26 카드리, "글로컬-콜라", 12쪽.

27 케이와 아르젠티, "인도 코카-콜라", 6쪽.

28 수니타 나레인(Sunita Narain), 비스트(Bist)의 "인도의 콜라 논쟁"에서 인용.

29 과학환경센터(CSE), 《청량음료의 살충제 잔여물 분석(Analysis of Pesticide Residues in Soft Drink)》(2003년), 13쪽; CSE, "식민지화의 더러운 무리".

30 베드완(Vedwan), "코카-콜라와 펩시 안에 든 살충제", 674쪽.

31 비스트, "인도의 코카-콜라 논쟁"; "HC, 정부에 펩시 제품을 시험하라고 명령하다"; "인도의 코카-콜라 위기가 끓어오르다".

32 콘버그, "코카-콜라 대신 좋은 식수", 72쪽; 간굴리, "샤프란 시위"; 바쉬어(Basheer), "코카-콜라와 펩시가 케랄라 가게에서 사라지다".

33 락쉬미, "대형 청량음료 기업, 대중의 공포와 싸우다".

34 락쉬미, "대형 청량음료 기업, 대중의 공포와 싸우다".

35 힐스와 웰포드, "사례 연구", 170쪽.

36 힐스와 웰포드, "사례 연구", 170쪽; 케이와 아르젠티, "인도 코카-콜라", 1쪽.

37 베드완, "코카-콜라와 펩시 안에 든 살충제", 666쪽.

38 베드완, "코카-콜라와 펩시 안에 든 살충제", 670쪽.

39 CSE, "병에 든 생수의 살충제 잔여물".

40 부샨, "병에 담긴 전리품"; 배너지, 《Real Thing》, 63쪽; "물 전쟁…?".

41 CSE, 《병에 든 생수의 살충제 잔여물 분석》, 2쪽.

42 CSE, "병에 든 생수의 살충제 잔여물".

43 과학환경센터장, 쿠샬 야다브와의 인터뷰, 뉴델리, 2008년 3월 25일.

44 베드완, "코카-콜라와 펩시 안에 든 살충제", 660쪽.

45 베드완, "코카-콜라와 펩시 안에 든 살충제", 660쪽. 쿠샬 야다브도 저자와의 인터뷰에 비슷한 뜻을 내비쳤다.

46 CSE, "타임라인", www.cseindia.org/cseaboutus/timeline.htm. 2009년 6월 3일.

47 CSE, "타임라인", www.cseindia.org/cseaboutus/timeline.htm. 2009년 6월 3일.

48 CSE, 《청량음료의 살충제 잔여물 분석》(2006년), 6쪽.

49 CSE, 《청량음료의 살충제 잔여물 분석》(2006년), 3, 13쪽.

50 젠틀맨, "두 대기업 …… 위기".

51 락쉬미, "대형 청량음료 기업, 대중의 공포와 싸우다".

52 배너지, 《Real Thing》, 96쪽.

53 배너지, 《Real Thing》, 99, 100쪽.

54 젠틀맨, "두 대기업 …… 위기".

55 조쉬, "살충제 줄"; 라이, "코카-콜라와 펩시 판매를 금지하기로 한 인도의 조치".

56 배너지, 《Real Thing》, 242쪽, 인도상공회의소(FICCI)의 기자회견 인용.

57 배너지, 《Real Thing》, 124쪽.

58 젠틀맨, "코카-콜라와 펩시, 안심시키려고 노력하다".

59 베드완, "코카-콜라와 펩시 안에 든 살충제", 672쪽.

60 배너지, 《Real Thing》, 123-124쪽.

61 젠틀맨, "코카-콜라와 펩시, 안심시키려고 노력하다".

62 코카-콜라사의 임원인 해리 오트, 디팍 졸리, 캄레쉬 쿠마르 샤르마, MVRL 머서, 구르가온과의 인터뷰, 인도, 2008년 4월 10일.

63 인도 코카-콜라, "건강과 복지", www.coca-colaindia.com/health_wellness/health_wellness_text.asp#pesticide (2008년 8월 1일).

64 브뤼노 라투르, "우상 파괴란 무엇인가? 또는 이미지 전쟁 너머로 세상이 존재하는가?", 《우상 파괴: 과학, 종교 그리고 예술에서의 이미지 전쟁을 넘어서(Iconoclash: Beyond the Image Wars in Science, Religion and Art)》, 라투르와 피터 바이벨 편집(케임브리지, MA: MIT 프레스, 2002), 고시의 《글로벌 아이콘(Global Icons)》, 3쪽 인용.

65 차드라, "Coke Ties to Can Indian Poster".

66 고시, 《글로벌 아이콘》, 52쪽.

67 고시, 《글로벌 아이콘》, 51-52쪽.

68 에너지자원협회(TERI), 《독립적인 제3자 평가(Independent Third Party Assesment)》, 206쪽. 공장의 하루 평균 물 사용량은 60만 리터이지만 여름에는 하루에 150만 리터의 물이 빠져나간다.

69 새로운 공장이 세워진 플라치마다와 칼라데라의 경우 이것이 사실이었다. 우타르프라데시 주 메디간지 공장은 파를레의 프랜차이즈 보틀링 공장, 케지리왈 베버리지 Pvt 주식회사의 재개발 산업 부지를 인수했다.

70 아이어, "초국가적 기업의 매력".

71 베드완, "코카-콜라와 펩시 안에 든 살충제", 661-662쪽.

72 아이어, "초국가적 기업의 매력", 650-651쪽.

73 아이어, "초국가적 기업의 매력", 650쪽.

74 수닐 쿠마르, "우타르프라데시 주의 농경 분야", 5쪽.

75 에너지자원협회, 《독립적인 제3자 평가》, 205쪽.

76 찬드리카, 《우리의 권리를 보호하기 위해(To Protect Our Right)》, 5-6쪽.

77 에너지자원협회, 《독립적인 제3자 평가》, 90쪽, 1882년 지역권법 참고.

78 에너지자원협회, 《독립적인 제3자 평가》, 220쪽.

79 에너지자원협회, 《독립적인 제3자 평가》, 6쪽.

80 메디간지 공장은 그램 판차야트(gram panchayat)에 세금으로 6,000루피(136.36달러)를 지불했고, 사용권에 대한 비용을 2,500루피(56.82달러) 지불했다. 에너지자원협회, 《독립적인 제3자 평가》, 222쪽.

81 2005-2006년 메디간지에 위치한 코카-콜라 공장은 물 사용비로 평균 44루피/1달러 환율로 고작 3만 1,573루피(717.57달러)만 지불했다. 에너지자원협회, 《독립적인 제3자 평가》, 223쪽.

82 2008년에 진행된 C. 사랏찬드란(3월 9일)과 C.R. 니라카단(3월 21일)과의 인터뷰, 케랄라 주 코치; 비조이의 "원주민 단체 & 코카-콜라" 참고.

83 12년 뒤 대법원은 코카-콜라사가 더 이상 공장을 운영할 계획이 없다는 소식을 듣고 이 판결을 기각했다.; 7장 참고.

84 파를레 프랜차이즈, 1999년 힌두스탄 코카-콜라 음료 주식회사가 케즈리왈 음료 Pvt. 주식회사를 매입했다.

85 에너지자원협회, 《독립적인 제3자 평가》, 222쪽; 울프, "탄다 매틀랩".

86 공장 관리자와의 인터뷰, 인도, 메디간지, 2008년 4월 4일. 블랜딩의 《코카-콜라 기계》, 230쪽 참고.

87 드루, "지하수에서부터 위로", 38쪽.

88 시아람 야다브와의 인터뷰, 인도, 메디간지, 2008년 4월 4일. 아드베의 "코카-콜라 거품 부족(Coke Lacks Fizz)" 참고.

89 람 나라얀 파텔과의 인터뷰, 인도, 메디간지, 2008년 4월 2일.

90 난드랄(프라사드) 마스터와의 인터뷰, 인도, 메디간지, 2008년 3-4월. 더 많은 정보는 다나 반 브루켈렌의 "간디의 정신으로 행진하다(Marching in the Spirit of Gandhi)" 참고.

91 "간디, 라마찬드란과의 대화", 앞서 인용된 마스터와의 인터뷰도 참고.

92 앞서 인용된 마스터 등과의 인터뷰 참고.

93 찬드리카, 《우리의 권리를 보호하기 위해》, 15-16쪽; 앞서 인용된 마스터와의 인터뷰 참고.

94 조앤 마르티네스-알리어, 구하의 《사람이 얼마나 소비해야 하는가?》, 59쪽에서 인용.

95 구하, 《사람이 얼마나 소비해야 하는가?》, 57-70쪽. 칩코 숲 거주민들의 벌목 반대 운동, 케랄라 주 농부들의 연안 개발과 지속 불가능한 어법 반대 운동, 나르마다강 댐 건설에 반대하는 나르마다강 보전운동 등이 있다.

96 구하, 《사람이 얼마나 소비해야 하는가?》, 59쪽, 아가왈 인용.

97 구하, 《사람이 얼마나 소비해야 하는가?》, 70쪽.

98 구하, 《사람이 얼마나 소비해야 하는가?》, 63쪽.

99 구하, 《사람이 얼마나 소비해야 하는가?》, C.R. 니라칸단과의 인터뷰, 인도, 에르나쿨람, 2008년 3월 21일.

100 파버, 《환경적인 불공평 이용하기(Capitalizing on Environmental Injustice)》, 237쪽.

101 파버, 《환경적인 불공평 이용하기》, 236쪽.

102 닉슨, 《느린 폭력(Slow Violence)》.

103 파버, 《환경적인 불공평 이용하기》, 252쪽.

104 빔라오 람지 암베드카르(1891~1956년)는 달리트 불교 학자였으며, 카스트제도의 사회 차별에 도전한 정치 지도자였다.

105 NAPM, "전국시민운동연합".

106 NAPM, "전국시민운동연합"; 키팅, "개발 민주주의", 428쪽; 바크쉬, "파괴가 아니라 개발", 255쪽.

107 NAPM, "전국시민운동연합".

108 에너지자원협회, 《독립적인 제3자 평가》, 22쪽.

109 아시아태평양사업그룹 회장인 아툴 싱처럼; 배너지, 《Real Thing》, 94쪽.

110 카스텔스, "의사소통".

111 스텍로, "가상 싸움".

112 인도자원센터, "인도자원센터에 대해".

113 에너지자원협회, 《독립적인 제3자 평가》.

114 "2006년 최고의 글로벌 브랜드".

115 포스터, "Show and Tell".

116 포스터, 《코카-글로벌리제이션》, 231쪽.

117 미첼, "브랜드 강탈", 5쪽.

118 아미트 스리바스타바와의 인터뷰, 인도, 메디간지, 2008년 3월 29일.

119 마을 주민과의 인터뷰, 우타르프라데시 주, 메디간지, 2008년 3월 28일과 4월 25일.

120 "탄다 매틀랩 화장실 변기 세정제"는 TV 요가 수행자 스와미 람데브를 통해 유명해졌다. 그는 코카-콜라 광고 슬로건을 이용해 요가 수련자들이 청량음료를 마시지 않도록 설득했다.

121 록 사미티, 《자하 바(Jahar Ba)》, 2005년경.

122 "인도 공무원, 코카-콜라 공장 폐쇄 명령을 내리다".

123 인도 코카-콜라, "사실과 미신".

124 샤우드해리, "농부들, 코카-콜라에 맞서 싸우다".

125 에너지자원협회, 《독립적인 제3자 평가》, 개요서, 22쪽.

126 인도 대법원, 2009년 No. 4033 민원 소송 기록, 2017년 7월 13일; 수지스 쿠난, 저자와의 메일, 2018년 4월 26일.

127 "코카-콜라사, 인도를 만들고 싶다".

128 "뜨거운 물로", 《이코노미스트》, 2005년 10월 6일.

7장. CSR: 기업의 사회적 책임과 지속적인 사회 저항

1 사회적 책임을 위한 산업, "마시기", 1쪽.

2. 코하르와 파퓰라, "코카-콜라사, 인도와의 관계를 강화하다".

3 세샨, "거품 없는 웅성거림".

4 TCCC, "코카-콜라재단".

5 아이라 잭슨과 제인 넬슨의 《원칙 있는 수익: 가치로 가치를 실현하는 7가지 전략(Profits with Principles: Seven Strategies for Delivering Value with Values)》(뉴욕: 큐런시/더블데이, 2004), 바칸의 《기업》, 31-32쪽에 인용.

6 소더버그, "기업 길들이기".

7 샤미르, "기업의 사회적 책임", 《법과 아래로부터의 세계화(Law and Globalization from Below)》, 데 사우나 산토스와 로드리구에즈-가라비토 편집, 95쪽.

8 보겔, 《선 시장(Market for Virtue)》, 8쪽.

9. 하슬람, "기업의 사회적 책임은 구성주의 체제인가?"; 보겔, 《선 시장》, 8쪽.

10 매튼과 크레인, 차플, "가면 뒤"; 로버츠, "기업의 사회적 책임 제조하기", 255쪽; 샤미르, "기업의 사회적 책임", 106-107쪽; 라만, "커뮤니티-코카-콜라사와의 접점", 104-105쪽; 브루그맨과 프라할라드, "기업의 새로운 사회적 계약 공동 창조하기".

11 네슬, 《소다 정치학(Soda Politics)》, 48쪽; 모레이라, "청량음료, 고칼로리의 주범".

12 공익과학센터, 《액체 설탕(Liquid Candy)》.

13 구스리와 에스털, "멕시코의 청량음료 판매 증가".

14 제이콥스와 리히텔, "그녀가 콜롬비아 청량음료 산업을 떠맡다".

15 샤미르, "자기규제와 외국인불법행위배상법 사이"; "기업의 사회적 책임의 온건화"; "기업의 사회적 책임".

16 암브루스터, "코카-콜라 보틀러, 사망 소송에 직면하다".

17 국내 외 외국무역협의회, USA*ENGAGE, 미국 및 해외 상공회의소, 전미제조업자협회, 미국 국제사업위원회, 미국 비즈니스 라운드테이블. 콜링스워스, "기업의 사회적 책임, 정체가 드러나다".

18 《시날트라이날 외 v. 코카-콜라사 외》.

19 TCCC, "인도: 주요 사실".

20 쿠난, "플라치마다의 법적 영향".

21 쿠난, "플라치마다의 법적 영향", 9-10쪽; 라그후난단, "법적 사안 살펴보기".

22 나이르, "코카-콜라사는 손해배상금을 지급해야 한다".

23 "보상 관련 코카-콜라사의 진술"; "인도에서 허가받은 코카-콜라사를 상대로 한 소송".

24 바쉬르, "진 싸움"; 파이지(Faizi), "왜 플라치마다인가?"; 쿠난, "플라치마다의 재판소 법안의 합법성"; 시바, "플라치마다

25 퍼드먼, "설탕 산업은 왜 FDA의 새로운 영양성분 표기를 싫어할까?"

26 네슬, 《소다 정치학》, 325, 383쪽.27. 식품건강동맹과 소비자교육의 TV 광고(2017년), 블룸버그 자선사업가로부터 자금으로 지원받았고 이 캠페인에 대한 물류 지원도 제공했다.28. 제이콥스와 리히텔, "그녀가 콜롬비아 청량음료 산업을 떠맡다"; 아나 마르코스, "설탕 함유 음료의 위험에 대한 검열된 광고, 콜롬비아에서 다시 방영되다", 《엘 파이스(El Pais)》, 2017년 4월 18일.

29 니콜 펄로스, "스파이웨어의 이상한 타깃: 멕시코 탄산음료세 지지자들", 《뉴욕타임스》, 2017년 2월 11일.

30 세르지오 실바 누마, "가세오사스: 지방 싸움", 《엘 에스펙타도르》, 2015년 11월 15일.

31 제이콥스와 리히텔, "그녀가 콜롬비아 청량음료 산업을 떠맡다".

32 소더버그, "기업 길들이기"; 크리스천 에이드, 《가면 뒤에서(Behind the Mask)》.

33 스파케스, "실질적인 접근", 8쪽.

34 미첼, "브랜드 강탈", 7쪽.

35 샤미르, "자기규제와 외국인불법행위배상법 사이", 660쪽.

36 TCCC, 《노동자 권리 정책(Workplace Rights Policy)》, 《공급자 원칙(Supplier Guiding Principles)》.

37 도안의 "브랜드에 대한 대안적 관점"에 인용된 영국 윤리무역 이니셔티브(www.ethicaltrade.org).

38 칼 세이프티 컴플라이언스 코퍼레이션, "콜롬비아 노동자 평가"; 국제노동기구(ILO), "콜롬비아 코카-콜라 보틀링 공장 보고서 평가 미션".

39 미국 학생 노동력 착취에 반대하다, "칼 세이프티 컴플라이언스 코퍼레이션은 신뢰할 수 있는 감시단이 아니다".

40 TCCC, "코카-콜라사, UN 글로벌 콤팩트에 가입하다".

41 TCCC 글로벌 노사관계 책임자 에드 포터와의 인터뷰, 조지아 주, 애틀랜타, 2006년 6월 21일.

42 도이치, "코카-콜라사, 새로운 수장을 맞이하다".

43 베어, "개발 정치학에서부터 세계화의 난제까지", 496쪽.

44 베어, "개발 정치학에서부터 세계화의 난제까지", 496쪽; 헤일(Hale), "글로벌 콤팩트를 통한 조용한 개혁".

45 세계은행, 《세계 발전 금융 2006: 급증하는 자본 흐름의 개발 잠재력(Global Development Finance 2006: The Development Potential of Surging Capital Flows)》(워싱턴D.C., 2006년), 소더버그, "기업 길들이기", 501쪽.

46 베어, "개발 정치학에서부터 세계화의 난제까지", 497쪽.

47 베어, "개발 정치학에서부터 세계화의 난제까지", 496쪽.

48 소더버그, "기업 길들이기", 501쪽.

49 아난, 세계경제포럼에서 아난은 유엔 글로벌 콤팩트를 대공황 피해자들과 함께 만든 콤팩트 자본에 비유해 '사회적 조화와 정치적 안정'을 회복하는 사회 안전망을 만들었다.

50 소더버그, "기업 길들이기", 503쪽.

51 포스트 외, 《기업 재정의하기(Redefining the Corporation)》, 19쪽. '기업의 모든 이해당사자(직원, 지역사회, 공급자, 주주)가 투자자이며 기업 경영에 참여하고 수익을 누려야 할 자격이 있다는 주장'은 화이트의 "사라지고 통합되거나 바뀌나?"에 기술되어 있다.

52 국제사업지도자포럼(IBLF), "콜롬비아의 사업, 평화, 발전, 인권에 대한 대화", 2쪽.

53 플레밍과 존스, 《기업의 사회적 책임의 종말(End of Corporate Social Responsibility)》, 50쪽.

54 플레밍과 존스, 《기업의 사회적 책임의 종말》, 53쪽; 프리먼, 《전략적 관리(Strategic Management)》; 도널드슨과 프레스턴, "이해당사자이론".

55 플레밍과 존스, 《기업의 사회적 책임의 종말》, 6쪽.

56 톰프슨, "책임감과 신자유주의"; "이제 우리는 모두 신자유주의자인가?".

57 샤미르, "기업의 사회적 책임", 106쪽.

58 국제사업지도자포럼, "우리는 누구인가".

59 데이비스, "변화를 일구다".

60 국제사업지도자포럼, "관하여(About)".

61 샤미르, "기업의 사회적 책임", 105쪽.

62 "코카-콜라 연합과 IUF 선언문".

63 국제사업지도자포럼, 평화를 위한 조합의 생각과 UN 글로벌 콤팩트, "대화".

64 아미스와 호지스, 제프리, 《개발, 평화, 인권(Development, Peace and Human Rights)》, 27쪽.

65 TCCC, 2006년 기업 책임 리뷰, 19쪽; 구아쿠에타와 오르시니, 《기업가와 재결합(Empresarios y reintegracion)》.

66 루시 테일러, "세계화와 시민 사회", 샤미르의 "기업의 사회적 책임" 107쪽에서 인용.

67 TCCC, "인도를 비롯한 국가에서 책임 있는 물 관리".

68 TCCC, "인도: 핵심 사실".

69 기후에 대한 우려, "CEO 물 권한".

70 TCCC, "테리대학교와 코카-콜라사, 물 연구 프로그램에 착수하다".

71 TCCC, 2009년 보충 보고서.

72 TCCC, "물 효율성 개선하기".

73 TCCC, 2004년 시민권 보고서, 33쪽.

74 TCCC, "물 효율성 개선하기".

75 TCCC, 2009년 보충 보고서; TCCC, 2008-2009년 지속가능성 보고서: 《긍정적 삶(Live Positively)》.

76 TCCC, 2007년 보충 보고서: 《지역 물 파트너십을 통해 물 균형 이루기(Achieving Water Balance through Community Water Partnerships)》; 이스델, "WWF 연례 회의에서의 진술".

77 TCCC, 2016년 지속가능성 보고서, 10쪽.

78 피어스, "돈 세탁".

79 TCCC, 2009년 보충 보고서, 14쪽.

80 거벤스-리네스 외, "물 중립".

81 거벤스-리네스 외, "물 중립".

82 TCCC, 2009년 보충 보고서.

83 피어스, "돈 세탁".

84 TCCC, 2010-2011년 지속가능성 보고서와 "우리가 사용하는 물을 보충하기 위해 협력하기".

85 맥도날드, "코카-콜라사의 주장".

86 맥도날드, "코카-콜라사의 주장".

87 TCCC, "코카-콜라사, 글로벌 에코센터(EKOCENTER) 파트너십 체결하다".

88 TCCC, "코카-콜라사, 글로벌 에코센터(EKOCENTER) 파트너십 체결하다".

89 워커, "코카-콜라사의 '상자 속 다운타운'".

90 TCCC, "글로벌 에코센터(EKOCENTER), 업데이트되다".

91 J. 폴 오스틴이 R.W. 우드러프에게, 1969년 11월 28일, MARBL, R.W. 우드러프 문서, 컬렉션 no.19, box 16, folder 5.

92 "코카-콜라사, 아쿠아켐 매각하다", 31쪽.

93 도안, "브랜드에 대한 대안적 관점", 240쪽.

94 엘모어, 《시민 코크》, 187쪽.

95 키틀과 루기, "위기관리로써의 기업의 사회적 책임".

96 아송구, "HIV/AIDS에 대한 코카-콜라사의 대응".

97 키르쉬, 《자본주의를 채굴하다》, 160쪽.; 루기, "회사의 중요성(Materiality of the Corporation)".

98 햄버거와 가이거, "음료 산업, 청량음료에 세금을 들이붓다"; 워너, "탄산음료세 전쟁이 돌아오다".

99 래퍼와 브론싱-라잘데, "대형 청량음료 기업에 이기는 법"; 피스터, "폭로".

100 TCCC, 2007-2008년 지속가능성 보고서, 55쪽.

101 네슬, 《소다 정치학》, 48쪽.

102 네슬, 《소다 정치학》, 335쪽, TCCC, "투명성 지속하다" 보건복지음료연구소의 진화, www.coca-colacompany.com/our-company/continuing-transparency-evolution-of-the-beverage-institute-of-health-and-wellness(2018년 9월 18일 접속).

103 오코너, "코카-콜라사, 과학자에게 자금을 대다".

104 오코너, "코카-콜라사, 과학자에게 자금을 대다"; "코카-콜라사, 자금 사용 내역을 밝히다".

105 오코너, "코카-콜라사, 과학자에게 자금을 대다".

106 "코카-콜라사, 자금 사용 내역을 밝히다".

107 네슬, 《소다 정치학》, 266쪽.

108 TCCC, 2014-2015년 지속가능성 보고서, 10쪽, "활동적이고 건강한 생활".

109 TCCC, "코카-콜라사는 신체 활동 프로그램을 지원한다", 2007-2008년 지속가능성 보고서, 55쪽; 네슬, 《소다 정치학》, 238쪽; 오코너, "코카-콜라사, 과학자에게 자금을 대다".

110 필포트, "공립학교의 80퍼센트가 코카-콜라, 펩시와 계약을 맺다".

111 TCCC, "전 세계 학교의 음료 규정".

112 고메스 외, "청량음료 산업의 신체 활동 프로그램 후원".

113 바트나가르, "코카-콜라, 새로운 태그라인을 선보이다"; 생어-카츠, "대형 청량음료 기업의 몰락".

114 TCCC, 2011-2012년 지속가능성 보고서.

115 번스 스미스, "모든 방울을 소중하게".

116 TCCC, "코카-콜라 북아메리카 마케팅과 혁신".

117 TCCC, "모든 방울을 소중하게".

118 그레고리, "비타민워터는 정말로 건강한 음료일까?"; 길버트, "비타민워터 라벨, 오해의 소지가 있다".

119 네슬, 《소다 정치학》, 309쪽.

120 네슬, 《소다 정치학》, 306쪽.

121 가난한 소비자에게 영향을 미치는 청량음료 역진세와 세수가 어떻게 이용될 수 있는지에 대한 더 많은 정보는 네슬의 《소다 정치학》, 361, 382-385쪽과 마운드의 "탄산음료세에 반대하다" 참고.

122 볼탄스키와 치아펠로, 《자본주의의 새로운 정신》, 7-9쪽.

123 바칸, 《기업》, 31쪽, 이라 잭슨 인용.

124 피셔의 《자본주의 사실주의(Capitalist Realism)》에 등장한 "자본주의 사실주의" 개념 참고, 플레밍과 존스의 《기업의 사회적 책임의 종말》, 2-3쪽에서 사용됨.

125 바칸, 《기업》, 31쪽.

126 웨이너트, "코카-콜라가 에이즈를 예방할 수 있을까?".

127 TCCC, "아이티 희망 프로젝트"

128 TCCC, "지역사회 물 파트너십".

129 플레밍과 존스, 《기업의 사회적 책임의 종말》, 5쪽.

130 우파드야야, "코카-콜라를 마시게 해줘라".

131 지젝, 《처음에는 비극으로, 그 다음에는 웃음거리로(First ad Tragedy, Then as Farce)》, 53쪽.

132 바넷-와이저와 무크헤르지, 《제품 활동주의(Commodity Activism)》, 4쪽.

133 플레밍과 존스, 《기업의 사회적 책임의 종말》, 40쪽.

134 TCCC, 2004년 시민권 보고서: 《지속가능성을 향하여(Toward Sustainability)》, 3쪽. 엘킹턴의 《포크를 든 육식동물(Carnibals with Forks)》 내용 중 지속가능한 사업의 '3중 수익' 개념에서 영감을 받은 듯하다.

135 프룬드트, 《상쾌한 휴식》; 레븐슨-에스트라다, 《테러에 반대하는 무역 조합원》; 팬더그라스트, 《신, 국가, 코카-콜라를 위하여》(2000년), 314-315쪽.

136 프리드먼, "기업의 사회적 책임".

137 바칸, 《기업》, 34쪽, 밀턴 프리드먼과의 인터뷰 인용.

138 보겔, 《선 시장》, 28쪽.

139 보겔, 《선 시장》, 28쪽.

140 지젝 "아무도 악마가 될 필요가 없다(Nobody Has to Be Vile)".

141 플레밍과 존스, 《기업의 사회적 책임의 종말》, 47쪽.

142 지젝, "아무도 악마가 될 필요가 없다". 지젝이 지적했듯 이것은 새로운 현상이 아니다. 1892년 펜실베이니아 홈스테드 철강공장에서 사설 군대를 이용해 노동조합을 무너뜨린 앤드루 카네기는 교육, 문화, 인도주의적 대의의 지도자가 되었다.

143 일부 조직적 행동 연구에 따르면 CSR 활동을 통해 선의를 축적한 기업은 자신들이 '도덕 신용 점수'를 축적했기 때문에 다른 부분에서 저지른 '기업의 사회적 무책임'을 '처벌받지' 않아도 된다고 믿는다고 한다(오미스턴과 웡, "나쁜 짓을 저지르기 위한 허가권" 참고).

144 플레밍과 존스, 《기업의 사회적 책임의 종말》, 71쪽.

145 이 책은 코카-콜라사를 위해 특별한 제안을 하지 않는다. 제안을 원할 경우 네슬의 《소다 정치학》을 참고하기 바란다.

참고문헌

ARCHIVES

· Archivo General de la Nación, Bogotá, Colombia
· Archivo Histórico de Medellín, Medellín, Colombia
· Atlanta History Center, Atlanta, GA
· Biblioteca Luis Angel Arango, Bogotá, Colombia
· Biblioteca Público Piloto, Medellín, Colombia
· Coca-Cola Collection, Creative Exchange, Motion Picture Broadcasting and Recorded Sound Division, Library of Congress, Washington, DC
· Communist Party of India–Marxist Archives, New Delhi, India
· Manuscripts and Archives Division, Library of Congress, Washington, DC
· Motion Picture, Broadcasting and Recorded Sound Division, Library of Congress, Washington, DC
· National Archives and Records Administration II, College Park, MD
· National Archives of India, New Delhi, India
· National Security Archive, George Washington University, Washington, DC
· Nehru Memorial Library, New Delhi, India
· Stuart A. Rose Manuscripts, Archives, and Rare Book Library, Emory University, Atlanta, GA

PAPERS AND DOCUMENTS

· Ben H. Oehlert Collection, Stuart A. Rose Manuscripts, Archives, and Rare Book Library Emory University (MARBL)
· Charles Malik Papers, Manuscripts and Archives Division, Library of Congress, Washington, DC (MAD, LC)
· La Chispa de la Vida (publication of Panamco), Biblioteca Público Piloto, Medellín (BPP)
· Coca-Cola Collection, Creative Exchange, Motion Picture, Broadcasting and Recorded Sound Division, Library of Congress (CE, MPBRSD, LC)
· Coca-Cola Collection, Stuart A. Rose Manuscripts, Archives, and Rare Book Library, Emory University (MARBL)
· Colombia US Embassy Bogotá General Records 1936–1961, National Archives and Records Administration II, College Park, MD (NARAII)
· Commercial and Financial Country Files: Colombia, National Archives and Records Administration II, College Park, MD (NARAII)
· Economic Cooperation Administration, National Archives and Records Administration II, College Park, MD (NARAII)
· Electronic Telegrams, 1979 in the Series: Central Foreign Policy Files, National Archives and Records Administration II, College Park, MD (NARAII)
· International Cooperation Administration, National Archives and Records Administration II, College Park, MD (NARAII)
· James Farley Papers, Manuscripts and Archives Division, Library of Congress, Washington, DC (MAD, LC)
· Mark Pendergrast Collection, Stuart A. Rose Manuscripts, Archives, and Rare Book Library Emory University (MARBL)
· Office of Inter-American Affairs, National Archives and Records Administration II, College Park, MD (NARAII)
· Records of US Foreign Assistance Agencies, National Archives and Records Administration II, College Park, MD (NARAII)
· Robert W. Woodruff Papers, Stuart A. Rose Manuscripts, Archives, and Rare Book Library, Emory University (MARBL)

HISTORICAL PERIODICALS

- Advertiser's Digest / Atlanta Constitution / Atlanta Daily World
- Bebidas y Manjares (Bogotá) / Beverage Digest / Business Week
- Coca-Cola Bottler (TCCC) / Coca-Cola Overseas (TCCEC)
- El Colombiano (Medellín) / El Heraldo de Antioquia (Medellín) / El Tiempo (Bogotá)
- The Hindu (Chennai)
- Illustrated Weekly of India (Mumbai) / Indian Express (Mumbai)
- La Chispa de la Vida (publication of Panamco) / La Revista Mella (Havana) / Life / Life en Español / Life International / Lok Sabha Debates (New Delhi)
- Marketing Services News Bulletin (TCCC) / National Geographic / New York Times
- Printer's Ink
- Reader's Digest/ Red Barrel (TCCC) / Refresher (TCCC) / Refresher USA (TCCC)
- Selecciones del Reader's Digest / Semana(Bogotá) / Statesman (Calcutta, Delhi)
- T.O. Digest (TCCC publication for Coca-Cola workers embedded with US troops during World War II) / Time / Times of India (Mumbai) / Tribune (Chandigarh)
- Vital Speeches of the Day

WORKS CITED

- Adve, Nagraj. "Coke Lacks Fizz for Farmers in Mehdiganj." India Resource Center, October 23, 2004. www.indaresource.org/campaigns/coke/2004/cokemehdiganj.html. Accessed September 11, 2018.
- Advertisers' Guide to Latin American Markets. Chicago: Allied Publishing, 1935.
- Agnew, Jean-Christophe. "Advertisements for Ourselves: Being and Time in a Promotional Economy." In Cultures of Commerce: Representation and American Business Culture, 1877–1960, ed. Elspeth H. Brown, Catherine Gudis, and Marina Moskowitz, 343–64. New York: Palgrave Macmillan, 2006.
- Ahumada, Consuelo. El modelo neoliberal y su impacto en la sociedad colombiana. Bogotá: El Ancora Editores, 1996. 2nd ed., 1998.
- "Aid for Migrants Pledged." Christian Science Monitor, July 25, 1970.
- Aiyer, Ananthakrishnan. "The Allure of the Transnational: Notes on Some Aspects of the Political Economy of Water in India." Cultural Anthropology 22, no. 4 (2007): 640–58.
- Allen, Frederick. Secret Formula: The Inside Story of How Coca-Cola Became the Best-Known Brand in the World. New York: Collins Business, 1994.
- Alter, Stewart. Truth Well Told: McCann Erickson and the Pioneering of Global Advertising. New York: McCann-Erickson Worldwide, 1995.
- Amin, Samir. Unequal Development: An Essay on the Social Formations of Peripheral Capitalism. New York: Monthly Review Press; Hassocks, England: Harvester Press, 1975.
- Amis, Lucy, Adrian Hodges, and Neil Jeffery. Development, Peace and Human Rights in Colombia: A Business Agenda. London: International Business Leaders Forum in association with Fundación Ideas para la Paz and the Office of the UN Global Compact, 2006.
- ANDI 65 años en imágenes publicitarias de sus empresas. Bogotá: ANDI, 2009.
- Andrews, Travis N., and Fred Barbash. "'I'd Like to Buy the World a Coke': The Story Behind the World's Most Famous Ad." Washington Post, May 17, 2004. www.washingtonpost.com/news/morning-mix/wp/2016/05/17/

id-like-to-buy-the-world-a-coke-the-story-behind-the-worlds-most-famous-ad-whose-creator-has-died-at-89/?utm_term=.3116c2cc0ce5. Accessed December 15, 2018.

· Annan, Kofi. Address of United Nations Secretary-General to the World Economic Forum. Davos, Switzerland, January 31, 1999. www.un.org/sg/en/content/sg/speeches/1999-02-01/kofi-annans-address-world-economic-forum-davos. Accessed December 2, 2018.

· Anti-Coca-Cola Peoples Struggle Committee. Coca-Cola Quit Plachimada, Quit India: The Story of Anti-Coca-Cola Struggle at Plachimada in Kerala. Keralam, India, 2004.

· Arango, Gonzalo. "Primer Manifiesto Nadaísta." In Manifiestos Nadaistas, compiled by Eduardo Escobar, Bogotá: Arango Editores, 1992.

· Arango, Luz Gabriela, and Carmen Marina López, eds., Globalización, apertura económica y relaciones industriales en América Latina. Santafé de Bogotá: Facultad de Ciencias Humanas, Centro de Estudios Sociales, Universidad Nacional de Colombia, 1999

· Armbruster, Stefan. "Coke Bottler Faces Death Suit." BBC News, April 2, 2003. http://news.bbc.co.uk/2/hi/business/2909141.stm. Accessed September 11, 2018.

· Asongu, J. J. "Coca-Cola's Response to HIV/AIDS in Africa: A Case Study on Strategic Corporate Social Responsibility." Journal of Business and Public Policy 1, no. 1 (2007).

· Attali, Jacques. Noise: The Political Economy of Music. Minneapolis: University of Minnesota Press, 1985.

· Attrep, Kara Ann. "The Sonic Inscription of Identity: Music, Race and Nostalgia in Advertising." PhD diss., University of California–Santa Barbara, 2008.

· Austin, J. Paul. "A New Force for Peace." Speech at the International Advertising Association Luncheon, New York, June 10, 1964. Vital Speeches of the Day 30, no. 19 (July 15, 1964): 605–8.

— — —. "World Marketing as a New Force for Peace." Journal of Marketing 30, no. 1 (January 1966): 1–3.

· Avilés, William. Global Capitalism, Democracy, and Civil-Military Relations in Colombia. New York: State University of New York Press, 2007.

· Baburaj, P., and C. Saratchandran, dir. 1000 Days & a Dream. DVD. Third Eye Communications, Thripunithura, India, 2006.

· Backer, Bill. The Care and Feeding of Ideas. New York: Times Books, 1994.

· "Backwash: Coke Returns from India Exile: An Interview with George Fernandes." Multinational Monitor, July–August 1995, 32–34.

· Bair, Jennifer. "From the Politics of Development to the Challenges of Globalization." Globalizations 4, no. 4 (2007) : 486–99.

· Bakan, Joel. The Corporation: The Pathological Pursuit of Profit and Power. New York: Free Press, 2005.

· Bakshi, Rajni. "'Development, Not Destruction': Alternative Politics in the Making." Economic and Political Weekly 31, no. 5 (February 3, 1996): 255–57.

· Balakrishna, P., and B. Sidharth. "MNCs: Not above Flouting Rules." Hindu Business Line, April 9, 2003.

· Banet-Weiser, Sarah, and Roopali Mukherjee. Commodity Activism: Cultural Resistance in Neoliberal Times. New York: New York University Press, 2012.

· Bannerjee, Nantoo. The Real Thing: Coke's Bumpy Ride through India. Kolkata: Frontpage Publications, 2009.

· Baran, Paul A., and Paul M. Sweezy. Monopoly Capital: An Essay on the American Economic and Social Order. New York: Monthly Review Press, 1966.

· Barlow, Maude, and Tony Clarke. Blue Gold: The Fight to Stop the Corporate Theft of the World's Water. New York: New Press, 2002.

· Barnet, Richard, and Ronald Miller. Global Reach: The Power of the Multinational Corporations. New York: Simon & Schuster, 1974.

· Basheer, KPM. "Coke, Pepsi Disappear from Kerala Shops." The Hindu, April 12, 2003.

— — —. "A Lost Battle: Plachimada's Victims May Never Get Coke's Compensation." The Hindu, February 7, 2016.

Baudrillard, Jean. Simulations. New York: Semiotext(e), 1983.

Beckert, Sven. Empire of Cotton: A Global History. New York: Vintage Books, 2014.

Bergquist, Charles. Labor and the Course of American Democracy: US History in Latin American Perspective. London: Verso, 1996.

— — —. Labor in Latin America: Comparative Essays on Chile, Argentina, Venezuela, and Colombia. Stanford, CA: Stanford University Press, 1986.

— — —, ed. Violence in Colombia: The Contemporary Crisis in Historical Perspective. Wilmington, DE: SR Books, 1992.

Bergquist, Charles, Ricardo Peñaranda, and Gonzalo Sánchez G., eds. Violence in Colombia, 1990–2000: Waging War and Negotiating Peace. Wilmington, DE: SR Books, 2001.

Beyer, Chris H. Coca-Cola Girls: An Advertising Art History. Portland, OR: Collectors Press, 2000.

"Best Global Brands 2006: A Ranking by Brand Value." Interbrand and BusinessWeek. www.interbrand.com/best-brands/best-global-brands/2006/ranking. Accessed December 15, 2018.

Bhatnagar, Parija. "Coke Slaps On New Tagline." CNNMoney.com, December 8, 2005. https://money.cnn.com/2005/12/08/news/fortune500/coke_meeting/index.htm. Accessed September 11, 2018.

Bushan, Chandra. "Bottled Loot." Frontline 23, no. 7, April 8–21, 2006.

Bijoy, C. R. "Kerala's Plachimada Struggle." Economic and Political Weekly 41, no. 41 (2006): 4332–33.

— — —. "Adivasi Groups vs. Coca-Cola." Ghadar: A Publication of the Forum of Inquilabi Leftists 10 (September 2006). http://ghadar.insaf.net/September2006/pdf/Bijoy.pdf. Accessed September 11, 2018.

Bist, Raju. "India's Cola Controversy Widens." Asia Times, August 8, 2003.

Biswas, Arijit, and Anindya Sen. "Coke vs Pepsi: Local and Global Strategies." Economic and Political Weekly 34, no. 26 (1999): 1704–5.

Blanding, Michael. "The Case against Coke." The Nation, May 1, 2006. www.thenation.com/article/case-against-coke. Accessed September 11, 2018.

— — —. The Coke Machine: The Dirty Truth Behind the World's Favorite Soft Drink. New York: Avery, 2010.

— — —. "Coke: The New Nike." The Nation, March 24, 2005. www.thenation.com/article/coke-new-nike. Accessed September 11, 2018.

— — —. Response to letter to editor from Ed Potter, director Global Labor Relations, The Coca-Cola Company. The Nation, May 22, 2006. www.thenation.com/article/letters-133. Accessed September 11, 2018.

Boltanski, Luc, and Eve Chiapello. The New Spirit of Capitalism. New York: Verso, 2005.

Bonilla González, Ricardo. "Empleo y política sectorial." In La falacia neoliberal: crítica y alternativas, ed. Darío I. Restrepo Botero, 205–30. Bogotá: Universidad Nacional de Colombia, 2003.

Borda Carranza, Alberto. Cocacolos, ye-yés y go-gós: Recuerdos de una época feliz. Bogotá: Bitácora, 2014.

Brenner, Aaron, Robert Brenner, and Cal Winslow. Rebel Rank and File: Labor Militancy and Revolt from Below during the Long 1970s. New York: Verso, 2010.

Brown, Elaine. A Taste of Power: A Black Woman's Story. New York: Anchor Books, 1992.

Brown, Elspeth. The Corporate Eye: Photography and the Rationalization of American Commercial Culture, 1884–1929. Baltimore: Johns Hopkins University Press, 2005.

Brugmann, Jeb, and C. K. Prahalad, "Co-creating Business's New Social Compact." Harvard Business Review, February 2007, 80–90.

Burns Smith, Amy. "Make Every Drop Count." www.amyburnssmith.com/#!project07/c1208. Accessed September 12, 2018.

Business for Social Responsibility. "Drinking It In: The Evolution of a Global Water Stewardship Program at The Coca-Cola Company." March 2008. www.bsr.org/reports/Coke_Water_Study_March_2008.pdf. Accessed September 11, 2018.

· Caballero Truyol, Tomás, and Jhon Polo Escalante, "La industria en Barranquilla: Alimentos y bebidas durante el transcurso de la Segunda Guerra Mundial." Thesis, Universidad del Atlántico, Barranquilla, 2006.

· Cadavid, Jorge H. "Revista Ilustrada (1898–1899): De la ilustración al Modernismo." Boletín Cultural y Bibliográfico 36, no. 31 (1994): 29–43.

· "Calling Attention to Matter of Urgent Public Importance." Lok Sabha Debates 6, no. 48 (August 8, 1977): 11–26.

· California Safety Compliance Corporation. "Workplace Assessments in Colombia." Assessment of Colombian Coca-Cola bottling plants. 2005.

· Camacho Arango, Carlos. "Respice polum: Las relaciones entre Colombia y Estados Unidos en el siglo XX y los usos (y abusos) de una locución Latina." Historia y sociedad 19 (2010): 175–201.

· Camacho Guizado, Alvaro. Capital extranjero: Subdesarollo Colombiano. Bogotá: Punto de Lanza, 1972.

· Capparell, Stephanie. The Real Pepsi Challenge: The Inspirational Story of Breaking the Color Barrier in American Business. New York: Wall Street Journal Books, 2007.

· Caraballo Cárdenas, Sergio Alberto. "Colombia el primer país de América Latina en lanzar El Lado Coca-Cola de la Vida." RRPPnet.com, August 16, 2006.

· Cardoso, Fernando Henrique, and Enzo Faletto. Dependency and Development in Latin America. 1969. Berkeley: University of California Press, 1973.

· Caring for Climate. "The CEO Water Mandate: An Initiative by Business Leaders in Partnership with the International Community." http://caringforclimate.org/resources/the-ceo-water-mandate-an-initiative-by-business-leaders-in-partnership-with-the-international-community. Accessed September 11, 2018.

· Casanova, Pascale. The World Republic of Letters. Cambridge, MA: Harvard University Press, 2007.

· Castells, Manuel. "Communication, Power and Counter-power in the Network Society." International Journal of Communication 1 (2007): 238–66.

· Center for Science in the Public Interest. Liquid Candy: How Soft Drinks Are Harming Americans' Health. Washington, DC, 2005.

· Centre for Science and Environment (CSE). Analysis of Pesticide Residues in Bottled Water. January 2003. https://cdn.cseindia.org/attachments/0.51403600_1499070710_Delhi_uploadfinal_sn.pdf. Accessed August 30, 2018.

· ———. Analysis of Pesticide Residues in Soft Drinks. August 5, 2003. https://cdn.cseindia.org/attachments/0.08790400_1498992534_SOFTDRINK.pdf. Accessed August 30, 2018.

· ———. Analysis of Pesticide Residues in Soft Drinks. August 2, 2006. www.indiaenvironmentportal.org.in/files/labreport2006.pdf. Accessed August 30, 2018.

· ———. "Colonisation's Dirty Dozen." Down to Earth, August 15, 2003, 31–41.

· ———. "Hard Truths about Soft Drinks." Last updated August 5, 2003. www.cseindia.org/node/507. Accessed September 11, 2018.

· ———. "Pesticide Residues in Bottled Water." Down to Earth, February 15, 2003.

· ———. "Timeline." www.cseindia.org/cseaboutus/timeline.htm. Accessed April 12, 2008; page discontinued.

· Chadha, Monica. "Coke Tries to Can Indian Poster." BBC News, July 17, 2005. http://news.bbc.co.uk/2/hi/south_asia/4690703.stm. Accessed September 11, 2018.

· Chandler, Alfred D., and Bruce Mazlich, eds., Leviathans: Multinational Corporations and the New Global History. New York: Cambridge University Press, 2005.

· Chandra, Bipan, Mirdula Mukherjee, and Aditya Mukherjee. India after Independence, 1947–2000. New Delhi: Penguin Books, 2000.

· Chandrika, R. To Protect Our Right over Our Water. Lok Samiti (People's Group), 2006.

· Chaudhary, Archana. "Farmers Fight Coca-Cola as India's Groundwater Dries Up." Bloomberg.com, October 9, 2014. www.bloomberg.com/news/articles/2014-10-08/farmers-fight-coca-cola-as-india-s-groundwater-dries-up. Accessed December 15, 2018.

· Chaudhary, Archana. "Farmers Fight Coca-Cola as India's Groundwater Dries Up." Bloomberg.com, October 9, 2014. www.bloomberg.com/news/articles/2014-10-08/farmers-fight-coca-cola-as-india-s-groundwater-dries-up.

Accessed December 15, 2018.

· Chatterjee, Partha. Nationalist Thought and the Colonial World: A Derivative Discourse. Minneapolis: University of Minnesota Press, 1993.

· Chomsky, Aviva. Linked Labor Histories: New England, Colombia and the Making of a Global Working Class. Durham, NC: Duke University Press, 2008.

· Christian Aid. Behind the Mask: The Real Face of Corporate Social Responsibility. January 21, 2004. www.st-andrews.ac.uk/media/csear/app2practice-docs/CSEAR_behind-the-mask.pdf. Accessed September 4, 2018.

· Citizens for Tax Justice. "Fortune 500 Companies Hold a Record $2.4 Trillion Offshore." March 3, 2016. http://ctj.org/pdf/pre0316.pdf. Accessed September 13, 2018.

· Civico, Aldo. The Para-State: An Ethnography of Colombia's Death Squads. Berkeley: University of California Press, 2016.

· Coca-Cola Company, The (cited as TCCC). "Active Healthy Living." www.coca-colacompany.com/sustainability-report/me/active-healthy-living.html#section-putting-calorie-information-right-up-front. Accessed July 12, 2016; page discontinued.

———. "[2004] Annual Report to U.S. Securities and Exchange Commission, Form 10-K."

———. "At Coca-Cola, We Support Physical Activity Programs." www.coca-colacompany.com/stories/at-coca-cola-we-support-physical-activity-programs. Accessed May 7, 2013; page discontinued.

———. "Celebrating Advertising History." www.thecoca-colacompany.com/presscenter/presskit_hilltop_behind_the_scenes.html. Accessed January 19, 2008; page discontinued.

———. The Coca-Cola Company: An Illustrated Profile of a Worldwide Company. The Coca-Cola Company, 1974.

———. "The Coca-Cola Company Joins UN Global Compact." Press Release, March 8, 2006.

———. "The Coca-Cola Foundation." www.coca-colacompany.com/our-company/the-coca-cola-foundation. Accessed September 11, 2018.

———. "Coca-Cola Launches Global EKOCENTER Partnership to Deliver Safe Drinking Water and Basic Necessities to Rural Communities." Press Release. September 24, 2013. www.csrwire.com/press_releases/36151-Coca-Cola-Launches-Global-EKOCENTER-Partnership-to-Deliver-Safe-Drinking-Water-and-Basic-Necessities-to-Rural-Communities. Accessed September 11, 2018.

———. "Coca-Cola North America Marketing and Innovation Focuses on Full Portfolio of Drink Brands." Press Release. February 3, 2006.

———. "The Coca-Cola System." www.coca-colacompany.com/our-company/the-coca-cola-system. Accessed September 5, 2018.

———. "The Coca-Cola System—History of Bottling." www.coca-colacompany.com/our-company/history-of-bottling. Accessed September 27, 2018.

———. "Collaborating to Replenish the Water We Use." August 29, 2018. www.coca-colacompany.com/stories/collaborating-to-replenish-the-water-we-use. Accessed September 11, 2018.

———. "Community Water Partnerships." www.livepositively.com/#/community_water_partnerships. Accessed August 10, 2010; page discontinued.

———. "EKOCENTER Progress Update." December 6, 2017. www.coca-colacompany.com/stories/infographic-ekocenter-progress-update. Accessed September 11, 2018.

———. "The Facts." www.cokefacts.org/facts/facts_co_fact_sheet.shtml. Accessed May 21, 2006; page discontinued.

———. "Global School Beverage Guidelines." www.coca-colacompany.com/stories/global-school-beverage-guidelines. Accessed September 11, 2018.

———. "Governance and Ethics." www.thecoca-colacompany.com/citizenship/governance_ethics.html. Accessed July 26, 2010; page discontinued.

———. "Haiti Hope Project." www.livepositively.com/#/haitihope. Accessed August 10, 2010; page discontinued.

· "Improving Our Water Efficiency." August 29, 2018. www.coca-colacompany.com/stories/setting-a-new-goal-forwater-efficiency. Accessed September 11, 2018.

———. "India: The Key Facts." www.cokefacts.org/India/facts_in_keyfacts.shtml. Accessed August 8, 2007; page discontinued.

———. "Make Every Drop Count." www2.coca-cola.com/makeeverydropcount. Accessed October 1, 2007; page discontinued.

———. "Responsible Water Management in India and Beyond." February 15, 2016. www.coca-colacompany.com/stories/responsible-water-management-in-india-and-beyond. Accessed September 11, 2018.

———. "Supplier Guiding Principles." 2007.

———. "TERI University and Coke Launch Water Studies Program." May 13, 2014. www.coca-colacompany.com/stories/teri-university-and-coke-launch-water-studies-program. Accessed September 11, 2018.

———. "Workplace Rights and Coca-Cola in Colombia Update." www.thecoca-colacompany.com/presscenter/viewpointscolombian.html. Accessed August 25, 2007; page discontinued.

———. "Workplace Rights Policy." 2007. "Coca-Cola as Sold throughout the World." Red Barrel—Special Overseas Edition, February 15, 1929. Reprinted in Coca-Cola Overseas, February 1954, 3.

· "Coca-Cola Discloses More of Its Funding on Health Efforts." Houston Chronicle, March 24, 2016. www.houstonchronicle.com/business/article/Coca-Cola-discloses-more-of-its-funding-on-health-7045103.php. Accessed September 11, 2018.

· "Coca-Cola es así." Bebidas y Manjares (Bogotá) 12 (1985): 11–13.

· "Coca-Cola es así." Semana (Bogotá), October 22, 1990.

· Coca-Cola Export Corporation and Jam Handy. Community of the World. Film Strip, 1961. MPBRSD, LC.

———. Pearl of the Orient. Film strip, 1954. CE, MPBRSD, LC.

———. Wonderful World. 1954. CE, MPBRSD, LC. Coca-Cola FEMSA. "Historia." www.cocacola.com.co/est/lo/conecta_historia.asp. Accessed May 5, 2006; page discontinued.

———. "[2003] Annual Report to U.S. Securities and Exchange Commission, Form 20-F." Coca-Cola India. "About Us." www.coca-colaindia.com/aboutus/aboutus_ccindia.aspx. Accessed January 6, 2009; page discontinued.

———. "Facts and Myths About Hindustan Coca-Cola's Varanasi Plant." Accessed. www.coca-colaindia.com/facts-myths/varanasi. Accessed April 20, 2016; page discontinued.

———. "Health and Wellness." www.coca-colaindia.com/health_wellness/health_wellness_text.asp#pesticide. Accessed August 1, 2008; page discontinued.

· "Coca-Cola India's Thirst for the Rural Market." ICMR Center for Management Research. June 18, 2009.

· "Coca-Cola to Sell Aqua-Chem Units to Paris Company." Wall Street Journal, July 15, 1981.

· "Coca-Cola Statement re: Compensation." April 24, 2016. www.business-humanrights.org/en/coca-cola-lawsuit-re-india. Accessed September 11, 2018.

· "Coca-Cola Wants to Make India Its Third-Largest Market Globally." Hindu Business Line, August 31, 2017.

· Collingsworth, Terry. "'Corporate Social Responsibility,' Unmasked." St. Thomas Law Review 16, no. 4 (Summer 2004): 669–86.

· Coombe, Rosemary. The Cultural Life of Intellectual Properties: Authorship, Appropriation and the Law. Durham, NC: Duke University Press, 1998.

· Cooper, Kenneth J. "Hindu Nationalists Target U.S. Products." Washington Post, June 19, 1998.

· Copland, Ian. "The Master and the Maharajas: The Sikh Princes and the East Punjab Massacres of 1947." Modern Asian Studies 36. No. 3 (July 2002): 657–704.

· Corbett, Martin. "I Sing The Body (In)Corporate: Identity, Displacement and the Radical Priority of Reception." Paper presented to the Critical Management Conference, Lancaster University, July 2003, www.mngt.waikato.ac.nz/ejrot/cmsconference/2003/proceedings/music/corbett.pdf. Accessed September 11, 2018.

· Cowie, Jefferson. Capital Moves: RCA's Seventy-Year Quest for Cheap Labor. Ithaca, NY: Cornell University, 1999.

· Cross, Gary. All-Consuming Century: Why Commercialism Won in Modern America. New York: Columbia University

Press, 2000.

· Cruz Cárdenas, Antonio. Todavía sin final . . . selección periodística desde 1950. Bogotá: Universidad Externado de Colombia, 2001.

· Curtis, Wayne. "Rum and Coca-Cola: The Murky Derivations of a Sweet Drink and a Sassy World War II Song." American Scholar 75, no. 3 (Summer 2006): 64–70.

· Daft, Douglas. "Globalization." Vital Speeches of the Day 66, no. 19 (July 15, 2000): 606–8.

· Das Gupta, Surajeet. "How India Became Pepsi's Right Choice." Business Standard, March 27, 2014. www.business -standard.com/article/companies/how-india-became-pepsi-s-right-choice-114032701308_1.html. Accessed September 11, 2018.

· Davies, Robert. "Making Change Happen." In Making Change: Review, 2006–2007. International Business Leaders Forum, 2007. www.iblf.org/resources/review1.htm. Page discontinued.

· Dávila, Carlos. "Estado de los estudios sobre la historia empresarial de Colombia." In Empresa e historia en América Latina: Un balance historiográfico, ed. Carlos Dávila, 1–25. Bogotá: Tercer Mundo, S.A., 1996.

· Debord, Guy and Gil J. Wolman. "A User's Guide to Détournement." 1956. Translated by Ken Knabb. In Situationists International Anthology, 14–20. Berkeley: Bureau of Public Secrets, 2006.

· De Grazia, Victoria. Irresistible Empire: America's Advance through Twentieth-Century Europe. Cambridge, MA: Harvard University Press, 2005.

· De La Pedraja, René. Wars of Latin America, 1948–1982: The Rise of the Guerrillas. Jefferson, NC: McFarland, 2013.

· del Carmen Suescun Pozas, María. "From Reading to Seeing: Doing and Undoing Imperialism in the Visual Arts." In Close Encounters of Empire: Writing the Cultural History of U.S.–Latin American Relations, ed. Gilbert Joseph, Catherine LeGrand, and Ricardo Salvatore, 525–55. Durham, NC: Duke University Press, 1998.

· Deutsch, Claudia. "Coca-Cola Reaches into Past for New Chief." New York Times, May 5, 2004.

· Dicke, Thomas. Franchising in America: The Development of a Business Method, 1840–1980. Chapel Hill: University of North Carolina Press, 1992.

· Doane, Deborah. "An Alternative Perspective on Brands: Markets and Morals." In Brands and Branding, ed. Rita Clifton, 185–98. New York: Bloomberg Press, 2009.

· Dobhal, Shailesh. "The Real Thing." Business Today, May 23, 2004.

· Domosh, Mona. American Commodities in an Age of Empire. New York: Routledge, 2006.

· Donaldson, Thomas, and Lee E. Preston. "The Stakeholder Theory of the Corporation: Concepts, Evidence, and Implications." Academy of Management Review 20, no. 1 (1995): 65–91.

· Drake, Paul W. The Money Doctor in the Andes: The Kemmerer Missions, 1923–1933. Durham, NC: Duke University Press, 1989.

· — — —. "The Origins of United States Economic Supremacy in South America: Colombia's Dance of the Millions, 1923–33." Washington, DC: Woodrow Wilson International Center for Scholars, Smithsonian Institution, 1979.

· Drew, Georgina. "From the Groundwater Up: Asserting Water Rights in India." Development 51, no. 1 (2008): 37–41.

· Drexler, Robert. Colombia and the United States: Narcotics Traffic and a Failed Foreign Policy. Jefferson, NC: McFarland, 1997.

· Dudley, Steven. Walking Ghosts: Murder and Guerrilla Politics in Colombia. New York: Routledge, 2004.

· Duffield, James E. (Ted), Jr. "As I Recall." MS. July 1975. MARBL, Emory University, MSS 10, box 82, folder 3.

· "Eleventh Circuit Dismisses Alien Tort Statute Claims Against Coca-Cola Under Iqbal's Plausibility Pleading Standard," Harvard Law Review 123 (December 2009): 580–87.

· Elkington, John. Cannibals with Forks: The Triple Bottom Line of 21st Century Business. Gabriola Island, BC: New Society Publishers, 1998.

· Elmore, Bartow J. Citizen Coke: The Making of Coca-Cola Capitalism. New York: Norton, 2015.

· Energy and Resources Institute, The (TERI). Independent Third Party Assessment of Coca-Cola Facilities in India. New Delhi: TERI, 2008.

· Esterl, Mike, and Chelsey Dulaney. "Coca-Cola Owes $3.3 Billion in Taxes Over Foreign Transfer Licensing." Wall Street Journal, September 18, 2015.

· Evans, Michael. "The New Chiquita Papers: Secret Testimony and Internal Records Identify Banana Executives Who Bankrolled Terror in Colombia." NSA. https://nsarchive.gwu.edu/briefing-book/colombia-chiquita-papers/2017-04-24/new-chiquita-papers-secret-testimony-internal-records-identify-banana-executives-who-bankrolled. Accessed November 11, 2018.

· Ewen, Stuart. Captains of Consciousness: Advertising and the Social Roots of Consumer Culture. New York: Basic Books, 2001.

· Faber, Daniel. Capitalizing on Environmental Injustice: The Polluter-Industrial Complex in the Age of Globalization. Lanham, MD: Rowman & Littlefield, 2008.

· Faizi, S. "Why Plachimada?" Down to Earth, July 31, 2015.

· Fals Borda, Orlando. Ciencia propria y colonialism intellectual. Bogotá: Editorial Oveja Negra, 1971.

· Farley, James. "Advertising as a World Force." Speech to the Advertising Club of New York. Coca-Cola Bottler, July 1949. Advertiser's Digest 15, no. 9 (September 1950): 1–3. James Farley Papers, MD, LC, reel 37.

———. "Brand Names: A Basis for Unity, Our Greatest Hope of Expanding World Trade." Speech at the Brand Names Foundation, April 16, 1952. James Farley Papers, MD, LC, reel 38. Published in Vital Speeches of the Day 18, no. 15 (May 15, 1952): 473–75.

———. "The Influence of Foreign Markets on Your Business: A Major Front in World Power Struggle." Speech to the American Society of Sales Executives, May 7, 1959. Vital Speeches of the Day 25, no. 17 (June 15, 1959): 535–37.

———. "Sovereignty and Integrity: Need for a Code of Simple Morality Among Nations." Speech at the National Foreign Trade Convention, November 20, 1957. Vital Speeches of the Day 24, no. 6 (January 1, 1958): 172–74.

———. "Trademarks: America's Goodwill Ambassadors." Speech ca. 1952. Mark Pendergrast Manuscript Collection no. 741, Emory University, box 1, folder 18

———. "Troubled International Waters: Some Navigational Lights." Speech to the Executives' Club of Chicago, March 15, 1963. Vital Speeches of the Day 29, no. 13 (April 15, 1963): 389–91.

· Farnsworth-Alvear, Ann. Dulcinea in the Factory: Myths, Morals, Men, and Women in Columbia's Industrial Experiment, 1905–1960. Durham, NC: Duke University Press, 2000.

· Featherstone, David. Resistance, Space and Political Identities: The Making of Counter-Global Networks. Chichester, England: Wiley-Blackwell, 2008.

· Ferdman, Roberto A. "Why the Sugar Industry Hates the FDA's New Nutrition Facts Label." Washington Post, May 20, 2016. www.washingtonpost.com/news/wonk/wp/2016/05/20/why-the-sugar-industry-hates-the-fdas-new-nutrition-facts-label. Accessed September 11, 2018.

· Fisher, Mark. Capitalism Realism: Is There No Alternative? London: Zero Books, 2009.

· Fleming, Peter, and Marc T. Jones. The End of Corporate Social Responsibility: Crisis & Critique. London: SAGE, 2013.

· Fomento Económico Mexicano S.A. de C.V. (FEMSA). "Historia Corporativa." www.femsa.com/es/about/history. Accessed August 11, 2007; page discontinued.

———. "Mexico." www.femsa.com/en/business/coca_cola_femsa/mexico.htm. Accessed August 11, 2007; page discontinued.

· Ferguson, Roderick A. The Reorder of Things: The University and Its Pedagogies of Minority Difference. Minneapolis: University of Minnesota Press, 2012.

· Finan, Irial. "10 Years: Coke's Bottling Investments Group Marks a Milestone." August 11, 2015. www.coca-colacompany.com/coca-cola-unbottled/business/2015/10-years-cokes-bottling-investments-group-marks-a-milestone. Accessed September 11, 2018.

· Foster, Robert J. Coca-Globalization: Following Soft Drinks from New York to New Guinea. New York: Palgrave Macmillan, 2008.

———. "Show and Tell: Teaching Critical Fetishism with a Bottle of Coke®." Anthropology News 49, no. 4 (2008): 38.

· Fox, Stephen. The Mirror Makers: A History of American Advertising and Its Creators. 1984. Urbana: University of Illinois Press, 1997.

· Frank, Dana. Buy American: The Untold Story of Economic Nationalism. Boston: Beacon Press, 1999.

· Frank, Thomas. The Conquest of Cool: Business Culture, Counterculture, and the Roots of Hip Consumerism. Chicago: University of Chicago Press, 1998.

· Freeman, R. Edward. Strategic Management: A Stakeholder Approach. Boston: Pitman, 1984.

· Friedman, Milton. "The Social Responsibility of Business Is to Increase Its Profits." New York Times Magazine, September 13, 1970.

· Frundt, Henry J. Refreshing Pauses: Coca-Cola and Human Rights in Guatemala. New York: Praeger, 1987.

· Gandhi, M.K. "Gandhi in conversation with Ramachandran." October 10–11, 1924. www.bombaymuseum.org/ahimsa/sec5/swadeshi.html. Page discontinued.

———. "The Swadeshi Movement." In Gandhi: Selected Writings, ed. Ronald Duncan, 127–33. Mineola, NY: Dover, 2005.

· Gandhi, M.K., and Anthony Parel. Hind Swaraj and Other Writings. Cambridge: Cambridge University Press, 1997.

Ganguly, Dibeyendu. "Saffron Protests Black Out Cola Concerts." Economic Times, May 24, 1998.

· Garay, Luis Jorge, Luis Felipe Quintero, Jesús Alberto Villamil, Jorge Tovar, Abdul Fatat, Sandra Gómez, Eliana Restrepo, and Beatriz Yemail. Colombia: Estructura industrial e internacionalización, 1967–1996. Bogotá: Departamento Nacional de Planeación, 1998.

· García AbelloYezid. "La reforma laboral: adecuación de la legislación del trabajo a las políticas neoliberales." Deslinde, June–July 1991, 77–91

· Gargan, Edward. "A Revolution Transforms India: Socialism's Out, Free Market In." New York Times, March 29, 1992, 1.

· Gentleman, Amelia. "Coke and Pepsi Try to Reassure India That Drinks Are Safe." New York Times, August 6, 2006.

———. "For 2 Giants of Soft Drinks, a Crisis in a Crucial Market." New York Times, August 23, 2006.

———. "India Widens Ban on Coke and Pepsi." New York Times, August 7, 2006.

· Gerbens-Leenes, Winnie, Arjen Hoekstra, Richard Holland, Greg Koch, Jack Moss, Pancho Ndebele, Stuart Orr, Mariska Ronteltap, and Eric de Ruyter van Stevenink. "Water Neutrality: A Concept Paper." November 20, 2007. www.researchgate.net/publication/323150858_Water_neutrality_a_concept_paper.AccessedSeptember11,2018.

· Ghosh, Bishnupriya. Global Icons: Apertures to the Popular. Durham, NC: Duke University Press, 2011.

· Gilbert, Sarah. "Vitaminwater Label, Name Misleading, Judge Tells Coca-Cola." DailyFinance.com. July 28, 2010. www.dailyfinance.com/story/company-news/vitaminwater-label-name-misleading-judge-tells-coca-co/19569378. Page discontinued.

· Gill, Lesley. A Century of Violence in a Red City: Popular Struggle, Counterinsurgency, and Human Rights in Colombia. Durham, NC: University of North Carolina Press, 2016.

———. "Labor and Human Rights: 'The Real Thing' in Colombia." Transforming Anthropology 13, no. 2 (October 2005): 110–15.

———. "The Limits of Solidarity: Labor and Transnational Organizing Against Coca-Cola." American Ethnologist 36, no. 4 (November 2009): 667–77.

———. "'Right There With You': Coca-Cola, Labor Restructuring, and Political Violence in Colombia." Critique of Anthropology 27, no. 3 (2007): 235–60.

· Gilman, Nils. "Modernization Theory, The Highest Stage of American Intellectual History." In Staging Growth:

Modernization, Development and the Global Cold War, ed. David C. Engerman, Nils Gilman, Mark H. Haefele, and Michael E. Latham, 47–80. Boston: University of Massachusetts Press, 2003.

· Giridharadas, Anand. "Boycotts Minus the Pain." New York Times, October 11, 2009.

· Gladwin, Thomas N., and Ingo Walter. Multinationals under Fire: Lessons in the Management of Conflict. New York: John Wiley & Sons, 1980. Global Water Challenge. "Mission." www.globalwaterchallenge.org/about-us/our-story.php. Accessed August 12, 2010; page discontinued.

———. "New World Program." www.globalwaterchallenge.org. Accessed September 11, 2018.

· Gómez, Luis, Enrique Jacoby, Lorena Ibarra, Diego Lucumí, Alexandra Hernandez, Diana Parra, Alex Florindo, and Pedro Halla. "Sponsorship of Physical Activity Programs by the Sweetened Beverages Industry: Public Health or Public Relations." Revista de Saúde Pública 45, no. 2 (2011): 423–27.

· Gregory, Sean. "Is Vitaminwater Really a Healthy Drink?" Time, July 30, 2010. http://content.time.com/time/business/article/0,8599,2007106,00.html. Accessed September 11, 2018.

· Greising, David. I'd Like the World to Buy a Coke: The Life and Leadership of Roberto Goizueta. New York: Wiley, 1998. Guáqueta, Alexandra, and Yadira Orsini, Empresarios y reintegración: Casos, experiencias y lecciones. Bogotá: Fundación Ideas Para la Paz, December 2007.

· Guha, Ramachandra. How Much Should a Person Consume? Environmentalism in India and the United States. Berkeley: University of California Press, 2006.

· Fals Frank, André. Latin America: Underdevelopment or Revolution. New York: Monthly Review Press, 1969.

· Guthrie, Amy and Mike Esterl. "Soda Sales in Mexico Rise Despite Tax." Wall Street Journal, May 3, 2016.

· Haines, Gerald K. "Under the Eagle's Wing: The Franklin Roosevelt Administration Forges an American Hemisphere." Diplomatic History 1, no. 4 (October 1977): 373–88.

· Hajoori & Sons. "Company Profile." www.sosyo-thesoftdrink.com/sosyo/products_profile.htm#. Accessed June 27, 2008; page discontinued.

· Halbert, Terry. "Coke in Kerala." Journal of Business Ethics Education, 3, no. 1 (2006): 119–141.

· Hale, Thomas. "Silent Reform through the Global Compact." UN Chronicle 44, no. 1 (March 2007): 26–31. https://unchronicle.un.org/article/essay-silent-reform-through-global-compact. Accessed September 4, 2018.

· Hamburger, Tom and Kim Geiger. "Beverage Industry Douses Tax on Soft Drinks." Los Angeles Times, February 7, 2010. Hardt, Michael, and Antonio Negri. Commonwealth. Cambridge, MA: Harvard University Press, 2009.

· Harrison, DeSales. "Footprints on the Sands of Time": A History of Two Men and the Fulfillment of a Dream. New York: Newcomen Society in North America, 1969.

· Harvey, David. A Brief History of Neoliberalism. New York: Oxford University Press, 2005.

———. The Condition of Postmodernity. Cambridge: Blackwell, 1989.

———. The New Imperialism. Oxford: Oxford University Press, 2003.

· Haslam, Paul Alexander. "Is Corporate Social Responsibility a Constructivist Regime? Evidence from Latin America." Global Society 21, no. 2 (2007): 269–96.

· Hays, Constance L. "Global Crisis for Coca-Cola, or a Pause that Refreshes?" New York Times, November 1, 1998.

———. The Real Thing: Truth and Power at The Coca-Cola Company. New York: Random House, 2004.

· "HC Orders Government to Test Pepsi Products." Tribune (Chandigarh), August 12, 2003.

· Heller, Steven. "Jack Potter, 74, Illustrator Who Turned to Teaching, Dies." New York Times, September 23, 2002.

· Henderson, James. Modernization in Colombia: The Laureano Gomez Years, 1889–1965. Gainesville: University Press of Florida, 2001.

· Herrera Duque, Diego Alexander. "De nadaístas, 'cocacolos' y hippies, expresiones juveniles en la Medellín de los años sesenta." Alma Mater: Agenda Cultural de la Universidad de Antioquia 144 (June 2008).

· Hills, Jonathan, and Richard Welford. "A Case Study: Coca-Cola and Water in India." Corporate Social Responsibility and Environmental Management 12, no. 3 (2005): 168–77.

· Hindustan Coca-Cola Beverages Pvt. Ltd. "Overview." www.hindustancoca-cola.com/about_us.aspx. Accessed September 11, 2018.

· Hostetter, Christina. "Sugar Allies: How Hershey and Coca-Cola Used Government Contracts and Sugar Exemptions to Elude Sugar Rationing Regulations." Master's Thesis, University of Maryland, 2004.

· "How Coke Runs a Foreign Empire." Business Week, August 25, 1973.

· Hozzman, Edgar. "Sólo para mayores de 40 años: La época de los Cocacolos, camajanes y pandillas." Ver Bien Magazin, January 17, 2012. "The 100 Top Brands." Business Week, August 1, 2005, 90–94.

· Huneeus, Alejandra. "Megaembotelladoras al ataque." América Economía, May 1994.

· Hymson, Laura. "The Company That Taught the World to Sing: Coca-Cola, Globalization, and the Cultural Politics of Branding in the Twentieth Century." PhD diss., University of Michigan, 2011.

· India Resource Center. "About India Resource Center." www.indiaresource.org/about/index.html. Accessed September 11, 2018.

· "India's Cola Crisis Bubbles Up." CNN.com, August 18, 2003. www.cnn.com/2003/WORLD/asiapcf/south/08/18/india.drinks. Accessed September 11, 2018.

· "Indian Government Allows Coke to Buy Out Shareholders in Hindustan Coca-Cola." Hindu Business Line, November 25, 2005.

· "Indian Officials Order Coca-Cola Plant Closed for Using Too Much Water." Agence France-Presse. Guardian, June 18, 2014.

· "In Hot Water." The Economist, October 6, 2005. Inter-American Development Bank. "Se buscan buenos empleos: Los mercados laborales en América Latina." Departamento de Investigaciones, Banco Interamericano de Desarrollo, Washington, DC, 2004. https://publications.iadb.org/bitstream/handle/11319/7400/La-Realidad-Social-Una-introduccion-a-los-Problemas-y-Politicas-del-Desarrollo-Social-en-America-Latina-Modulo-V-Se-Buscan-Buenos-Empleos.pdf?sequence=1. Accessed December 10, 2018.

· International Business Leaders Forum (IBLF). "About the International Business Leaders Forum." www.iblf.org/whoweare/aboutus.aspx. Accessed September 22, 2010; page discontinued.

— — —. "Dialogue on Business, Peace, Development and Human Rights in Colombia: A Summary of Contributions from Speakers and Participants at a Meeting in Bogotá, Colombia." July 24, 2006.

— — —. "Who We Are." www.iblf.org/Default.aspx. Accessed September 22, 2010; page discontinued.

· International Business Leaders Forum, Fundación Ideas para la Paz, and United Nations Global Compact. "Dialogue on Business, Peace, Development and Human Rights in Colombia." Bogotá, July 24, 2006.

· International Labor Organization. "Report Evaluation Mission Coca-Cola Bottling Plants in Colombia, June 30–July 11, 2008." October 8, 2008. https://laborrights.org/publications/report-evaluation-mission-coca-cola-bottling-plants-colombia. Accessed December 8, 2018.

· International Labor Rights Fund. "Summary of Coca-Cola's Human Rights Violations in Colombia and Turkey." 2006.

Isdell, E. Neville. "Remarks at the WWF Annual Conference." Beijing, China, June 5, 2007.

· Jacobs, Andrew, and Matt Richtel. "She Took on Colombia's Soda Industry. Then She Was Silenced." New York Times, November 13, 2017.

· Jameson, Fredric. Postmodernism, or, The Cultural Logic of Late Capitalism. London: Verso, 1991.

· "Joint Coca-Cola and IUF Statement." March 15, 2005. www.iufdocuments.org/www/documents/coca-cola/jt-state-e.pdf. Accessed September 11, 2018.

· Jones, Geoffrey. Multinationals and Global Capitalism: From the Nineteenth to the Twenty-First Century. New York: Oxford University Press, 2005.

· Joshi, Jitendra. "Pesticide Row May Have Ripple Effect in India." Independent Online, August 14, 2006.

· Kadri, Meena. "Glocal-Cola: Visual Communications of Coca-Cola in India as a Site of Mediation between Global and Local Factors." South Asia Journal for Culture 1 (October 2006).

· Kahn, E. J. The Big Drink: The Story of Coca-Cola. New York: Random House, 1960.

· Karnani, Aneel. "The Case against Corporate Social Responsibility." Wall Street Journal, August 23, 2010.

· Kaye, Jennifer, and Paul Argenti. "Coca-Cola India." Tuck School of Business at Dartmouth, 2004.

· Keating, Christine. "Developmental Democracy and Its Inclusions: Globalization and the Transformation of Participation." Signs: Journal of Women in Culture and Society 29, no. 2 (2003): 417–37.

· Keck, Margaret E., and Kathryn Sikkink. Activists beyond Borders: Advocacy Networks in International Politics. Ithaca, NY: Cornell University Press, 1998.

· Khan, Yasmin. The Great Partition: The Making of India and Pakistan. New Haven: Yale University Press, 2007.

· Killer Coke. "Another 'Classic Coke' Move to Deny and Delay Accountability for Human Rights Violations in Colombia." www.killercoke.org/restciuf.htm. Accessed May 23, 2006; page discontinued.

———. "Colleges, Universities and High Schools Active in the Campaign to Stop Killer Coke." www.killercoke.org/active-in-campaign.htm. Accessed September 21, 2008; page discontinued.

———. "Why the IUF Attacks Sinaltrainal." www.killercoke.org/iufsinal.htm. Accessed February 19, 2006; page discontinued.

· Kirdahy, Matthew. "McDonald's Back in the Woods in Latin America." Forbes, April 23, 2007.

· Kirsch, Stuart. Mining Capitalism: The Relationship Between Corporations and Their Critics. Berkeley: University of California Press, 2014.

· Klein, Naomi. No Logo. New York: Picador, 2000.

· Kochhar, Vikas, and Satya Pamula. "Coca-Cola Strengthens Its Bonds with India, Launches 'Little Drops of Joy.'" Coca-Cola India Press Release. August 17, 2007. www.andhranews.net/India/2007/August/17-Coca-Cola-Little-Drops-of-Joy.asp. Accessed September 11, 2018.

· Koonan, Sujith. "Constitutionality of the Plachimada Tribunal Bill, 2011: An Assessment." Law, Environment and Development Journal 7 no. 2 (2011): 151–63.

———. "Legal Implications of Plachimada." Working Paper of the International Environmental Law Research Centre, May 2007. www.ielrc.org/content/w0705.pdf. Accessed September 11, 2018.

· Kopple, Barbara, dir. American Dream. 1990. DVD. Los Angeles: Miramax Home Entertainment, 2012.

· Kornberg, Dana Nicole. "'Good Drinking Water Instead of Coca-Cola': Elaborating Ideas of Development through the Case of Coca-Cola Inda." Master's Thesis, University of Texas at Austin, 2007.

· Kuisel, Richard F. Seducing the French: The Dilemma of Americanization. Berkeley: University of California Press, 1997.

· Kumar, Shanti. Gandhi Meets Primetime: Globalization and Nationalism in Indian Television. Urbana: University of Illinois Press, 2006.

· Kumar, Sunil. "Note on Farm Sector in Uttar Pradesh." Department of Planning, Government of Uttar Pradesh (October 2005).

· Kurian, Boby. "Coca-Cola May Dump Life ho to aisi Campaign." Hindu Business Line, December 19, 2002.

· Kytle, Beth, and John Gerard Ruggie. "Corporate Social Responsibility as Risk Management: A Model for Multinationals." Corporate Social Responsibility Initiative Working Paper No. 10. Cambridge: John F. Kennedy School of Government, Harvard University, 2005.

· Labelle, Maurice Jr M. "De-coca-colonizing Egypt: Globalization, Decolonization, and the Egyptian Boycott of Coca-Cola, 1966–1968." Journal of Global History 9 (2014): 122–42. doi:10.1017/S1740022813000521.

· LaFeber, Walter. Michael Jordan and the New Global Capitalism. New York: Norton, 1999.

· Laird, Pamela Walker. Advertising Progress: American Business and the Rise of Consumer Marketing. Baltimore: Johns Hopkins University Press, 1998.

· Lakshmi, Rama. "Soda Giants Battle Public Panic." Washington Post, August 10, 2003.

· Lappé, Anna, and Christina Bronsing-Lazalde. "How to Win against Big Soda." New York Times, October 15, 2017.

· La Pulla. "Las dulces mentiras de los congresistas acerca de las bebidas azucaradas." El Espectador, December 16, 2016. www.elespectador.com/opinion/opinion/las-dulces-mentiras-de-los-congresistas-acerca-de-las-bebidas-azucaradas-columna-670621. Accessed September 11, 2018.

· Largacha, Pablo. "Los resultados de la investigación, 'Desarollo, paz y derechos humanos en Colombia: Una agenda para las empresas.'" Speech, Encuentro Internacional de Responsabilidad Social Empresarial de la Asociación Nacional de Empresarios de Colombia, Cali, Colombia, October 11, 2006.

· "Lawsuits against Coca-Cola Approved in India." Associated Press, February 25, 2011. www.business-human-rights.org/en/lawsuits-against-coca-cola-approved-in-india. Accessed September 11, 2018.

· Lears, Jackson. Fables of Abundance: A Cultural History of Advertising in America. New York: Basic Books, 1995.

· LeGrand, Catherine C. "The Colombian Crisis in Historical Perspective." Canadian Journal of Latin American and Caribbean Studies 28, nos. 55–56 (2003): 165–209 — — —. Frontier Expansion and Peasant Protest in Colombia, 1850–1936. Albuquerque: University of New Mexico Press, 1986.

· Levenson-Estrada, Deborah. Trade Unionists against Terror: Guatemala City, 1954–1985. Chapel Hill: University of North Carolina Press, 1994.

· Lichtenstein, Nelson. The Retail Revolution: How Wal-Mart Created a Brave New World of Business. New York: Picador, 2009. Lok Samiti. Jahar Ba (ca. 2005). Compact disc.

· López Arias, César Augusto. Empresas multinacionales. Bogotá: Ediciones Tercer Mundo, 1977.

· MacArthur, Kate. "Peter Drucker, Father of Modern Management Theory, Had Profound Impact." Advertising Age, November 21, 2005.

· MacDonald, Christine. "Coke Claims To Give Back As Much Water As It Uses." The Verge, May 31, 2018. www.theverge.com/2018/5/31/17377964/coca-cola-water-sustainability-recycling-controversy-investigation. Accessed December 15, 2018.

· Majumdar, Sucheeta. "The Pop, the Fizz and the Froth," Times of India, October 9, 1977.

· Malkin, Elisabeth. "Latin American Coca-Cola Bottlers in Giant Merger." New York Times, December 24, 2002.

· Mandel, Eric. "Reuters: Tax Experts Closely Watching Coca-Cola's $3.3 Billion Battle with IRS." Atlanta Business Chronicle, April 2, 2018.

· Marchand, Roland. Advertising the American Dream: Making Way for Modernity, 1920–1940. Berkeley: University of California Press, 1986.

— — —. Creating the Corporate Soul: The Rise of Public Relations and Corporate Imagery in American Big Business. Berkeley: University of California Press, 1998.

· Marcos, Ana. "Un anuncio censurado sobre el riesgo de las bebidas azucaradas podrá volver a emitirse en Colombia." El País, April 18, 2017. https://elpais.com/internacional/2017/04/12/colombia/1492010982_084627.html. Accessed September 11, 2018.

· Manuel, Mark. "Sosyo: The Forgotten Drink." Upper Crust.www.uppercrustindia.com/oldsite/8crust/eight/feature4.htm. Accessed September 14, 2018.

· Martin, Paul. Hell or High Water: My Life In and Out of Politics. Toronto: McClelland & Stewart, 2009.

· Martin, Randy. "After Economy? Social Logics of the Derivative." Social Text 114, no. 1 (Spring 2013): 83–106.

· Martin-Ortega, Olga. "Deadly Ventures? Multinational Corporations and Paramilitaries in Colombia." Revista Electrónica de Estudios Internacionales no. 16 (December 2008).

· Matten, Dirk, Andrew Crane, and Wendy Chapple. "Behind the Mask: Revealing the True Face of Corporate Citizenship." Journal of Business Ethics 45, no. 1–2 (June 2003): 109–120.

· Mazzarella, William. Shovelling Smoke: Advertising and Globalization in Contemporary India. Durham, NC: Duke University Press, 2003.

· McCracken, Russell. "The Overseas Story," Coca-Cola Overseas, August 1948.

· McGovern, Charles. Sold American: Consumption and Citizenship, 1890–1945. Chapel Hill: University of North Carolina Press, 2006.

· McGreevey, William Paul. An Economic History of Colombia, 1845–1930. London: Cambridge University Press, 1971.

· McGregor, Douglas. The Human Side of Enterprise. New York : McGraw-Hill, 1960.

· McKay, Betsy and David Luhnow. "Coke's Latin Bottlers to Merge to Form Powerhouse." Wall Street Journal, December 24, 2002.

· McRobbie, Angela. Postmodernism and Popular Culture. New York: Routledge, 1994.

· Meireles, Cildo. Interções em circuitos ideolõgicos: Projeto Coca-Cola. 1970. Tate Collection, London, www.tate.org.uk/servlet/ViewWork?workid = 84302&searchid = 19774&tabview = text. Page discontinued.

· Merleaux, April. Sugar and Civilization: American Empire and the Cultural Politics of Sweetness. Chapel Hill: University of North Carolina Press, 2015.

· Micklethwait, John, and Adrian Woolridge. The Company: A Short History of a Revolutionary Idea. New York: Modern Library, 2003.

· Milanesio, Natalia. Workers Go Shopping in Argentina: The Rise of Popular Consumer Culture. Albuquerque: University of New Mexico Press, 2013.

· Miller, Mark Crispin. Introduction to The Hidden Persuaders, by Vance Packard, 9–30. Brooklyn, NY: Ig, 2007.

· Mintz, Sidney. Sweetness and Power: The Place of Sugar in Modern History. New York: Penguin Books, 1986.

· Mitchell, Alan. "Brand-Jacking and How To Avoid It." Issues: A Publication for Brand and Identity Decision Makers (Enterprise IG in collaboration with the International Business Leaders Forum), October 11, 2004.

· Mora, Frank, and Jeanne Hey, eds. Latin American and Caribbean Foreign Policy. Lanham, MD: Rowman & Littlefield, 2003.

· Moreira, Naila. "Soft Drinks as Top Calorie Culprit." ScienceNews, June 17, 2005. www.sciencenews.org/blog/food-thought/soft-drinks-top-calorie-culprit. Accessed September 11, 2018.

· Moreno, Julio. "Coca-Cola, US Diplomacy, and the Cold War in America's Backyard." In Beyond the Eagle's Shadow: New Histories of Latin America's Cold War, ed.Virginia Garrard-Burnett, Mark A. Lawrence, and Julio Moreno, 21–50. Albuquerque: University of New Mexico Press, 2013.

———. Yankee Don't Go Home: Mexican Nationalism, American Business Culture, and the Shaping of Modern Mexico, 1920–1950. Durham, NC: University of North Carolina Press, 2003.

· Moreno, Julio, and The Coca-Cola Company. The Centennial of Coca-Cola in Latin America. Atlanta: The Coca-Cola Company, 2006.

· Moreton, Bethany. To Serve God and Wal-Mart: The Making of Christian Free Enterprise. Cambridge, MA: Harvard University Press, 2010.

· Motion Picture Broadcasting and Recorded Sound Division, Library of Congress. "Highlights in the History of Coca-Cola Television Advertising." http://memory.loc.gov/ammem/ccmphtml/colahist.html. Accessed May 12, 2009; page discontinued.

· Mound, Josh. "Against the Soda Tax." Jacobin, June 21, 2016.

· Moye, Jay. "Coke Red on the Silver Screen: Exploring the Brand's Role in Movies." February 28, 2014. www.coca-colacompany.com/history/coke-red-on-the-silver-screen-exploring-the-brands-role-in-movies. Accessed September 11, 2018.

· Mukherjee, Ambarish. "To Deny Voting Rights to Indian Shareholders." Hindu Business Line, January 30, 2003.

· Murillo, Mario. Colombia and the United States: War, Terrorism, and Destabilization. New York: Seven Stories Press, 2004.

· Nair, C. Gouridasan. "Coca Cola Must Pay Damages, Says Panel." The Hindu, March 15, 2010.

· National Alliance of People's Movements (NAPM). "National Alliance of People's Movements." December 1996.

www.proxsa.org/politics/napm.html. Accessed September 11, 2018.

· "Un negocio líquido." Dinero (Bogotá, Colombia), September 17, 2004.

· Nestle, Marion. Soda Politics: Taking on Big Soda (and Winning). New York: Oxford University Press, 2015.

· Newton, Michael. The Encyclopedia of Kidnappings. New York: Facts on File, 2002.

· New York City Fact-Finding Delegation on Coca-Cola in Colombia. "An Investigation of Allegations of Murder and Violence in Coca-Cola's Colombian Pants." April 2004.

· Nicholson, H.B. "The Competitive Ideal: The Economic Route to Friendship." Speech to the New York Herald Tribune Forum, October 20, 1952.

———. Host to Thirsty Main Street. New York: Newcomen Society, 1953.

· Nixon, Rob. Slow Violence and the Environmentalism of the Poor. Cambridge, MA: Harvard University Press, 2013.

· O'Barr, William and Marcio Moreira. "The Airbrushing of Culture: An Insider Looks At Global Advertising." Public Culture 2, no. 1 (1989): 1–19.

· O'Barr, William, Shelly Lazarus, and Marcio Moreira. "Global Advertising." Project Muse. Advertising & Society Review 9, no. 4 (2008).

· O'Connor, Anahad. "Coca-Cola Funds Scientists Who Shift Blame for Obesity Away from Bad Diets." New York Times. August 9, 2015. https://well.blogs.nytimes.com/2015/08/09/coca-cola-funds-scientists-who-shift-blame-for-obesity-away-from-bad-diets. Accessed September 11, 2018.

· Okihiro, Gary. Pineapple Culture: A History of the Tropical and Temperate Zones. Berkeley: University of California Press, 2010.

· Olaya, Carlos. "Sinaltrainal: Transforming the Workers' Movement in Colombia." In The Class Strikes Back: Self-Organised Workers' Struggles in the Twenty-First Century, ed. Dario Azzellini and Michael G. Kraft, 176–94. Leiden: Brill, 2018.

· Orlove, Benjamin, and Arnold J. Bauer. "Giving Importance to Imports." In The Allure of the Foreign: Imported Goods in Postcolonial Latin America, ed. Benjamin Orlove, 1–30. Ann Arbor: University of Michigan Press, 1997.

· Ormiston, Margaret E., and Elaine M. Wong. "License to Ill: The Effects of Corporate Social Responsibility and CEO Moral Identity on Corporate Social Irresponsibility." Personnel Psychology 66, no. 4 (2013).

· Ospina, Andrés. Bogotálogo: Usos, desusos y abusos del español hablado en Bogotá. Bogotá: Instituto Distrital de Patrimonio Cultural, 2012.

· "Over Production in Coca-Cola Bottling Plants." Lok Sabha Debates 13, no. 5 (March 5, 1975): 2–14.

· Packard, Vance. The Hidden Persuaders. 1957. New York: Pocket Books, 1959.

· Palacios, Marco. Between Legitimacy and Violence: A History of Colombia, 1875–2002. Translated by Richard Stoller. Durham, NC: Duke University Press, 2006.

———. Coffee in Colombia, 1850–1970: An Economic, Social and Political History. Cambridge: Cambridge University Press, 1980.

———. Entre la legitimidad y la violencia: Colombia, 1875–1944. Bogotá: Norma, 1995. 2nd ed., 2003.

· Palacios, Mark, and Frank Safford. Colombia: Fragmented Land, Divided Society. New York: Oxford University Press, 2002.

· Panagariya, Arvind. India: The Emerging Giant. New York: Oxford University Press, 2008.

· "Panamerican Beverages." Funding Universe. www.fundinguniverse.com/company-histories/Panamerican-Beverages-Inc-Company-History.html. Accessed September 11, 2018.

· "Panamerican Beverages." In International Directory of Company Histories, vol. 47, ed. Jay P. Pederson, 289–91. Detroit: St. James Press, 2006. www.encyclopedia.com/books/politics-and-business-magazines/panamerican-beverages-inc. Accessed September 11, 2018.

· Panamerican Beverages. Proxy Statement Pursuant to Section 14(a) of the Securities Exchange Act of 1934, Securities and Exchange Commission. Filed January 30, 2003. www.sec.gov/Archives/edgar/data/911360/000095012303002921/g81191prprer14a.htm. Accessed September 11, 2018.

· Parameswaran, Radhika. "E-Race-ing Color: Gender and Transnational Visual Economies of Beauty in India." In Circuits of Visibility: Gender and Transnational Media Cultures, ed. Radha S. Hedge, 68–87. New York: New York University Press, 2011.

· Pearce, Fred. "Greenwash: Are Coke's Green Claims The Real Thing?" Guardian, December 4, 2008.

· Pendergrast, Mark. For God, Country, and Coca-Cola: The Definitive History of the Great American Soft Drink and the Company That Makes It. New York: Basic Books, 2000.

· "People." Beverage Digest, September 13, 2002.

· Pérez, Umberto. Bogotá, epicentro del rock Colombiano entre 1957 y 1975. Una manifestación social, cultural, nacional y juvenile. Bogotá: Secretaría Distrital de Cultura, Recreación y Deporte–Observatorio de Culturas, 2007.

· Perlroth, Nicole. "Spyware's Odd Targets: Backers of Mexico's Soda Tax." New York Times, February 11, 2017.

· Petersen, Melody. "Putting Extra Fizz Into Profits." New York Times, August 4, 1998.

· Peterson, Kristina. "Court Cites Iqbal Ruling to Dismiss Coca-Cola Case." Wall Street Journal, August 14, 2009.

· Pfister, Kyle. "Leaked: Coca-Cola's Worldwide Political Strategy to Kill Soda Taxes." October 14, 2016. https://medium.com/cokeleak/leaked-coca-colas-worldwide-political-strategy-to-kill-soda-taxes-9717f361fb04. Accessed September 11, 2018.

· Phillips-Fein, Kim. Invisible Hands: The Businessmen's Crusade against the New Deal. New York: Norton, 2009.

· Philpott, Tom. "80 Percent of Public Schools Have Contracts with Coke and Pepsi." Mother Jones, August 15, 2012.

· Pierson, Brenda. "Chiquita Settles with Families of US Victims of FARC." Reuters, February 5, 2018. www.reuters.com/article/us-usa-court-chiquita/chiquita-settles-with-families-of-u-s-victims-of-colombias-farc-idUSKBN1F-P2VX. Accessed November 12, 2018.

· Pillai, P. R. Sreemahadevan. The Saga of Plachimada. Mumbai: Vikas Adhyayan Kendra, 2008.

· Post, James E., Lee E. Preston, and Sybille Sachs. Redefining the Corporation: Stakeholder Management and Organizational Wealth. Stanford, CA: Stanford University Press, 2002.

· Postobón. "Historia." www.postobon.com/la-compania/la-historia. Accessed September 11, 2018.

· Potter, Ed (director Global Labor Relations, The Coca-Cola Company). Letter to the editor. The Nation, May 22, 2006. www.thenation.com/article/letters-133. Accessed September 11, 2018.

· Prebisch, Raúl. The Economic Development of Latin America and Its Principal Problems. New York: United Nations, 1950.

· Puertas, Antonio. "El día que papá se fue." Expansión, September 20, 2011. https://expansion.mx/expansion/2011/09/14/el-da-que-pap-se-fue. Accessed September 11, 2018.

· Purnell, Susanna, and Eleanor Wainstein. The Problems of U.S. Businesses Operating Abroad in Terrorist Environments. Santa Monica, CA: Rand Corporation, 1981.

· Raghunandan, Gayatri. "A Look at the Legal Issues Plachimada's Struggle for Water against Coca-Cola Has Brought Up." The Wire, August 20, 2017.

· Rai, Saritha. "Move in India to Ban Coke and Pepsi Worries Industry." New York Times, August 15, 2006.

· Raman, K Ravi. "Community–Coca-Cola Interface: Political-Anthropological Concerns on Corporate Social Responsibility." Social Analysis 15, no. 3 (Winter 2007): 103–20.

· Rana, Preetika. "Coca-Cola Closes Plant in India." Wall Street Journal, February 10, 2016. www.wsj.com/articles/coca-cola-closes-plant-in-india-1455122537. Accessed September 11, 2018.

· Ranjith, K. R. Holy Water from the West. Thrissur: Altermedia, 2004.

· Raventós, José M. Cien años de publicidad colombiana, 1904–2004. Bogotá: Centro del Pensamiento Creativo, 2004.

· Raynaud, Gerard. "La gaseosa KIST no ha muerto." La Opinion, February 15, 2015.

· Rist, Gilbert. The History of Development: From Western Origins to Global Faith. London: Zed Books, 2014.

· Roberts, John. "The Manufacture of Corporate Social Responsibility." Organization 10, no. 2 (2003): 249–65.

· Rogers, Douglas. "The Materiality of the Corporation: Oil, Gas, and Corporate Social Technologies in the Remaking of a Russian Region." American Ethnologist 39, no. 2: 284–96.

· Roldán, Mary. Blood and Fire: La Violencia in Antioquia, Colombia, 1946–1953. Durham, N.C.: Duke University Press, 2002.

· Rosenberg, Emily S. Financial Missionaries to the World: The Politics and Culture of Dollar Diplomacy, 1900–1930. Cambridge, MA: Harvard University Press, 1999.

— — —. Spreading the American Dream: American Economic and Cultural Expansion, 1890–1945. New York: Hill & Wang, 1982.

· Rostow, Walt W. The Stages of Economic Growth: A Non-Communist Manifesto. Cambridge: Cambridge University Press, 1960.

· Roy, Nilanjana S. "Chhibabhai & Gluco-Cola." Business Standard, January 27, 2013. www.business-standard.com/article/specials/chhibabhai-gluco-cola-197120601032_1.html. Accessed September 11, 2018.

· Ruiz, Bert. The Colombian Civil War. Jefferson, NC: McFarland, 2001.

· Ryan, Ted. "The Making of 'I'd Like to Buy the World a Coke.'" January 1, 2012. www.coca-colacompany.com/stories/coke-lore-hilltop-story. Accessed September 11, 2018.Saénz Rovner, Eduardo. Colombia años 50: Industriales, política y diplomacia. Bogotá: Universidad Nacional de Colombia, 2002.

— — —. La ofensiva empresarial: Industriales, politicos y violencia en los años 40 en Colombia. Bogotá: Tercer Mundo Editores, 1992.

· Sanger-Katz, Margot. "The Decline of Big Soda." New York Times, October 2, 2015.

· Santos Calderón, Francisco. "Palabras del vicepresidente de la República, Francisco Santos Calderón, en el Encuentro Internacional de Responsabilidad Social Empresarial de la Asociación Nacional de Empresarios de Colombia." Speech, Cali, Colombia, October 12, 2006.

· "Sardar Daljit Singh: The Uncrowned King of Country's Cold Drinks Industry." National Investment and Finance Weekly, July 4, 1982, 839.

· Scott-Heron, Gil. "The Revolution Will Not Be Televised." Small Talk at 125th and Lenox. Compact disc. Originally released in 1970. BMG, 1988.

· Senadhira, Sugeeswara, and Havis Dawson. "Raising India: Coca-Cola Company Re-Enters Indian Market." Beverage World, February 1, 1994.

· Seshan, Govindkrishna. "The Buzz without Fizz." September 11, 2007. www.rediff.com/money/2007/sep/11cola.htm. Accessed September 11, 2018.

· Sforza, John. Swing It! The Andrews Sisters Story. Lexington: University Press of Kentucky, 2004.

· Shah, Sonia. "Coke in Your Faucet?" The Progressive, August 2001.

· Shamir, Ronen. "Between Self-Regulation and the Alien Tort Claims Act: On the Contested Concept of Corporate Social Responsibility." Law & Society Review 38, no. 4 (December 2004): 635–63.

— — —. "Corporate Social Responsibility: A Case of Hegemony and Counter-Hegemony." In Law and Globalization from Below: Towards a Cosmopolitan Legality, ed. Bonaventura De Sousa Santos and César A. Rodriguez-Garavito, 92–117. New York: Cambridge University Press, 2005.

— — —. "The De-Radicalization of Corporate Social Responsibility." Critical Sociology 30, no. 3 (2004): 669–89.

· Shiva, Vandana. "High Time Plachimada Bill Got Presidential Consent." Mathrubhumi, May 15, 2016.

· Shivarajan, Sridevi. "Dynamic Networks and Successful Social Action: A Theoretical Framework to Examine the Coca-Cola Controversy in Kerala, India." In Enhancing Global Competitiveness Through Sustainable Environmental Stewardship, ed. Subhash C. Jain and Ben L. Kedia, 184–206. Northampton, MA: Edward Elgar Publishing, 2011.

· Shukla, Gouri. "Prasoon Joshi: The 'Thanda Matlab Coca-Cola' Man." Business Standard, May 5, 2003.
· Silva Numa, Sergio. "Gaseosas: Una pelea gorda." El Espectador, November 15, 2015.
· Sinaltrainal. "Modelo de desarrollo democratico." www.sinaltrainal.org. Accessed April 10, 2005; page discontinued.
  ———. "Nuestras Propuestas." www.sinaltrainal.org/index.php/nuestras-propuestas/propuestas/1469-nuestras-propuestas-propuestas. Accessed November 25, 2018.
  ———. "¡Para que cese la violencia en Colombia!" www.sinaltrainal.org/Textos/boikot/noconsumo.html. Accessed April 10, 2005; page discontinued.
  ———. "¿Quienes somos?" www.sinaltrainal.org. Accessed April 10, 2005; page discontinued. Sinaltrainal v. The Coca-Cola Co., 256 F. Supp. 2d 1345 (S.D. Fla. 2003).
· Sinaltrainal et al. v. The Coca-Cola Company et al., No. 06–15851, 2009 WL 2431463 (11th Cir. Aug. 11, 2009).
· Singh, Prabha K. "The Coca-Cola Viewpoint." Illustrated Weekly of India, September 25, 1977.
· Soederberg, Susanne. "Taming Corporations or Buttressing Market-Led Development? A Critical Assessment of the Global Compact." Globalizations 4, no. 4 (December 2007): 500–513.
· Sparkes, Russell. "A Pragmatic Approach to Corporate Social Responsibility." Address Given to the School of Management, London School of Economics. May 19, 2003.
· Spigel, Lynn. Make Room for TV: Television and the Family Ideal in Postwar America. Chicago: University of Chicago Press, 1992.
· Srivastava, Amit. Interview with Lori Serb. Prairie Grassroots. WEFT, November 4, 2005.
· Staton, Inge, and Ofelia Luz de Villa. The Unknown Legacy of Albert H. Staton. Amherst, MA: White Poppy Press, 2015.
· Stecklow, Steve. "Virtual Battle: How a Global Web of Activists Gives Coke Problems in India." Wall Street Journal, June 7, 2005.
· Steger, Manfred. Gandhi's Dilemma: Nonviolent Principles and Nationalist Power. New York: St. Martin's Press, 2000.
  Stokes, Joseph M. "The International Cooperation Administration," World Affairs 119, no. 2 (Summer 1956): 35–37.
· Stoller, Richard. "Alfonso López Pumarejo and Liberal Radicalism in 1930s Colombia," Journal of Latin American Studies 27, no. 2 (May 1995): 367–97.
· Stout, Lynn A. "Why We Should Stop Teaching Dodge v. Ford." Virginia Law & Business Review 3, no. 1 (Spring 2008): 164–90.
· Strasser, Susan. Satisfaction Guaranteed: The Making of the American Mass Market. Washington, DC: Smithsonian Books, 2004.
· Striffler, Steve. In the Shadows of State and Capital: The United Fruit Company, Popular Struggle and Agrarian Restructuring in Ecuador, 1900–1995. Durham, NC: Duke University Press, 2001.

· "The Sun Never Sets on Cacoola." Time, May 15, 1950.
· Taussig, Michael. Law in a Lawless Land: Diary of a Limpieza. Chicago: University of Chicago Press, 2003.
  ———. The Nervous System. New York: Routledge, 1992.
· Taylor, Lucy. "Globalization and Civil Society Continuities, Ambiguities and Realities in Latin America." Indiana Journal of Global Legal Issues 7, no. 1 (Fall 1999): 269–95.
· Taylor, Timothy D. The Sounds of Capitalism: Advertising, Music, and the Conquest of Culture. Chicago: University of Chicago, 2012.
· "Thanda Matlab Solitary EFFIE Gold: EFFIE Awards 2003." Indiantelevision.com, August 22, 2003.
· Thompson, Grahame. "Are We All Neoliberals Now? 'Responsibility' and Corporations." Soundings 39 (Summer 2007). www.lwbooks.co.uk/soundings/39/are-we-all-neoliberals-now-responsibility-and-corporations. Acccessed September 11, 2018.
  ———. "Responsibility and Neo-Liberalism." OpenDemocracy, July 31, 2007. www.opendemocracy.net/article/responsibility_and_neo_liberalism. Acccessed September 11, 2018.
· Tomlinson, B. R. The Economy of Modern India, 1860–1970. New York: Cambridge University Press, 1993.

· Townsend, Robert. Up the Organization: How to Stop the Corporation from Stifling People and Strangling Profits. New York: Knopf, 1970.
· Tsing, Anna Lowenhaupt. Friction: An Ethnography of Global Connection. Princeton, NJ: Princeton University Press, 2005.
United Nations Centre on Transnational Corporations. Foreign Direct Investment and Technology Transfer in India. New York: United Nations, 1992.

· United Nations Conference on Trade and Development. "United Nations Center on Transnational Corporations Origins." http://unctc.unctad.org/aspx/UNCTCOrigins.aspx. Accessed May 12, 2014; page discontinued.
· United Nations General Assembly. Declaration on the Establishment of a New International Economic Order, May 1, 1974. Resolution 3201 (S-VI).
· United States. Department of Commerce Office of International Trade. Investment in Colombia: Conditions and Outlook for United States Investors. Washington, DC: GPO, 1953.
· United Students Against Sweatshops. "Cal-Safety Compliance Corporation is Not a Credible Monitor for Coca-Cola's Labor Practices." April 15, 2005.
· Upadhyaya, Himanshu. "Let Them Drink Coke: The Commodification of Thirst and the Monopolization of Hydration." Ghadar: A Publication of the Forum of Inquilabi Leftists 10 (November 2006). http://ghadar.insaf.net/September 2006/MainPages/editorial.htm. Accessed September 11, 2018.
· Urrutia, Miguel. The Development of the Colombian Labor Movement. New Haven, CT: Yale University Press, 1969).

· Vaid Dixit, Sumita. "'Thanda III'—Coke Scores on Naturalness." AgencyFAQs, September 30, 2002. www.afaqs.com/news/story/4958_Thanda-III---Coke-scores-on-naturalness. Accessed December 8, 2018.
· Vales, José. "Woods Staton, el paisa que entró al club de los más ricos." ElTiempo.com, March 11, 2012.
· van Breukelen, Dana. "Marching in the Spirit of Gandhi: A Case-Study into Gandhian Elements of the Lok Samiti Movement in Mehediganj, India." Master's Thesis, Vrije Universiteit Amsterdam, 2006.
· Van Yoder, Steven. "Thirst for Success—Panamco, the Giant Latin American Bottler and Distributor, Thrives Despite Erratic Markets." IndustryWeek, May 15, 2000.
· Varhola, Michael. Fire and Ice: The Korean War, 1950–1953. New York: Basic Books, 2000.
· Vedwan, Neeraj. "Pesticides in Coca-Cola and Pepsi: Consumerism, Brand Image, and Public Interest in a Globalizing India." Cultural Anthropology 22, no. 4 (November 2007): 659–84.
· Vogel, David. The Market for Virtue: The Potential and Limits of Corporate Social Responsibility. Washington, DC: Brookings Institution Press, 2006.

· Wade, Peter. "Music, Blackness and National Identity: Three Moments in Colombian History." Popular Music 17, no. 1 (January 1998): 1–19.
· Walker, Alissa. "Coke's 'Downtown in a Box' Delivers Clean Water and Wi-Fi to Africa." Gizmodo, October 10, 2013. https://gizmodo.com/cokes-downtown-in-a-box-delivers-clean-water-and-wi-1443039556. Accessed September 11, 2018.
· Wallerstein, Immanuel. The Modern World-System: Capitalist Agriculture and the Origins of the European World-Economy in the Sixteenth Century. New York: Academic Press, 1976.
· Warner, Melanie. "The Soda Tax Wars Are Back: Brace Yourself." BNet.com, March 25, 2010. http://industry.bnet.com/food/10001789/beverage-lobbyists-load-the-canon-for-round-two-on-soda-taxes/?tag = content;selector-perfector. Accessed September 11, 2018.
· "Water Wars: Has Coke's Kinley Overtaken Bisleri?" Financial Express, September 24, 2002. www.financialexpress.

com/news/water-wars-has-cokes-kinley-overtaken-bisleri/59318/2. Accessed September 11, 2018.

Wayne, Leslie. "How Delaware Thrives as a Corporate Tax Haven." New York Times, June 30, 2012.

· Weinert, Lisa. "Can Coke Prevent AIDS?" The Nation, October 24, 2002.

· Welker, Marina. Enacting the Corporation: An American Mining Firm in Post-Authoritarian Indonesia. Berkeley: University of California Press, 2014.

· White, Allen L. "Fade, Integrate or Transform? The Future of CSR." Business for Social Responsibility, August 2005.

· Wilder, Billy, dir. One, Two, Three. 1961. DVD. MGM Home Entertainment, 2003.

· Wilk, Richard. "Bottled Water: The Pure Commodity in the Age of Branding." Journal of Consumer Culture 6, no. 3 (2006): 303–25.

· Wilkins, Mira. The Emergence of Multinational Enterprise: American Business Abroad from the Colonial Era to 1914. Cambridge, MA: Harvard University Press, 1970.

· "We Don't Want to Sell Parle: Chauhan." Mint, November 28, 2012.

· Wexler, Laura. Tender Violence: Domestic Visions in an Age of US Imperialism. Durham, NC: University of North Carolina Press, 2000.

· Wilkins, Mira. The Maturing of Multinational Enterprise: American Business Abroad from 1914 to 1970. Cambridge, MA: Harvard University Press, 1974.

· Wolf, Shira. "Thanda-Hearted Matlab, Coca Cola in India: A Case Study in Mehandiganj Village of Environmental and Community Impact of the Grassroots Movement." Thesis, University of Wisconsin, 2004.

· Zafar, Faiza, and Shivali Tukdeo. "Coca-Cola Kicked Out of University of Illinois." http://caccuc.blogspot.com. Last updated August 6, 2007. Accessed September 11, 2018.

· Žižek, Slavoj. First as Tragedy, Then as Farce. London: Verso, 2009.

— — —. "'Nobody Has to Be Vile.'" London Review of Books 28, no. 7 (2006).

· Zubrzycki, John. "Things Go Bitter about Coca-Cola." The Australian, June 2, 1998.

브랜드의 비밀
세계를 사로잡은 코카콜라 글로벌 전략

2021년 8월 26일 1판 1쇄 인쇄
2021년 9월 10일 1판 1쇄 발행

지은이 | 어맨다 시아폰
옮긴이 | 이지민
펴낸이 | 이종춘
펴낸곳 | BM (주)도서출판 성안당
주소 | 04032 서울시 마포구 양화로 127 첨단빌딩 3층(출판기획 R&D 센터)
     10881 경기도 파주시 문발로 112 파주 출판 문화도시(제작 및 물류)
전화 | 031)950-6367
팩스 | 031)955-0510
등록 | 1973.2.1. 제406-2005-000046호
출판사 홈페이지 | **www.cyber.co.kr**
투고 및 문의 | **sungandang369@naver.com**
ISBN | 978-89-315-8604-6 03320
정가 | 22,000원

이 책을 만든 사람들

책임 | 최옥현
기획·편집 | 김수연, 이보람
디자인 | 엘리펀트스위밍
국제부 | 이선민, 조혜란, 권수경
영업 | 구본철, 차정욱, 나진호, 이동후, 강호묵
마케팅 | 박지연
홍보 | 김계향, 유미나, 서세원
제작 | 김유석

www.cyber.co.kr ★★★
성안당 Web 사이트

■도서 A/S 안내

성안당에서 발행하는 모든 도서는 저자와 출판사, 그리고 독자가 함께 만들어 나갑니다.
좋은 책을 펴내기 위해 많은 노력을 기울이고 있습니다. 혹시라도 내용상의 오류나 오탈자 등이 발견되면 **"좋은 책은 나라의 보배"**로서 우리 모두가 함께 만들어 간다는 마음으로 연락주시기 바랍니다. 수정 보완하여 더 나은 책이 되도록 최선을 다하겠습니다.
성안당은 늘 독자 여러분들의 소중한 의견을 기다리고 있습니다. 좋은 의견을 보내주시는 분께는 성안당 쇼핑몰의 포인트(3,000포인트)를 적립해 드립니다.

잘못 만들어진 책이나 부록 등이 파손된 경우에는 교환해 드립니다.